U0737779

"十四五"职业教育国家规划教材

"十二五"职业教育国家规划教材（修订版）

经全国职业教育教材审定委员会审定

道路工程制图

第5版

主　编　赵云华　刘　璇

副主编　赵玉肖　于馥丽　沈　磊

参　编　杨广云　邱建冬　姚海星

　　　　张海亮　张　佳

主　审　齐秀廷

机械工业出版社

本书为校企合作编写的任务驱动的项目化教材，主要内容包括：熟悉道路工程制图国家标准、绘制几何图形、绘制简单形体的投影图、分析形体上基本元素的投影、识读与绘制道路工程中常见形体的投影图、绘制形体的轴测投影图、识读与绘制道路工程构件的构造图、识读与绘制标高投影图、识读公路路线工程图、识读城市道路工程图、识读桥梁工程图、识读涵洞工程图、识读隧道工程图。

本书可作为高职、高专道桥工程类专业和市政类专业教学用书，也可作为相关技术人员参考用书。

为方便教学，本书还配有电子课件，凡使用本书作为教材的教师可登录机械工业出版社教育服务网 www.cmpedu.com 注册下载。咨询电话：010-88379375。

图书在版编目（CIP）数据

道路工程制图 / 赵云华，刘璇主编. -- 5 版.
北京 ：机械工业出版社，2025. 3. --（“十四五”职业教育国家规划教材）. -- ISBN 978-7-111-78312-1

Ⅰ. U412.5

中国国家版本馆 CIP 数据核字第 2025NL3131 号

机械工业出版社（北京市百万庄大街 22 号　邮政编码 100037）
策划编辑：沈百琦　　　　责任编辑：沈百琦
责任校对：贾海霞　梁　静　　封面设计：鞠　杨
责任印制：李　昂
涿州市般润文化传播有限公司印刷
2025 年 8 月第 5 版第 1 次印刷
184mm×260mm · 17.75 印张 · 438 千字
标准书号：ISBN 978-7-111-78312-1
定价：55.00 元

电话服务　　　　　　　　　网络服务
客服电话：010-88361066　　机　工　官　网：www.cmpbook.com
　　　　　010-88379833　　机　工　官　博：weibo.com/cmp1952
　　　　　010-68326294　　金　　书　　网：www.golden-book.com
封底无防伪标均为盗版　　机工教育服务网：www.cmpedu.com

关于“十四五”职业教育
国家规划教材的出版说明

为贯彻落实《中共中央关于认真学习宣传贯彻党的二十大精神的决定》《习近平新时代中国特色社会主义思想进课程教材指南》《职业院校教材管理办法》等文件精神，机械工业出版社与教材编写团队一道，认真执行思政内容进教材、进课堂、进头脑要求，尊重教育规律，遵循学科特点，对教材内容进行了更新，着力落实以下要求：

1. 提升教材铸魂育人功能，培育、践行社会主义核心价值观，教育引导学生树立共产主义远大理想和中国特色社会主义共同理想，坚定“四个自信”，厚植爱国主义情怀，把爱国情、强国志、报国行自觉融入建设社会主义现代化强国、实现中华民族伟大复兴的奋斗之中。同时，弘扬中华优秀传统文化，深入开展宪法法治教育。

2. 注重科学思维方法训练和科学伦理教育，培养学生探索未知、追求真理、勇攀科学高峰的责任感和使命感；强化学生工程伦理教育，培养学生精益求精的大国工匠精神，激发学生科技报国的家国情怀和使命担当。加快构建中国特色哲学社会科学学科体系、学术体系、话语体系。帮助学生了解相关专业和行业领域的国家战略、法律法规和相关政策，引导学生深入社会实践、关注现实问题，培育学生经世济民、诚信服务、德法兼修的职业素养。

3. 教育引导学生深刻理解并自觉实践各行业的职业精神、职业规范，增强职业责任感，培养遵纪守法、爱岗敬业、无私奉献、诚实守信、公道办事、开拓创新的职业品格和行为习惯。

在此基础上，及时更新教材知识内容，体现产业发展的新技术、新工艺、新规范、新标准。加强教材数字化建设，丰富配套资源，形成可听、可视、可练、可互动的融媒体教材。

教材建设需要各方的共同努力，也欢迎相关教材使用院校的师生及时反馈意见和建议，我们将认真组织力量进行研究，在后续重印及再版时吸纳改进，不断推动高质量教材出版。

机械工业出版社

第5版前言

本书为“十四五”职业教育国家规划教材，同时也是“十二五”职业教育国家规划教材、普通高等教育“十一五”国家级规划教材的修订版。本书第1版于2005年9月出版，第2版于2012年9月出版，第3版于2016年12月出版，第4版于2021年8月出版，出版后陆续受到了读者的广泛好评。此次在第4版基础上，对全书结构、内容增减、资源配套等方面作了全面升级与优化，使之更适用于职业院校教学用书，体现“以学生为中心，工学结合、德技并修”的职教理念。为贯彻党的二十大精神，加强教材建设，推进教育数字化，编者在动态修订时，对全书内容进行了全面梳理，特别优化了数字资源。本书特色如下：

1. 体例创新——采用项目式体例，体现产教融合、校企合作

根据行业发展动态，由教育专家和企业专家对高职道路运输类几个专业的工作任务和职业能力进行了分析。结合教育专家和企业专家提出的建议，对道路工程制图教材的内容进行了调整，并序化为任务驱动的项目课程。

全书以道路工程构件图作为载体，以识读、绘制道路工程构件图为任务，设计学习型项目，使学生在教师引导下通过自主学习及动手操作掌握必要的投影知识及绘图方法；以真实、成套的工程图例（道路路线工程图、桥梁工程图、涵洞工程图、隧道工程图）为载体，以识读道路工程图为任务，设计工作型项目，使学生在带着任务与问题的读图过程中形成识读道路工程图的能力。全书共13个项目，其中8个为学习型项目，5个为工作型项目。每个项目设置学习目标，包括：**知识目标、能力目标、素质目标**，再进行各项任务学习，大部分任务按照“**技能要点→任务学习→任务实施**”进行设置，部分项目最后设置“**复习思考题**”，通过完成这些复习思考题，可使学生更好地掌握该项目重点内容。

2. 优化内容——体现“新工艺、新技术、新设备、新材料”

结合一线岗位能力需要，设置“识读城市道路排水系统施工图”的内容，增强本书的实用性与适用性。以视频方式进一步丰富任务拓展内容，介绍交通建设中新工艺、新技术、新设备、新材料等内容。书中标*项目（或小节）为教师可根据具体授课情况选学内容。

3. 典型案例——引用工程实例图纸，注重工学结合，实用性更强

书中的图例全部取自道路工程实际项目，尤其是识读公路路线工程图、桥梁工程图、涵洞工程图、隧道工程图中部分投影图都是真实的、成套的工程图例，并全部配有立体化三维仿真模型。

4. 立体开发——立体化教材建设，符合“互联网＋职业教育”发展需求

本书配套有集动画演示、微课讲解和三维操作为一体的学习视频（138个），帮助学生自主学习；同时配有彩色立体图（81个）和三维模型（118个），三维模型可以旋转、放大等，实现多角度观察，帮助学生更好地理解复杂的工程实例图纸，联系工程实际，提高学习兴趣与职业技能。另外，本书还配有完整的电子课件、任务实施参考答案和教案等数字化资源，在超星平台建设有线上课程（课程网址：https://mooc1.chaoxing.com/course-ans/courseportal/234823800.html?edit=true）。

此外，编者还编写了《道路工程制图习题集》，与本书配合使用，习题集与主教材结构一致，也配有大量三维仿真模型，且对识读道路工程图部分的习题配以微课视频，加以讲解。

5. 育人元素——融入育人元素，注重培养职业素养，德技并修

书中各个项目中均设置“素养目标”，项目中设置“素质拓展”，并配置12个素质拓展数字资源，从多方面、多角度引入案例，对学生进行专业知识基础、德技兼备等方面的引导，培养细致严谨的工作作风，开放创新的思维模式，强调对学生职业道德、职业素养、职业行为习惯的培养。贯彻落实党的二十大报告中“育人的根本是立德”，及“培养大国工匠、高技能人才”的精神。

本次修订由山西工程科技职业大学赵云华、刘璇任主编；河北交通职业技术学院赵玉肖、山西工程科技职业大学于馥丽和山东交通职业技术学院沈磊任副主编；参与编写的还有山西工程科技职业大学杨广云、姚海星、张海亮、张佳，山西省交通规划勘察设计院有限公司邱建冬。全书由山西工程科技职业大学齐秀廷主审。具体分工如下：项目一、项目三由于馥丽编写，项目二由杨广云编写，项目四由姚海星编写，项目五、项目十一由刘璇编写，项目六由沈磊编写，项目七由赵云华编写，项目八由赵玉肖编写，项目九由邱建冬编写，项目十由张海亮编写，项目十二、项目十三由张佳编写。

由于编者水平有限，不足之处在所难免，恳请使用本书的教师和广大读者批评指正。

编　者

目 录

项目一 熟悉道路工程制图国家标准

学习目标

项目载体	道路工程图例
知识目标	理解并熟记《道路工程制图标准》(GB 50162—1992)(以下简称《国标》)关于图纸幅面、线型、比例、文字、尺寸标注的有关规定
能力目标	1. 能严格按照《国标》规定绘制图纸的图框、角标、标题栏 2. 能选用合适的比例,使用规定的线型绘制平面图形 3. 能够完整、正确、合理、美观地标注平面图形的尺寸并注写文字
素质目标	1. 养成自觉遵守《国标》的习惯 2. 养成认真负责的工作态度、一丝不苟的工作作风、爱岗敬业的优良品质

道路工程图是道路工程施工过程中的重要技术文件。图中内容较多，图形复杂。图 1-1 为某桥梁立体图，图 1-2 为其桥型布置图（施工图）。可以看出施工图上有各种各样的线条、尺寸数字、图框、标题栏等。为便于生产和技术交流，对于每种线条所代表的含义，尺寸数字的单位等，需要有统一的规定；为了图形美观、图面清晰，便于使用和保存，对于图纸的大小，图框、标题栏等的尺寸，字体的种类等需要基本统一。所以《国标》中对图幅大小、图线的线型、尺寸标注、图例、字体等做了统一的规定。

贯彻执行《国标》是每一个工程技术人员的责任与义务。

（彩图）

图 1-1　桥梁立体图

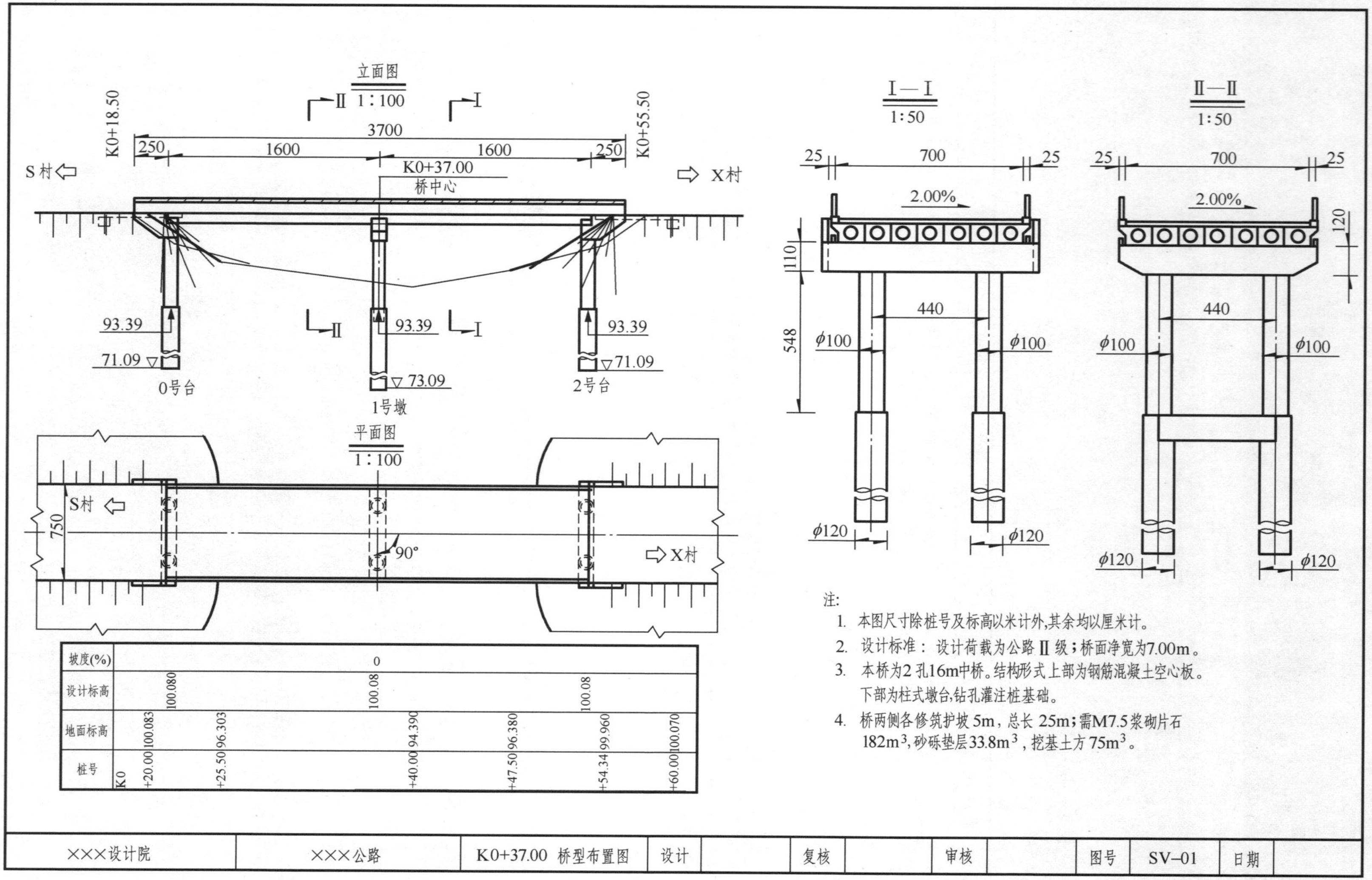
立面图
1∶100
K0+18.50
K0+55.50
3700
250
1600
1600
250
K0+37.00
桥中心
S村
X村
93.39
71.09
0号台
73.09
1号墩
2号台
平面图
1∶100
750
90°
I—I
1∶50
II—II
1∶50
25
700
25
2.00%
110
548
120
440
ϕ100
ϕ120
注:
1. 本图尺寸除桩号及标高以米计外,其余均以厘米计。
2. 设计标准：设计荷载为公路 II 级；桥面净宽为7.00m。
3. 本桥为2 孔16m中桥。结构形式上部为钢筋混凝土空心板。
下部为柱式墩台,钻孔灌注桩基础。
4. 桥两侧各修筑护坡 5m，总长 25m；需M7.5浆砌片石182m³,砂砾垫层33.8m³，挖基土方 75m³。
坡度(%) 0
设计标高 100.080 100.08 100.08
地面标高 100.083 96.303 94.390 96.380 99.960 100.070
桩号 K0 +20.00 +25.50 +40.00 +47.50 +54.34 +60.00
×××设计院
×××公路
K0+37.00 桥型布置图
设计
复核
审核
图号
SV–01
日期

图 1-2 桥型布置图

任务一　确定图幅

技能要点

通过抄绘 A3 图框（图 1-7），掌握《国标》关于图幅、图框、图标、角标的有关规定。

1）掌握图框的画法，熟记 A3、A4 图纸 a、c 的数值。

2）熟记 A3、A4 图纸图框线、标题栏外框线、标题栏内分格线的线宽。

3）理解标题栏、角标中每一项的含义。

任务学习

关于图幅、图框、图标及角标的规定

图幅是指图纸的幅面大小。每项工程都会有一整套的图纸，为了便于装订、保存和合理使用图纸，国家标准对图纸幅面进行了规定，见表 1-1。表中尺寸单位为 mm，尺寸代号如图 1-3 所示。在选用图幅时，应以一种规格为主，尽量避免大小幅面掺杂使用。

表 1-1　图幅及图框尺寸　（单位：mm）

尺寸代号	图幅代号				
	A0	A1	A2	A3	A4
$b \times l$	841×1189	594×841	420×594	297×420	210×297
a	35	35	35	30	25
c	10	10	10	10	10

图纸幅面的长边是短边的$\sqrt{2}$倍，即 $l=\sqrt{2}b$，且 A0 幅面的面积为 $1m^2$。A1 幅面是沿 A0 幅面长边的对裁，A2 幅面是沿 A1 幅面长边的对裁，其他幅面类推。

根据需要，图纸幅面的长边可以加长，但短边不得加宽，长边加长的尺寸应符合有关规定。长边加长时图幅 A0、A2、A4 应为 150mm 的整倍数，图幅 A1、A3 应为 210mm 的整倍数。

图框内右下角应绘图纸标题栏，《国标》规定的格式有三种，如图 1-4 所示。图标外框线线宽宜为 0.7mm；图标内分格线线宽宜为 0.25mm。

当图纸要绘制角标时，应布置在图框内右上角，如图 1-5 所示。角标线线宽宜为 0.25mm。

在道路工程中，一般采用 A3 或 A3 加长的图纸幅面，并且横向装订成册。一般采用图 1-4a 所示的标题栏，画在图纸右下角。图 1-6 为某道路工程图中的路线纵断面图，在该道路工程中共有六张路线纵断面图，这是第六张，位于 K3+500～K3+966.385 段。

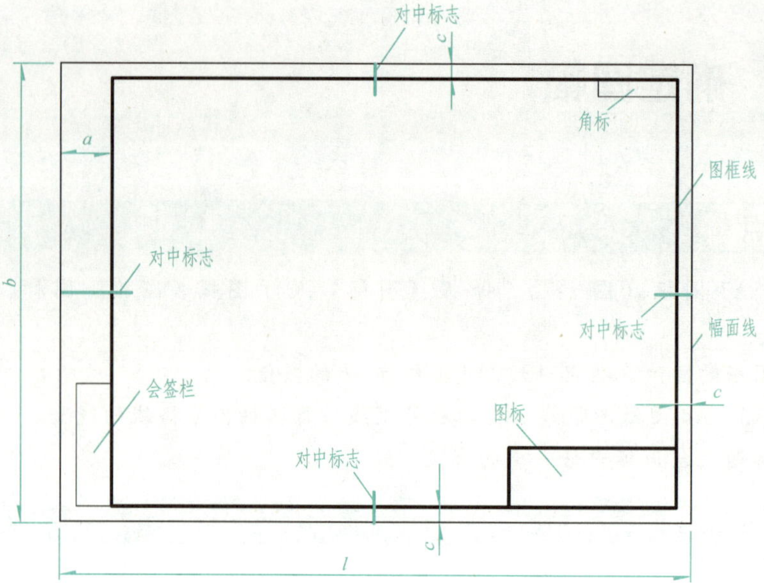

图 1-3 幅面格式

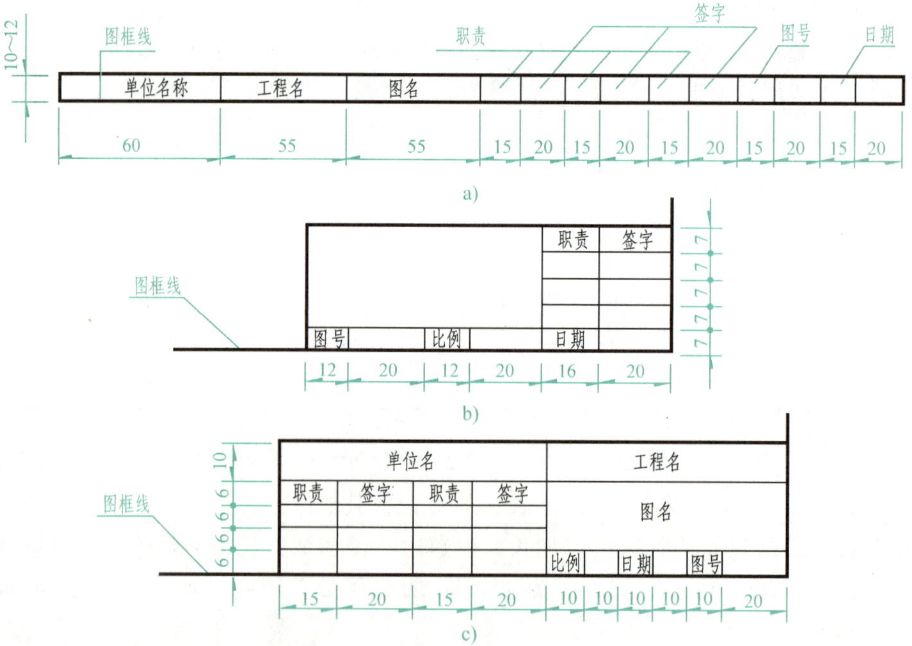

图 1-4 图标（尺寸单位：mm）

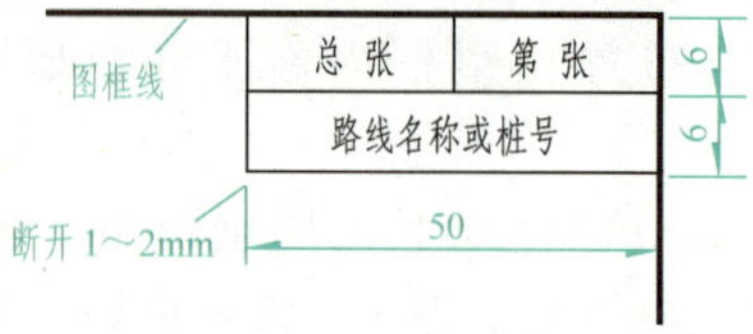

图 1-5 角标（尺寸单位：mm）

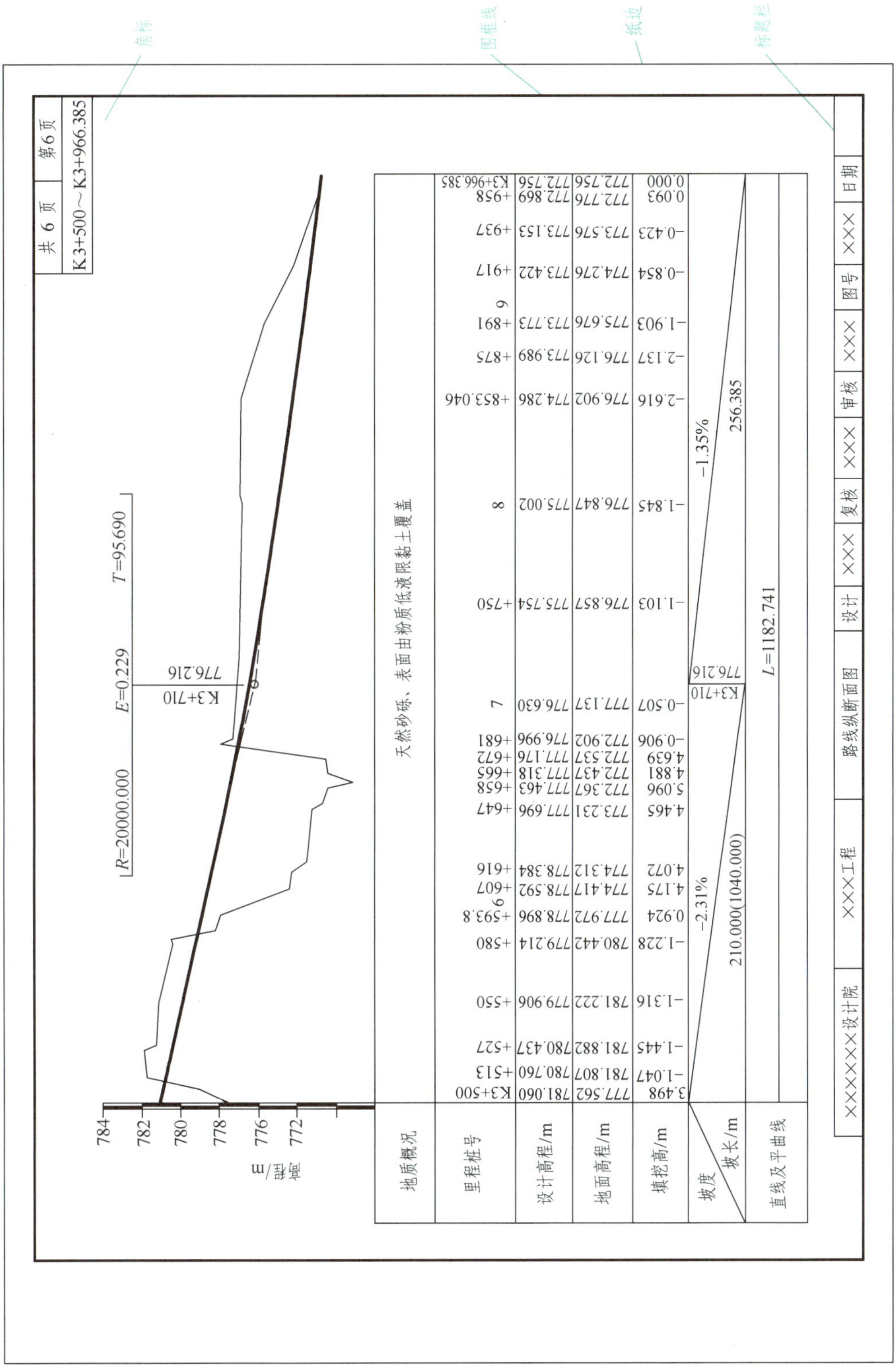
角标
图框线
纸边
标题栏
共 6 页　第 6 页
K3+500～K3+966.385
R=20000.000　E=0.229　T=95.690
K3+710
776.216
天然砂砾，表面由粉质低液限黏土覆盖
地质概况
里程桩号
设计高程/m
地面高程/m
填挖高/m
坡度
坡长/m
直线及平曲线
-2.31%
210.000(1040.000)
-1.35%
256.385
L=1182.741
高程/m
××××设计院
×××工程
路线纵断面图
设计　×××　复核　×××　审核　×××　图号　×××　日期

图 1-6　某道路工程图中的图框、图标、角标

任务实施

绘制 A3 图框

绘制 A3 图框：按照《国标》规定，绘制 A3 图框、图标及角标（图 1-7）。

图 1-7　A3 图框

任务二　确定图线线型及绘图比例

技能要点

通过在 A3 图框内抄绘桥墩一般构造图（图 1-11），掌握《国标》关于图线、比例的有关规定。

1）掌握《国标》对图线的线型、线宽、用途及其画法的规定。

2）熟记粗、中、细线的线宽比例。

3）熟记中粗实线（粗实线）、细实线、细点划线、中虚线、波浪线、折断线的用途。

4）理解比例含义及规定。

任务学习

一、确定线型

工程图由不同种类的线型、不同粗细的线条构成，这些图线可表达图样的不同内容，以及分清图中的主次，《国标》对线型及线宽做了规定。

工程图中图线的线型、线宽和用途见表 1-2。图 1-8 所示为各种线型在桥墩投影图中的应用实例。

表 1-2　图线的线型、线宽和用途

名称	线型	线宽	用　途
粗实线	▬▬▬▬	b	可见轮廓线、钢筋线
细实线	────	$0.25b$	尺寸线、剖面线、引出线、图例线、原地面线
中粗实线	────	$0.5b$	较细的可见轮廓线、钢筋线
加粗实线	▬▬▬▬	$1.4b$～$2.0b$	图框线、路线平面图中的设计线
粗虚线	‒ ‒ ‒ ‒	b	地下管道或建筑物
中粗虚线	‒ ‒ ‒ ‒	$0.5b$	不可见轮廓线
细虚线	- - - -	$0.25b$	道路纵断面图中竖曲线的切线
细点划线	—·—·—	$0.25b$	中心线、对称线、轴线
中粗点划线	—·—·—	$0.5b$	用地界线
双点划线	—··—··—	$0.25b$	假想轮廓线、规划道路中线、地下水位线
粗双点划线	▬··▬	b	规划红线
波浪线	∿∿∿	$0.25b$	断开界线
折断线	─∧∨─	$0.25b$	断开界线

a)

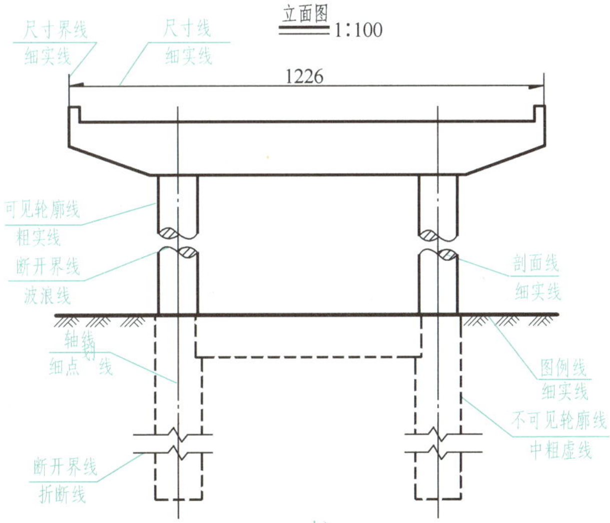

b)

图 1-8　各种线型在桥墩投影图中的应用实例

图线的宽度应根据图的复杂程度及比例大小，从《国标》规定的线宽系列中选取：0.18mm、0.25mm、0.35mm、0.5mm、0.7mm、1.0mm、1.4mm、2.0mm。每个图样一般使用三种线宽，且互成一定的比例，即粗线（线宽为 b）、中粗线、细线，比例规定为 $b:0.5b:0.25b$。绘图时，应根据图样的复杂程度及比例大小，选用表 1-3 所列的线宽组合。

表 1-3 线宽组合

线宽类别	线宽系列/mm				
b	1.4	1.0	0.7	0.5	0.35
$0.50b$	0.7	0.5	0.35	0.25	0.25
$0.25b$	0.35	0.25	0.18 (0.2)	0.13 (0.15)	0.13 (0.15)

在同一张图纸内相同比例的各图形，应采用相同的线宽组合。

图纸图框线和标题栏的宽度见表 1-4。

表 1-4 图纸图框线和标题栏的宽度 （单位：mm）

图纸幅面	图框线	标题栏外框线	标题栏分格线
A0、A1	1.4	0.7	0.25
A2、A3、A4	1.0	0.7	0.25

二、相交线的绘制

相交图线的绘制应符合下列规定：

1）当虚线与虚线或虚线与实线相交时，相交处不应留空隙，如图 1-9a 所示。

2）当点画线与点划线或点划线与其他线相交时，交点应设在线段处，如图 1-9a 所示。

3）当实线的延长线为虚线时，应留空隙，如图 1-9b 所示。

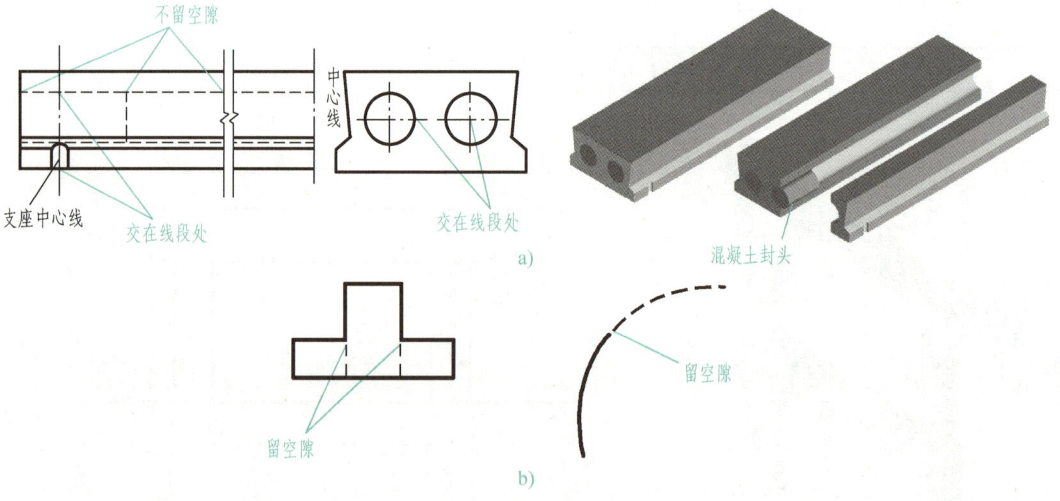

图 1-9 相交图线的画法

三、确定比例

图样中图形与实物相应线性尺寸之比，称为比例。绘图比例的选择，应遵循图面布置合理、均匀、美观的原则，按图形大小及图面复杂程度确定，一般优先选用表 1-5 中的常用比例。

表 1-5 绘图所用的比例

常用比例	1∶1	1∶2	1∶5	1∶10	1∶20	1∶50
	1∶100	1∶200	1∶500	1∶1000	1∶2000	1∶5000
	1∶10000	1∶20000	1∶50000	1∶100000	1∶200000	
可用比例	1∶3	1∶15	1∶25	1∶30	1∶40	1∶60
	1∶150	1∶250	1∶300	1∶400	1∶600	
	1∶1500	1∶2500	1∶3000	1∶4000		
	1∶6000	1∶15000	1∶30000			

比例应采用阿拉伯数字表示，宜标注在视图图名的右侧或下方，字高可比图名字体小一号或二号，如图 1-10 所示，又如图 1-8 所示桥墩投影图上的比例标注。当同一张图纸中的比例完全相同时，可在图标中注明，也可以在图纸中适当位置采用标尺标注，如图 1-6 中所示的高程标注。当竖直方向与水平方向的比例不同时，可采用 *V* 表示竖直方向比例，用 *H* 表示水平方向比例。

图 1-10 比例的标注

任务实施

抄绘桥墩立面图：按照《国标》关于线型的有关规定，选择合适的比例，在任务一中绘制的 A3 图框内抄绘桥墩一般构造图（图 1-11）。

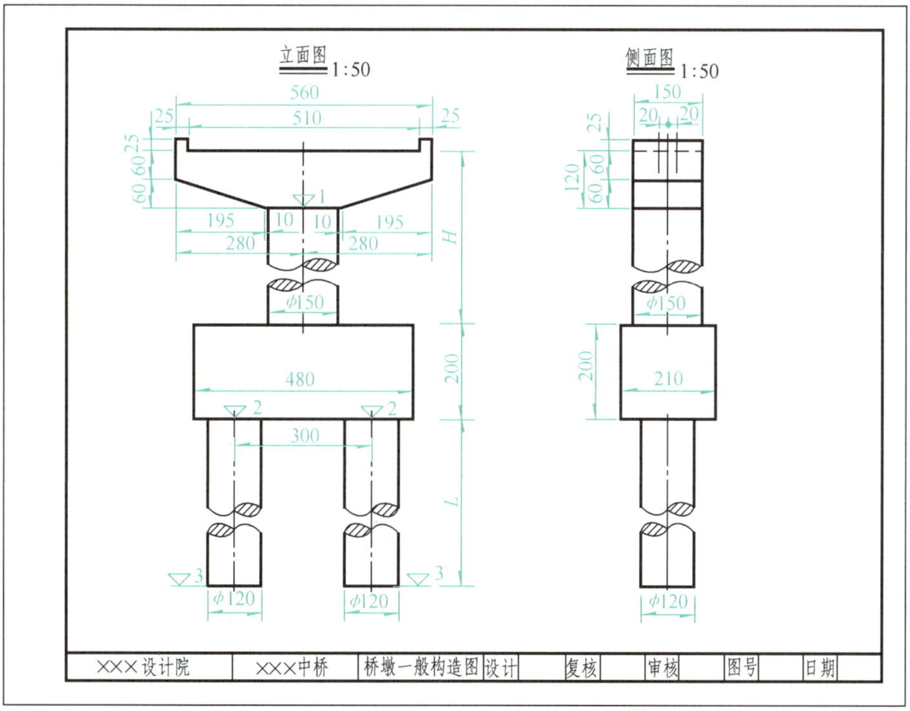

图 1-11 桥墩一般构造图

绘制桥墩一般构造图

任务三 填写图中文字

技能要点

通过填写桥墩一般构造图上的文字，掌握《国标》关于工程图中文字的有关规定及长仿宋体字的书写方法。

1）理解《国标》对图中汉字、数字、字母等的规定。

2）熟记汉字的宽度与高度的比例。

3）理解字体的高度与字号的关系。

任务学习

文字、数字、字母或符号是工程图的重要组成部分。若字体潦草，会导致辨认困难，或引起读图错误，容易造成工程事故，给国家和个人带来损失，同时也影响图面整洁美观。因此要求字体端正、笔画清晰、排列整齐、标点符号清楚正确，而且要求采用规定的字体并按规定的大小书写。

一、汉字

道路工程制图国家标准规定图中汉字应采用长仿宋体字，又称工程字，并采用国家正式公布的简化字，除有特殊要求外，不得采用繁体字。汉字的宽度与高度的比例为 2∶3，字体的高度即为字号。汉字书写要求采用从左向右、横向书写的格式，且汉字高度不宜小于 3.5mm，见表 1-6。

表 1-6 长仿宋体字的高度尺寸（单位：mm）

字高（字号）	20	14	10	7	5	3.5
字宽	14	10	7	5	3.5	2.5

书写长仿宋体字的要领是：横平竖直、起落分明、排列匀称、填满方格，如图 1-12 所示。

要求字体端正笔画清晰排列整齐道
路工程制图标准规定汉字采用长仿
宋体并采用国家公布的简化字高度

图 1-12 汉字示例

二、数字和字母

图纸中的阿拉伯数字、外文字母、汉语拼音字母笔画宽度宜为字高的 1/10。大写字母的宽度宜为字高的 2/3，小写字母的高度应以 b、f、h、p、g 为准，字宽宜为字高的 1/2。a、m、n、o、e 的字宽宜为上述小写字母高度的 2/3。

数字与字母的字体可采用直体或斜体，但同一册图纸中应一致。直体笔画的横与竖应成 90°；斜体字头向右倾斜，与水平线应成 75°。字母不得写成手写体。数字与字母要与汉字同行书写，其字高应比汉字的高小一号。字例如图 1-13 所示。

图 1-13 数字和字母示例

任务实施

标注文字：按照《国标》中关于工程图中文字的有关规定，在任务二中绘制的桥墩一般构造图上标注文字。

任务四 标注尺寸

技能要点

通过为桥墩一般构造图（任务二中绘制）标注尺寸，掌握道路工程制图标准关于尺寸标注的有关规定及尺寸标注方法。

1）熟记《国标》关于尺寸单位的规定。

2）掌握《国标》对尺寸线、尺寸界线、尺寸起止符、尺寸数字的有关规定。

3）掌握引出线、半径、直径、弧长、弦长、标高、角度、坡度等尺寸的标注方法。

任务学习

工程图上除画出构造物的形状外，还必须准确、完整、清晰地标注出构造物的实际尺寸，以作为施工的依据。因此，尺寸是图样的重要组成部分。

一、尺寸标注中的一些规定

1）图上所有尺寸数字是物体的实际大小数值，与图的比例无关。

2）在道路工程图中，线路的里程桩号以 km 为单位；标高、坡长和曲线要素均以 m 为单位；一般砖、石、混凝土等工程结构物及钢筋和钢材的长度以 cm 为单位；钢筋和钢材断面以 mm 为单位。图上尺寸数字之后不必注写单位，但在注解及技术要求中要注明尺寸单位。

二、尺寸的组成

图样上标注的尺寸，由尺寸线、尺寸界线、尺寸起止符和尺寸数字四部分组成，如图 1-14 所示。

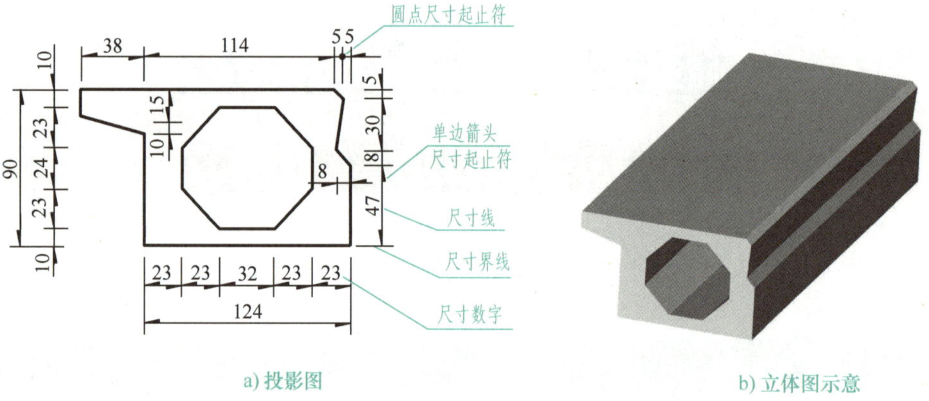

图 1-14 空心板横断面尺寸标注

1. 尺寸线

尺寸线用细实线绘制，应与被标注长度平行，且不应超出尺寸界线。图形轮廓线不能作为尺寸线。相互平行的尺寸线应从被标注的轮廓线由近向远排列，并且小尺寸在内，大尺寸在外。所有平行尺寸线的间距一般在 5~15mm 之间。同一张图纸上这种间距应当保持一致，如图 1-15 所示。

2. 尺寸界线

尺寸界线用细实线绘制，由一对垂直于被标注长度的平行线组成，其间距等于被标注线段的长度，尺寸界线一端应靠近所注图形轮廓线，另一端应超出尺寸线 1~3mm，如图 1-15 所示。图形轮廓线、中心线也可作为尺寸界线，如图 1-15 所示 *D*26 的标注就以轮廓线为尺寸界线。

3. 尺寸起止符

尺寸线与尺寸界线的交点为尺寸的起止点，在起止点上应画尺寸起止符。尺寸起止符宜采用单边箭头表示；尺寸起止符也可采用顺时针方向转 45°的中粗斜短线表示，长度为

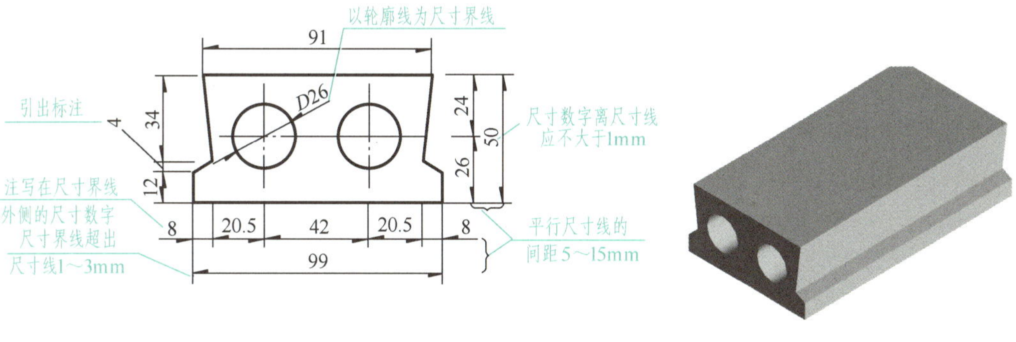

a)　　　　b)

图 1-15　尺寸界线及尺寸数字的标注示例

（空心板横断面尺寸标注）

2~3mm。道路工程制图中一般采用单边箭头。在连续标注的小尺寸中，也可在尺寸界线同一水平的位置，用黑圆点表示中间部分的尺寸起止符，如图 1-14 所示。

4. 尺寸数字

尺寸数字一般标注在尺寸线上方中部，离尺寸线应不大于 1mm。当没有足够的注写位置时，最外边的尺寸数字可注写在尺寸界线外侧箭头的上方，中间相邻的尺寸数字可错开注写，也可引出注写，如图 1-15 所示。

尺寸数字及文字注写方向如图 1-16 所示，即水平尺寸字头朝上，垂直尺寸字头朝左，倾斜尺寸的尺寸数字都应保持字头仍有朝上趋势。同一张图纸上，尺寸数字的大小应相同。

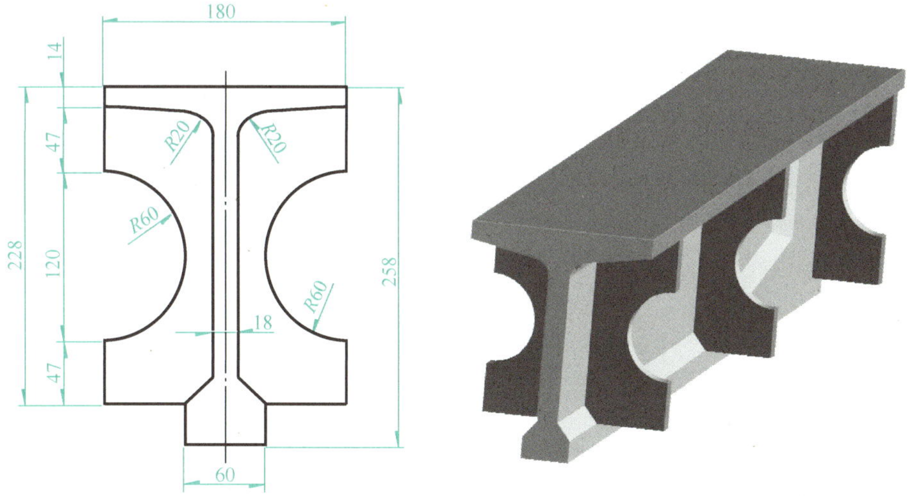

a) 投影图　　　　b) 立体图示意

图 1-16　尺寸数字及文字注写方向（T 梁横断面尺寸标注）

三、各类尺寸的标注

1. 小尺寸及连续排列的等长尺寸的标注

没有足够位置标注尺寸时，箭头可画在尺寸线外侧成反向箭头，最外边的尺寸数字可注写在尺寸界线外侧箭头的上方。

中间连续排列的小尺寸，可在尺寸界线同一水平的位置，用黑圆点代替中间部分的箭头，尺寸数字可错开注写，也可引出注写。

连续排列的等长尺寸可采用“间距数×间距尺寸”的形式标注，如图 1-17 中的“9×15.4”。

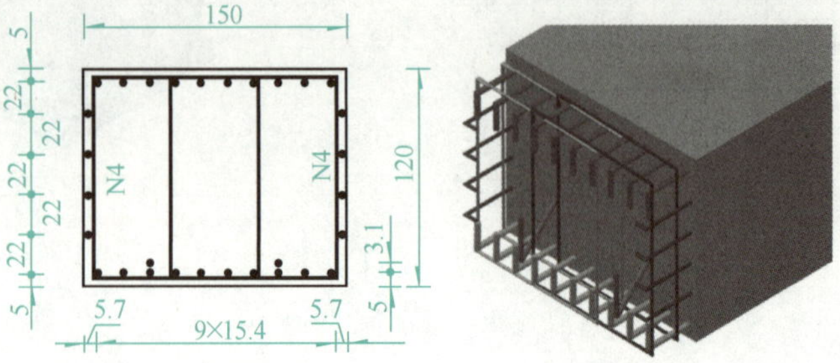

a) 投影图　　b) 立体图示意

图 1-17　小尺寸的标注

2. 引出线的标注

引出线的斜线与水平线应采用细实线绘制，其交角 α 可按 90°、120°、135°、150°绘制。当图形需要文字说明时，可将文字说明标注在引出线的水平线上。当斜线在一条以上时，各斜线宜平行或交于一点，如图 1-18 所示。

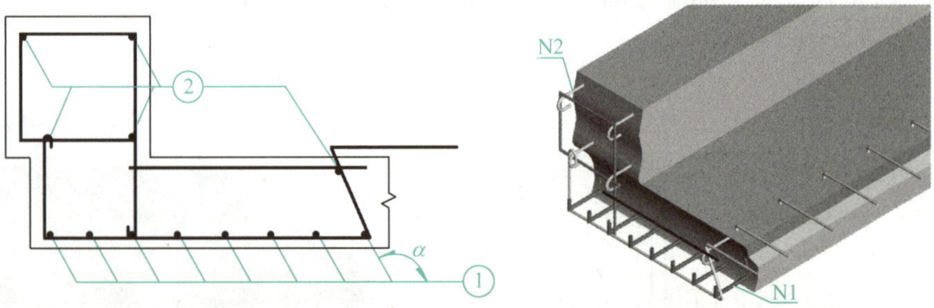

（彩图）

a) 投影图　　b) 立体图示意

图 1-18　引出线的标注（涵洞盖板钢筋结构横断面图）

3. 半径与直径的标注

在圆的直径尺寸数字前面，加注符号“ϕ”或“d（D）”，在半径尺寸数字前面，加注符号“r（R）”，如图 1-19a 所示。当圆的直径较小时，半径与直径可按图 1-19b、c 标注；当圆的直径较大时，半径尺寸的起点可不从圆心开始，按图 1-19d 中的 R1300 的标注方法标注。

4. 弧长与弦长的标注

弧长尺寸按如图 1-20a 所示标注，尺寸界线也可沿径向引出，如图 1-20b 所示。弦长的尺寸界线应垂直于该圆弧的弦，如图 1-20c 所示。图 1-20d 所示为桥梁中各种钢筋圆弧长度的标注示例，图 1-20e 所示为石拱涵拱圈部分弦长的标注示例。

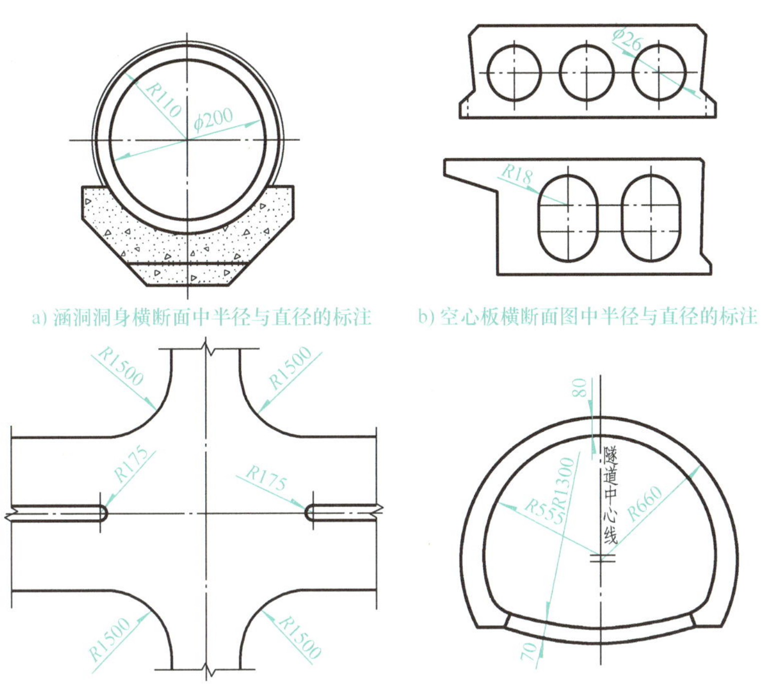

a) 涵洞洞身横断面中半径与直径的标注　b) 空心板横断面图中半径与直径的标注

c) 道路平面图中半径的标注　d) 隧道洞身衬砌横断面中半径的标注

图 1-19　半径与直径的标注

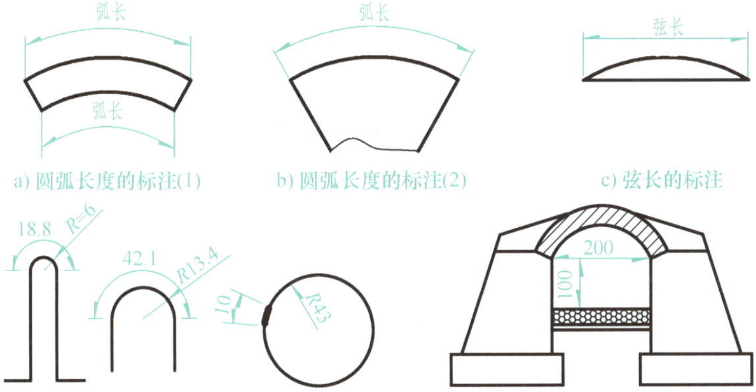

a) 圆弧长度的标注(1)　b) 圆弧长度的标注(2)　c) 弦长的标注

d) 桥梁中钢筋圆弧长度的标注　e) 石拱涵拱圈部分弦长的标注

图 1-20　弧长与弦长的标注

5. 球的标注

标注球体的尺寸时，应在直径和半径符号前加 S，如“$S\phi$”“SR”。

6. 角度的标注

角度的尺寸线应以圆弧来表示，角的两边为尺寸界线。角度数值宜写在尺寸线上方中部。当角度太小时，可将尺寸线标注在角的两条边的外侧，角度数字应按如图 1-21 所示标注。

7. 标高的标注

标高符号应采用细实线绘制的等腰直角三角形表示。顶角应指在需要标注的被注点上，

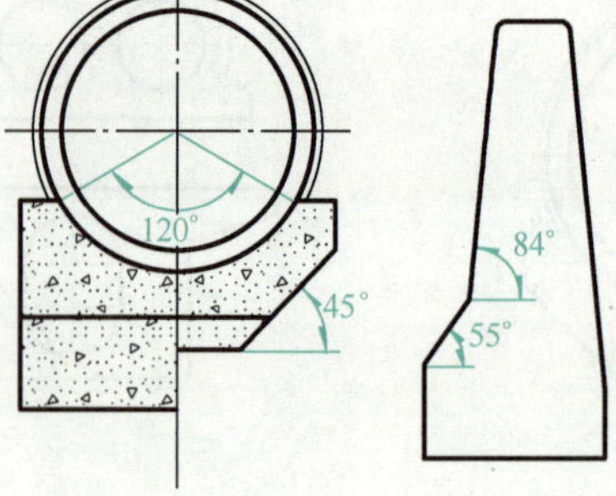

a) 圆管涵洞洞身断面图中角度标注　　b) 桥梁防撞墙上的角度标注

图 1-21　角度的标注

向上、向下均可。标高数字宜标注在三角形的右边。负标高数字前应冠以“-”号，正标高（包括零标高）数字前可不冠以“+”号。当图形复杂时，也可采用引出线形式标注，如图 1-22a 所示。水位线的标注如图 1-22b 所示。图 1-22c 所示为标高及水位线的标注。图 1-22d 为立体图示意。

8. 坡度的标注

当坡度值较小时，坡度的标注宜用百分数表示，并应标注坡度符号。坡度符号应由细实线、单边箭头以及在线上标注的百分数组成，坡度符号的箭头应指向下坡，如图 1-23 所示路基横断面图中路面横向坡度的标注。当坡度值较大时，坡度的标注宜用比例的形式表示，如 1∶n，如图 1-23a 所示路基横断面图中路堤边坡与路堑边坡坡度的标注。

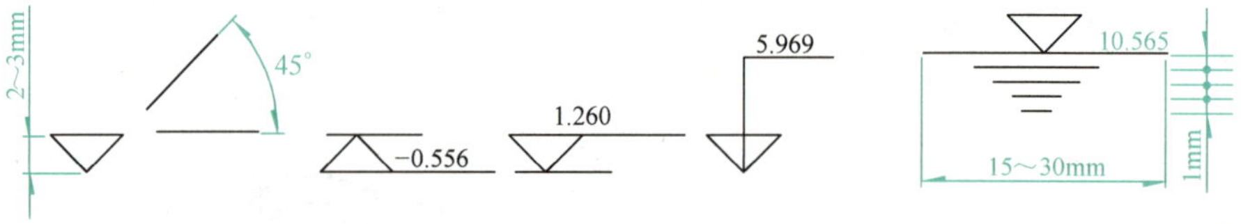

a) 标高的标注　　b) 水位线的标注

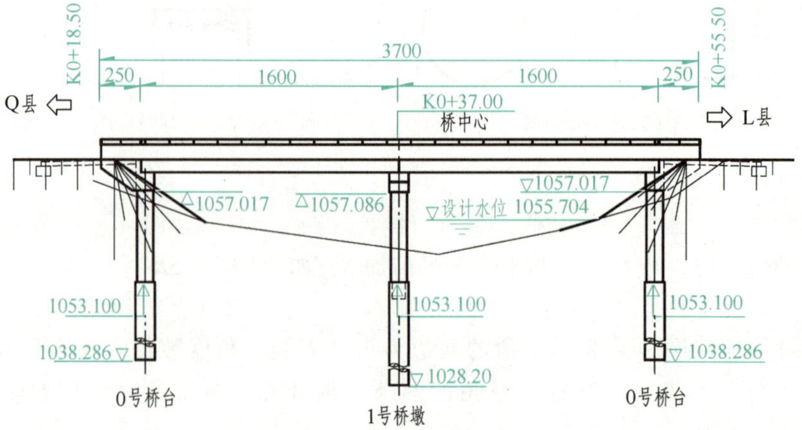

c) 桥梁图中标高及水位线的标注示例

图 1-22　标高及水位线的标注

d) 立体图示意

图 1-22　标高及水位线的标注（续）

（彩图）

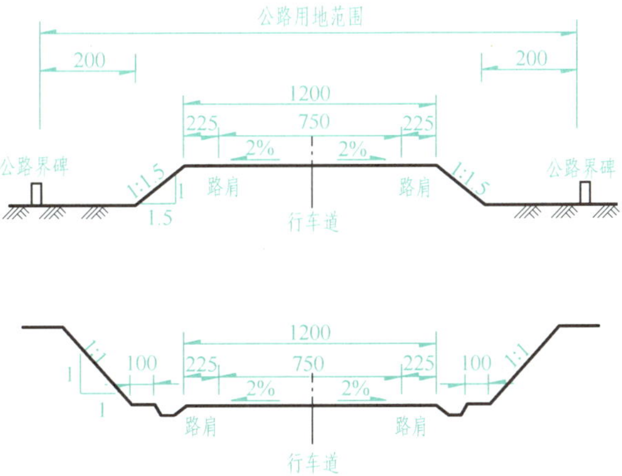

a) 投影图

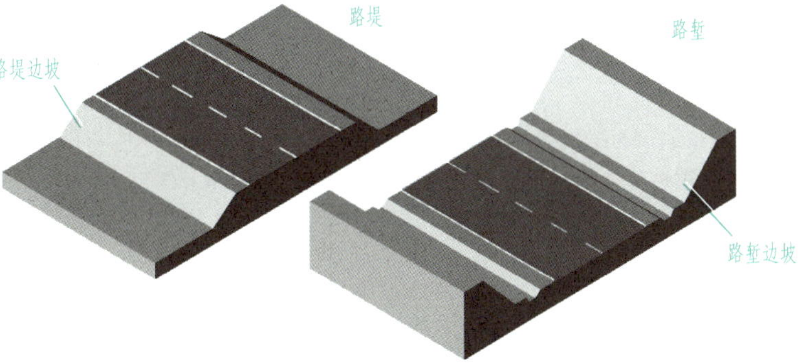

b) 立体图示意

图 1-23　路基横断面图中坡度的标注

（彩图）

任务实施

标注尺寸：按照《国标》关于尺寸标注的有关规定，在任务二中绘制的桥墩一般构造图标注尺寸。

素质拓展

学习工程制图——养成良好职业素养

学习道路工程制图是我们开启职业生涯必由之路，也将成为养成良好职业素养的重要旅程。

工程图样是表达设计意图和交流设计思想的工具，是指导施工和生产的技术文件，是沟通设计者意图与建造者施工的桥梁，更是工程施工和工程验收的依据，所以，也被称为工程界的语言。可以说没有工程图样，就不会有我们国家约 80 万座桥梁；读不懂工程图样同样建不成任何桥梁。

工程图样的重要性意味着它必须准确无误，丝毫的差错都可能造成不可估量的工程事故。由于图样的差错或遗漏导致的工程事故也并不罕见，比如某污水管道改建工程，由于天然气管线方提供的图纸上原有管道位置错误，以至于在原有天然气管道的位置进行了顶管作业，顶管机机头顶裂了地下的天然气管道，造成天然气泄漏，引发人员伤亡的重大事故。惨痛的事故提醒我们作为未来的工程建设者必须怀着高度的责任心和敬畏心去学好道路工程制图。

在道路工程制图的学习过程中，我们要始终坚持画图准确规范、读图认真细致。读图、绘图是我们最基本的职业技能，一丝不苟是我们的职业素养，对人民负责是我们职业道德的底线。

复习思考题

1.《国标》中对哪些内容作了规定？

2. 图纸幅面长度、宽度比例为（　　）即 $l=$(　)b。

3. A3、A4 图幅的尺寸为（　　×　　）、（　　×　　），A3 图幅图框与纸边的距离 $a=$(　　) mm、$c=$(　　) mm，A4 图幅图框与纸边的距离 $a=$(　　) mm、$c=$(　　) mm。

4. 标题栏外框线、标题栏分格线、角标的线宽分别为（　　）mm、(　　) mm、(　　) mm。

5. 图样中的粗线（线宽为 b）、中粗线、细线其比例规定为（　　）。可见轮廓线、不可见轮廓线、对称中心线、尺寸线及尺寸界线采用（　　）、(　　)、(　　)、(　　)、(　　)，断开界线采用（　　）或（　　）。

6. 比例的含义是什么？一般标注在什么位置？

7.《国标》规定图中汉字应采用哪种字体？字体的长宽比为多少？字号与字体高度有什么关系？

8. 道路工程图中，线路的里程桩号以（　　）为单位，标高、坡长和曲线要素均以（　　）为单位；一般砖、石、混凝土等工程结构物以（　　）为单位；钢筋和钢材长度以（　　）为单位；钢筋和钢材断面以（　　）为单位。

9. 尺寸的四要素是什么？道路工程图中尺寸起止符采用哪一类？箭头在尺寸界线的右边时，应标注在尺寸线之（　　），反之，应标注在尺寸线之（　　）。

项目二 绘制几何图形

学习目标

项目载体	道路工程中的几何图形
知识目标	1. 掌握绘图工具的使用方法 2. 掌握道路工程中常见的几何图形的作图方法
能力目标	能使用绘图工具熟练绘制道路工程中常见的几何图形
素质目标	1. 养成严谨、规范作图的良好习惯 2. 发扬精益求精的工匠精神

任务一 认识绘图工具

技能要点

1）了解图板的规格和使用方法。

2）了解铅笔的种类，掌握铅笔的磨削方法。

3）掌握用丁字尺、三角板绘制水平线、垂直线、15°倍角线的方法。

4）了解圆规、分规的用途，并掌握其使用方法。

任务学习

传统的绘图工具种类繁多，常用的有图板、铅笔、丁字尺、三角板等，如图 2-1 所示。现将主要工具分述如下。

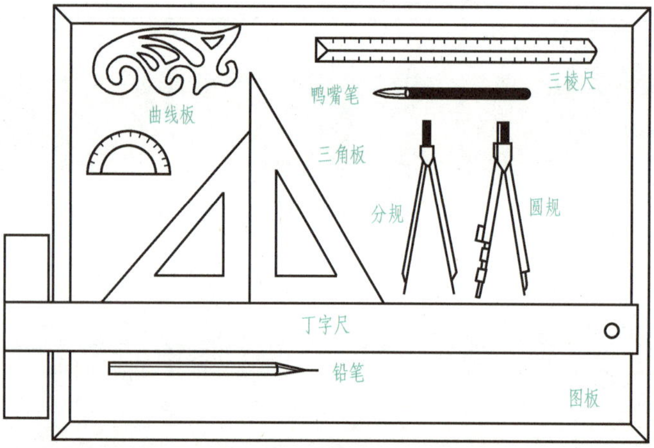

图 2-1 常用绘图工具

一、图板

图板主要用作画图的垫板。图板板面应质地松软、光滑平整、有弹性，图板两端要平整，角边应垂直。图板有 0 号、1 号、2 号等各种不同规格，可根据所画图幅的大小而选定。

二、铅笔

绘图使用的铅笔的铅芯硬度用 B 和 H 表示，B 表示软而浓，H 表示硬而淡，HB 表示软硬适中。画底稿时常用 H～2H 铅笔，描粗时常用 HB～2B 铅笔。

铅笔应削成如图 2-2 所示的式样，削好的铅笔还要用砂纸将铅芯磨成圆锥形或矩形，锥形铅芯用于画细实线及书写文字，矩形铅芯用于描粗实线。

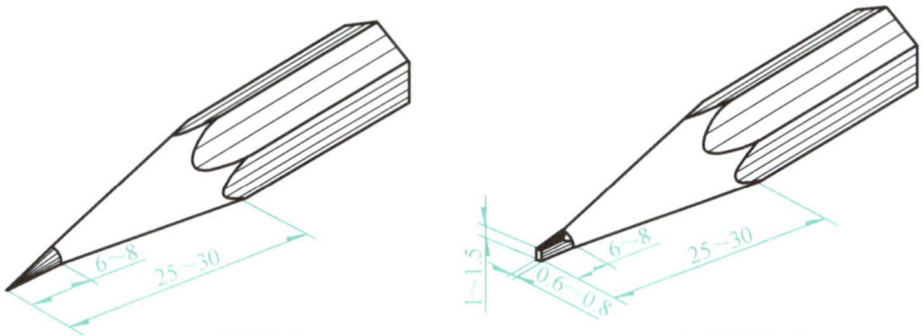

a) 锥形铅芯　　b) 矩形铅芯

图 2-2　绘图铅笔

三、丁字尺

丁字尺由相互垂直的尺头和尺身构成，丁字尺与图板配合主要用来画水平线，如图 2-3 所示。使用时应检查尺头和尺身是否坚固，再检查尺身的工作边和尺头内侧是否平直光滑。

用丁字尺画水平线时，铅笔应沿着尺身工作边从左画到右，如水平线较多，则应由上而下逐条画出。丁字尺每次移动位置都要注意尺头是否紧靠图板，画线时应防止尺身移动。如图 2-4 所示为移动丁字尺的手势。

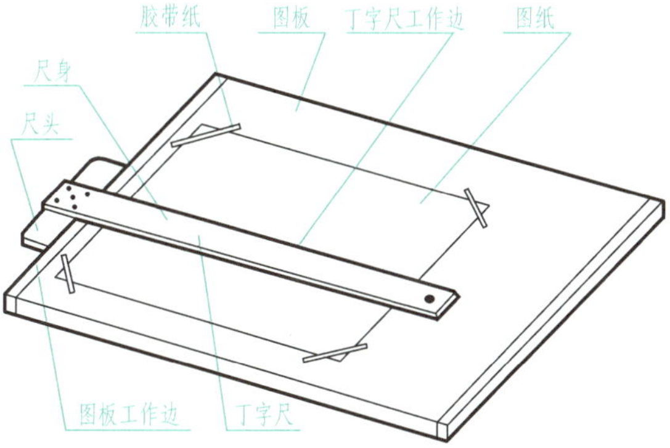

图 2-3　丁字尺与图板配合和使用

图 2-4　移动丁字尺的手势

丁字尺与三角板的使用

为保证图线的准确，不允许用丁字尺的下边画线，也不许把尺头靠在图板的上边、下边或右边来画铅垂线或水平线。

四、三角板

三角板与丁字尺配合，主要用来画铅垂线和某些角度的斜线，一副三角板包括 45°三角板和 30°~60°三角板各一块。

使用三角板画铅垂线时，应使丁字尺尺头靠紧图板左边硬木边条，三角板的一直角边紧靠在丁字尺的工作边上，再用左手轻轻按住丁字尺和三角板，右手持铅笔，自下而上画出铅垂线，如图 2-5 所示。

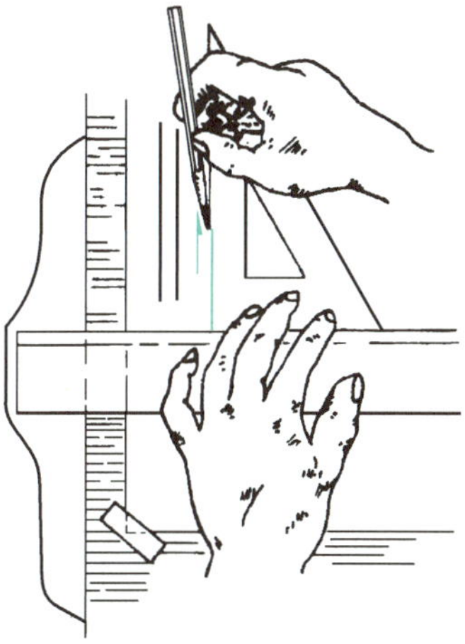

图 2-5　用三角板画铅垂线

用一副三角板和丁字尺配合可画出与水平线成 15°及其

倍数角（30°、45°、60°、75°）的斜线，如图 2-6 所示。

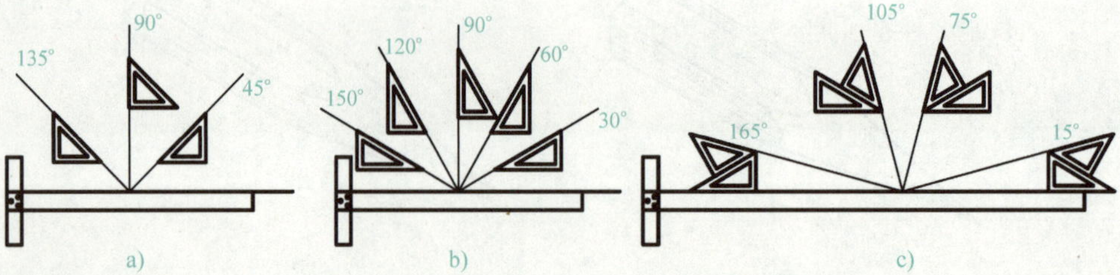

图 2-6 斜线的画法

画 15°倍角线

五、分规

分规是截量长度和等分线段的工具，使用方法如图 2-7 所示。使用分规时应保持清洁，防止碰坏，并使两针尖接触对齐。

六、圆规

圆规是用来画圆或圆弧的仪器，它与分规形状相似。在一条腿上附有插脚，换上不同的插脚可作不同的用途，换上钢针插脚可当分规用，换上铅笔插脚就是圆规，如图 2-8 所示。

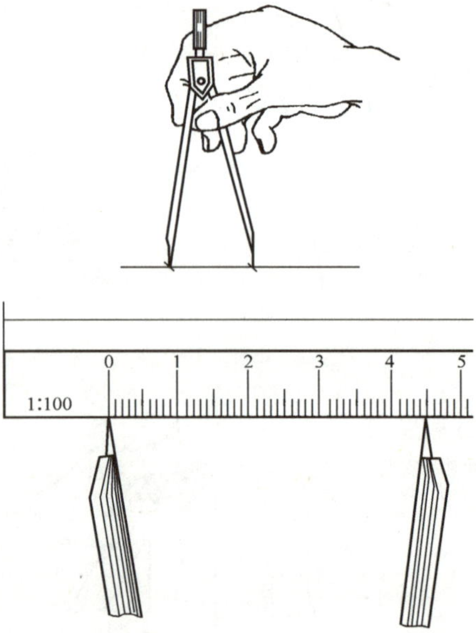

图 2-7 分规的用法

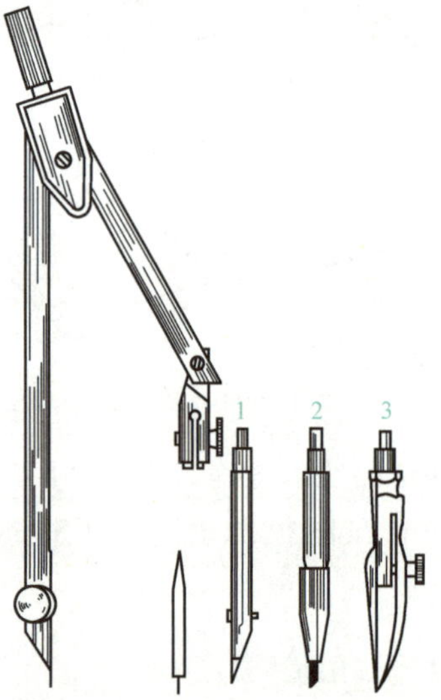

图 2-8 圆规

1—钢针插脚 2—铅笔插脚

3—墨水笔插脚

圆规的用法如图 2-9 所示。画圆时，圆规应稍向前倾斜，整个圆或整段圆弧应一次画完。画较大的圆弧时，应使圆规两脚与纸面垂直。圆规铅芯宜磨成楔形，并使斜面向外，其硬度应比所画同种直线的铅笔软一号，以保证图线深浅一致。

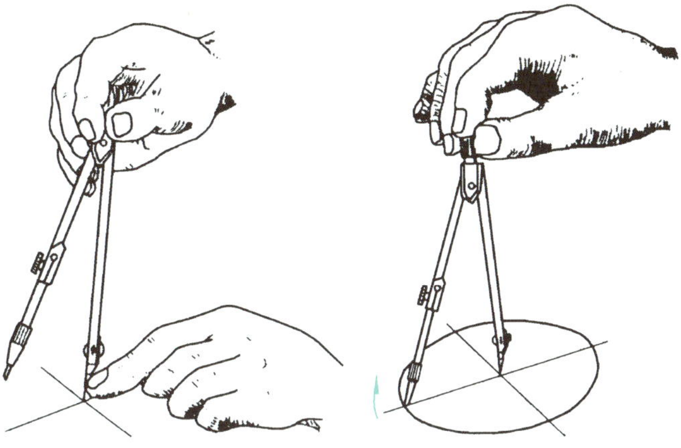

图 2-9　圆规的用法

任务二　绘制基本几何图形

技能要点

选择合适的比例抄绘图示桥台盖梁钢筋半平面图（图 2-17）及隧道衬砌断面图（图 2-18）。

1）掌握已知直线平行线的绘制方法、已知直线垂直线的绘制方法。

2）掌握等分线段的方法、正多边形的画法。

3）掌握圆弧连接的画法、椭圆的画法。

任务学习

基本几何图形的画法

图样是由直线、圆弧及曲线构成的几何图形。为了准确、迅速地绘制图样，并提高绘图质量，必须掌握各种几何图形的作图方法。下面介绍几种常用的作图方法。

（一）过已知点作已知直线的平行线

过已知点 A 作已知直线 BC 的平行线，作图步骤如图 2-10a、b、c 所示。

（二）过已知点作已知直线的垂直线

已知点 A 和直线 BC，过 A 点作直线与 BC 垂直。作图的方法与步骤如图 2-11a、b、c、d 所示。

（三）分已知线段为任意等份

将图 2-12a 所示的已知直线 AB 分为 5 等份。

过已知点作已知直线的平行线

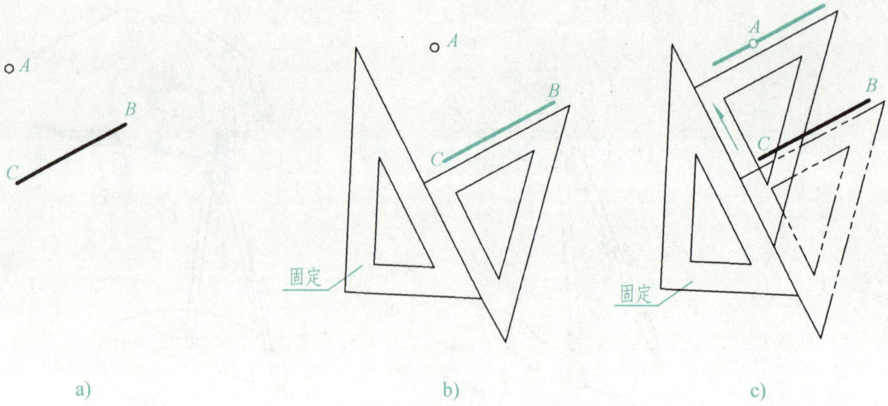

图 2-10 过已知点作已知直线的平行线

过已知点作已知直线的垂直线

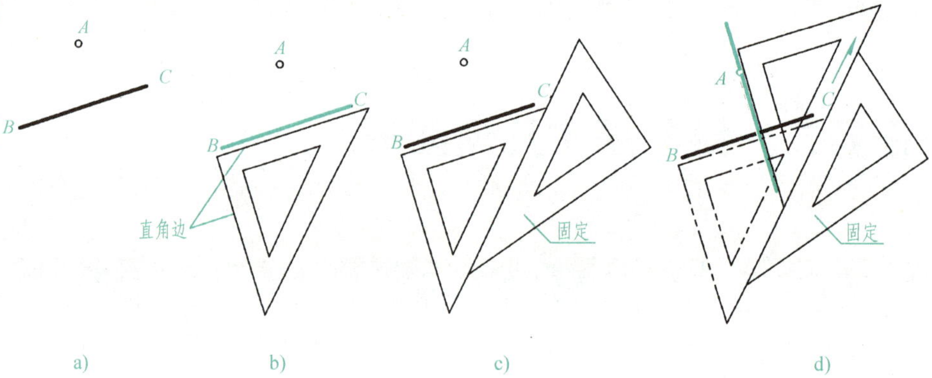

图 2-11 过已知点作已知直线的垂直线

任意等分线段

1）过点 *A* 作任意直线 *AC*，在 *AC* 上任意截取 5 等份，并连接 *B*5（图 2-12b、c）。

2）过各等分点作 *B*5 的平行线交 *AB* 得 4 个点，即分 *AB* 为 5 等份。

分两平行线间的间距为任意等分

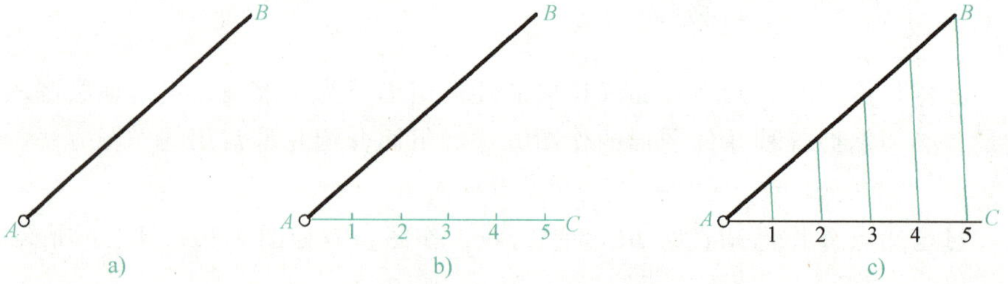

图 2-12 等分已知线段

（四）已知对角距求作正六边形

已知对角距作内接正六边形，作图的方法与步骤如图 2-13a、b 所示。

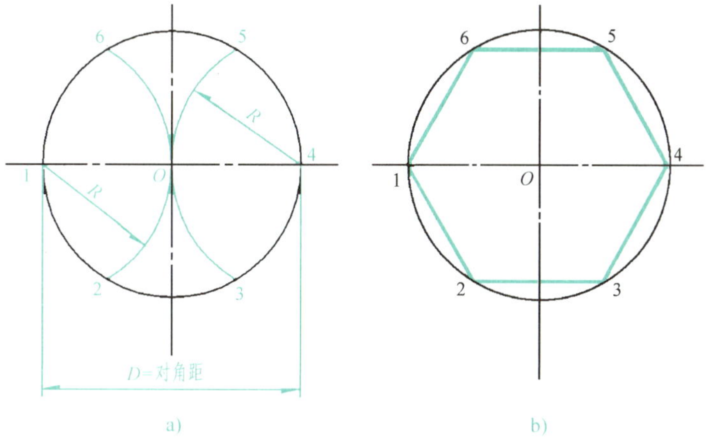

图 2-13　已知对角距作内接正六边形

（五）作圆内接任意正多边形（以正九边形为例）

1）已知外接圆，作内接正九边形，先将直径 *AB* 分成为 9 等份（图 2-14a）。

2）以 *B* 为圆心，*AB* 为半径，画圆弧与 *DC* 的延长线相交于 *E*，再自 *E* 点引直线与 *AB* 上每隔一分点（如 2、4、6、8）连接，并延长与圆周交于 *F*、*G*、*H*、*I* 点，如图 2-14b 所示。

3）求出 *F*、*G*、*H*、*I* 的对称点 *J*、*K*、*L* 和 *M*，并顺次连接 *A*、*F*、*G*、*H*、*I*、*J*、*K*、*L*、*M* 点，即得正九边形，如图 2-14c 所示。

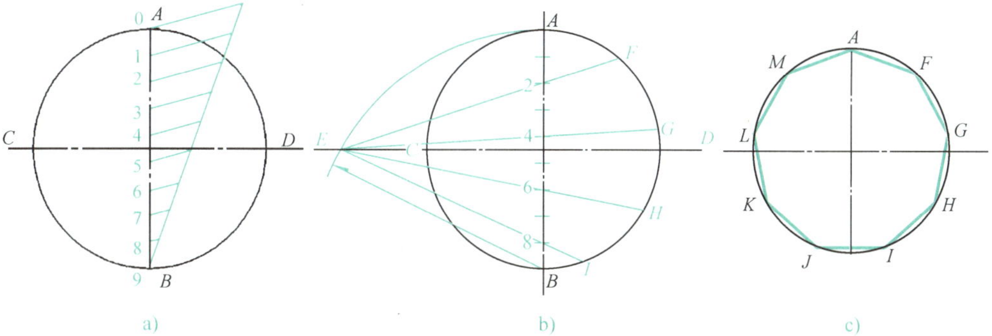

图 2-14　已知外接圆作内接正九边形

作圆的内接正九边形

（六）圆弧连接

道路工程图中经常用到圆弧与直线连接或圆弧与圆弧连接，如道路的平面曲线、涵洞的洞口、隧道的洞门等。图 2-15 所示为立交桥的平面图就是用圆弧与直线连接而成的。圆弧连接的形式很多，其关键是根据已知条件，准确地求出连接圆弧的圆心和切点（即连接点）。现将圆弧连接作图方法与步骤列于表 2-1。

圆弧与直线相切的原理

圆弧与圆弧外切的原理

圆弧与圆弧内接的原理

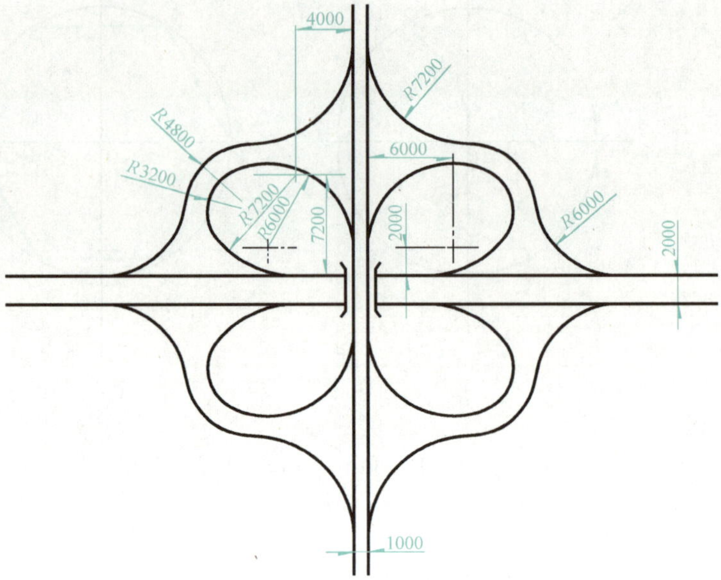

图 2-15 立交桥的平面图

表 2-1 圆弧连接作图

	已知条件	作图方法与步骤		
		1. 求连接圆弧圆心 O	2. 求连接点(切点)A、B	3. 画连接圆弧并描粗
圆弧连接已知直线两段	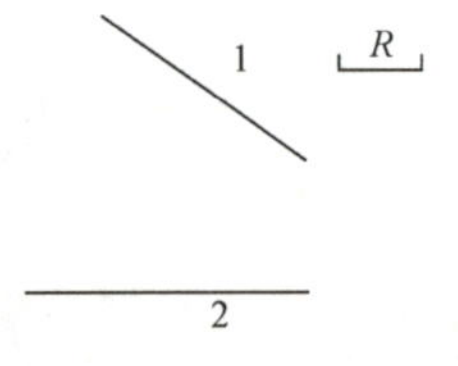	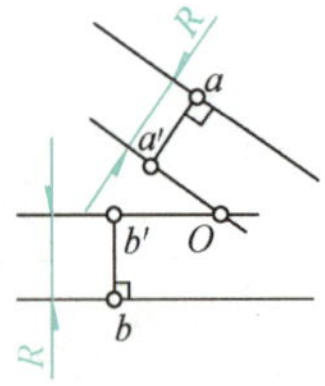	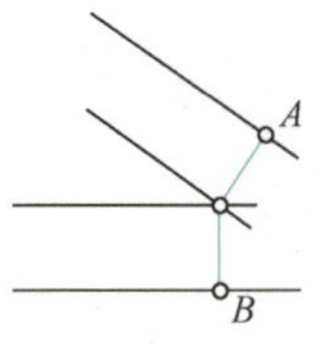	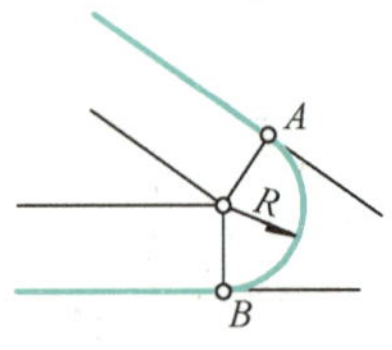
圆弧连接已知线段和圆弧	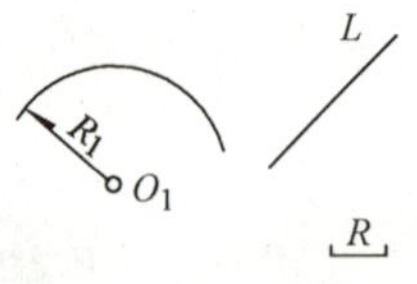	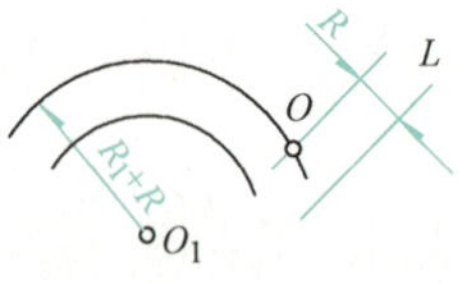	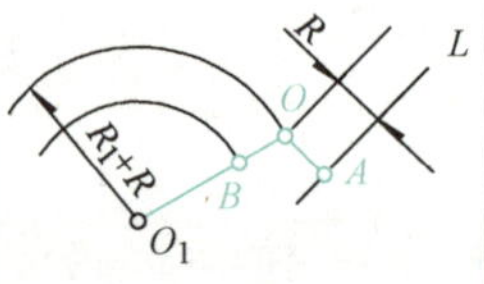	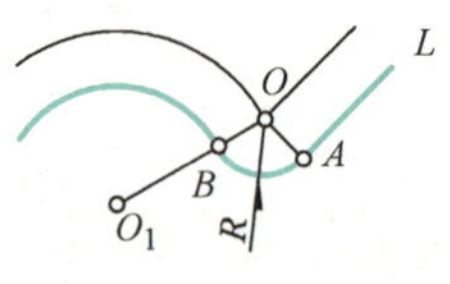
圆弧外切连接两已知圆弧	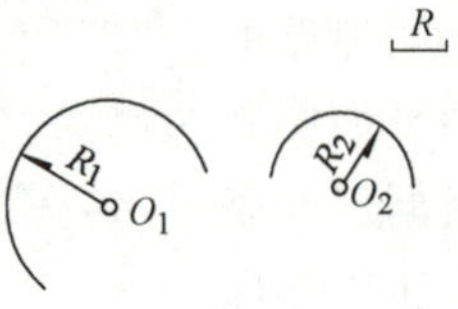	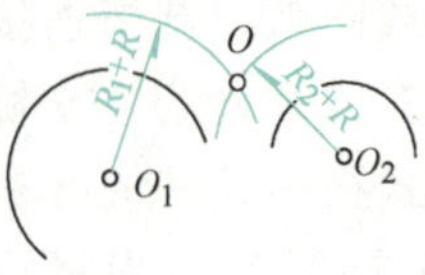	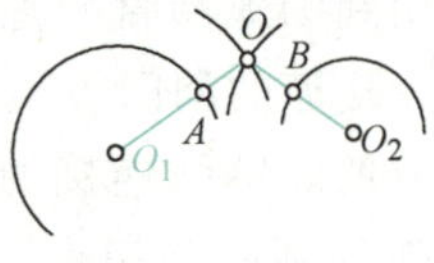	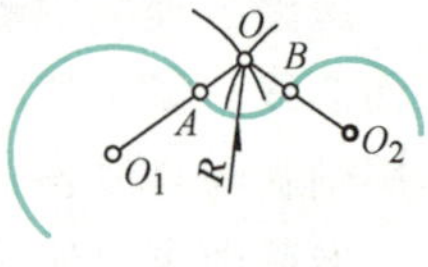

（续）

	已知条件	作图方法与步骤		
		1. 求连接圆弧圆心 O	2. 求连接点（切点）A、B	3. 画连接圆弧并描粗
圆弧内切连接两已知圆弧	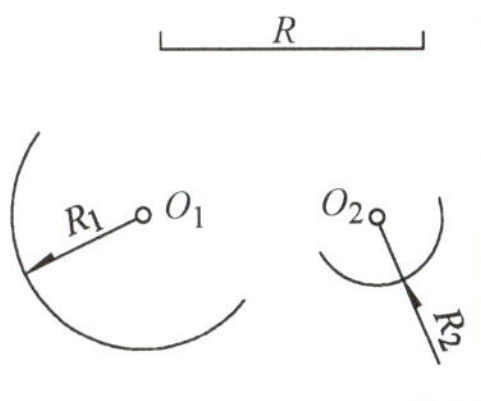	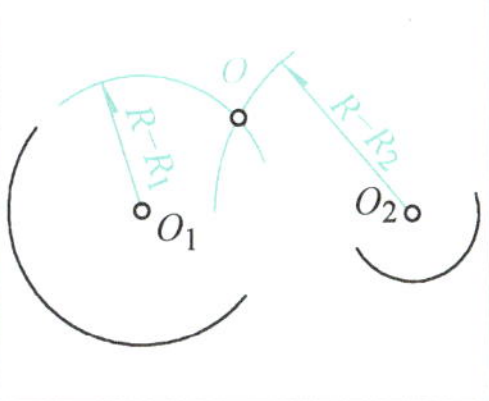	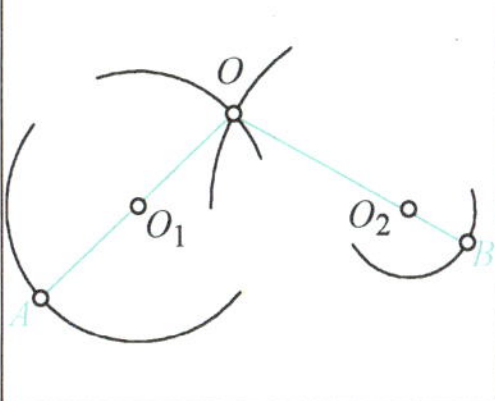	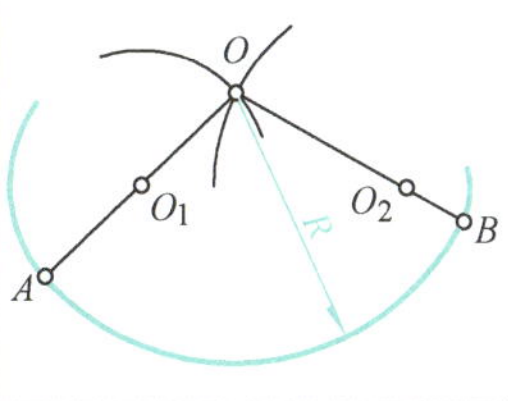
圆弧分别内外切连接两已知圆弧	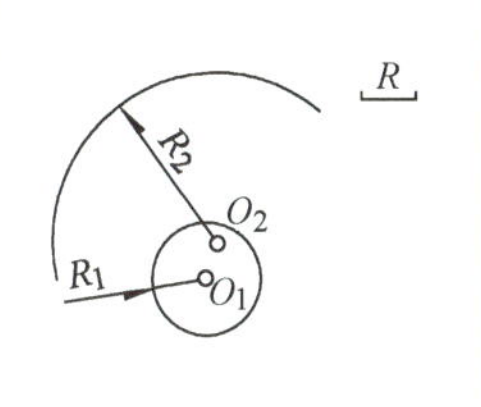	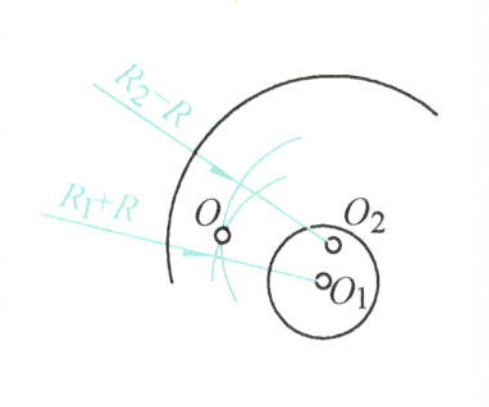	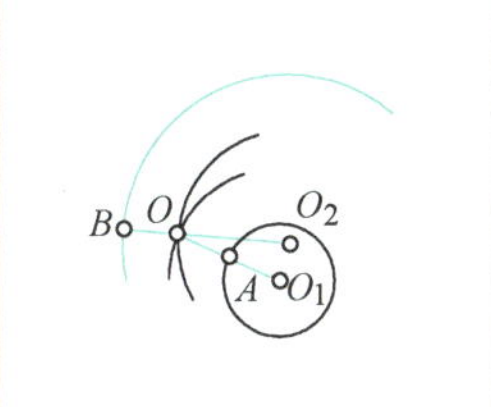	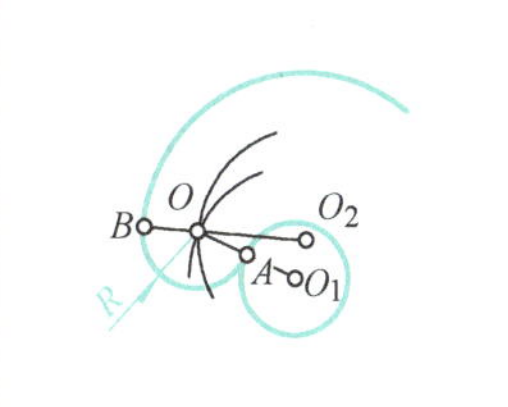

圆弧连接两直线

圆弧连接已知直线和圆弧

圆弧外接两已知圆弧

圆弧内接两已知圆弧

圆弧内外接两已知圆弧

（七）用四心圆法画椭圆

已知椭圆长轴 AB 和短轴 CD，如图 2-16a 所示，求作椭圆。

画椭圆

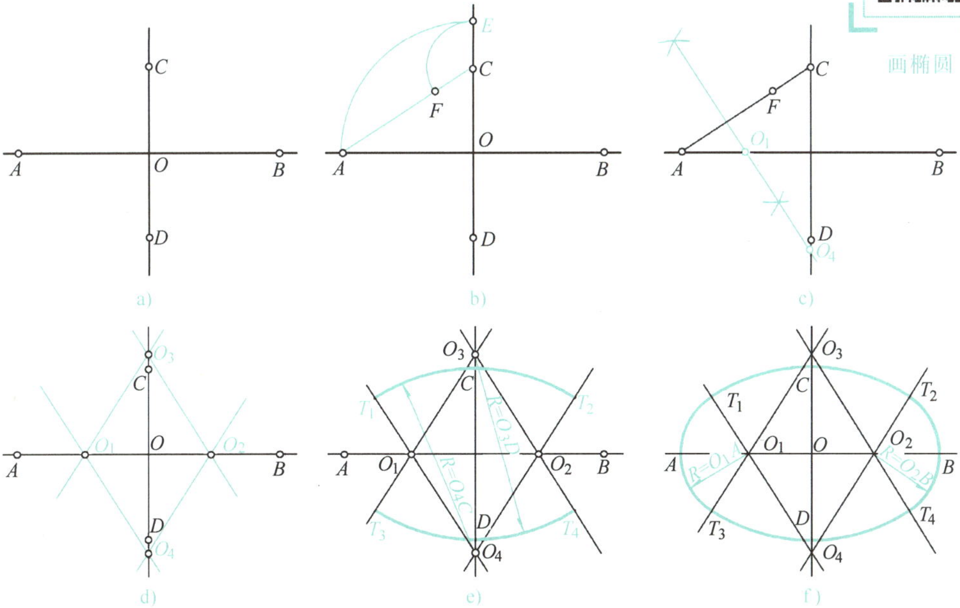

图 2-16　四心圆法画椭圆

1）以 O 为圆心，OA（或 OB）为半径作圆弧，交 DC 延线于 E；又以 C 为圆心，CE 为半径，作圆弧交 AC 于 F，如图 2-16b 所示。

2）作 AF 的垂直平分线，交长轴 AB 于 O_1，交短轴 CD 于 O_4，如图 2-16c 所示。

3）定出 O_1 和 O_4 的对称点 O_2 和 O_3，并将 O_1、O_2、O_3 和 O_4 两两连接，如图 2-16d 所示。

4）分别以 O_3、O_4 为圆心，O_4C（或 O_3D）为半径，作圆弧 T_1T_2 和 T_3T_4，如图 2-16e 所示。

5）分别以 O_1、O_2 为圆心，O_1A（或 O_2B）为半径，作圆弧 T_3T_1 和 T_2T_4，即得所求的近似椭圆，如图 2-16f 所示。

任务实施

抄绘桥台盖梁钢筋半平面图（图 2-17）和隧道衬砌断面图（图 2-18）。

画桥台盖梁钢筋半平面图

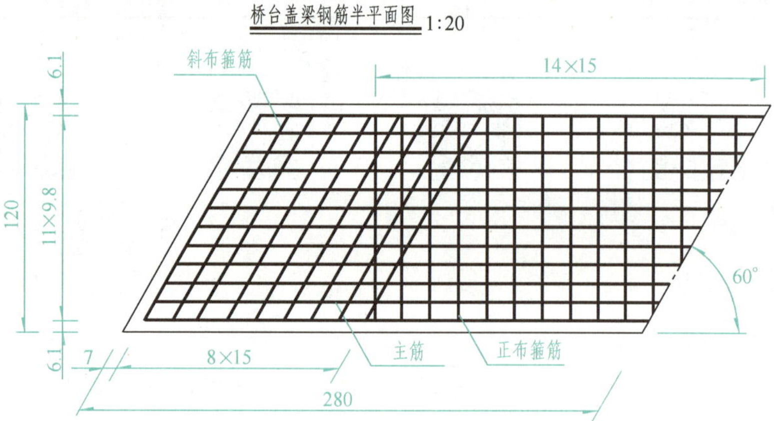

图 2-17 桥台盖梁钢筋半平面图

隧道衬砌断面图

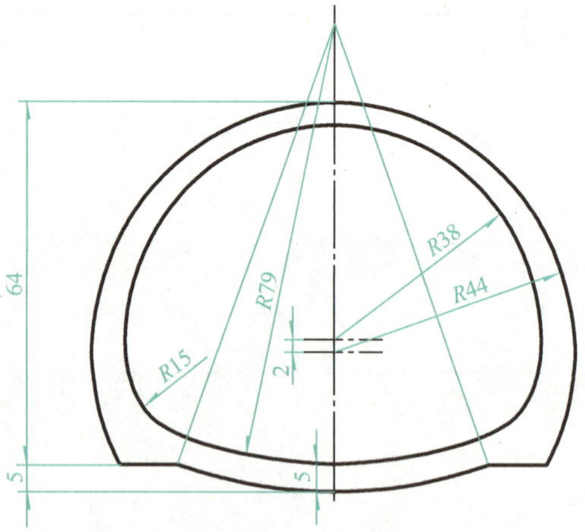

图 2-18 隧道衬砌断面图

素质拓展

“蓝图”——建筑施工前绘制的设计图

我们经常听到宏伟蓝图这个词，其实蓝图的本意是指建筑施工之前绘制的设计图。在没有复印机的年代，工程上使用的图纸都是蓝色的，图样最初是被绘制在一种半透明的硫酸纸上，硫酸纸上绘制好的图作为底图，将硫酸纸与经过化学处理的晒图纸重叠放置，置于阳光下暴晒，晒图纸上的化学物质在阳光照射下会发生化学反应，有图案的地方就把阳光挡住，被光线照射到的地方和没照射到的地方呈现不同深浅的蓝色，这样就可以重复地晒出许多蓝色的图纸，所以称为蓝图。

“蓝图”——建筑施工前绘制的设计图

即便是现在，当建筑用图的图纸尺寸大，所需份数比较多时，如果直接打印或复印，需要大型的机器，成本比较高，但晒图的成本则会低很多。CAD 画出的图样，可以直接打印在硫酸纸上，现代的晒图机可以直接完成批量出图。晒出来的图纸质量好，不褪色，方便保存。所以晒图这种方法一直延续至今。

任何建筑规划、园林规划、城市规划、产品规划等在施工实施前，都需要设计图，后来人们就把对未来美好的计划、希望和前景等引申称为蓝图。个人的人生规划叫人生蓝图，城市的计划叫城市蓝图等。

复习思考题

1. 削好的铅笔还要用砂纸将铅芯磨成圆锥形或矩形，锥形铅芯用于画（　　）及书写（　　），矩形铅芯用于（　　）。

2. 分规是用来（　　）的工具，使用分规时应使两针尖（　　）。

3. 画圆时，圆规应稍向（　　）倾斜，整个圆或整段圆弧应（　　），画较大的圆弧时，应使圆规两脚与纸面（　　）。圆规铅芯宜磨成楔形，并使斜面向（　　），其硬度应比所画同种直线的铅笔（　　）一号，以保证图线深浅一致。

项目三

绘制简单形体的投影图

学习目标

项目载体	道路工程中的形体
知识目标	1. 掌握三面投影的理论 2. 理解三面投影与形体之间的关系
能力目标	1. 能由空间形体的立体示意图绘制其三面投影图 2. 能由投影图想象出空间形体,即由形体的两面投影绘制第三面投影
素质目标	1. 养成勤于观察、乐于思考、善于总结的习惯 2. 养成学习的自觉性

任务一　了解投影的概念与分类

技能要点

1. 通过分析桥台模型投影的形成过程了解投影种类，理解正投影的概念

1）了解投影原理。

2）理解中心投影、平行投影的概念。

3）理解正投影、斜投影的特点。

4）理解并熟记正投影特性。

2. 能绘制桥台模型的 *A* 向和 *B* 向投影图

任务学习

如图 3-1 所示，当阳光照射在桥梁上时，在地面上就出现桥梁的影子，这一现象称为投影。随着时间的变化、太阳光照射的角度和距离的变化，物体的影子的位置、形状也在变化，也就是说，光线、物体和影子三者之间存在着紧密的联系。

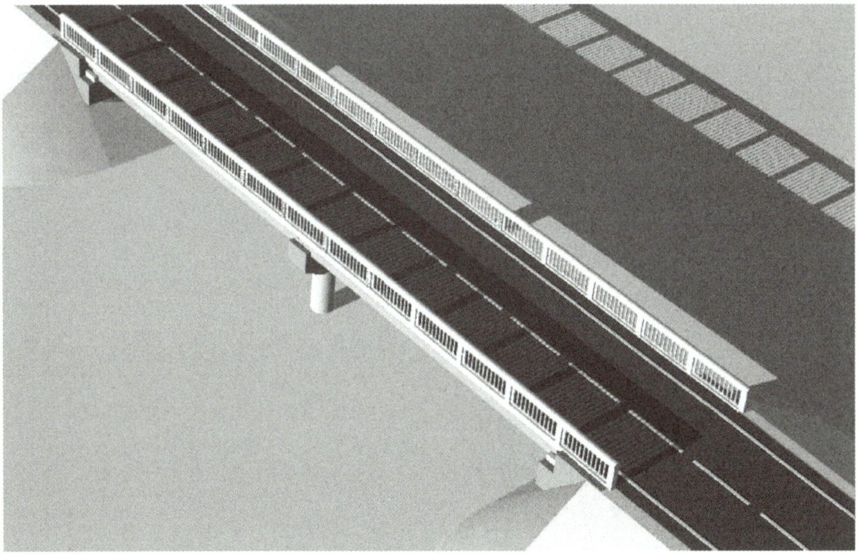

（彩图）

投影现象

图 3-1　阳光照射下桥梁在地面上产生的影子

一、投影的概念

如图 3-2a 所示，桥台模型在正上方的灯光照射下，产生了影子，随着光源、模型和投影面之间距离的变化，影子的大小形状会发生相应变化。如图 3-2a、b 所示，这是光线从一点射出的情形，光源的位置发生变化，影子的大小和形状也发生变化。如果假想把光源移到无穷远处，即假设光线互相平行并垂直于地面时，影子的大小形状就与形体底面一样了，如

图 3-2c 所示。

把太阳、灯泡等光源抽象为投射中心 S，把地面、墙壁抽象为投影面 P，把看不见的光称为投射线，这三者构成了投影面体系。

把形体置入投影体系当中，在投影面上就得到了影子即形体的外部轮廓，如图 3-2c 所示。画出形体内外轮廓及内外表面交线的投影，且沿投射方向凡可见的轮廓线画实线，不可见的轮廓线画虚线。这样，形体的影子就抽象成为投影图，简称投影，如图 3-2d 所示。

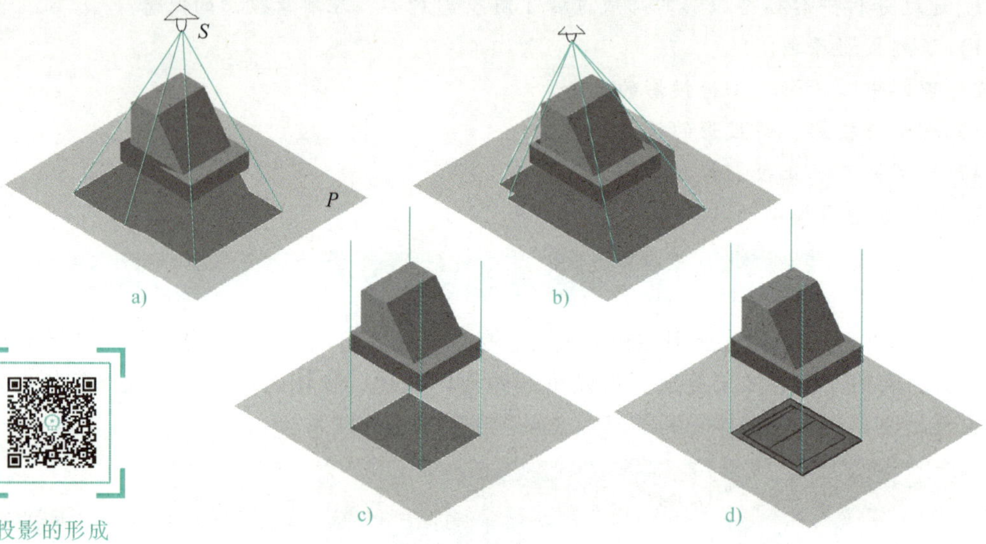

投影的形成

图 3-2 影子与投影

投影分类

二、投影分类

按投射线的不同情况，投影可分为两大类。

（一）中心投影

由一点发出投射线投射到形体上所形成的投影，叫中心投影，如图 3-3 所示。中心投影的大小与形体、投射中心、投影面三者之间的距离有关。在投射中心与投影面之间距离不变的情况下，形体离投射中心越近，投影越大，反之越小。

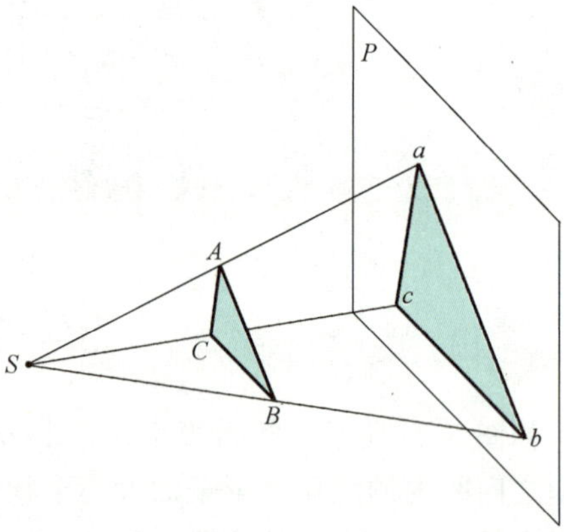

图 3-3 中心投影

（二）平行投影

由互相平行的投射线投射到形体上所形成的投影称为平行投影。平行投影的大小与形体离投影面的距离远近无关。

根据投射线与投影面的夹角不同，平行投影又可以分为：

（1）斜投影　平行投射线倾斜于投影面所得到的投影，称为斜投影，如图 3-4a 所示。

（2）正投影　平行投射线垂直于投影面所得到的投影，称为正投影，如图 3-4b 所示。

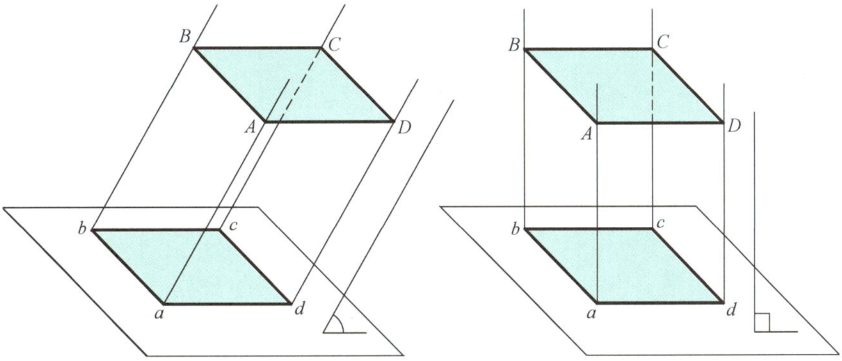

a) 斜投影　　b) 正投影

图 3-4　平行投影

三、正投影的基本性质

（一）显实性

平行于投影面的直线或平面图形，其投影反映实长或实形（图 3-5）。

显实性

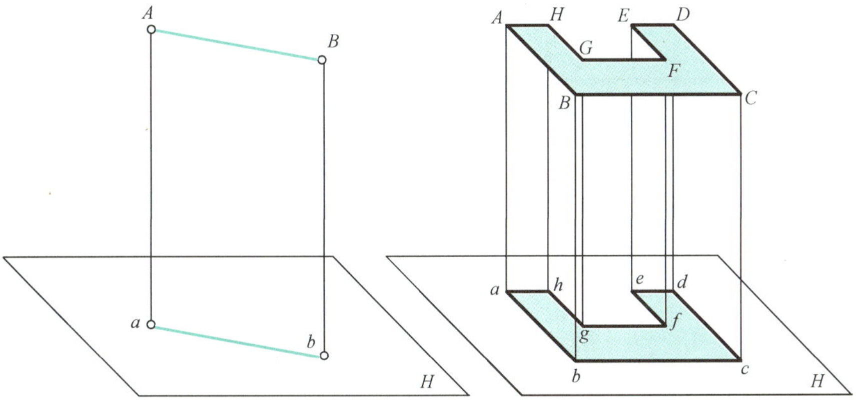

a) 直线平行于投影面　　b) 平面图形平行于投影面

图 3-5　投影的显实性

（二）积聚性

垂直于投影面的直线或平面图形，其投影积聚为一点或一条直线（图 3-6）。

（三）类似性

倾斜于投影面的直线或平面图形，其正投影长度短于实长或面积小于实形，但投影的形状与原来形状相类似（图 3-7）。

在正投影的条件下，形体上平行于投影面的表面，其正投影反映其真实形状大小。形体垂直于投影面的表面，其正投影会积聚成线。所以正投影作图较简便、度量性好，大多数的工程图样都是采用正投影法来绘制。

积聚性

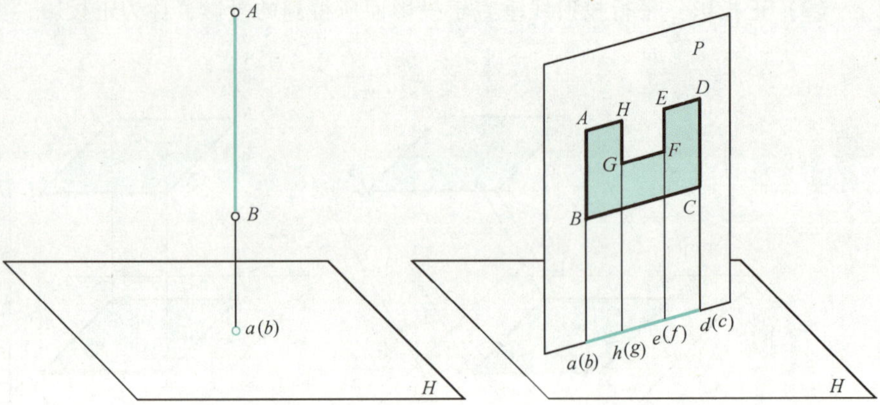

a) 直线垂直于投影面　　b) 平面图形垂直于投影面

图 3-6　积聚性投影

类似性

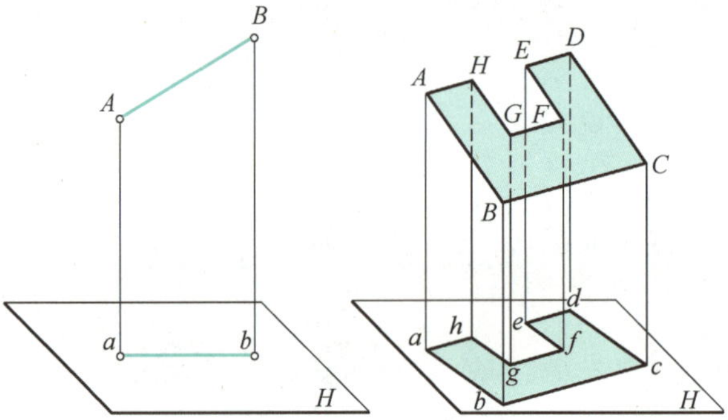

a) 直线倾斜于投影面　　b) 平面图形倾斜于投影面

图 3-7　直线、平面投影的类似性

任务实施

绘制图 3-8 所示桥台模型的 *B* 向（或 *A* 向）正投影图，画图比例 1∶50，假想由平行于 *B* 向的投射线向 *V* 面投影，作出 *V* 面上桥台的投影图，或由平行于 *A* 向的投射线向 *W* 面投影，作出 *W* 面上桥台的投影图。

参考答案

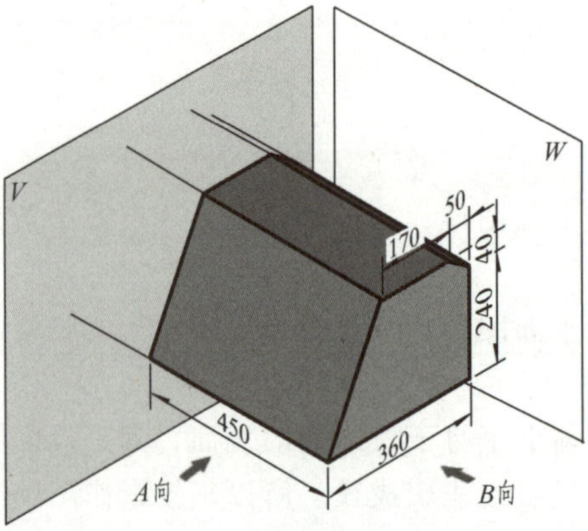

图 3-8　拱桥桥台立体图

任务二　绘制形体的三面投影图

技能要点

以绘制石拱桥桥台的三面投影为例，学习三面投影的有关知识（图 3-16）。

1）熟记三个投影面的名称。

2）理解并熟记三面投影图位置关系、与形体的方位关系。

3）能在三面投影图上确定形体的长、宽、高。

4）掌握三面投影图中的“三等”关系。

任务学习

由于正投影作图比较简便、度量性好，工程上都是采用正投影来表达形体，但单面正投影不能充分确定空间形体的形状和结构。由图 3-9a、b、c 可见同样的水平投影可以对应很多不同的形体。故工程上一般采用三个相互垂直方向的投影（三面正投影）来表达形体。

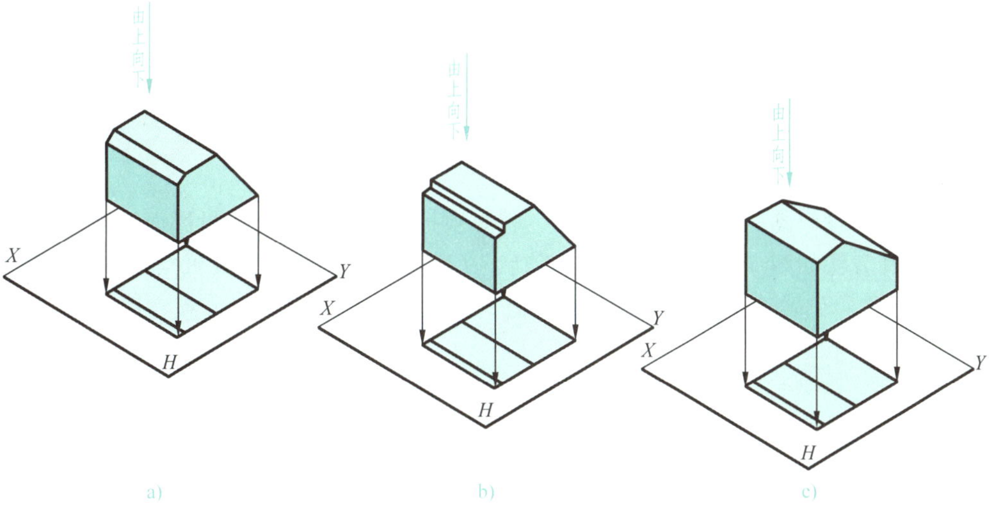

图 3-9　一个投影不能确定空间的形状

一、建立三投影面体系

如图 3-10 所示，设置三个相互垂直的平面作为三个投影面，水平放置的平面称为水平投影面（简称水平面或 H 面）；正对观察者的平面称为正立投影面（简称正面或 V 面）；观察者右侧的平面称为侧立投影面（简称侧面或 W 面）。

三投影面两两相交构成三条投影轴 OX、OY 和 OZ，三轴的交点 O 称为原点。在三投影面体系中，能比较充分地表示出形体的空间形状。

二、三面投影图的形成

现将形体置于三投影面体系中，并且置于观察者和投影面之间，如图 3-11 所示。形体靠近观察者一面称为前面，反之称为后面。同理定出形体其余的左、右、上、下四个面。用三组分别垂直于三个投影面的投射线对形体进行投影，就得到该形体在三个投影面上的投影。

（三维模型）

三面投影图的形成

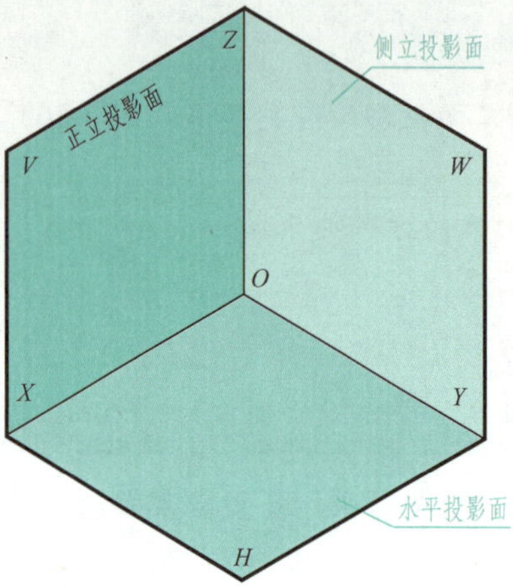

图 3-10 三投影面体系

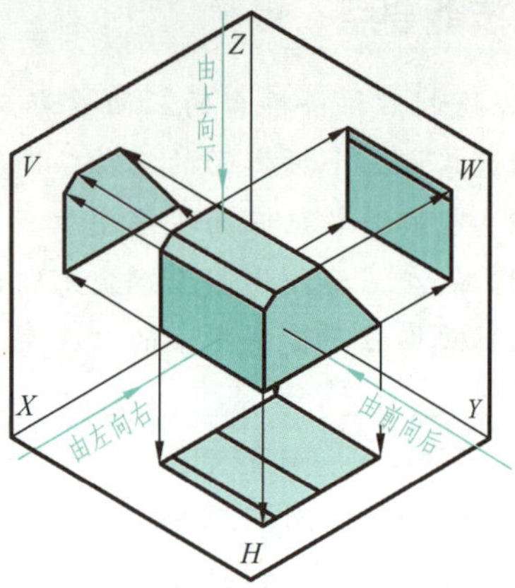

图 3-11 三面投影图的形成

在 *H* 面上所得的投影图，称为水平投影图（简称 *H* 面投影或平面图）。

在 *V* 面上所得的投影图，称为正立面投影图（简称 *V* 面投影或立面图）。

在 *W* 面上所得的投影图，称为（左）侧立面投影图，（简称 *W* 面投影或侧面图）。

三、投影面的展开

为了使三面投影图能画在一张图纸上，就必须把三个垂直相交的投影面展开摊平在同一个平面上。其方法如图 3-12a 所示，*V* 面不动，*H* 面绕 *OX* 轴向下旋转 90°，*W* 面绕 *OZ* 轴向右旋转 90°，使它们转至与 *V* 面同在一个平面上，展开后的三个投影面就在同一平面上，如图 3-12b 所示。

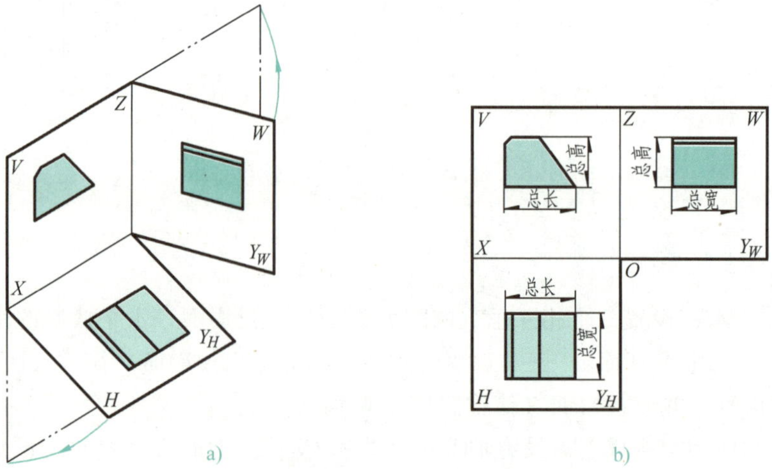

图 3-12 投影面的展开与摊平

投影面展开摊平后 Y 轴分为两处，用 Y_H（在 H 面上）和 Y_W（在 W 面上）表示。

为简化作图，在三面投影图中不画投影面的边框线，投影图之间的距离可根据需要而定，三条轴线也可省去，如图 3-13a 所示。

四、三面投影图的投影关系

三面投影图是从形体的三个方向投射得到的。三个投影图之间是密切相关的。

（一）三面投影图的位置关系

以正立面投影图（立面图）为准，水平投影图（平面图）在立面图的正下方，侧立投影图（侧面图）在立面图的正右方，如图 3-13a 所示。

（二）三面投影图与形体的方位关系

方位关系是指观察者从正面（正面投影方向）观察物体，物体的上、下、左、右、前、后六个方位在三面投影中的对应关系，如图 3-13b 所示。

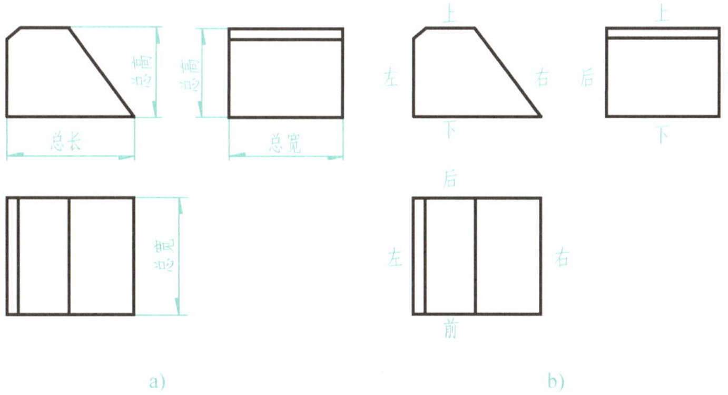

三面投影的关系

图 3-13　三面投影图

H 面投影——反映形体左右、前后的位置。

V 面投影——反映形体左右、上下的位置。

W 面投影——反映形体上下、前后的位置。

水平投影和侧面投影靠近正面投影的一侧（里边）为物体的后面，远离正面投影的一侧（外边）为物体的前面，如图 3-13b 所示。

（三）三面投影图之间的“三等”关系

每个形体都有长度、宽度、高度，形体左右之间沿 OX 轴的距离称为长度；上下之间沿 OZ 轴的距离称为高度；前后之间沿 OY 轴的距离称为宽度，如图 3-13a 所示。

H 面投影反映形体的长度和宽度；V 面投影反映形体的长度和高度；W 面投影反映形体的高度和宽度。

每两个相邻投影图中同一方向的尺寸相等，即：

V、H 两面投影图中的相应投影长度相等，即长对正。

V、W 两面投影图中的相应投影高度相等，即高平齐。

H、W 两面投影图中的相应投影宽度相等，即宽相等。

图 3-14 是两个不同形体的投影图例，同学们可以将形体与投影图对照起来分析，以加深对三面投影概念的理解。

（三维模型）

（三维模型）

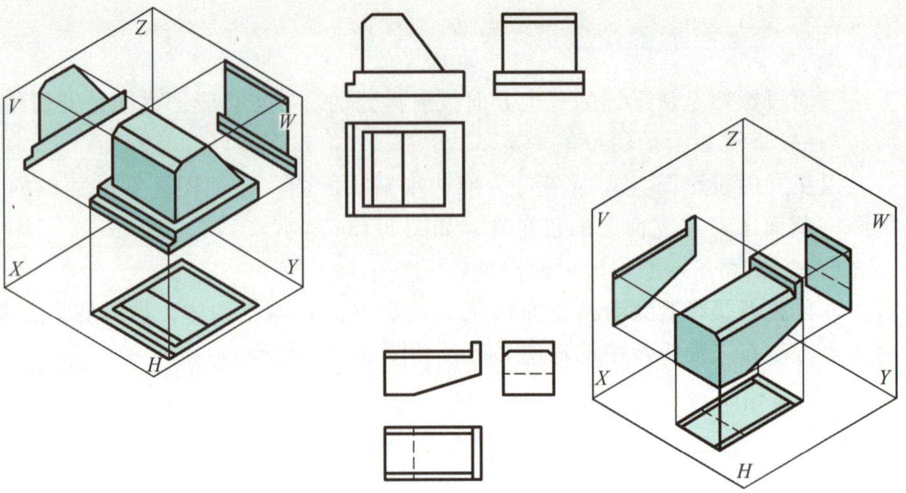

图 3-14 形体的三面投影图

［例 3-1］ 下面以图 3-15 所示的桥台为例，分析形体投影图的画图方法。

分析：根据物体的模型画其三面投影图时，可假想地将模型正放在三面投影体系当中，如图 3-15a 所示，并向三个投影面投影，再将三个投影面展开，就形成三面投影图。

绘制物体的投影图时，应将物体上的棱线和轮廓线都画出来，并且按投影方向，可见的线用粗实线表示，不可见的线用虚线表示，当粗实线和虚线重合时，只画粗实线。要沿 *OX* 轴方向量取长度（左右距离）；沿 *OZ* 轴量取高度（上下距离）；沿 *OY* 轴量取宽度（前后距离）。在画投影图的过程中应注意保持长对正、高平齐、宽相等的三等关系。

绘制形体的三面投影图

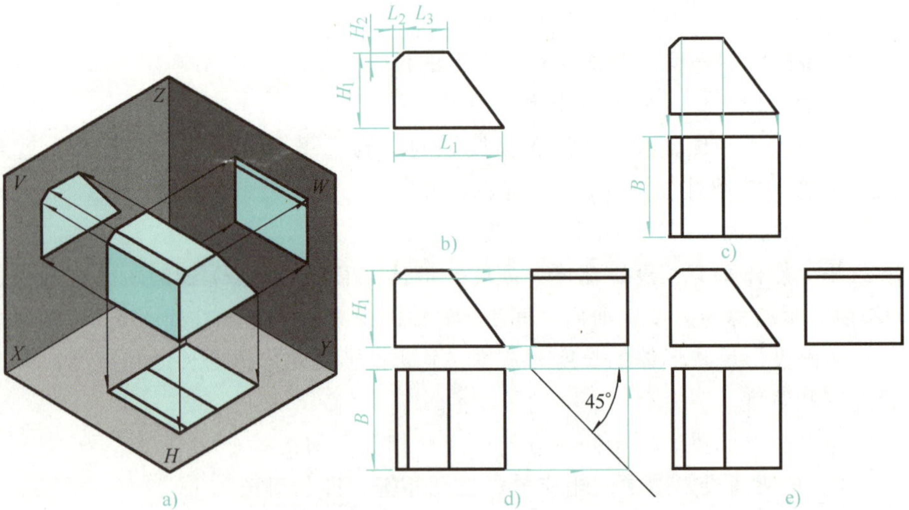

图 3-15 画形体的三面投影图

作图步骤：

1）根据物体各部分的长度和高度先画出其正面投影，如图 3-15b 所示。

2）由“长对正”的特性和形体宽度在正面投影的正下方作水平投影，如图 3-15c 所示。

3）由“高平齐”“宽相等”的特性在正面投影的正右方作侧面投影（在正面投影的右下方画一条与水平方向成 45°的直线作为辅助线，通过该辅助线来保证宽相等），如图 3-15d 所示。

任务实施

绘制如图 3-16 所示桥台的三面投影图。

画图要求：

1）选择 1∶50 的比例画在 A4 图纸上，图中所标尺寸单位为厘米。

2）图形线条要符合《国标》要求，粗实线线宽为 0.5mm、虚线为 0.25mm。

3）可选择以 *A* 向或 *B* 向作为正面投影的方向作图。

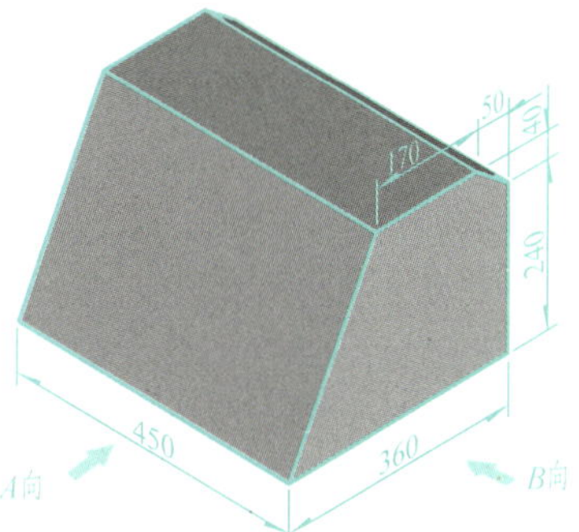

图 3-16　拱桥桥台立体图

参考答案

素质拓展

杨泗港长江大桥——一跨过江

杨泗港长江大桥如金色巨龙卧伏于长江之上，沟通汉阳、武昌两岸。大桥于 2014 年 12 月 3 日动工兴建，2019 年 10 月 8 日通车运营。

杨泗港长江大桥全长 4134. 377m，主跨长 1700m，一跨过江，是当时世界上跨度最大的双层悬索桥，世界上通行能力最大、使用功能最完备的大跨径双层悬索桥。大桥主缆设计张力 6.5 万 t，吊索设计拉力 500t，在当时主缆钢丝强度等级世界最高，设计荷载世界最大。

杨泗港长江大桥——一跨过江

杨泗港长江大桥上层桥面为双向六车道的城市快速路，设计时速为 80km，两侧各有一条宽为 2m 的人行观光道，并设置 8 处休息观光区，市民可以在此欣赏长江美景。下层桥面为双向四车道城市主干道，设计时速为 60km，行车道两侧设计了两条宽为 2. 5m 的非机动车道，非机动车道两侧还设计了宽为 1. 5m 的人行道，行人在下层步行时不会淋雨。

杨泗港长江大桥的建成通车，丰富了武汉作为“桥梁博物馆”的内涵，进一步完善城市快速道路系统，缓解过江交通压力，推进了武汉建设国家中心城市目标的实现。

复习思考题

1. 投影分为哪两类？

2. 什么是平行投影？平行投影的大小与形体离投影面的距离大小有什么关系？

3. 平行投影有哪两种？斜投影的投影线（　　）于投影面。正投影的投影线（　　）于投影面。

4. 正投影的特性有显实性、积聚性、类似性，其含义是什么？

5. 水平投影图（平面图）在立面图的（　　）方，侧立投影图（左侧投影图）在立面图的（　　）方。

6.（　　）面投影反映形体左右、前后的位置；（　　）面投影反映形体上下、前后的位置；（　　）面投影反映形体左右、上下的位置。

7. 水平投影和侧面投影靠近正面投影的一侧为物体的（　　）面。

8. 形体（　　）之间沿（　　）轴的距离称为长度；（　　）之间沿（　　）轴的距离称为高度；（　　）之间沿（　　）轴的距离称为宽度。

9.（　　）面投影反映形体的长度和宽度；（　　）面投影反映形体的长度和高度；（　　）面投影反映形体的高度和宽度。

10. 描述投影图的三等关系（理解并熟记）：

V、*H* 两面投影图中的相应投影（　　）相等，即长对正；

V、*W* 两面投影图中的相应投影（　　）相等，即高平齐；

H、*W* 两面投影图中的相应投影（　　）相等，即宽相等。

项目四 分析形体上基本元素的投影

学习目标

项目载体	道路工程中的形体
知识目标	1. 掌握点的投影规律 2. 掌握各种位置直线的投影特性 3. 掌握各种位置平面的投影特性
能力目标	1. 给定形体的立体图及形体三面投影图，能在其三面投影图中指认形体上点、线、面的投影 2. 能根据形体上点、线、面的两面投影判断该点、线或面的空间位置并画出第三面投影
素质目标	1. 养成善于将理论知识与具体的工程实际相联系的习惯 2. 按照学习任务的要求预习课程内容，并回答课后思考题提出的问题，形成我要学习的动力，养成终身学习的习惯

任务一 分析形体上点的投影

技能要点

1）掌握点的投影规律。

2）能根据点的两面投影绘制点的第三面投影。

3）能根据两点的三面投影判断其相对位置。

4）能在形体的三面投影图上，分析形体上点的三面投影。

5）根据形体上点的两面投影，确定其第三面投影，并判断其在形体上的位置。

任务学习

图 4-1 所示为三棱锥、六棱锥、五棱锥。棱锥都由棱面组成，各棱面相交成棱线，各棱线汇交于顶点，如三棱锥上的 *A*、*B*、*C*、*S*。显然，分析点、直线、平面的投影，对分析形体的投影有着重要的意义。

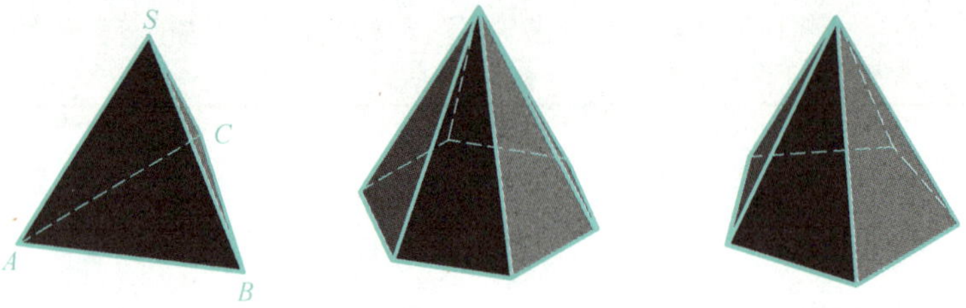

图 4-1 物体上的点

点的投影

一、投影的形成

在如图 4-2a 所示的 *V*、*H*、*W* 三投影面体系中，由空间点 *A* 分别向三个投影面*V*、*H*、*W* 面引垂线，垂足 a'、a、a''即为点 *A* 的三面投影。按项目三

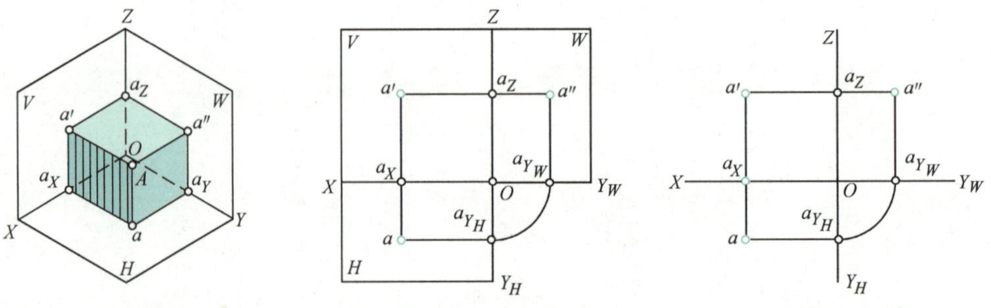

a) 立体图　b) 投影图　c) 去边框后的投影图

图 4-2 点的三面投影

任务二中所述的方法旋转、展开并去掉边框后，即得到图 4-2b、c 所示点 A 的三面投影图。

规定空间点用大写字母标记，如 A、B、C 等，H 面投影用相应的小写字母标记，如 a、b、c 等；V 面投影用相应的小写字母加一撇标记，如 a'、b'、c'等；W 面投影用相应的小写字母加两撇标记，如 a''、b''、c''等。

二、点的投影规律

如图 4-2a 所示，投射线 Aa 和 Aa'构成的平面 Aaa_Xa'垂直于 H 面和 V 面，则必垂直于 OX 轴，因而 $aa_X \perp OX$，$a'a_X \perp OX$。当 a 随 H 面绕 OX 轴旋转与 V 面平齐后，a、a_X、a'三点共线，且 $a'a \perp OX$ 轴，如图 4-2c 所示。同理可得，点 A 的正面投影与侧面投影的连线垂直于 OZ 轴，即 $a'a'' \perp OZ$ 轴。

空间点 A 的水平投影 a 到 OX 轴的距离和侧面投影 a''到 OZ 轴的距离均反映该点到 V 面的距离，$aa_X = a''a_Z = A$ 点到 V 面的距离。

点的投影规律

综上所述，点的三面投影规律为：

1）点的正面投影 a'与水平投影 a 的连线垂直于 OX 轴。

2）点的正面投影 a'与侧面投影 a''的连线垂直于 OZ 轴。

3）点的水平投影 a 到 OX 轴的距离等于侧面投影 a''到 OZ 轴的距离（$aa_{Y_H} \perp OY_H$，$a''a_{Y_W} \perp OY_W$，即 $aa_X = a''a_Z$）。

根据上述投影特性可知：由点的两面投影就可以确定点的空间位置，故只要已知点的任意两面投影，就可以运用投影规律求出该点的第三面投影。

［例 4-1］　已知 A 点的水平投影 a 和正面投影 a'，求作侧面投影 a''，如图 4-3a 所示。

作图步骤：

1）由 a'作 OZ 轴的垂线 $a'a_Z$ 并延长，如图 4-3a 所示。

2）由 a 作 OY_H 轴的垂线 aa_{Y_H} 并延长，与过原点 O 的 45°辅助线相交，然后过交点向上作 OY_W 轴的垂线与 $a'a_Z$ 的延长线相交，该交点即为 A 点的侧面投影 a''，如图 4-3b 所示。

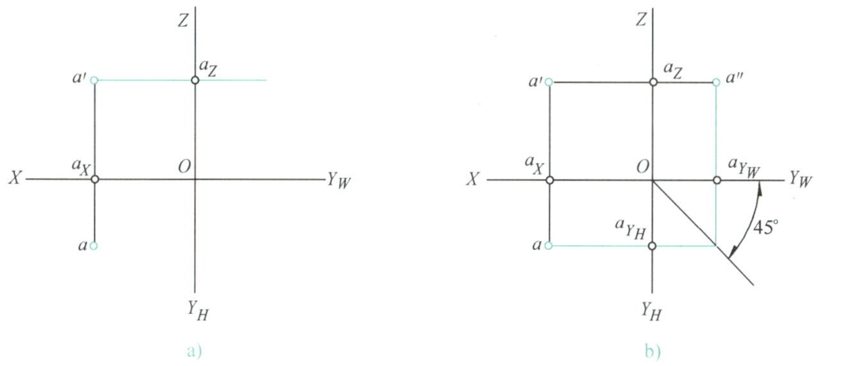

已知点的两面投影求作第三面投影

图 4-3　已知点的两面投影求作第三面投影

三、两点的相对位置

空间两点的相对位置是以其中某一点为基准，判别另一点在该点的前后、左右和上下的位置，可以沿投影轴方向来判断。X 轴指向左侧，Y 轴指向前方，Z 轴指向上方。由此可见

A 点在 *B* 点的左、前、下方，如图 4-4b 所示。

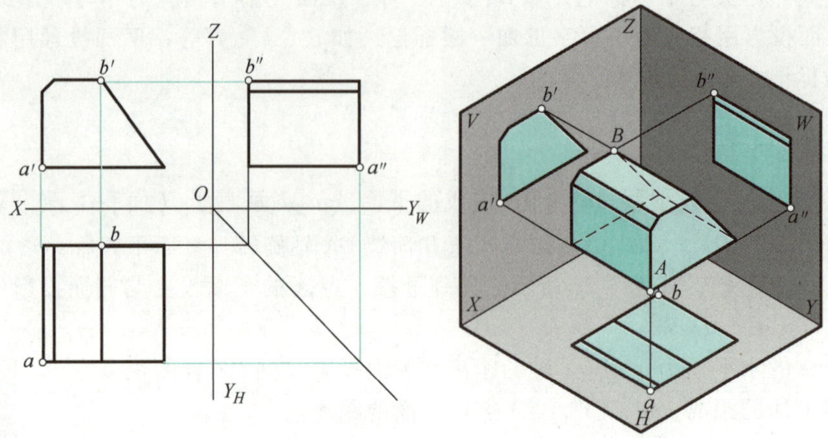

a) 投影图　　　　b) 立体图

图 4-4　两点的相对位置

四、重影点及其可见性

空间属于某一条投射线上的两点，在该投射线所垂直的投影面的投影重合为一点。空间的这两点称为该投影面上的重影点。

如图 4-5 所示，*A*、*B* 两点位于垂直于 *H* 面的同一投射线上，*A*、*B* 为 *H* 面的重影点。*A* 点在 *B* 点的正上方，其水平投影重合为一点 *a*(*b*)。为区别起见，凡不可见的投影其字母写在后面，并加上括号表示。

又如，*B*、*C* 两点位于垂直于 *V* 面的同一投射线上，*B*、*C* 为 *V* 面的重影点。*B* 点在 *C* 点的正前方，其正面投影重合为一点 *b*′(*c*′)，*b*′可见，*c*′不可见；*B*、*D* 两点位于垂直于 *W* 面的同一投射线上，*B*、*D* 为 *W* 面的重影点。*B* 点在 *D* 点的正左侧，其 *W* 面投影重合为一点 *b*″(*d*″)，*b*″可见，*d*″点不可见。

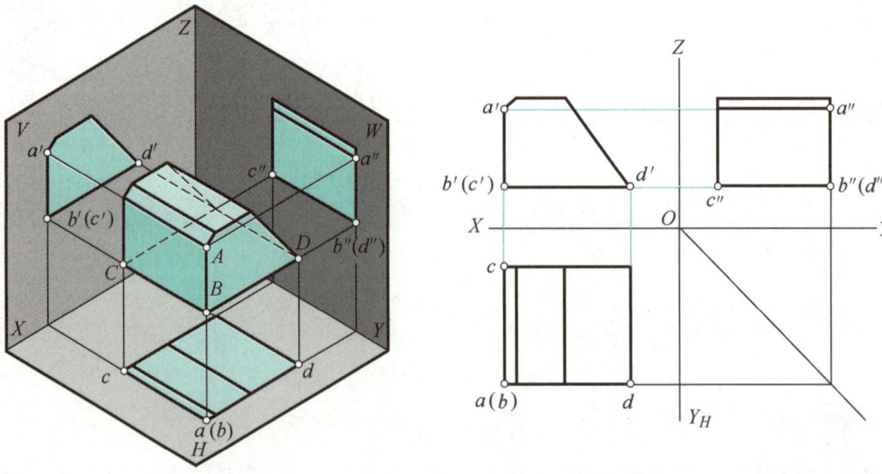

图 4-5　重影点及其可见性的判别

任务实施

由桥墩上点的两面投影求第三面投影，并判断它们的相对位置。

如图 4-6 所示，已知桥墩上 A、B、C 三点的两面投影，请同学们在投影图上标出 A、B、C 三点的第三面投影。在立体示意图上标出 A、B、C 三点的位置，并判断 A、B 两点的相对位置，即 B 点在 A 点之（　　）、之（　　）、之（　　）（注意字母外加括号，表示该点的投影不可见）。

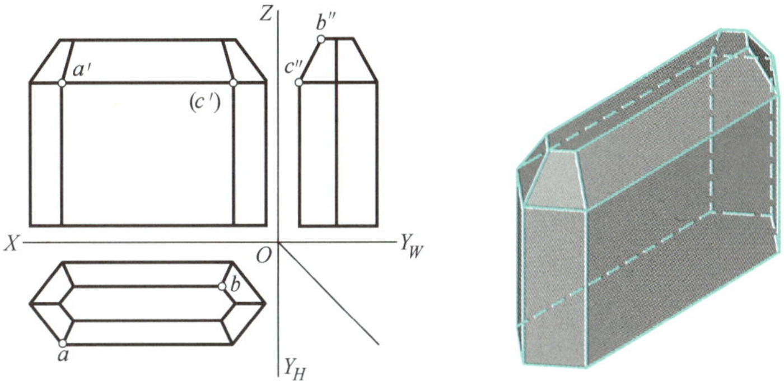

由点的两面投影判断它们的相对位置

图 4-6　判断两点的相对位置

任务二　分析形体上直线的投影

技能要点

通过分析涵洞洞口八字墙及桥台上直线的投影，总结各种位置直线的投影特性。

1）掌握投影面平行线、垂直线的投影特性。

2）了解一般位置直线的投影特性。

3）能在形体的投影图上，分析形体上直线的投影。

4）能根据两直线的投影判断其相对位置。

任务学习

本任务所研究的直线指有限长度的直线——直线段。

根据直线与投影面的相对位置，直线可分为：投影面平行线、投影面垂直线和一般位置直线。直线的投影一般仍为直线，特殊情况下，当直线垂直于投影面时，其投影积聚为一个点，如图 4-7 所示。

只要画出直线上任意两点的投影，连接其同面投影，即为直线的投影。

一、投影面平行线的投影

在三面投影体系中，平行于一个投影面而倾斜于另外两个投影面的直线称为投影面平行

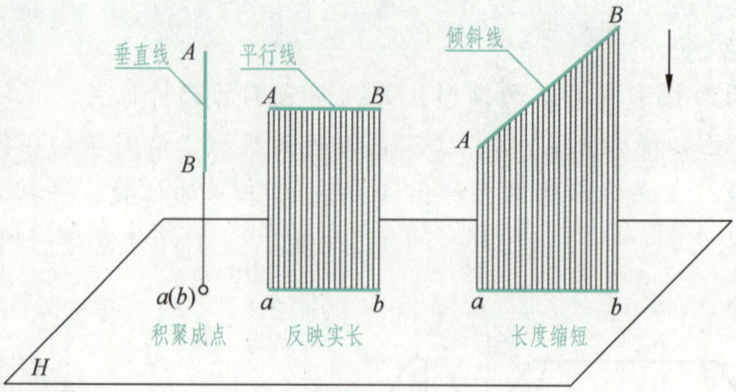

图 4-7 直线对投影面的三种位置

线。投影面平行线有三种情况：

平行于 V 面，倾斜于 H、W 面的直线称为正平线，如图 4-8 所示八字翼墙上的直线 AB。

平行于 H 面，倾斜于 V、W 面的直线称为水平线，如图 4-8 所示八字翼墙上的直线 DE。

平行于 W 面，倾斜于 H、V 面的直线称为侧平线，如图 4-8 所示八字翼墙上的直线 BC。

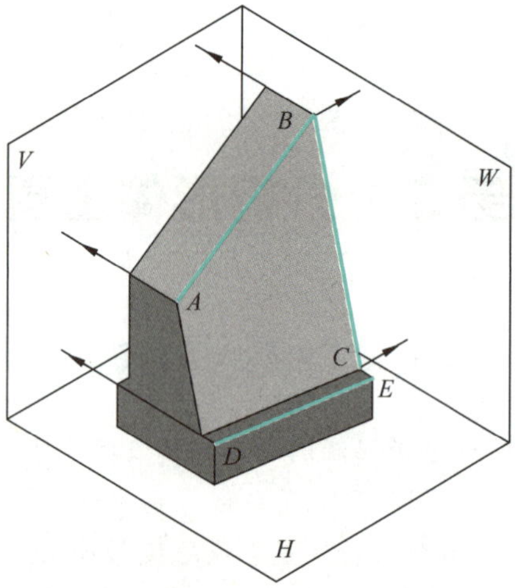

图 4-8 涵洞洞口八字翼墙上投影面平行线

1. 投影面平行线的投影特性（一斜两平行）

投影面平行线在所平行的投影面上的投影反映实长，且该投影与相应投影轴倾斜，反映直线对其他两投影面的倾角；其他两投影平行于相应的投影轴，且均小于实长，见表 4-1。

2. 读图要点（一斜两平行，为投影面的平行线，哪个投影倾斜，平行于哪个投影面，倾斜投影反映实长）

1）直线的一个投影平行于投影轴，另一个投影与投影轴倾斜时，可判定直线平行于倾斜投影所在的投影面，该投影反映实长。

2）已知直线的两个投影分别平行于两个不同投影轴，则直线平行于第三投影面，第三投影反映实长。

表 4-1　投影面平行线

	空间位置	投影图	投影特性及三维模型
正平线	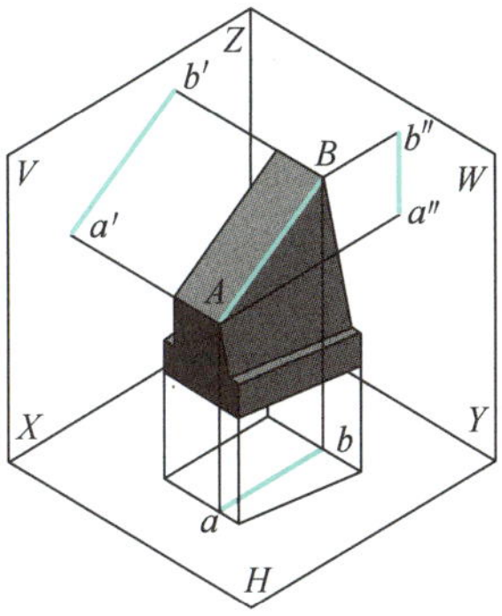	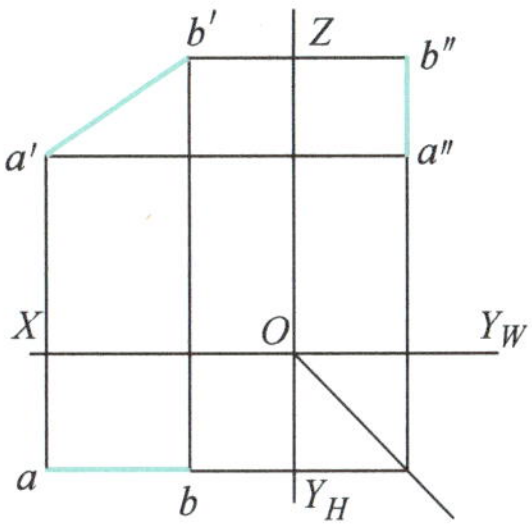	1. 水平投影平行于 OX 轴，侧面投影平行于 OZ 轴 2. 正面投影的长度等于实长 3. 正面投影与 OX、OZ 轴倾斜 （三维模型）
水平线	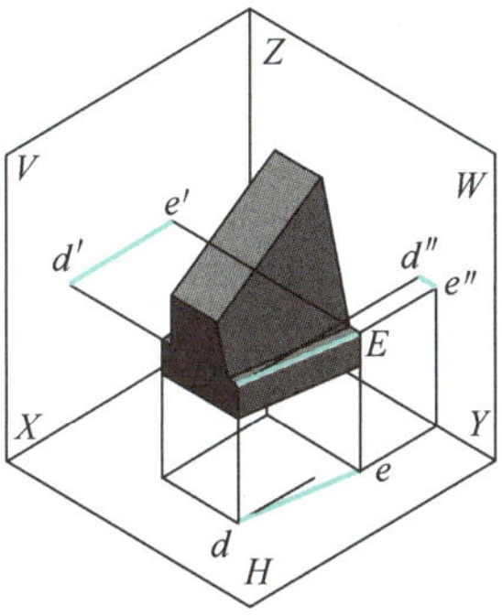	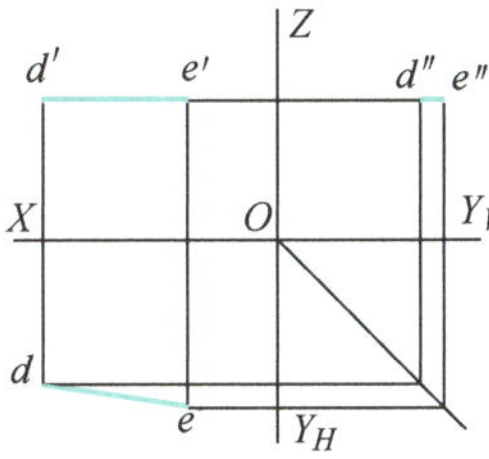	1. 正面投影平行于 OX 轴，侧面投影平行于 OY_W 轴 2. 水平投影的长度等于实长 3. 水平投影与 OX、OY_H 轴倾斜 （三维模型）
侧平线	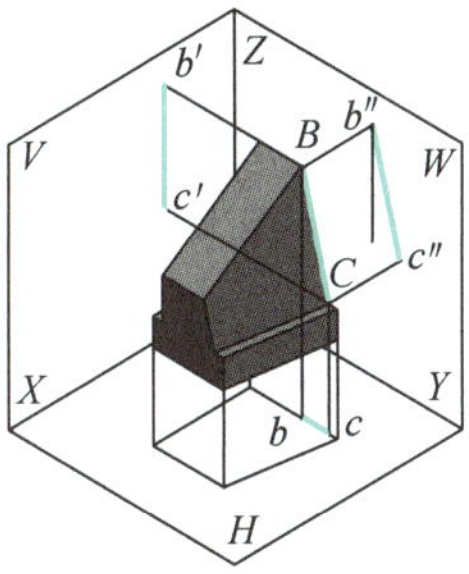	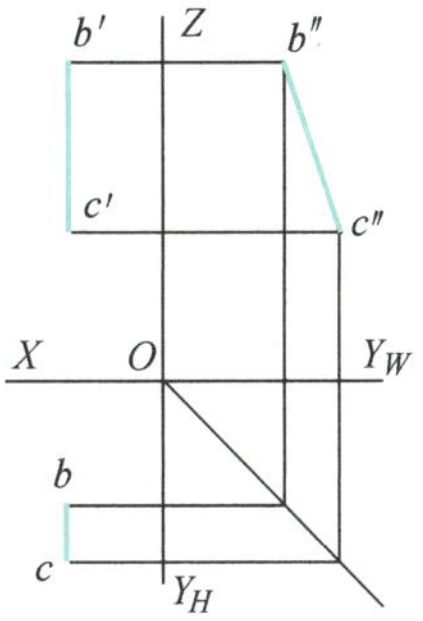	1. 正面投影平行于 OZ 轴，水平投影平行于 OY_H 轴 2. 侧面投影的长度等于实长 3. 侧面投影与 OY_W、OZ 轴倾斜 （三维模型）

二、投影面垂直线的投影

在三面投影体系中，与某一个投影面垂直的直线统称为投影面垂直线，垂直于一个投影面，必平行于另外两个投影面。投影面垂直线也有三种情况：

垂直于 H 面的直线称为铅垂线，如图 4-9 所示桥台上的直线 AB。

垂直于 V 面的直线称为正垂线，如图 4-9 所示桥台上的直线 DE。

垂直于 W 面的直线称为侧垂线，如图 4-9 所示桥台上的直线 CD。

1. 投影面垂直线的投影特性（一点两垂线，两垂线反映实长）

投影面的垂直线在所垂直的投影面上的投影积聚成一点；其他两投影与相应的投影轴垂直，并都反映实长，见表 4-2。

（彩图）

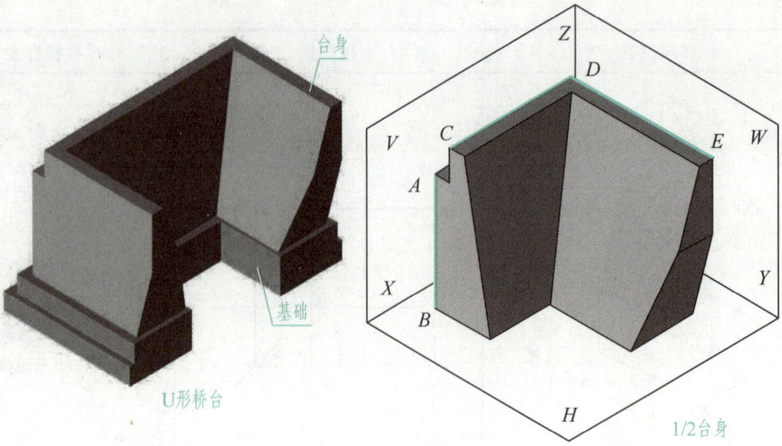

图 4-9 桥台上投影面垂直线

2. 读图要点（一点两直线，为垂直线，点在哪个投影面，垂直于哪个面）

1）一直线只要有一个投影积聚为一点，该直线必然垂直于积聚性投影所在的投影面。

2）已知直线的两面投影分别垂直于两个不同投影轴，则直线垂直于第三投影面，第三面投影一定积聚成点。

表 4-2 投影面垂直线

	空间位置	投影图	投影特性及三维模型
铅垂线	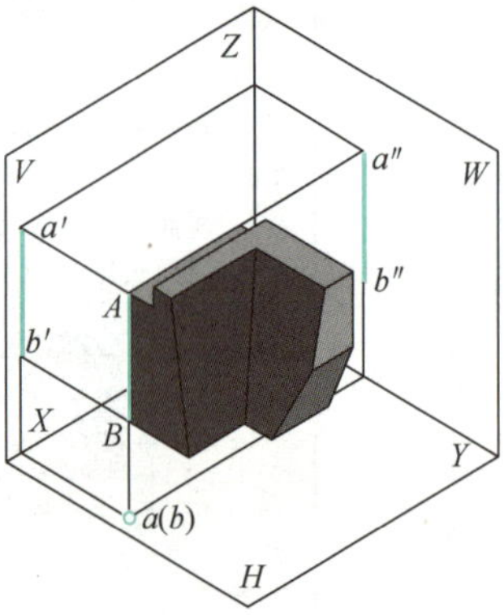	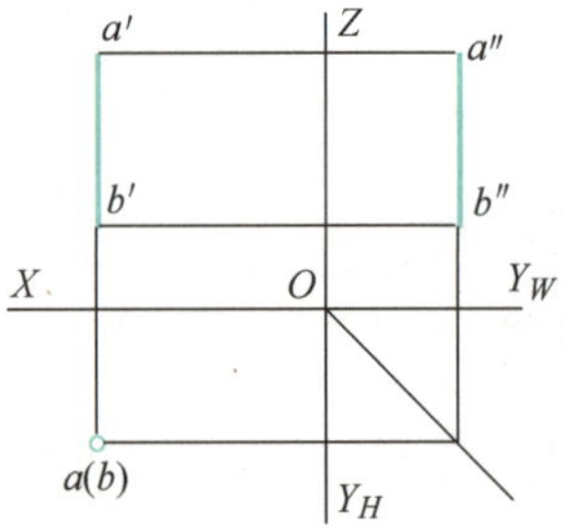	1. 水平投影积聚为一点 2. 正面投影垂直于 OX 轴；侧面投影垂直于 OY_W 轴 3. 正面投影、侧面投影的长度等于实长 （三维模型）
正垂线	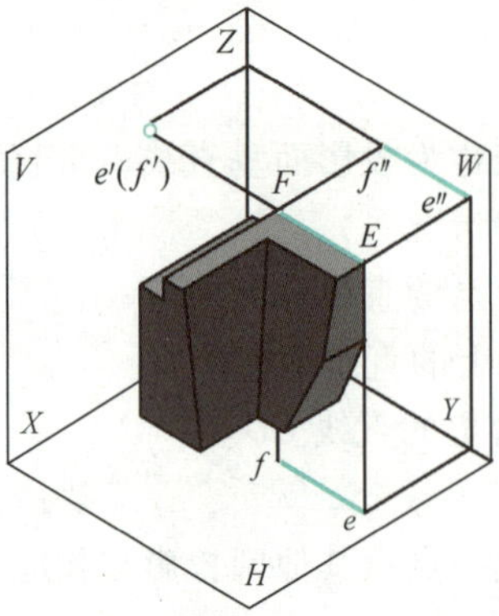	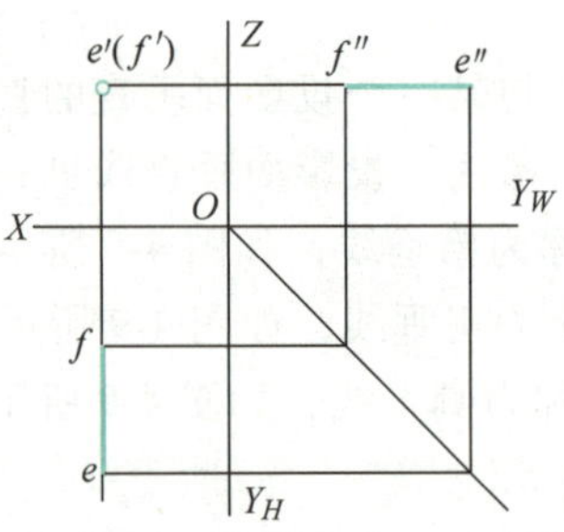	1. 正面投影积聚为一点 2. 水平投影垂直于 OX 轴；侧面投影垂直于 OZ 轴 3. 水平投影、侧面投影的长度等于实长 （三维模型）

（续）

	空间位置	投影图	投影特性及三维模型
侧垂线	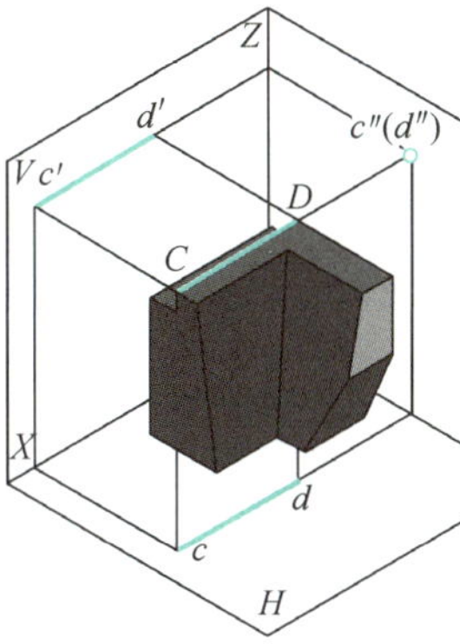	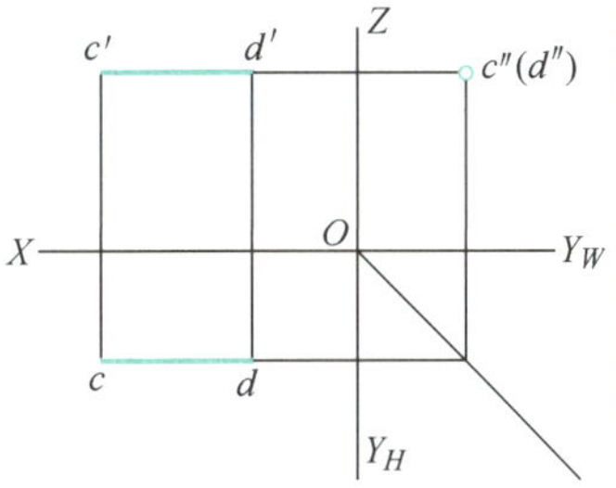	1. 侧面投影积聚为一点 2. 正面投影垂直于 OZ 轴；水平投影垂直于 OY_H 轴 3. 正面投影、水平投影的长度等于实长 （三维模型）

三、一般位置直线的投影

与三个投影面均不平行又不垂直的直线称为一般位置直线（简称一般线）。

如图 4-10a 所示的四棱锥的棱线 AB 为一般位置直线，由于一般位置直线两个端点与三个投影面的距离都不相等，所以一般位置直线的三个投影都倾斜于投影轴，并且长度均小于实长。

读图时，如果直线的两面投影为倾斜的直线，就可判断该直线为一般位置直线。通过判断两端点的空间位置可确定直线的空间位置。

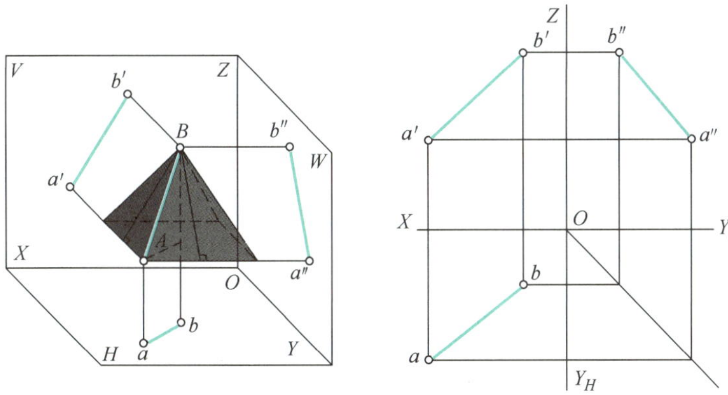

a)　　b)

图 4-10　一般位置直线的投影

*四、两直线的相对位置

空间两直线的相对位置有平行、相交、交叉三种情况，如图 4-11 所示，涵洞洞口上的直线 EF 与 GH 平行、AB 与 AC 相交、AC 与 BM 交叉。下面分别研究它们的特性。

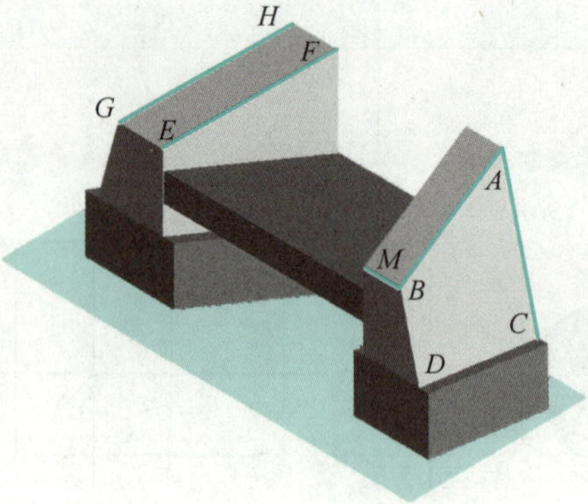

图 4-11 八字墙上直线的相对位置

1. 平行两直线

两直线互相平行时，它们的同面投影也必然平行，如图 4-12a 所示。

若 $GH /\!/ EF$，则 $gh /\!/ ef$，$g'h' /\!/ e'f'$，$g''h'' /\!/ e''f''$；$GH : EF = gh : ef = g'h' : e'f' = g''h'' : e''f''$，如图 4-12b 所示。图中两直线的正面投影重合成一条直线，是平行的特殊情况。

若空间两直线互相平行，则其同面投影互相平行且比值相等，反之，若两直线的同面投影互相平行且比值相等，则此空间两直线一定互相平行。

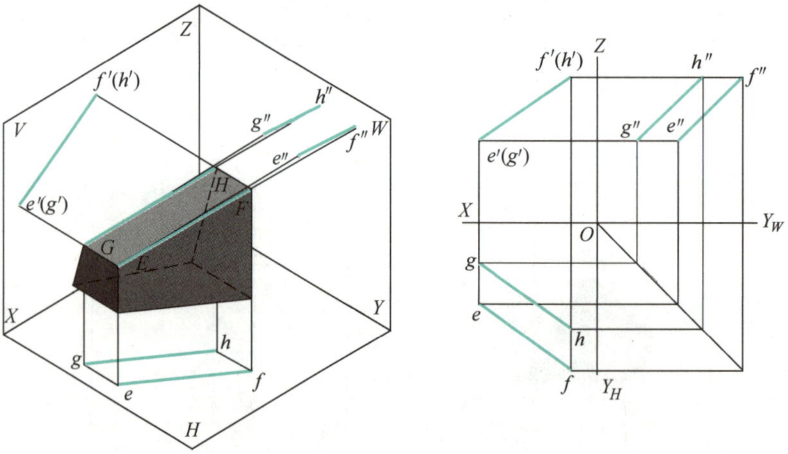

a) 立体图 b) 投影图

图 4-12 平行两直线的投影

2. 相交两直线

相交两直线，其同面投影必相交，且交点符合点的投影规律（即投影交点的连线垂直于相应的投影轴）。

如图 4-13 所示，AB 和 CD 的延长线交于 K 点。K 点的正面投影 k' 与水平投影 k 的连线 $k'k$ 垂直于 X 轴，$k'k''$ 也必然垂直于 Z 轴。

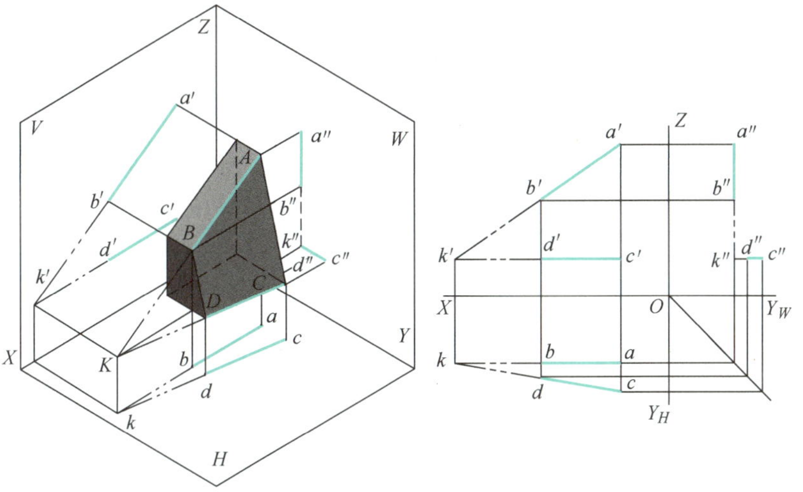

a) 立体图　　b) 投影图

图 4-13　相交两直线的投影

3. 交叉两直线

空间两直线既不相交也不平行，叫交叉两直线（或异面直线）。

在投影图中，交叉两直线的同面投影可能相交，但投影中交点的投影不符合点的投影规律，如图 4-14 所示。交叉两直线可能有一对或两对同面投影互相平行，但绝不可能三对同面投影都互相平行。

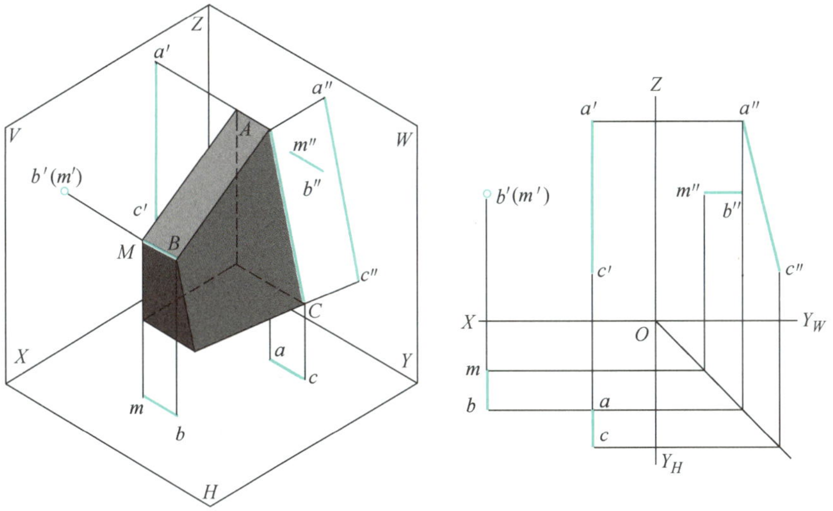

a) 立体图　　b) 投影图

图 4-14　交叉两直线的投影

任务实施

1. 判断桥台翼墙上直线的空间位置，并绘制其第三面投影。

已知桥台翼墙上的棱线的 AB、CD、EF、GH 的两面投影，如图 4-15 所示，判断这些棱线的空间位置，在立体图上用粗实线标出这些棱线，并在投影图上用粗实线绘出它们的第三面投影。

参考答案

判断桥台翼墙上直线的空间位置，并绘制其第三面投影

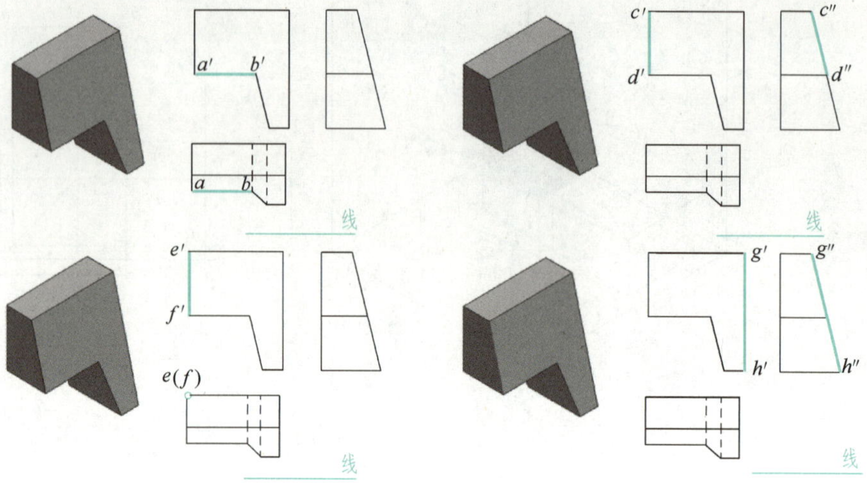

图 4-15 由桥台翼墙上直线的两面投影绘制第三面投影图

分析：由直线上两端点的两面投影，求得其第三面投影，连接两点的同面投影即得直线的投影。根据各种位置直线的投影特性判断其空间位置。

2. 求三棱锥表面 6 条棱线的 W 面投影，并指出其中的一般位置直线。

分析：如图 4-16 所示，三棱锥表面由 4 个顶点、6 条棱线组成，画出各棱线两个端点的三面投影，将两个端点的同面投影相连即得直线的投影。所以只要由 4 个顶点的 V 面、H 面投影，求出它们的侧面投影，然后两两相连即得 6 条直线的 W 面投影。

绘制三棱锥棱线的投影

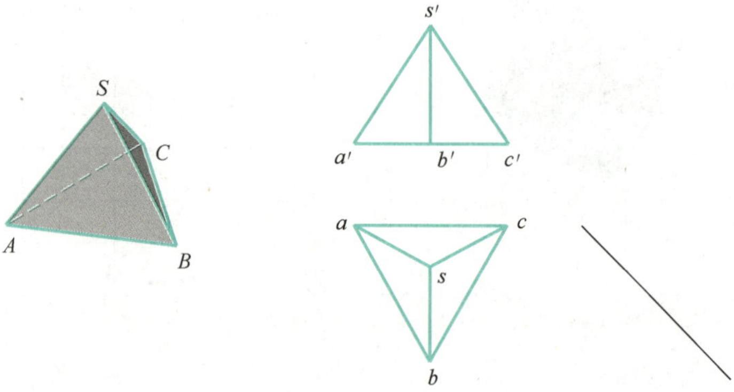

图 4-16 画锥表面棱线的投影

3. 绘制桥台翼墙上两直线的第三面投影，并判断两直线的相互位置。

如图 4-17 所示，已知桥台翼墙上的棱线的 AB 与 CD、EF 与 GH 及 MN 与 IL 的两面投影，在桥台翼墙的投影图上描出它们的第三面投影，并判断它们的相互位置。

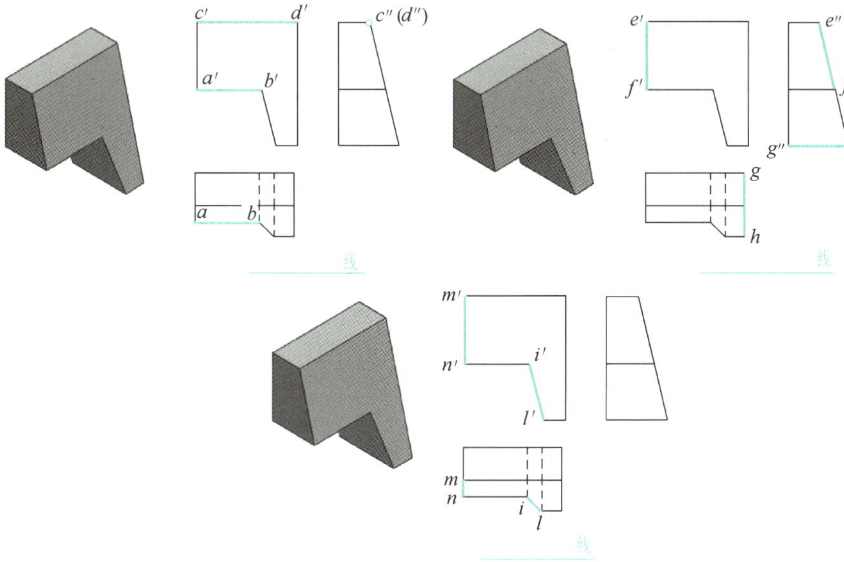

图 4-17　两直线的相对位置

绘制桥台翼墙上两直线的第三面投影，并判断两直线的相互位置

任务三　分析形体上平面的投影

技能要点

通过分析桥台上平面的投影，总结各种位置平面的投影特性。

1）掌握投影面平行面的投影特性、垂直面的投影特性。

2）了解一般位置平面的投影特性。

3）能在形体的投影图上，分析形体上平面的投影。

任务学习

本任务所研究的平面，指平面的有限部分——平面图形。

工程结构物的表面与投影面的相对位置，归纳起来有投影面平行面、投影面垂直面、一般位置平面三种。

平面图形的投影一般仍为类似的平面图形，特殊情况下，当平面图形垂直于投影面时，其投影积聚为一条直线，如图 4-18 所示。

一、投影面平行面

在三面投影体系中，平行于某一投影面的平面，称为投影面平行面，简称平行面。平行于某一投影面的平面必然垂直于其他两投影面。投影面平行面有三种情况：

平行于 *H* 面的平面称为水平面，如图 4-19 所示桥台上的 *P* 平面。

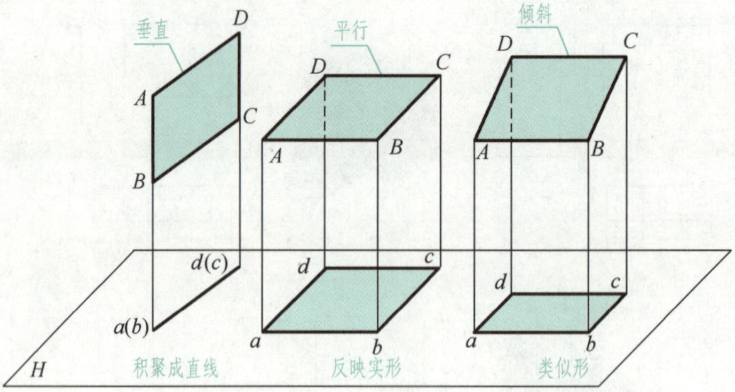

图 4-18 平面图形的投影

平行于 *V* 面的平面称为正平面，如图 4-19 所示桥台上的 *Q* 平面。

平行于 *W* 面的平面称为侧平面，如图 4-19 所示桥台上的 *R* 平面。

（三维模型）

（彩图）

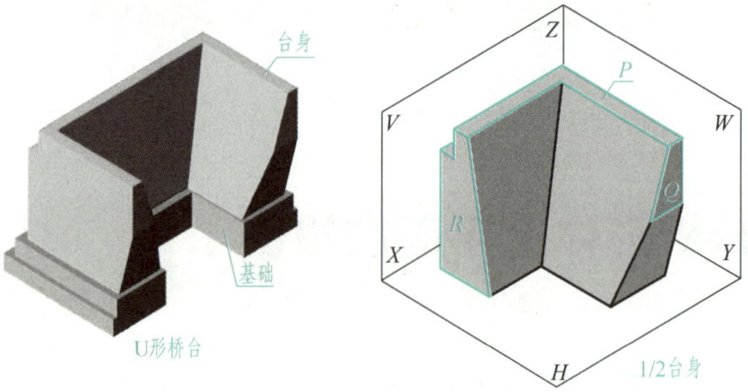

图 4-19 桥台上投影面的平行面

1. 投影面平行面的共性（一框两平行线）

平面在所平行的投影面上的投影反映实形，其他两投影都积聚成与相应投影轴平行的直线，见表 4-3。

表 4-3 投影面平行面

	空间位置	投影图	投影特性及三维模型
水平面	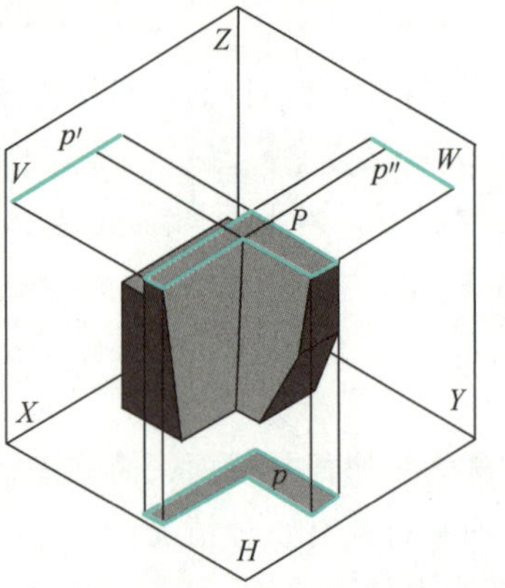	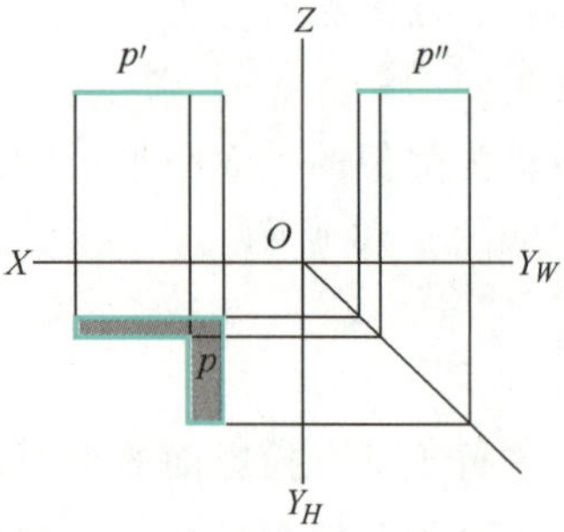	1. *H* 面投影反映实形 2. *V* 面投影积聚为平行于 *OX* 轴的直线 3. *W* 面投影积聚为平行于 OY_W 轴的直线 （三维模型）

（续）

	空间位置	投影图	投影特性及三维模型
正平面	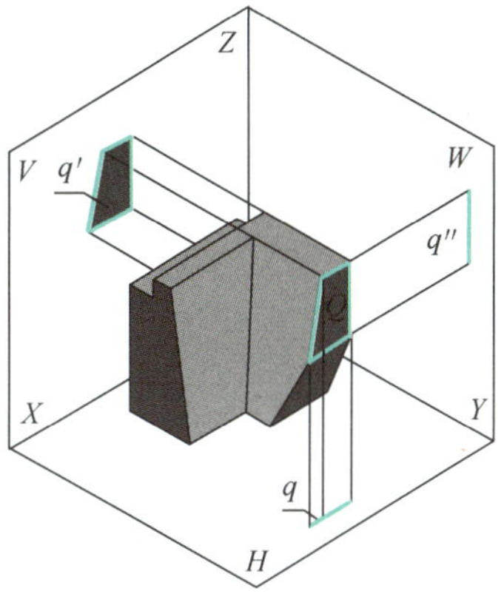	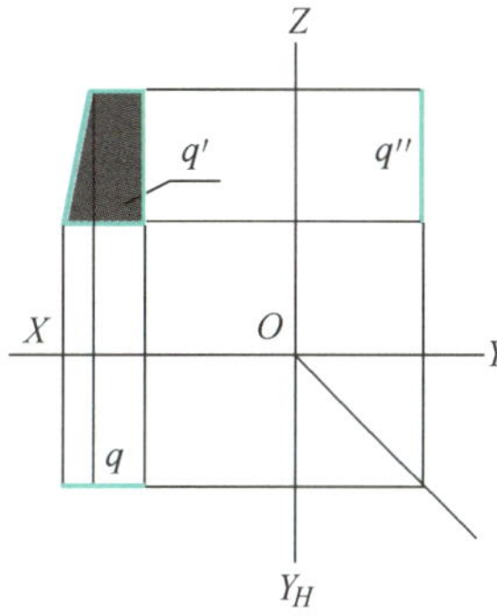	1. *V* 面投影反映实形 2. *H* 面投影积聚为平行于 *OX* 轴的直线 3. *W* 面投影积聚为平行于 *OZ* 轴的直线 （三维模型）
侧平面	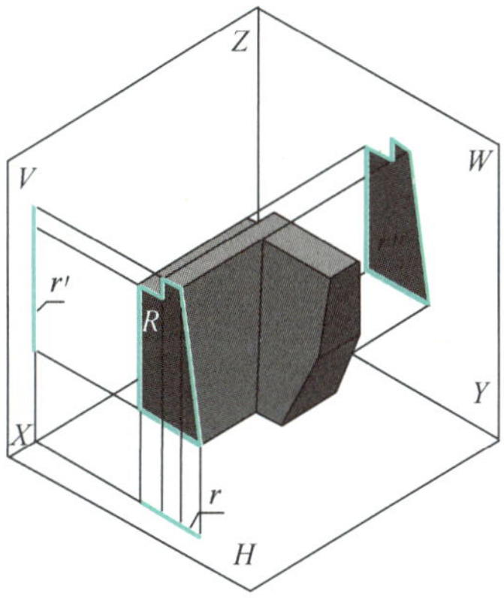	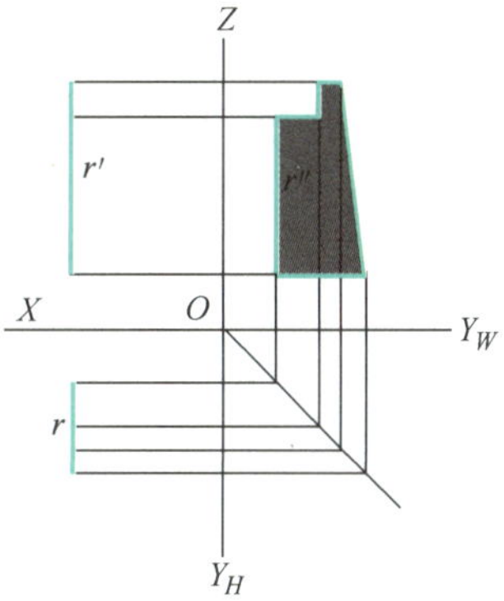	1. *W* 面投影反映实形 2. *V* 面投影积聚为平行于 *OZ* 轴的直线 3. *H* 面投影积聚为平行于 OY_H 轴的直线 （三维模型）

2. 读图要点（一框两平行线，是平行面，框在哪个面，平行于哪个面）

一平面只要有一个投影积聚为一条平行于投影轴的直线，该平面就平行于非积聚投影所在的投影面。非积聚投影反映该平面的实形。

二、投影面垂直面

在三面投影体系中，垂直于一个投影面，倾斜于其他投影面的平面称为投影面垂直面，简称垂直面。投影面垂直面有三种情况：

垂直于 *V* 面，倾斜于 *H*、*W* 面的平面称为正垂面，如图 4-20 所示桥台上的平面 *P*。

垂直于 *H* 面，倾斜于 *V*、*W* 面的平面称为铅垂面，如图 4-20 所示桥墩上的平面 *Q*。

垂直于 *W* 面，倾斜于 *H*、*V* 面的平面称为侧垂面，如图 4-20 所示桥台上的平面 *R*。

（三维模型）

（彩图）

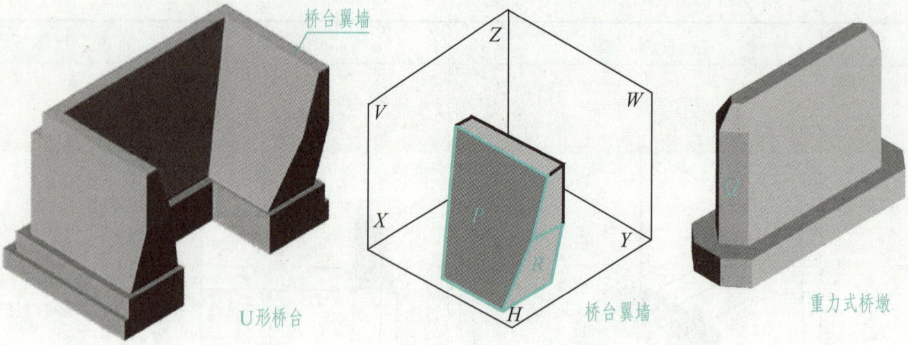

图 4-20 桥台、桥墩上的垂直面

1. 投影面垂直面的共性（两框一斜线）

平面在所垂直的投影面上的投影积聚成一条与投影轴倾斜的直线；其他两投影是类似图形，并小于实形，见表 4-4。

2. 图读要点（两框一斜线，是垂直面，斜线在哪面，垂直于哪个投影面）

读图时，一平面只要有一个投影积聚为一倾斜直线，它必然垂直于积聚性投影所在的投影面。

表 4-4 投影面垂直面

	空间位置	投影图	投影特性及三维模型
正垂面	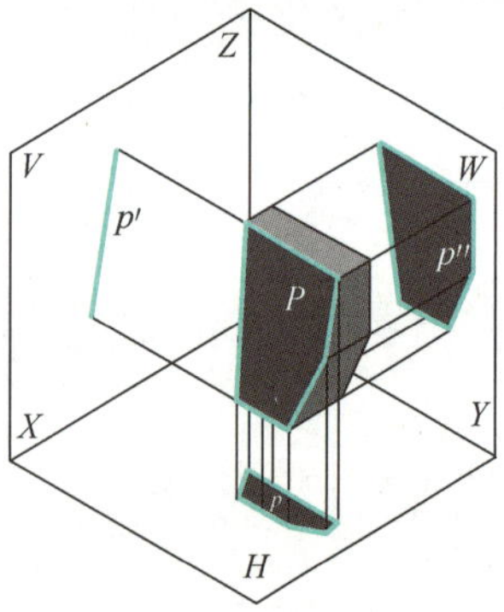	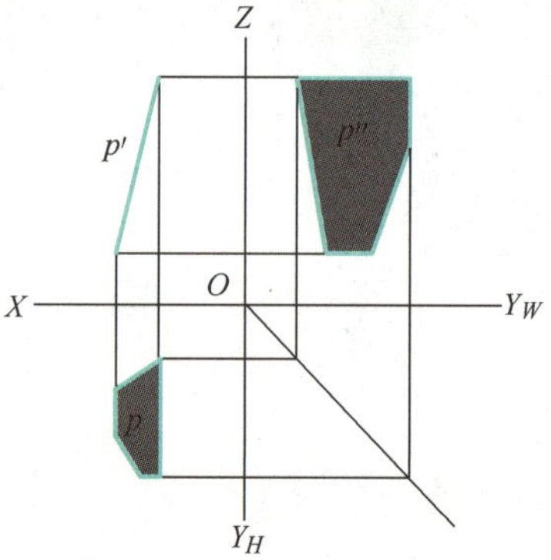	1. V 面投影积聚为与 OX、OZ 轴倾斜的直线 2. H、W 面投影为类似形 （三维模型）
铅垂面	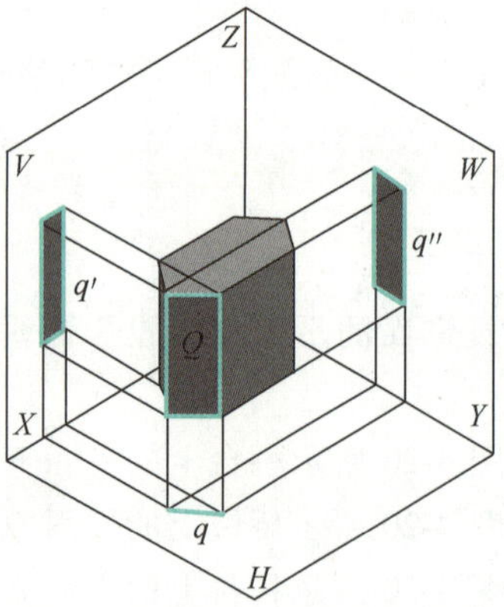	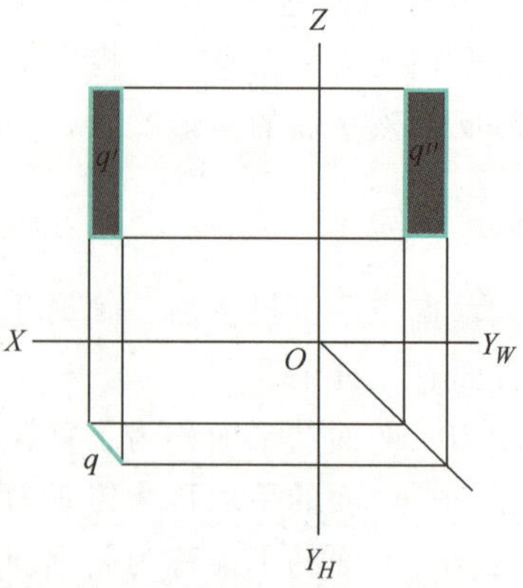	1. H 面投影积聚为与 OX、OY_H 轴倾斜的直线 2. V、W 面投影为类似形 （三维模型）

（续）

	空间位置	投影图	投影特性及三维模型
侧垂面	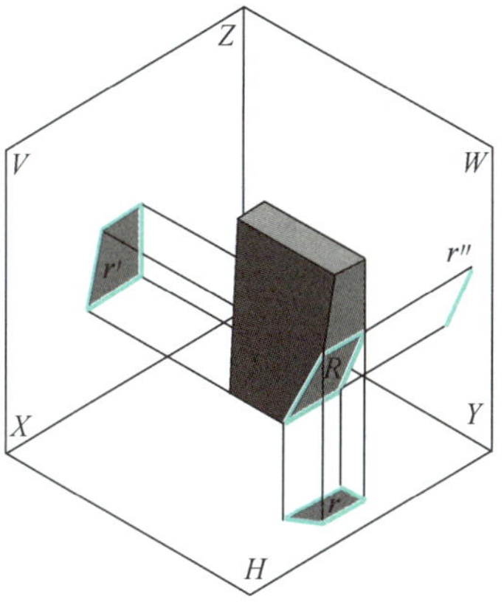	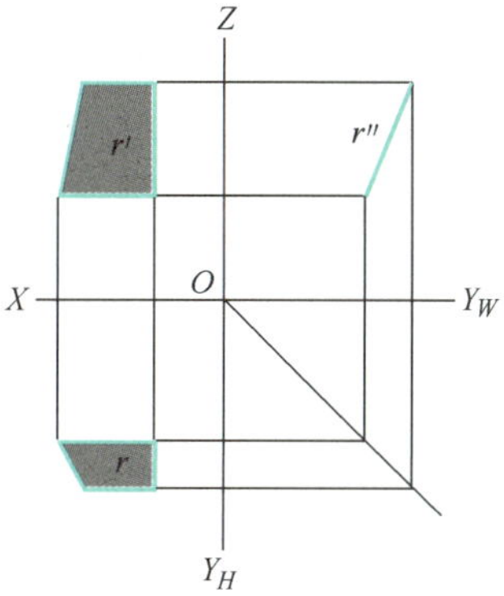	1. W 面投影积聚为与 OY_W、OZ 轴倾斜的直线 2. H、V 面投影为类似形 （三维模型）

三、一般位置平面

与三个投影面都倾斜的平面称为一般位置平面，简称一般面，如图 4-21 所示的三棱锥上的表面△SAB。

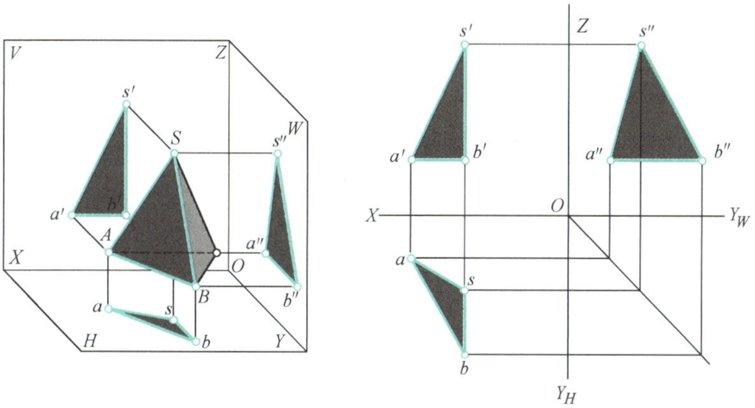

a)　　　　b)

图 4-21　一般位置平面的投影

根据平面的投影特点可知，一般面的各个投影都没有积聚性，各投影均为小于实形的类似形。

［例 4-2］　图 4-22a 为一桥墩的立体示意图，图 4-22b 为其三面投影图。

请参照桥墩立体图，在桥墩的三面投影图中找出平面 A、B 的三面投影（用粗实线描出并标注符号），并指出它们各为何种位置的平面。

分析：平面 A 为水平面，所以其水平投影反映实形，是六边形 a，而水平面的正面投影是平行于 X 轴的直线，通过“长对正”的关系可以确定是 a'，水平面的侧面投影是平行于 Y 轴的直线，通过“高平齐、宽相等”的关系可以确定是 a''。

请同学们在投影图上标出平面 B 的三面投影。

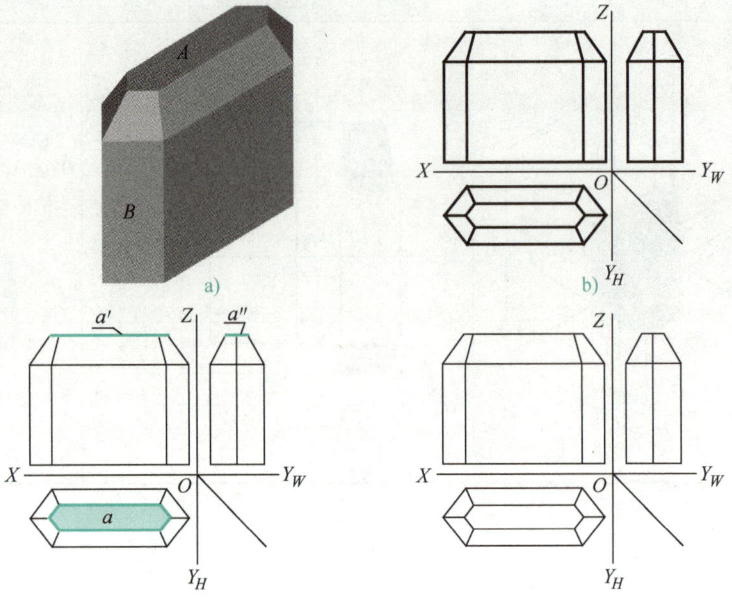

图 4-22 桥墩上的平面

*四、平面上的点和直线

（一）平面上的直线

直线在平面上的条件：直线通过平面上的两点，或通过平面上的一点同时平行于该平面上的一条直线，则该直线在平面上。

如图 4-23a 所示，直线 AC 通过平面 $ABCD$ 上的 A、C 两点，直线 EF 通过平面 $ABCD$ 上的 G 点并平行于该平面上的 DC 边，直线 AC 和 EF 都在平面 $ABCD$ 上。

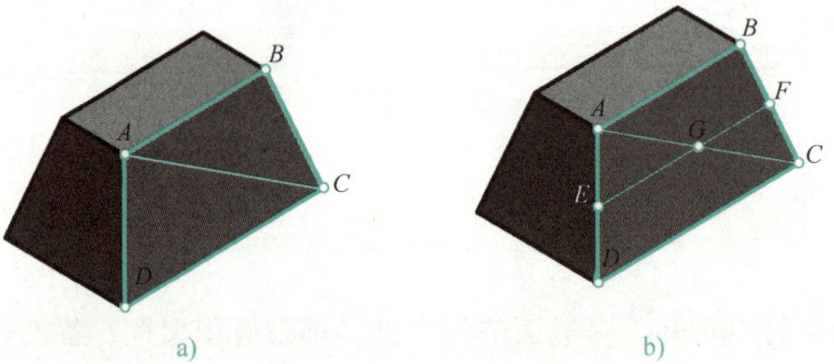

图 4-23 平面上的直线

（二）平面上的点

点在平面上的几何条件：如点在平面上，则该点必在该平面内的一条直线上。

注意：如果点在直线上，该点的投影必在直线同面投影上。

［例 4-3］ 已知△ABC 的三面投影及其上一点 K 的 V 面投影 k'，求 K 点的其他两面投影 k、k''，如图 4-24 所示。

分析：在平面上取点，必须先在平面上作辅助线，再在辅助线上取点，此点必在该平面上。在平面上可作出无数条线，一般选取作图方便的辅助线为宜。

作图步骤：

1）过 k' 在平面上作辅助线 AD 的 V 面投影 $a'd'$。

2）作出 D 点的 H 面投影 d' 和侧面投影 d''，连接 ad 和 $a''d''$，因 K 点在 AD 上，k 必在 ad 上，k'' 必在 $a''d''$ 上，从而求得 k 和 k''。

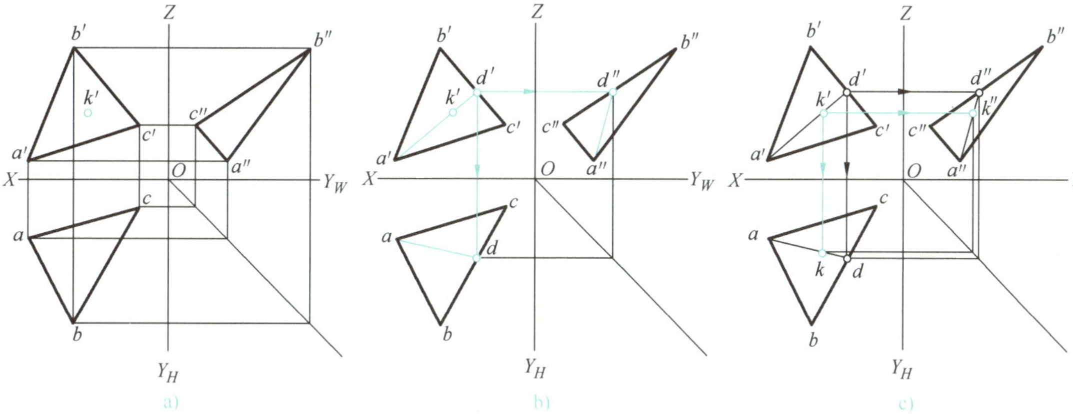

图 4-24　平面上的点

任务实施

由八字翼墙上平面的两面投影绘制其第三面投影，并判断平面的空间位置。

如图 4-25 所示，已知八字翼墙上的平面 P、平面 Q、平面 R 的两面投影，请在翼墙的投影图上用粗实线描出它们的第三面投影，并在立体图上用粗实线标出各平面，并判断各平面的空间位置。

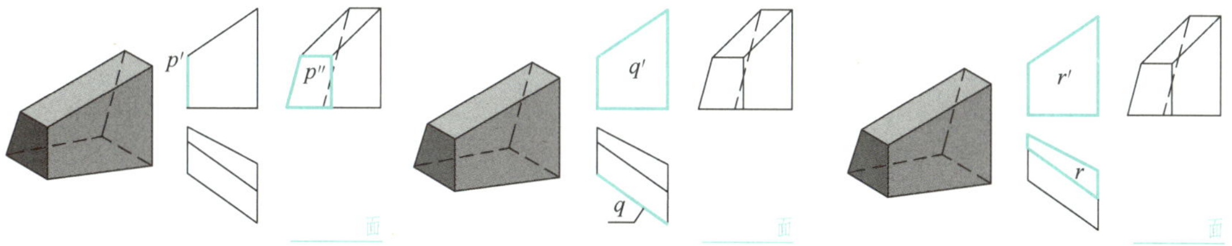

图 4-25　八字翼墙上的平面

由八字翼墙上平面的两面投影绘制其第三面投影，并判断平面的空间位置

参考答案

素质拓展

沪苏通长江公铁大桥——世界上最长的公铁两用斜拉桥

沪苏通长江公铁大桥——世界上最长的公铁两用斜拉桥

沪苏通长江公铁大桥，南起苏州市张家港市、北至南通市通州区，跨越长江江苏段，是世界上最长的公铁两用斜拉桥，也是世界上首座4线铁路、6车道公路斜拉桥。

沪苏通长江公铁大桥于2014年3月1日动工建设，于2020年7月1日建成通车 。

沪苏通长江公铁大桥全长11.072km，主桥长5827m，北引桥长1876m，南引桥长3369m，斜拉桥主跨1092m。大桥上层为通锡高速公路上的双向六车道高速公路，设计时速100km。下层为双向四线铁路，其中两线是沪苏通铁路线的一部分，设计时速200km，另外两线是通苏嘉甬高速铁路线的一部分，设计时速250km。

沪苏通长江公铁大桥采用钢桁梁斜拉桥结构，是我国自主设计建造、世界上首座跨度超千米的公铁两用斜拉桥，设计建造技术实现了五个“世界首创”。

复习思考题

1. 空间点 B 的正面投影用（　　）表示，水平投影用（　　）表示，侧面投影用（　　）表示。

2. 点的投影是如何形成的？

3. 点的三面投影规律是什么？

4. 判断两点的相对位置时，可以沿投影轴方向来判断，X 轴指向（　　）方，Y 轴指向（　　）方，Z 轴指向（　　）方。

5. 什么是投影面平行线？

6. 投影面平行线的投影特性：投影面的平行线在所平行的投影面上的投影为（　　）；其他两投影（　　）于相应的投影轴。

1）正平线的水平投影平行于（　　）轴，侧面投影平行于（　　）轴，正面投影等于（　　），正面投影与 OX、OZ 轴倾斜。

2）水平线的正面投影平行于（　　）轴，侧面投影平行于（　　）轴，水平投影等于（　　），水平投影与 OX、OY_H 轴倾斜。

3）侧平面的正面投影平行于（　　）轴，水平投影平行于（　　）轴，侧面投影等于（　　），侧面投影与 OY_W、OZ 轴倾斜。

7. 什么是投影面的垂直线？

8. 投影面垂直线投影特性：投影面的垂直线在所垂直的投影面上的投影为（　　）；其他两投影与相应的投影轴（　　），并都反映实长。

1）铅垂线的水平投影为（　　），正面投影垂直于（　　）轴，侧面投影垂直于（　　）轴，正面投影、侧面投影等于（　　）。

2）正垂线的正面投影为（　　），水平投影（　　）于 OX 轴，侧面投影（　　）于 OZ 轴，水平投影、侧面投影等于（　　）。

3）侧垂线的侧面投影为（　　），正面投影垂直于（　　）轴，水平投影垂直于（　　）轴，正面投影、水平投影等于（　　）。

9. 什么是一般位置直线？

10. 什么是投影面平行面？

11. 投影面平行面的投影特征：平面在所平行的投影面上的投影（　　），其他两投影都积聚成与相应投影轴（　　）的直线。

1）水平面的 H 面投影（　　），V 面投影积聚为（　　）于 OX 轴的直线，W 面投影积聚为平行于（　　）轴的直线。

2）正平面的 V 面投影（　　），H 面投影积聚为（　　）于 OX 轴的直线，W 面投影积聚为平行于（　　）轴的直线。

3）侧平面的 W 面投影（　　），V 面投影积聚为平行于（　　）轴的直线，H 面投影积聚为（　　）于 OY_H 轴的直线。

12. 投影面垂直面的投影特性：平面在所垂直的投影面上的投影积聚成一条与投影轴（　　）的直线，平面的其他两投影是（　　）。

1）铅垂面的 H 面投影为（　　），V 面投影为（　　）图形，W 面投影为（　　）图形。

2）正垂面的 H 面投影为（　　），V 面投影为（　　）图形，W 面投影为（　　）图形。

3）侧垂面的 H 面投影为（　　），V 面投影为（　　）图形，W 面投影为（　　）图形。

项目五

识读与绘制道路工程中常见形体的投影图

学习目标

项目载体	道路工程中的常见形体
知识目标	1. 掌握各种基本形体的投影特征 2. 掌握各种组合体的读图方法 3. 掌握各种组合体的绘图方法 4. 理解截切体、相贯体的投影特征
能力目标	1. 能识读各种基本形体的投影图(根据两面投影绘制其第三面投影图) 2. 能根据各种基本形体的立体图绘制其三面投影图 3. 能识读道路工程中常见组合体的投影图(根据两面投影绘制其第三面投影图) 4. 能绘制道路工程中常见组合体的投影图
素质目标	养成随时随地主动观察道路工程中构造物的习惯,学习过程中紧密联系工程实际

道路工程中的形体都可以看作是由一些基本的几何体组合而成的组合体。如图 5-1 所示的桥墩，可以看作由若干基本几何体组合而成，如桥墩盖梁是棱柱体，桥墩立柱是圆柱体，承台和防震挡块是长方体（四棱柱），桩基础由十六根混凝土打入桩组成，桩上部是四棱柱，下部桩尖部分是四棱锥。由此可见，分析道路工程构造物的投影应该先分析基本形体的投影特性，其次分析由基本体组合而成的组合体的投影情况，最后再研究整个构造物的投影情况。

（彩图）

（三维模型）

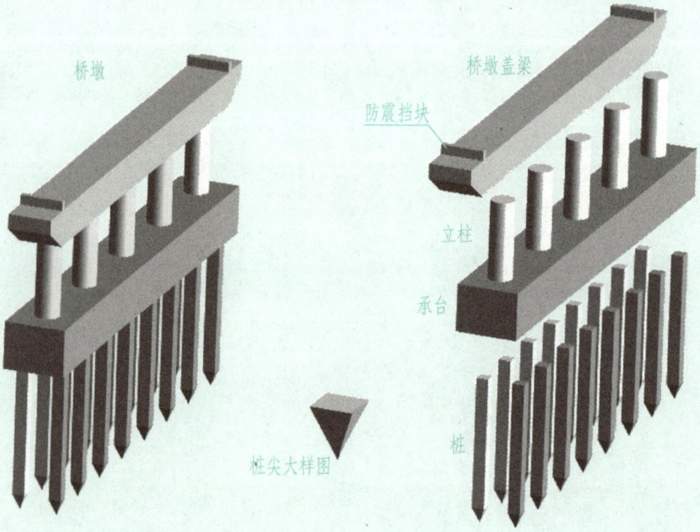

图 5-1　形体的组成

基本形体根据其表面性质的不同可分为平面立体和曲面立体。表面都由平面围成的立体称为平面立体，常见的平面立体有棱柱体、棱锥体（棱台）。由曲面或曲面与平面所围成的形体称为曲面立体，常见的曲面立体有圆柱体、圆锥体（圆台）及球体。图 5-2 所示为常见的几种基本体。

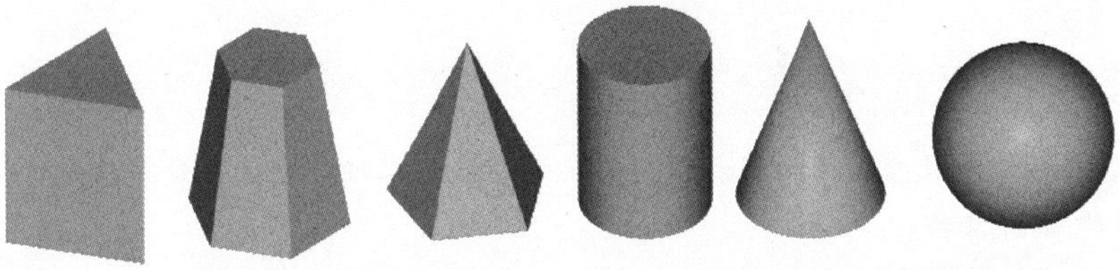

图 5-2　常见的几种基本体

任务一 识读与绘制平面立体的投影图

技能要点

1. 以道路工程中常见棱柱体的投影图为例，学习棱柱体投影图的识读与绘制方法（图 5-11）

1）理解棱柱的特征。

2）掌握棱柱体的投影特征。

3）掌握识读棱柱体投影图的方法。

4）掌握棱柱体投影图的画图方法及步骤。

2. 以绘制桩基础的桩尖的投影图为例，学习棱锥体投影图的识读与绘制方法（图 5-12）

1）理解棱锥体的特征。

2）掌握棱锥体的投影特征。

3）掌握识读棱锥体投影图的方法。

4）掌握棱锥体投影图的绘图方法及步骤。

3. 以道路工程中常见棱台体的投影图为例，学习棱台体投影图的识读与绘制方法（图 5-13）

1）理解棱台体的特征。

2）掌握棱台体的投影特征。

3）掌握识读棱台体投影图的方法。

4）掌握棱台体投影图的画图方法及步骤。

任务学习

一、识读与绘制棱柱体的投影图

棱柱分为直棱柱（侧棱与底面垂直）和斜棱柱（侧棱与底面倾斜）。这里只介绍直棱柱。

直棱柱上有一对表面是互相平行且全等的多边形（称为底面），其余各侧棱面均为矩形，侧棱线相互平行而且垂直于这对表面。图 5-3 所示为道路工程中常见的棱柱体。

下面以图 5-4 所示的五棱柱（桥台台身）为例，说明棱柱的投影特性。

该棱柱体的前面、后面为全等的五边形，平行于 *V* 面；其余棱面都是矩形表面，其中上、下两棱面为水平面，左侧棱面为侧平面，左上方的棱面和右侧棱面为正垂面。

该棱柱的正面投影是一个五边形，它是棱柱前面、后面的反映实形的投影，前面和后面的投影重合，前面可见，后面不可见。五边形的各个边是棱柱各个棱面的积聚投影，其中上、下两棱面为水平面，其正面投影平行于 *X* 轴；左侧棱面为侧平面，其正面投影平行于 *Z* 轴，其余两表面为正垂面，其正面投影为倾斜直线。五边形的各角点是棱柱体上垂直于正面的各侧棱的积聚投影。

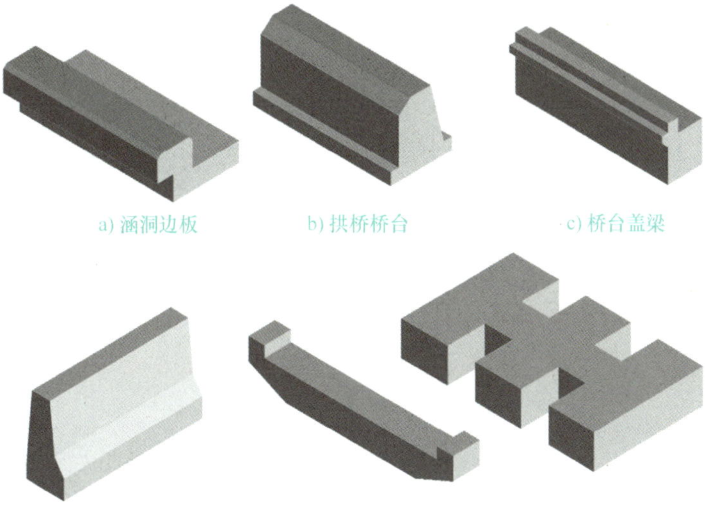
a) 涵洞边板　b) 拱桥桥台　c) 桥台盖梁
d) 防撞墙　e) 桥墩盖梁　f) 桥梁承台

图 5-3　道路工程中常见的棱柱体

棱柱的特征

（彩图）

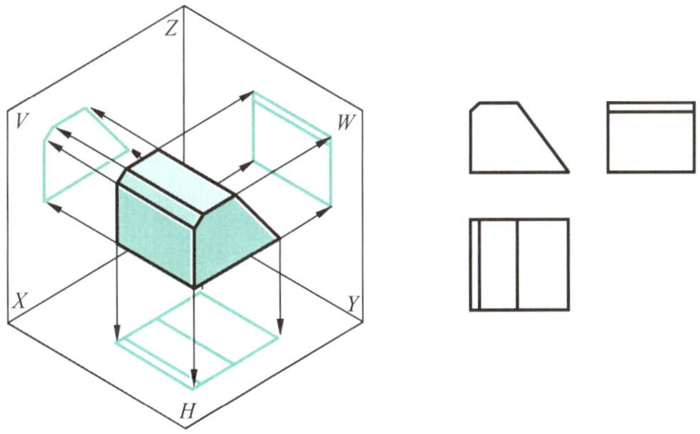

a)　b)

图 5-4　五棱柱的投影

棱柱体的投影分析

（三维模型）

该棱柱的水平投影由三个矩形线框组成。中间的线框是上侧棱面的投影，反映实形；旁边两线框是左上棱面和右侧棱面的投影，是类似形；外面大的线框为下侧棱面的投影，反映实形；左侧棱面的水平投影积聚成平行于 Y 轴的直线，前后棱面的水平投影积聚成平行于 X 轴的直线。

该棱柱的侧面投影是两个矩形线框，上面的矩形线框是左上侧棱面的投影，是类似形；下面的矩形线框是左侧棱面的投影，反映实形；外面大的线框为右侧棱面的投影，是类似形。上、下棱面的侧面投影积聚成平行于 Y 轴的直线；前、后棱面的侧面投影均积聚为平行于 Z 轴的直线。

棱柱的投影特征：棱柱的一个投影积聚成一个多边形，是棱柱两底面的投影，反映棱柱的形状特征，也反映两底面的实形；而另外两投影都是由实线或虚线组成的矩形线框，如图 5-5 所示的投影。

（三维模型）

（三维模型）

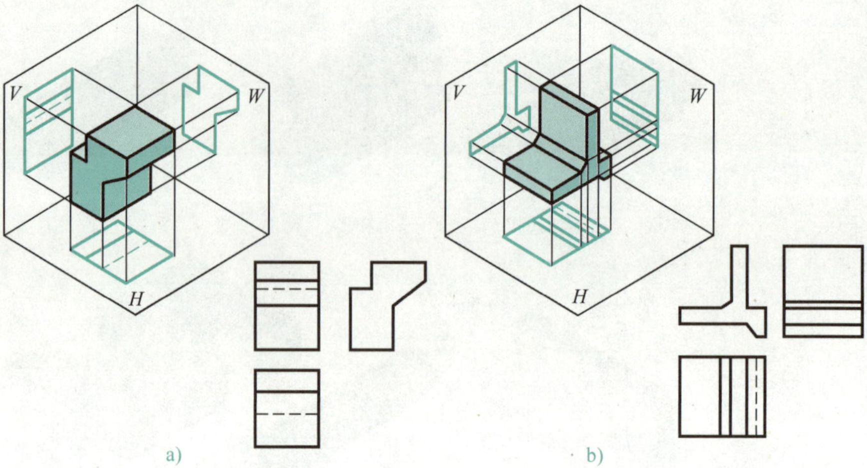

图 5-5 棱柱的投影

画棱柱体的投影图时，先画两底面反映实形的多边形的投影（两底面的投影重合，反映棱柱的形状特征），再画两底面的其他两面投影，最后将两底面对应角点的同面投影用直线连接起来，就完成作图。以桥墩盖梁为例分析棱柱体的画图方法，详细步骤见相关微课视频。

读图时，若一个投影为多边形，而另外两个投影是由实线或虚线组成的矩形线框，则该形体是侧棱垂直于多边形所在投影面且底面为与多边形投影全等的棱柱。

图 5-6 所示为道路工程中常见的棱柱体的投影，图 5-3 是对应的立体图，请同学们自己阅读分析。

以桥墩盖梁为例分析棱柱体投影图的画法

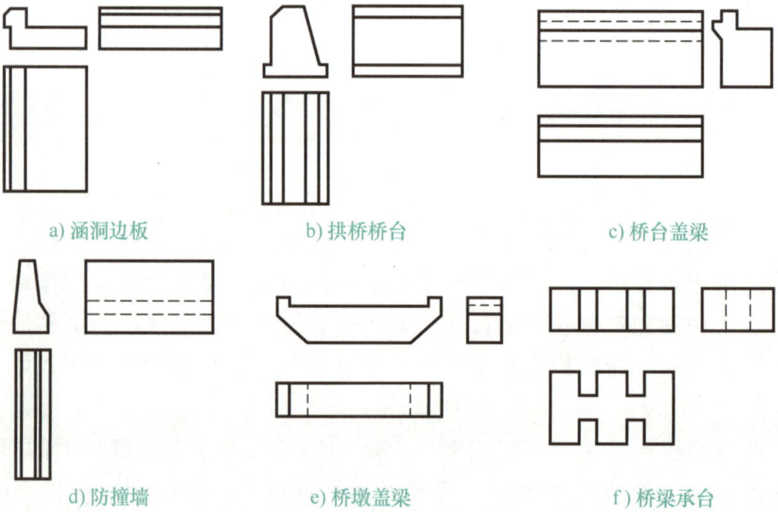

图 5-6 道路工程中常见的棱柱体的投影

二、识读与绘制棱锥体的投影图

棱锥的底面为多边形，各棱面都是具有公共顶点的三角形。底面为三角形的棱锥称为三棱锥，底面为四边形的棱锥称为四棱锥，以此类推。

（一）棱锥的三面投影图

图 5-7a 所示为一个正三棱锥的三面投影直观图，该三棱锥的底面平行于 H 面，后侧面 $\triangle SAC$ 为侧垂面。

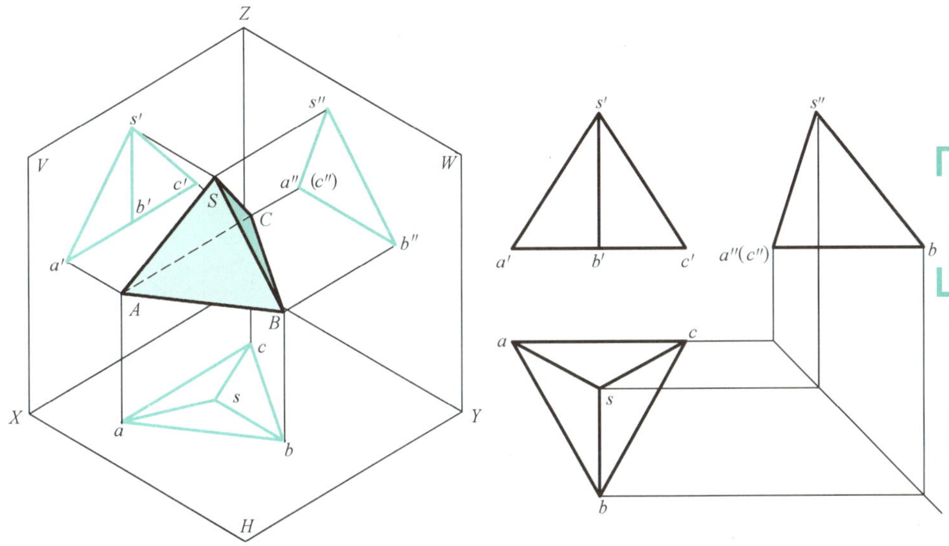

a) 立体图　　b) 投影图

图 5-7　棱锥的投影

棱锥的投影

（三维模型）

由于底面 $\triangle ABC$ 为水平面，所以它的 H 面投影反映实形，为不可见面。底面 $\triangle ABC$ 的 V 面投影为平行于 OX 轴的线段，而 W 面投影为平行于 OY 轴的线段。

由于 AC 为侧垂线，所以后侧面 $\triangle SAC$ 为侧垂面。$\triangle SAC$ 的侧面投影 $\triangle s''a''c''$ 积聚成直线，它的 V 面、H 面投影均为类似形。

棱面 $\triangle SAB$、$\triangle SBC$ 均为一般位置平面，三个投影都是类似形，在 W 面投影中，$\triangle s''a''b''$ 与 $\triangle s''c''b''$ 重合。

三个侧面的 H 面投影均可见，底面的 H 面投影不可见，$\triangle SAB$、$\triangle SBC$ 的 V 面投影可见，$\triangle SAC$ 的 V 面投影不可见，$\triangle SAB$ 的 W 面投影可见，$\triangle SBC$ 的 W 面投影不可见。

棱锥的投影特征：棱锥的一个投影为多边形中嵌套具有公共顶点的三角形，该多边形反映棱锥的形状特征，也反映底面的实形（顶点与多边形各角点的连线为侧棱的投影）；而另外两个投影都是由实线或虚线组成的有公共顶点的三角形线框。

图 5-8 所示为常见棱锥体的投影，请同学们自己分析。

画棱锥三面投影图时，一般应先画出底面的各个投影，然后确定锥顶 S 的三面投影，将锥顶与底面各角点的投影连接起来，就可画出棱锥的投影图。以桩尖为例，分析棱锥体的画图方法，详细步骤见相关微课视频。

读图时，若一个投影为多边形中嵌套具有公共顶点的三角形，而另外两个投影是由实线或虚线组成的有公共顶点的三角形线框，则该形体是棱锥，且棱锥底面平行于多边形投影所在的投影面，棱锥的底面与多边形投影全等。

（三维模型）

（三维模型）

（三维模型）

（三维模型）

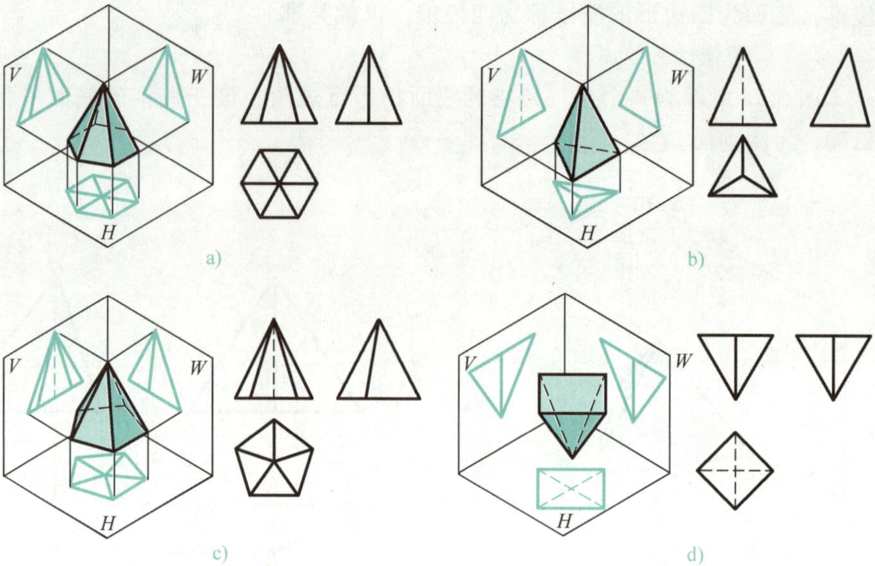

图 5-8　常见棱锥体的投影

（二）棱台的三面投影图

棱锥的顶部被平行于底面的平面切割后形成棱台，棱台的两个底面为平行且相似的多边形，各侧面均为梯形。图 5-9 所示为四棱台的投影情况。

棱锥的投影的特征

（三维模型）

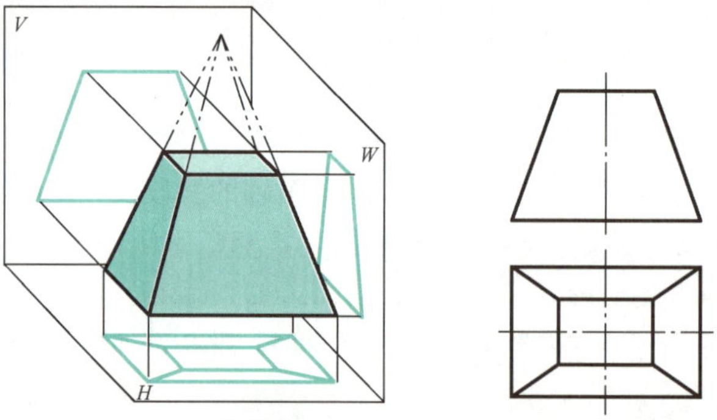

a) 立体图　　b) 投影图

图 5-9　四棱台的投影情况

棱台的投影特征：棱台的一个投影为里、外两个相似多边形（分别反映两底面的实形），两多边形之间嵌套有相应数目的梯形（各梯形为各侧面的投影，两多边形对应顶点之间的连线为侧棱的投影）；而另外两个投影都是由实线或虚线组成的梯形线框。

图 5-10 所示的棱台的投影，请同学们自己分析。

画棱台三面投影图时，先画两底面反映实形的多边形的投影，再画两底面的其他两面投影，最后将两底面对应角点的同面投影用直线连接起来，就完成作图。以六棱台为例分析棱台体的画图方法，详细步骤见相关微课视频。

以六棱台为例分析棱台体投影图的画法

读图时，若一个投影为里、外两个相似多边形线框，两多边形线框之间嵌套有相应数目的梯形，而另外两投影都是由实线或虚线组成的梯形线框，则该形体是棱台，且该棱台两底面平行于“里、外两个相似多边形线框”所在的投影面。

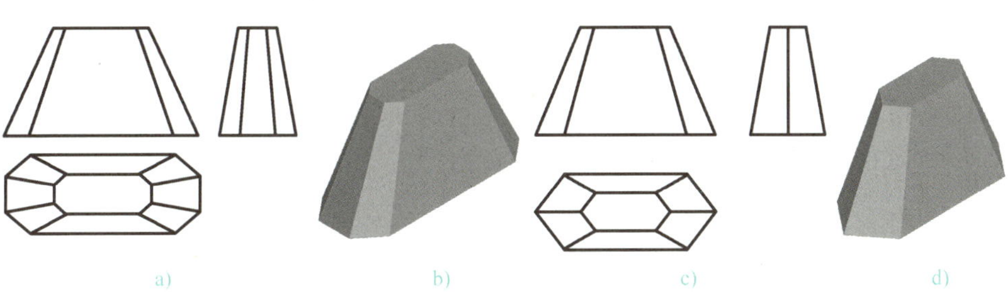

图 5-10　棱台的投影

（三维模型）

（三维模型）

任务实施

一、绘制桥墩盖梁的三面投影图

根据图 5-11 所示桥墩盖梁立体图及尺寸，选择合适的比例绘制其三面投影图，图中的尺寸单位为 cm。可以选择不同的方向作为正面投影方向。

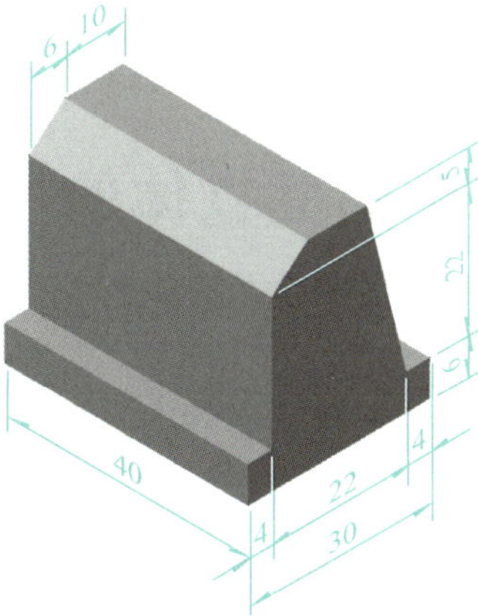

图 5-11　桥墩盖梁立体图

绘制桥台（棱柱体）的三面投影

参考答案

二、绘制桩尖的三面投影图

根据图 5-12 所示桩尖的尺寸，按 1∶10 的比例绘制其三面投影图，以 *B* 向（四棱锥底面对角线的方向）作为正面投影的方向，图中的尺寸单位为 cm。

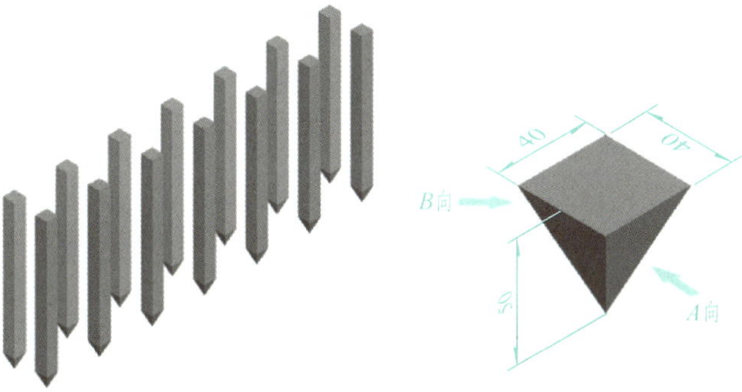

图 5-12　桥梁桩基础立体图

以桩尖为例分析棱柱体投影图的画法

三、绘制桥墩墩身的三面投影图

根据图 5-13 所示桥墩墩身立体图及尺寸，选择合适的比例绘制其三面投影图，图中的尺寸单位为 cm。可以选择不同的方向作为正面投影方向。

绘制桥墩墩身的投影

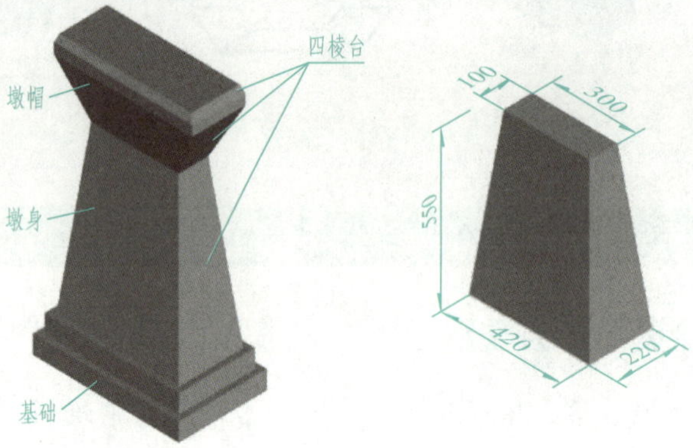

图 5-13 桥墩墩身立体图

任务二 识读与绘制曲面立体的投影图

技能要点

学习曲面立体（回转体）投影图的识读与绘制方法。

1）掌握圆柱体、圆锥体、圆台体的投影特征。

2）掌握圆柱体投影图的画图方法及步骤。

3）能够根据给定的尺寸绘制柱体的三面投影图（图 5-20）。

4）掌握圆锥体、圆台体投影图的画图方法及步骤。

5）能够根据给定的尺寸绘制台体的三面投影图（图 5-21）。

任务学习

曲面立体由曲面或曲面与平面所围成，工程上常用的曲面立体是回转体，如圆柱体、圆锥体、球体等。回转体的回转面是以一条直线或曲线为母线，绕一条直线旋转而成的曲面，该直线称为轴线；母线在回转面上的任意位置称为素线，母线上每一点绕轴线旋转的运动轨迹是一个圆，称为纬圆。

一、圆柱体的投影

下面以轴线垂直于 H 面的圆柱为例讨论圆柱体的投影，如图 5-14 所示。

该圆柱的 H 面投影为一个圆，反映圆柱上、下底面的实形，而圆周又是圆柱面的积聚投影，圆柱面上任何点和线的水平投影都积聚在这个圆上。圆柱的 V 面投影是一个矩形线框，该矩形线框代表了前半个圆柱面和后半个圆柱面的重合投影，前半部分可见，后半部分不可见。矩形的上、下边是圆柱上、下底面的积聚投影。矩形的左、右两条边 $a'a_1'$、$b'b_1'$是圆柱最左素线和最右素线的投影。圆柱的 W 面投影也是一个矩形线框，该矩形线框代表了左半个圆柱面和右半个圆柱面的重合投影，左半部分可见，右半部分不可见。矩形的上、下边是圆柱上、下底面的积聚投影。矩形的左、右两条边 $d''d_1''$、$c''c_1''$是圆柱最后素线和最前素线的投影。

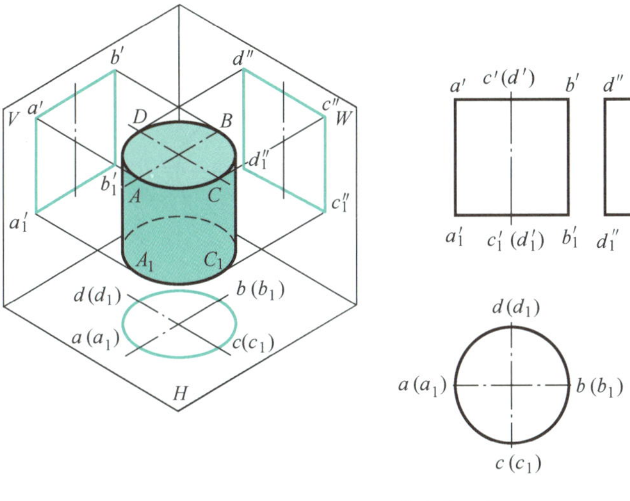

图 5-14　圆柱体的投影

回转体

（三维模型）

圆柱的投影分析

圆柱的投影特征：圆柱的一个投影是圆，其他两个投影是相等的矩形线框。图 5-15 所示为不同位置圆柱的投影情况，请同学自己分析。

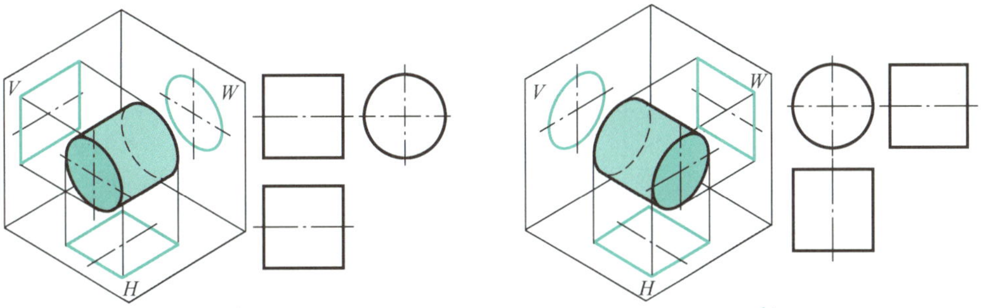

a)　　b)

图 5-15　不同位置圆柱的投影情况

画圆柱的三面投影时，一般先画圆，再根据圆柱的高和投影规律画出其他两个投影。

二、圆锥体的投影

（一）圆锥体的三面投影

下面以轴线垂直于水平投影面的圆锥体为例讨论圆锥体的投影，如图 5-16 所示。

该圆锥的 H 面投影是一个圆，是圆锥面和底面的重合投影，该圆反映底面的实形。圆锥的 V 面投影是等腰三角形，底边是锥底的积聚投影，两腰 $s'a'$、$s'b'$是圆锥最左素线和最右素线的投影。圆锥的 *W* 面投影也是等腰三角形，底边是锥底的积聚投影，两腰 $s''c''$、$s''d''$ 是圆锥最前素线和最后素线的投影。

圆锥体的投影分析

（三维模型）

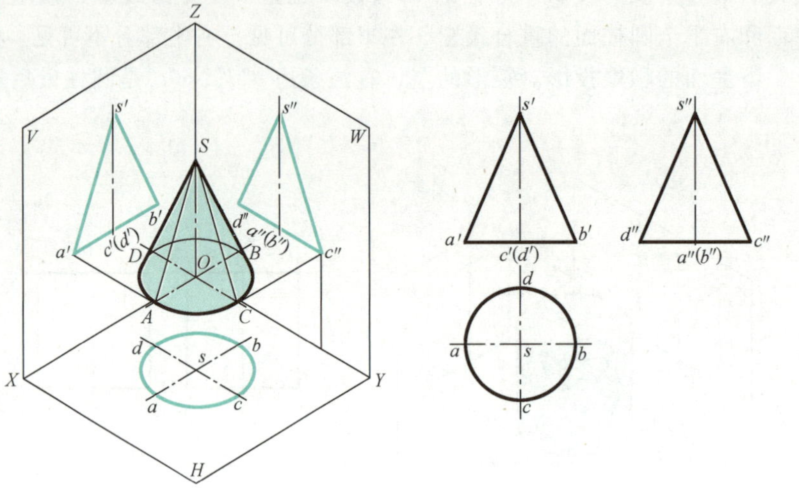

a)　　b)

图 5-16　圆锥体的投影

圆锥的投影特征：圆锥的一个投影是圆，其他两个投影是相等的等腰三角形线框。

图 5-17 所示为不同位置圆锥的投影情况，请同学们自己分析。

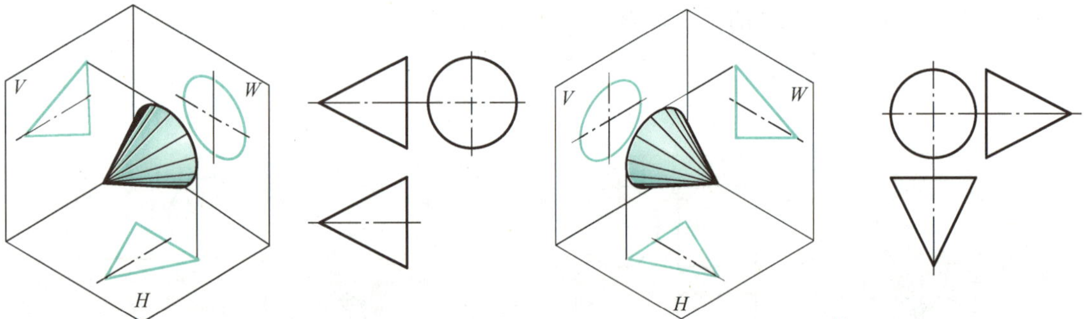

a)　　b)

图 5-17　不同位置圆锥的投影情况

（三维模型）

画圆锥的三面投影时，一般先画圆，再根据圆锥的高和投影规律画出其他两个投影。

*（二）圆台的三面投影

（三维模型）

圆锥体被平行于底面的平面截去其锥顶，所剩的部分叫圆锥台，简称圆台。

圆台的投影特征：一个投影为两同心圆（分别反映两底面的实形，两圆之间的部分表示圆台面的投影）；而另外两个投影都是相等的梯形线框。

图 5-18 所示为不同位置圆台的投影情况，请同学们自己分析。

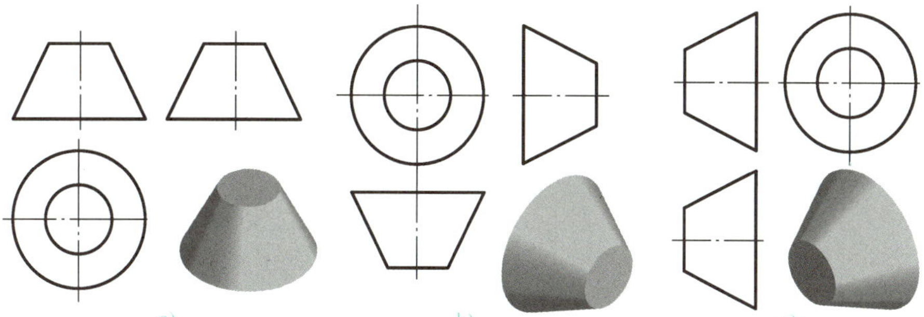
a)　b)　c)

图 5-18　不同位置圆台的投影情况

*三、球体的投影

如图 5-19 所示，球的各投影均为同样大小的圆，其直径等于球的直径。但三个投影面上的圆是三个不同方向的轮廓线的投影。

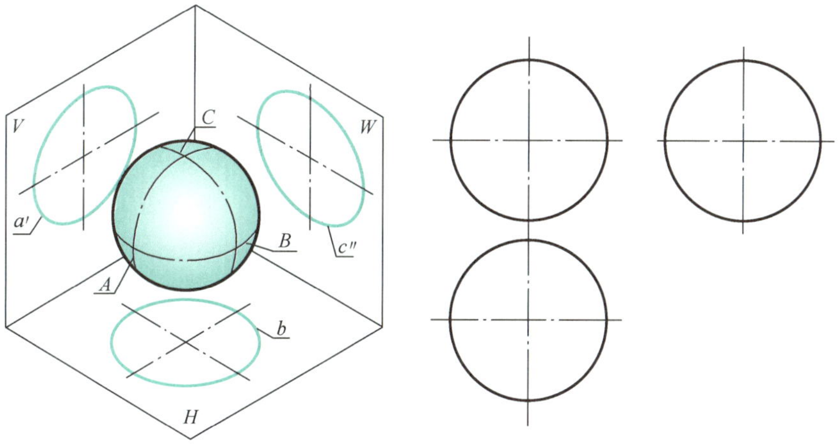

a)　b)

圆球的投影分析

图 5-19　球体的投影

H 面投影的圆 *b* 是平行于 *H* 面的最大圆的投影，该圆把球体分为上半球与下半球，*H* 面投影上半球面可见，下半球面不可见；*V* 面投影的圆 *a*′是平行于 *V* 面的最大圆的投影，该圆把球体分为前半球与后半球，*V* 面投影前半球面可见，后半球面不可见；同理，*W* 面投影的圆 *c*″是平行于 *W* 面的最大圆的投影，此圆把球体分成左半球与右半球，*W* 面投影左半球面可见，右半球面不可见。这三个圆的其他投影均积聚成直线，重合在相应的中心线上。

任务实施

绘制曲面立体的三面投影图

选择合适的比例绘制图 5-20 所示柱体和图 5-21 所示台体的三面投影图，图中尺寸单位为 cm。

参考答案

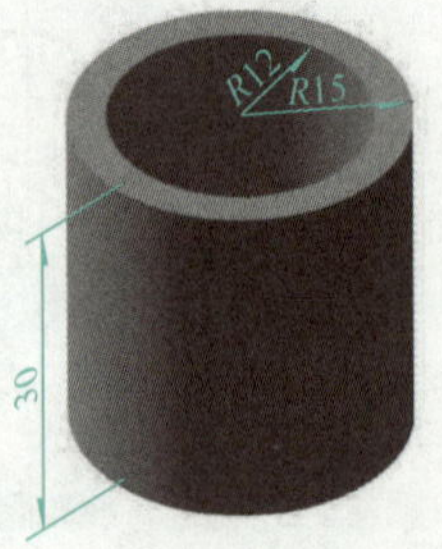

图 5-20 柱体

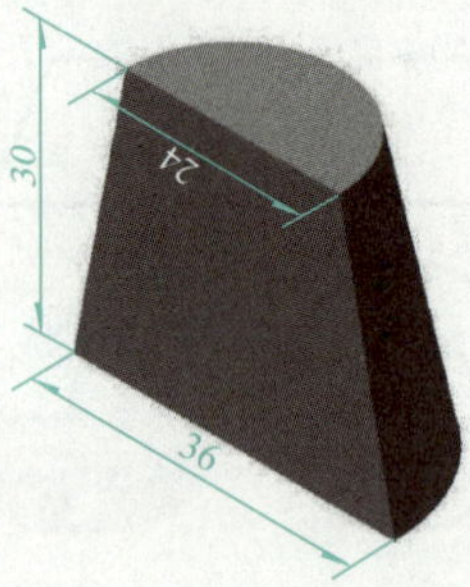

图 5-21 台体

任务三 绘制截切体的投影图

技能要点

1）了解截切体、截交线的有关概念。
2）掌握平面截切体投影图的画法，能绘制桥台翼墙的投影图（图 5-25）。
3）了解常见回转体的截交线的种类。
4）掌握曲面截切体投影图的画法，能绘制圆管涵端墙的投影图（图 5-26）。

任务学习

一、截切体的投影

工程上的许多结构物可看作是由基本体经平面截切而成的。如图 5-22a 所示的斜圆管及图 5-22b 所示的斜空心板可看作是被斜截面截切而成的截切体。

（彩图）

（三维模型）

（三维模型）

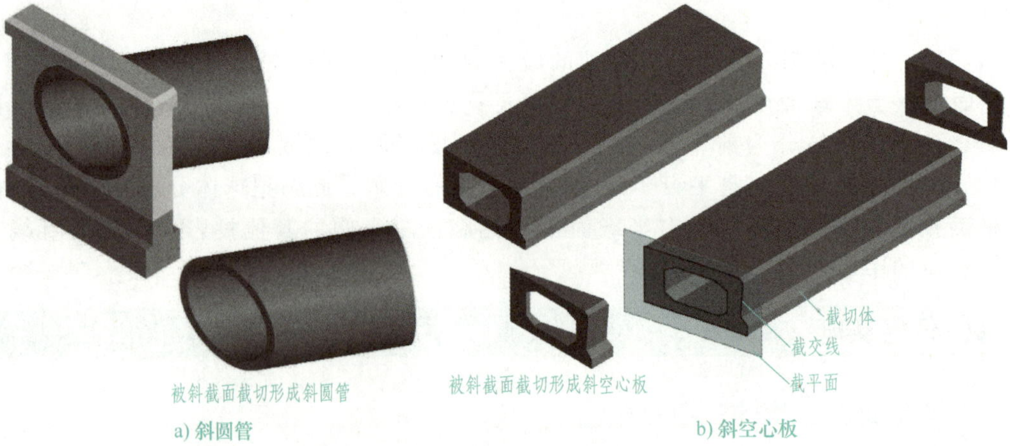

a) 斜圆管　b) 斜空心板

图 5-22 工程中的截切体

基本体被平面所截（即平面与基本体相交）形成的形体称为截切体，截切基本体的平面称为截平面，截平面与基本体表面的交线称为截交线，如图 5-22 所示。在基本体投影的基础上作出截交线的投影，去掉被截部分的棱线或轮廓线的投影就得到截切体的投影。

（一）平面立体被平面截切

平面立体被平面截切，截交线是一封闭的平面折线——平面多边形，多边形的各边是截平面与立体相应棱面的交线，多边形的顶点是截平面与立体相应棱线的交点。因此求平面立体的截交线，就是求出截平面与平面立体上各个被截棱线的交点，然后依次连接即得截交线。

[例 5-1]　图 5-23a、b 所示为桥台及桥台肋板的立体示意图，绘制桥台肋板的三面投影图。

分析：该桥台肋板可以看作是一个五棱柱被一个正垂面截切后得到的，如图 5-23c 所示。

截平面与五棱柱相交，形成五边形的截交线ⅠⅡⅢⅣⅤ。截交线上Ⅰ、Ⅱ、Ⅲ、Ⅳ、Ⅴ各点是截平面与五棱柱棱线的交点。

因为五边形ⅠⅡⅢⅣⅤ在正垂面上，其 *V* 面投影有积聚性，积聚成直线。又由于五棱柱各侧面都是垂直于 *W* 面，其侧面投影有积聚性，所以截交线ⅠⅡⅢⅣⅤ的侧面投影与五棱柱的侧面投影重合。只需求其水平投影，可利用积聚性作图。

作图步骤：

1）作完整的五棱柱的投影，如图 5-23d 所示。

2）因截断面的 *V* 面投影积聚成直线，可以直接确定出截交线上各点的正面投影 1′、2′、3′、4′、5′，又因为截交线的侧面投影与五棱柱的侧面投影重合，所以侧面投影 1″、2″、3″、4″、5″也可直接确定，如图 5-23d 所示。

3）根据直线上取点的方法（或由点的两面投影求第三面投影的方法）作出其水平投影 1、2、3、4、5，如图 5-23e 所示。

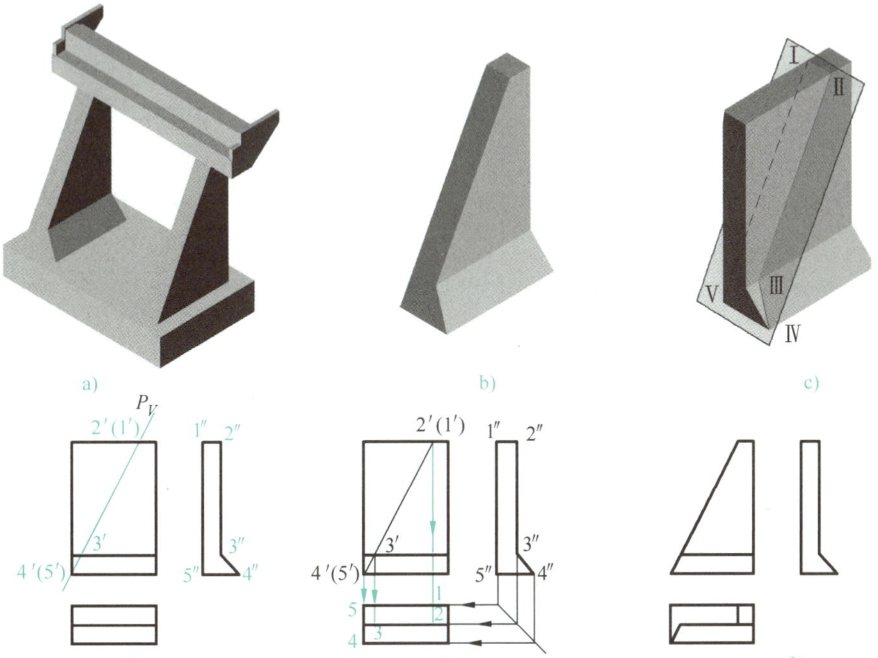

图 5-23　棱柱被正垂面截切后的投影

（彩图）

（三维模型）

桥台肋板的投影

4）依次连接1、2、3、4、5各点，即为截交线的水平投影。擦去被截掉部分的棱线就得到肋板的三面投影，如图5-23f所示。

（二）回转体被平面截切

回转体截交线的类型

回转体被平面所截，截交线是封闭的平面曲线，或是曲线和直线组成的平面图形，或是平面多边形。回转体不同，截平面相对于回转体的位置不同，回转体被平面所截产生的截交线也不同，截平面一般都与某投影面平行或垂直，这样，截交线在相应投影面上的投影反映实形或积聚成直线。表5-1所列是常见回转体的截交线。

表5-1 常见回转体的截交线

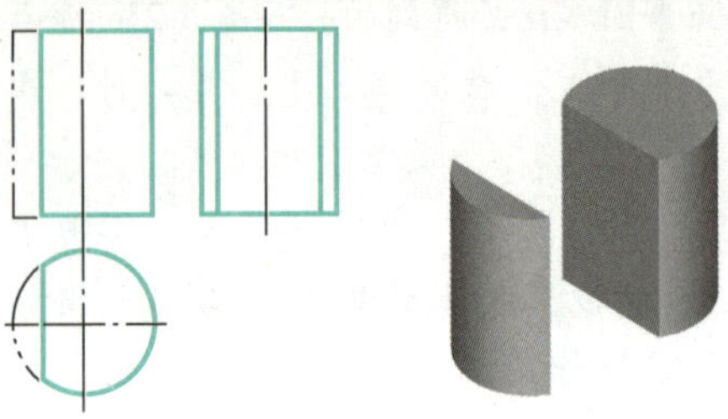 截平面与圆柱轴线平行 截交线为一矩形	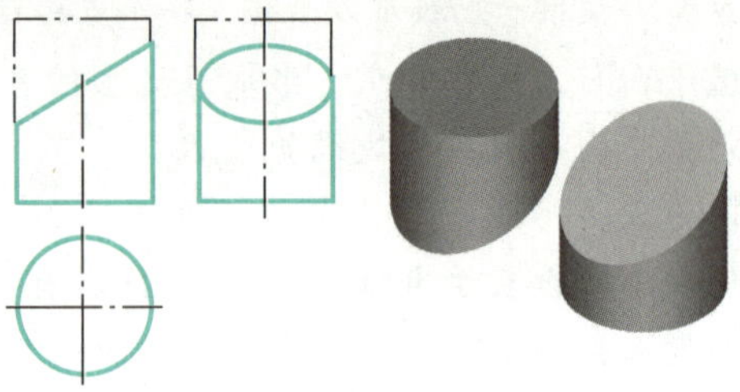 截平面与圆柱轴线相交 截交线为椭圆
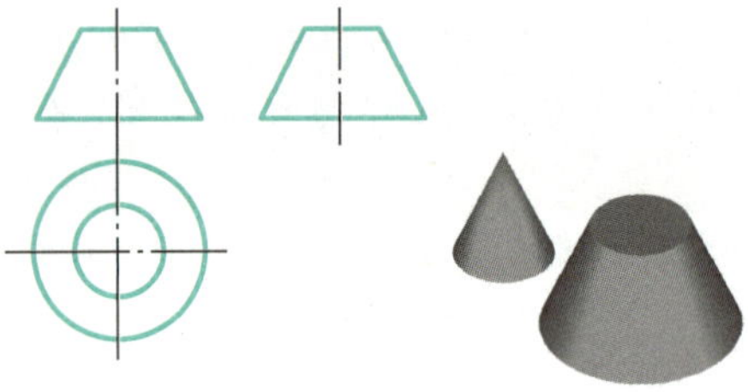 截平面与圆锥轴线垂直 截交线为圆	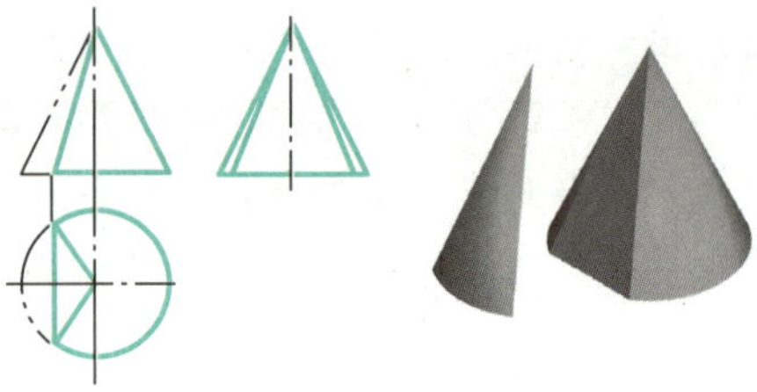 截平面过圆锥锥顶 截交线为两条相交的直线
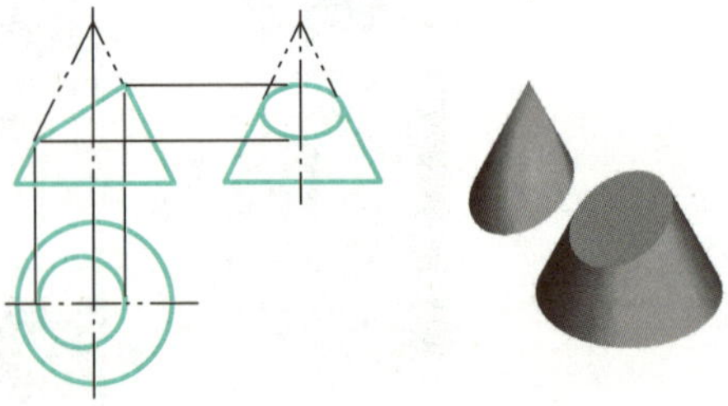 截平面与圆锥轴线相交 截交线为椭圆	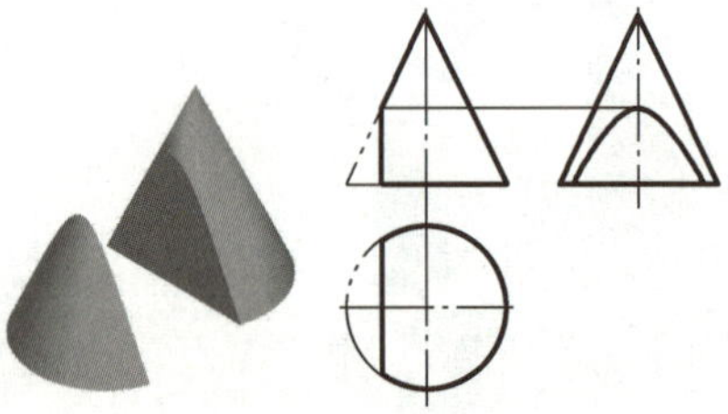 截平面与圆锥轴线平行 截交线为双曲线与直线组成的平面图形
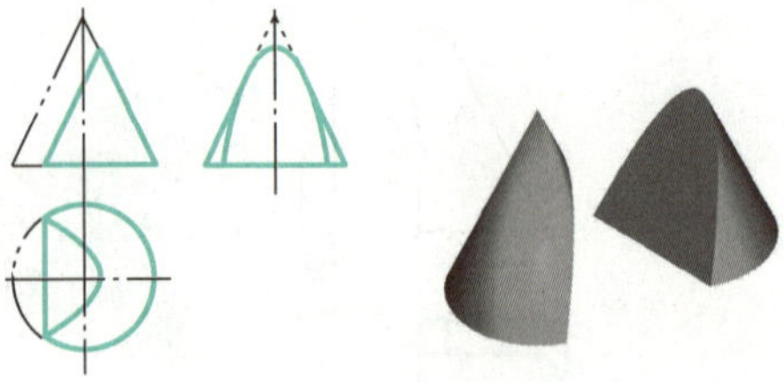 截平面与圆锥的轮廓素线平行 截交线为抛物线与直线组成的平面图形	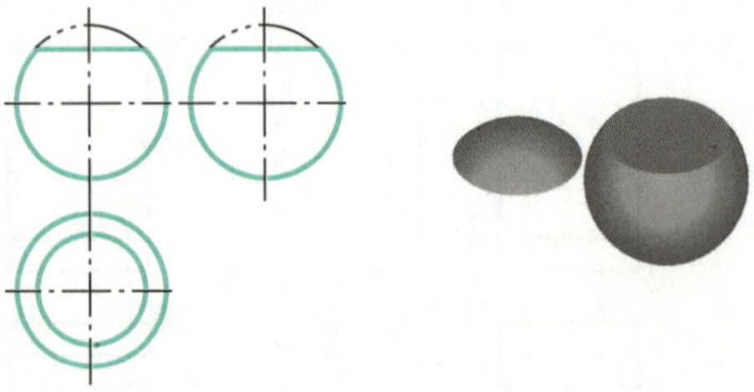 截平面与球相交且为水平面 截交线为水平圆

［例 5-2］ 图 5-24a 所示为圆柱截切体的立体示意图，请绘其三面投影图。

分析：圆柱被铅垂面所截切，因为平面和圆柱轴线斜交，截交线为椭圆。因为圆柱面的 *W* 面投影有积聚性，所以截交线的 *W* 面投影与圆柱的投影重合，即截交线的 *W* 面投影就在圆周上。又因为截平面 *P* 是铅垂面，所以截交线的 *H* 面投影与 *P* 平面的 *H* 面积聚投影重合。在此就可利用截交线的两面投影求其 *V* 面投影。

作图步骤：

1）作完整圆柱的三面投影图，如图 5-24b 所示。

2）求截交线。

① 求特殊点：根据圆柱体表面取点的方法，求出截交线上的最高点Ⅰ、最低点Ⅲ、最前点Ⅱ、最后点Ⅳ的三面投影Ⅰ（1、1′、1″）、Ⅲ（3、3′、3″）、Ⅱ（2、2′、2″）、Ⅳ（4、4′、4″），如图 5-24b 所示。

② 求一般位置点：Ⅴ、Ⅵ、Ⅶ、Ⅷ各点为一般位置点，先在 *W* 面投影中定出这些点的 *W* 面投影（5″、6″、7″、8″），再在 *H* 面投影中定出这些点的 *H* 面投影（5、6、7、8），根据点的投影规律求出它们的 *V* 面投影（5′、6′、7′、8′），如图 5-24c 所示。

③ 依次顺滑连接点 1″、5″、2″、7″、3″、8″、4″、6″，即可得截交线的正面投影，如图 5-24d 所示。

3）完成截切体的投影，擦掉被截去部分的轮廓线就得到截切体的投影，如图 5-24e 所示。

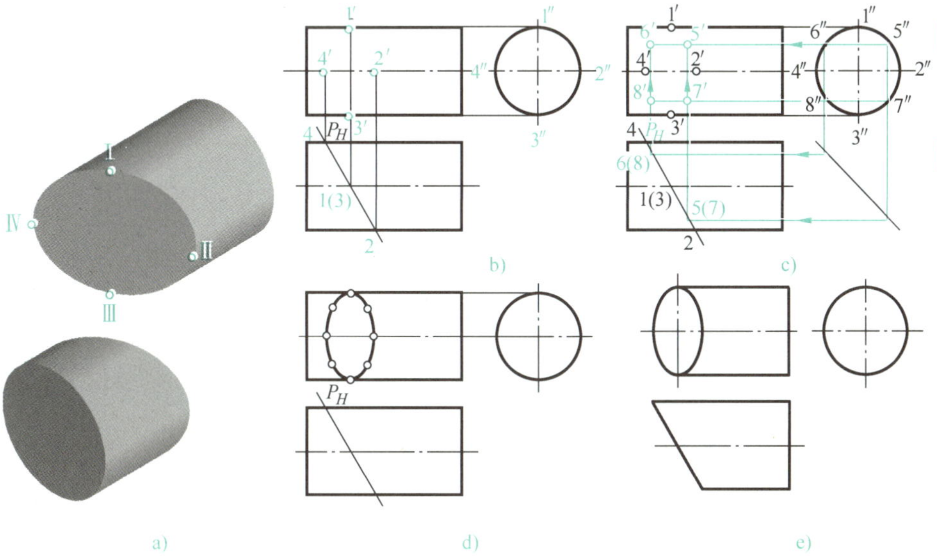

图 5-24 圆柱截切体的投影

圆柱截切体的画法

（三维模型）

任务实施

1. 根据立体图选择合适的比例绘制桥台翼墙的三面投影图（图 5-25），图中的尺寸单位为 cm。

绘制桥台翼墙的投影

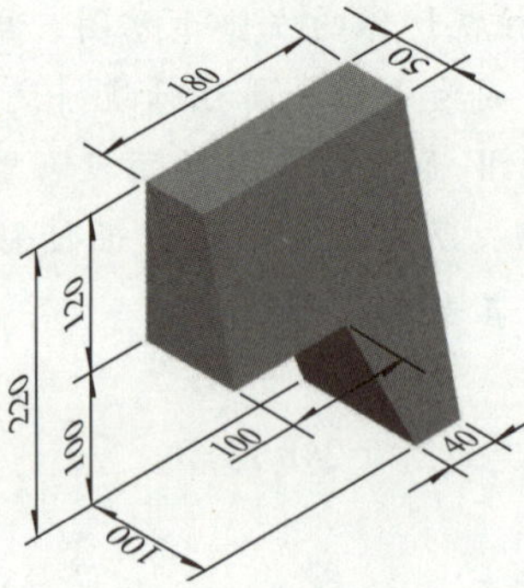

图 5-25 绘制桥台翼墙的投影图

2. 如图 5-26 所示，由圆管涵端墙的正面投影和侧面投影绘制其水平投影。

绘制圆管涵端墙的水平投影

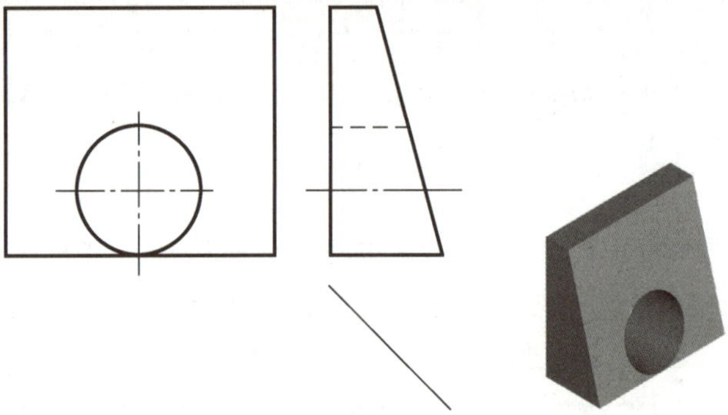

（三维模型）

图 5-26 绘制圆管涵端墙的投影图

任务四 绘制相贯体的投影图

技能要点

1）了解相贯体、相贯线的有关概念。

2）掌握平面立体与回转体相交形成的相贯体投影图的画法。

3）掌握两回转体相交形成的相贯体投影图的画法。

任务学习

工程上的许多结构物是由多个基本体相交而成的。图 5-27a 所示为桥墩中系梁与桩柱的相交的情况，图 5-27b 所示为检查井与排水管的相交情况。

相交的两立体称为相贯体，两立体表面的交线称为相贯线。

相贯线是两立体表面的共有线，相贯线上每一个点都是两立体表面的共有点。根据这一性质求相贯线的问题，实际上可归结为求相贯体表面上一系列共有点的问题。

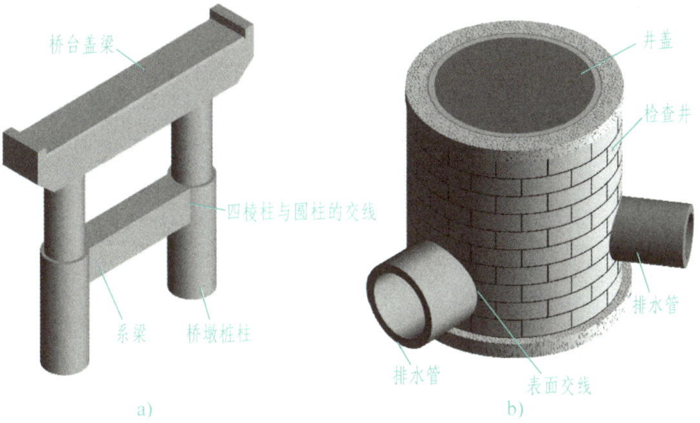

图 5-27　工程中的相贯体

（三维模型）

（彩图）

在两个基本体投影的基础上作出相贯线的投影，因相贯线是两立体表面的分界线，所以擦掉两个基本体上落在相贯线另一侧的部分棱线或轮廓线的投影就得到相贯体的投影。

（一）平面立体与曲面立体相交

平面立体与曲面立体相交的相贯线一般是由若干段平面曲线或直线与平面曲线所组成的空间闭合线。构成相贯线的每一条线段是平面立体参与相贯的棱面与曲面立体表面的截交线。各线段的转折点，就是平面立体上参与相贯的棱线与曲面立体的贯穿点。

［例 5-3］　求图 5-28a 所示圆柱与四棱柱的相贯体的三面投影。

分析：圆柱与四棱柱相贯，相贯线是一个空间四边形，前后对称。相贯线的 H 面投影与圆柱的 H 面投影重合，相贯线的侧面投影与四棱柱的侧面投影重合，只需求出其 V 面投影。

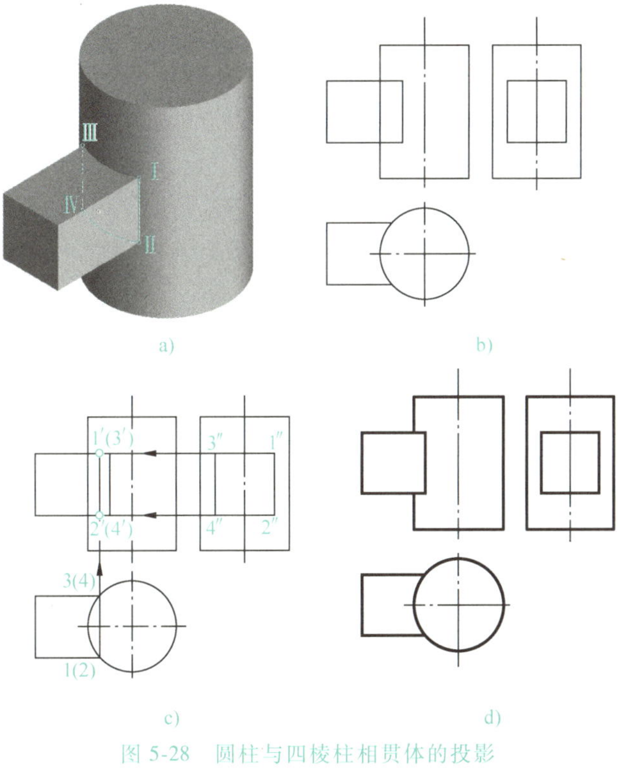

图 5-28　圆柱与四棱柱相贯体的投影

（三维模型）

绘制圆柱与四棱柱的投影

作图步骤：

1）画相贯的两立体的投影图，如图 5-28b 所示。

2）求贯穿点：四棱柱的四条棱线都参加了相贯，产生四个贯穿点Ⅰ、Ⅱ、Ⅲ、Ⅳ，四个贯穿点的 *W* 面投影 1″、2″、3″、4″和 *H* 面投影 1、2、3、4 可直接确定，根据各点的 *W* 面、*H* 面投影求出它们 *V* 面投影，如图 5-28c 所示。

3）依次连接 1′、2′、4′、3′，其中 1′3′和 2′4′为两段圆弧的投影，与四棱柱的上、下表面的投影重合，如图 5-28c 所示。

4）去掉四棱柱落在相贯线右侧的投影，去掉圆柱左侧轮廓线落在相贯线左侧的投影，如图 5-28d 所示。

（二）两曲面立体相交

两曲面立体相交时，相贯线一般是光滑、闭合的空间曲线，特殊情况下是平面曲线或直线。

［例 5-4］ 如图 5-29 所示，求两正交圆柱的相贯线。

分析：这两圆柱的轴线垂直相交，有共同的前后对称面、左右对称面，因而相贯线也是一条封闭的前后对称、左右对称的空间曲线。

因为小圆柱的轴线垂直于 *H* 面，在 *H* 面上投影积聚成圆，所以相贯线的 *H* 面投影与该圆重合。又因为大圆柱的轴线与 *W* 面垂直，在 *W* 面上的投影积聚为圆，相贯线的 *W* 面投影与大圆柱的 *W* 面投影重合，为一段圆弧。因此，只需求作相贯线的 *V* 面投影。

作图步骤：

1）求特殊点。最高点Ⅰ、Ⅱ（也是最左点、最右点，又是正面投影大圆柱和小圆柱轮廓线上的点）的正面投影 1′、2′可以直接定出，最低点Ⅲ、Ⅳ（也是最前点、最后点，又是侧面投影中小圆柱轮廓线上的点）的正面投影 3′、4′可根据侧面投影 3″、4″求出。

绘制两正交圆柱的相贯线

（三维模型）

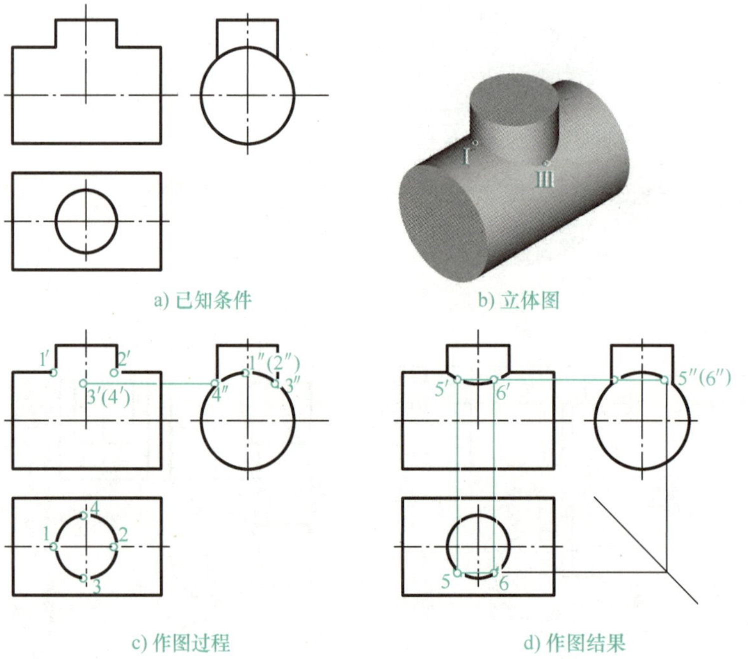

a) 已知条件　b) 立体图

c) 作图过程　d) 作图结果

图 5-29 两正交圆柱的相贯线

2）求一般位置点。Ⅴ、Ⅵ两点为相贯线的两个一般位置点，从 *H* 面投影 5、6 求得 5″、6″，进而求得 5′、6′。

3）连点成相贯线。在 *V* 面投影中顺次光滑连接 1′、5′、3′、6′、2′（1′4′2′与 1′5′3′6′2′重合），即为所求相贯线的 *V* 面投影。

4）可见性的判别。由于相贯线是对称的，前后两部分的 *V* 面投影重合，所以用实线连接。

任务实施

1. 如图 5-30 所示为墩桩基础（桥墩桩柱与系梁相贯体）的立体示意图及其两面投影，补画其第三面投影图。

参考答案

(三维模型)

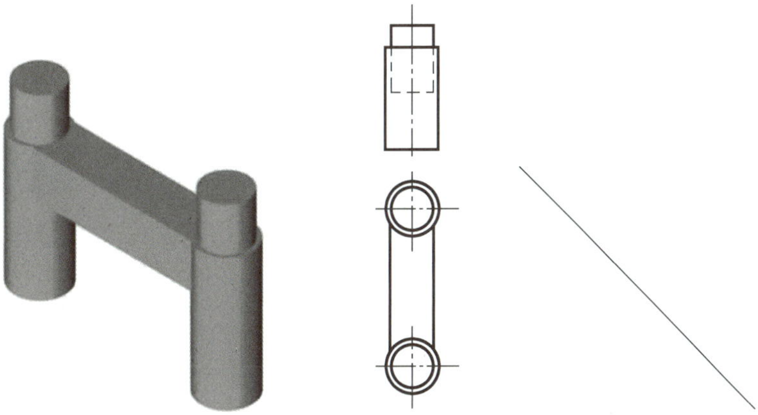

图 5-30　桥墩桩柱与系梁相贯体的投影图

2. 如图 5-31 所示为三通管的立体示意图及其两面投影，补画其第三面投影图。

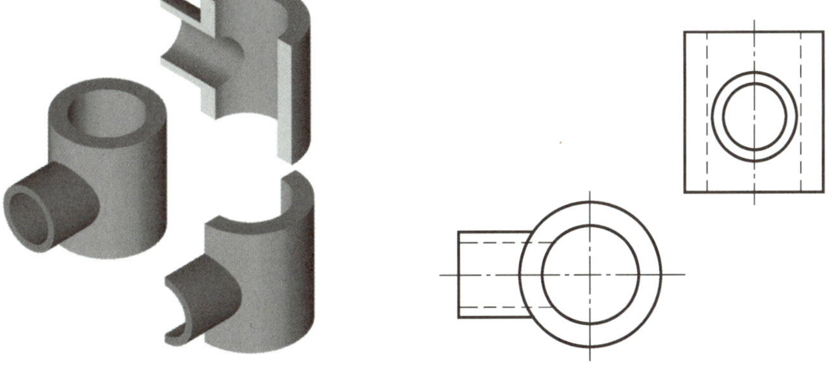

a)　　b)

(三维模型)

(三维模型)

图 5-31　三通管的投影图

任务五 绘制道路工程中组合体的投影图

技能要点

通过绘制桥墩、桥梁栏杆柱的三面投影图，掌握各种组合体投影图的画法（图 5-40～图 5-42，图中的尺寸单位为 cm）

1）了解组合体的类型，掌握组合体表面连接处的画法。

2）掌握组合体投影图的画图步骤。

3）掌握叠加型组合体投影图的画图方法。

4）掌握切割型组合体投影图的画图方法。

5）掌握综合型组合体投影图的画图方法。

任务学习

由若干个基本几何体组合而成的形体称为组合体，图 5-32 所示的桥墩由桥墩盖梁、桥墩立柱、桥墩基础三部分组成，盖梁为棱柱体，基础为长方体（四棱柱），立柱为台体，可以看成是四棱柱与两个半圆台组成。

（彩图）

（三维模型）

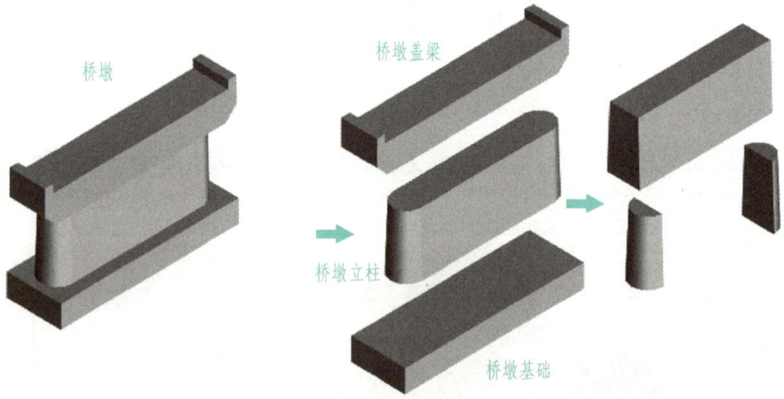

图 5-32 桥墩的形体分析

一、组合体分析

（一）分析组合体类型

1. 叠加型

如图 5-33a、b 所示的桥墩都是由几个基本体叠加而成的，图 5-33a 所示的桥墩由八棱柱Ⅰ、Ⅱ，六棱柱Ⅲ及六棱台Ⅳ叠加而成，图 5-33b 所示的桥墩由长方体Ⅰ、Ⅱ，台体Ⅲ及柱体Ⅳ及台体Ⅴ叠加而成。

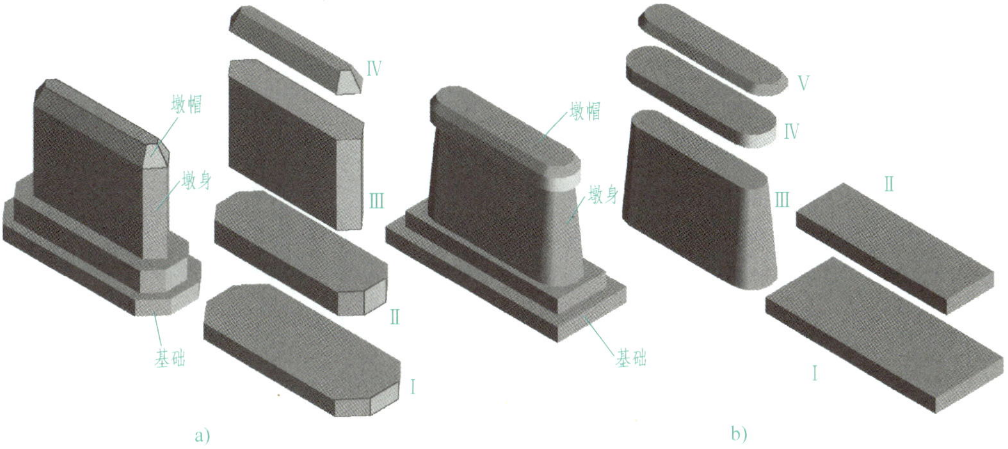

图 5-33　叠加型组合体

2. 切割型

如图 5-34a、b 所示组合体，都可看成一个基本体（长方体）被几个平面或曲面切割而成的。图 5-34a 所示的组合体（栏杆柱）是四棱柱前后各被切去一个八棱柱形成的；图 5-34b 所示的组合体（栏杆花板）是长方体被切去三个柱体后形成的。

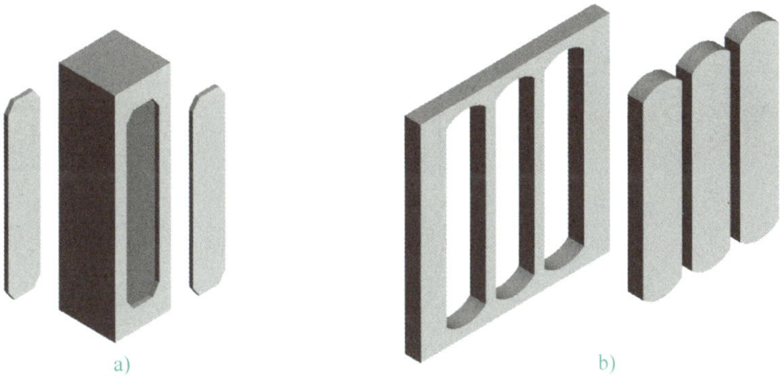

图 5-34　切割型组合体

3. 综合型

如图 5-35 所示桥梁的栏杆，由栏杆柱、花板、扶手、基础四部分叠加而成，而栏杆柱和花板部分又是棱柱体被切割而成。

（二）分析组合体两表面的连接形式

由于叠加或切割，在相邻两形体表面产生的连接形式可分为平齐、相错、相切和相交等几种。

1. 平齐

平齐是指相邻两基本体表面互相平齐，两表面构成一个完整的平面，投影图上中间接触处没有线隔开，见表 5-2。

（彩图）

2. 相错

相错是指相邻两基本体表面互相错开或不平齐，投影图上中间接触处应画线隔开，见表5-2。

3. 相切

（三维模型）

相切是指两相邻基本体表面彼此相切（曲面与曲面、曲面与平面相切），两表面结合处光滑过渡，投影图上相切处不应画线，见表5-2。

4. 相交

相交是指相邻两基本体表面彼此相交，在两表面相交处一定会产生表面交线，投影图上相交处应画出交线，见表5-2。

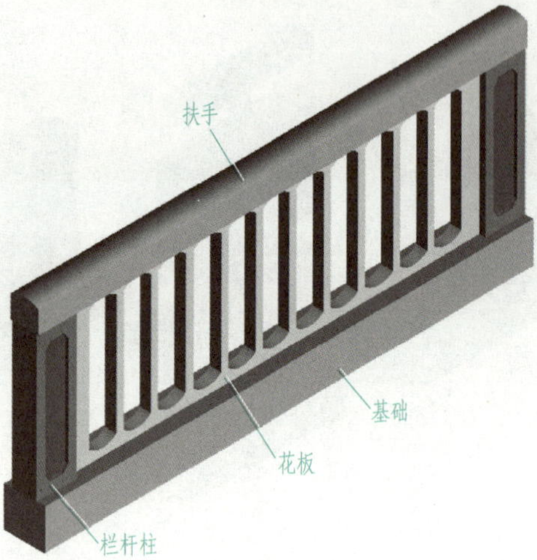

图5-35 综合型组合体

表5-2 组合体两表面的连接形式

连接形式	立体图	正确投影图	错误投影图
平齐			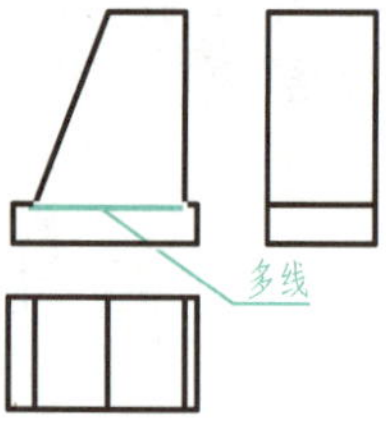
相错		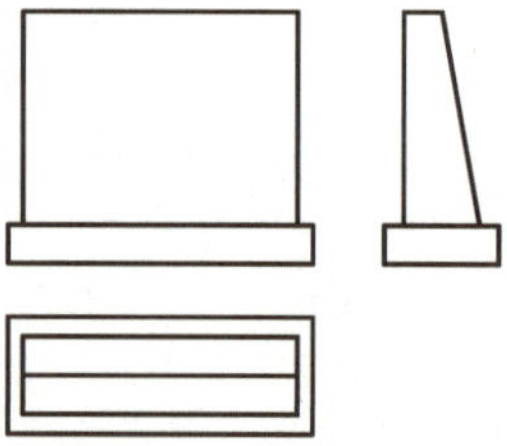	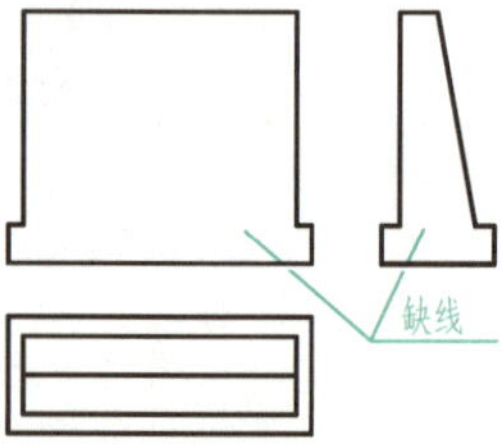
相切		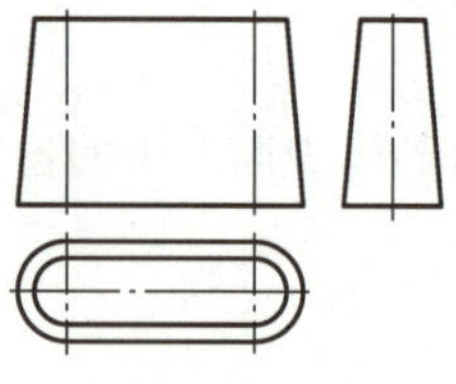	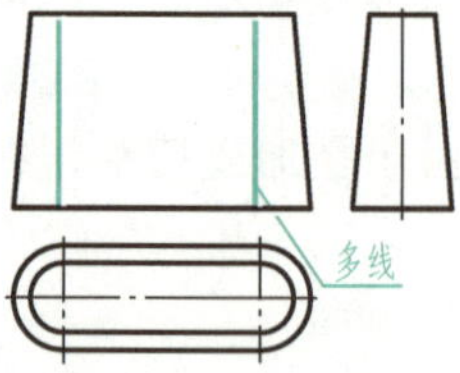

（续）

连接形式	立体图	正确投影图	错误投影图
相交		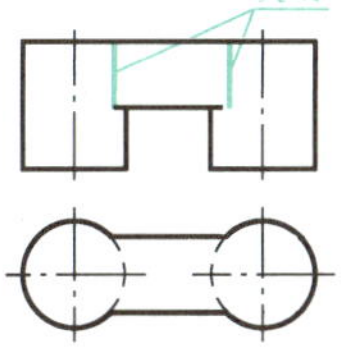	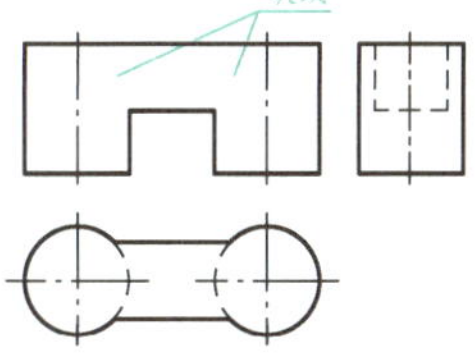

二、绘制组合体的投影图

表达组合体一般是画三面投影图，从投影的角度讲三面投影图已能唯一地确定形体。当形体比较简单时，有时画三面投影图中的两个就够了，个别情况与尺寸相配合仅画一个投影图也能表达形体。当形体比较复杂或形状特殊时，画三面投影难以把形体表达清楚，可选用其他的投影图来表达形体，以下主要介绍三面投影图的绘制，它是表达组合体的基础。

（一）画组合体投影图的步骤

1. 形体分析

画组合体的投影图首先要进行形体分析，分析它是由哪些基本体组合而成的，同时要分析这些基本体彼此间的相对位置，然后再根据形体的复杂程度用恰当的投影图表达。

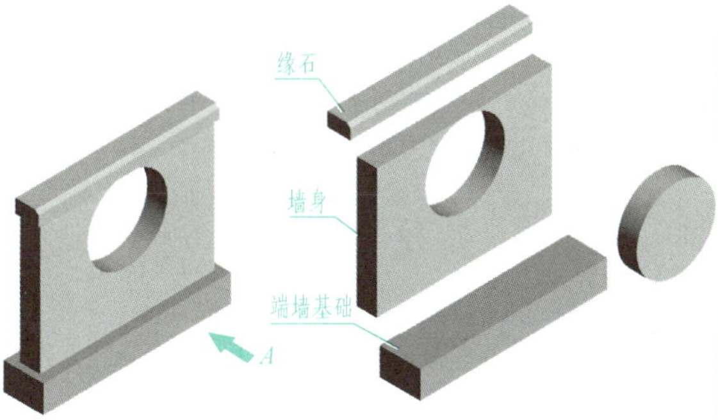

a)　　b)

图 5-36　形体分析

（彩图）

（三维模型）

图 5-36a 所示是涵洞端墙，它可以分解为端墙基础、墙身和缘石三部分，基础为长方体（四棱柱），缘石为带缺口的四棱柱，墙身是长方体上切去了一个圆柱。

2. 确定立面图

投影图随形体放置和立面图方向的不同而改变，一般应按工程中的自然位置放置立面图，应把能较多反映组合体形状和位置特征的某一面作为立面图的投影方向，并尽可能使形体上主要面平行于投影面，以便使投影能得到实形，还要兼顾其他两个投影图表达的清晰性，即尽可能减少其他投影图中的虚线。

以图 5-36a 所示形体为例，以 *A* 向作为立面图的方向，就符合上述要求。

3. 确定投影图数量

确定投影图数量的原则是在把形体表达足够充分的前提下，尽量减少投影图数量。

4. 选比例、定图幅

投影图确定后，还要根据组合体的总体大小和复杂程度，按国家标准规定选择适当的比例和图幅。

5. 布置投影图

布图时，根据选定的比例和组合体的总体尺寸，可粗略算出各投影图范围大小，并均匀布置图面。考虑标注尺寸和注写文字的位置后，再作适当调整，便可定出各投影图的对称中心线、主要端面轮廓线的位置，作为作图基准线，布图要求平衡、匀称、协调。

6. 画底图

为了迅速而正确地画出组合体的三面投影图，画底稿时，组合体的每一个部分，最好是三个投影图配合着画。每部分也应从反映形状特征的投影先画，而不是先画完一个投影图后再画另一个投影图。这样，可以提高绘图速度，避免漏画和多画图线。

7. 检查、描深。

检查底稿，改正错误，然后描深。

（二）画组合体投影图的方法

1. 叠加体的投影图

画叠加体的投影图时，应先将组合体分解成若干基本体，分析清楚各基本体的形状和相互位置，然后按相对位置逐个画上各基本体的投影，并依次叠加，综合起来便可得到组合体的投影。

以图 5-37a 所示的涵洞端墙为例分析叠加体投影图的画法，其作图步骤可按图 5-37b、c、d、e 、f 所示的顺序进行，这是一个同步作图的示例。

绘制涵洞端墙的投影图（叠加体）

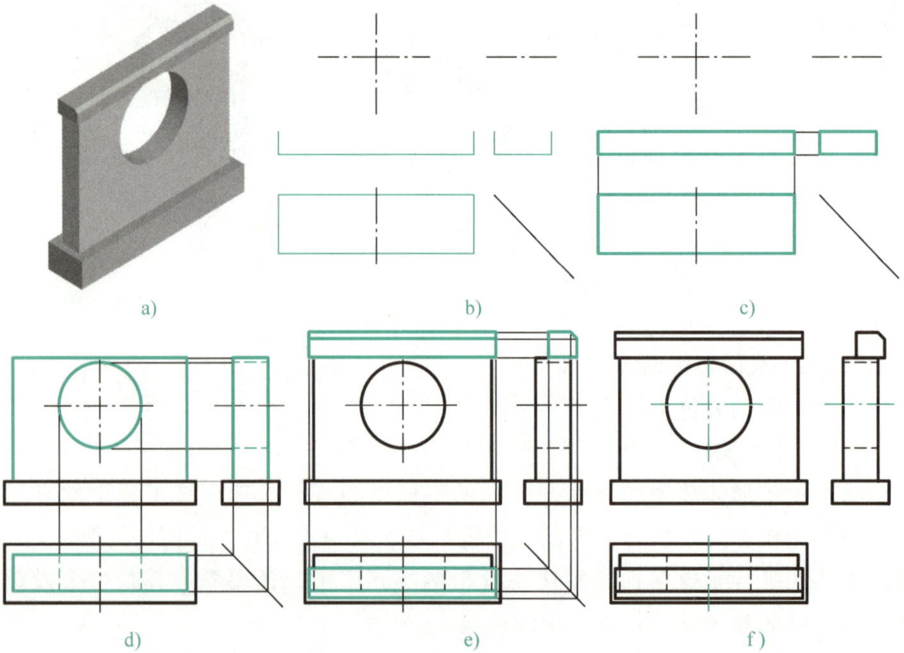

图 5-37 绘制涵洞端墙的投影图

在画墙身部分时，墙身的正面投影反映形状特征，所以先画其正面投影；缘石的形状特征及缘石相对于墙身的位置特征都集中在侧面投影上，所以画缘石的投影时，先画侧面投影，再画其他投影。注意在水平投影中缘石遮挡了墙身的部分线条，这时要将被遮挡的轮廓线改为虚线。

2. 切割体的投影图

画切割体的投影图时，可先画出原始基本体四棱柱的投影，然后根据被切割部分的形状、定形尺寸（确定形状的尺寸）及定位尺寸（确定位置的尺寸）画出被切割后形体的投影。

以图 5-38 所示的栏杆柱为例分析切割体投影图的画法，该栏杆柱可以想象成是由四棱柱被前后各切去一个八棱柱而形成的组合体。作图过程可以按照图 5-39a、b、c 的顺序进行。

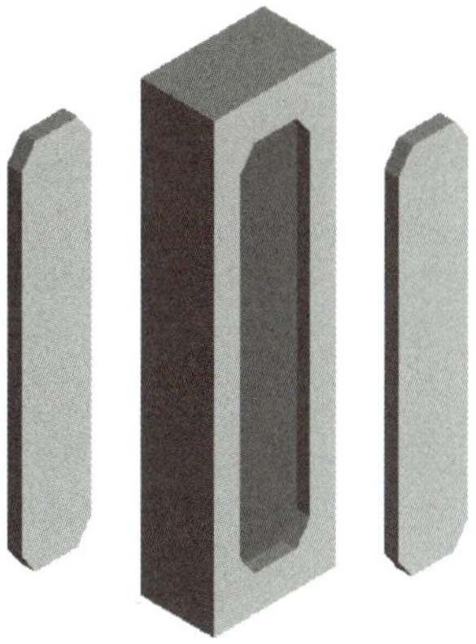

图 5-38　栏杆柱的立体图

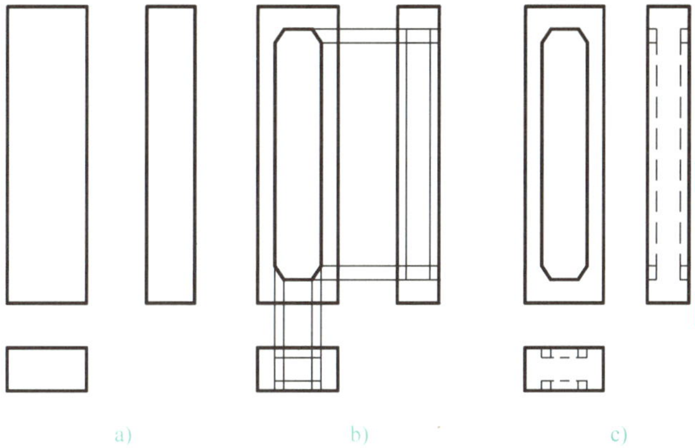

图 5-39　栏杆柱的投影图画法

绘制栏杆柱（切割体）投影图

任务实施

1. 选择合适的比例，在 A4 图纸上绘制图 5-40、图 5-41 所示桥墩和栏杆柱的三面投影图，图中的尺寸单位为 cm。

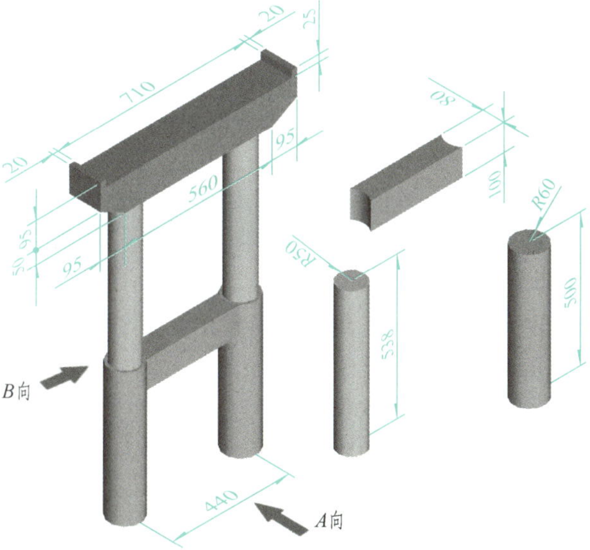

绘制桥墩（叠加体）投影图

图 5-40　绘制桥墩投影图

参考答案

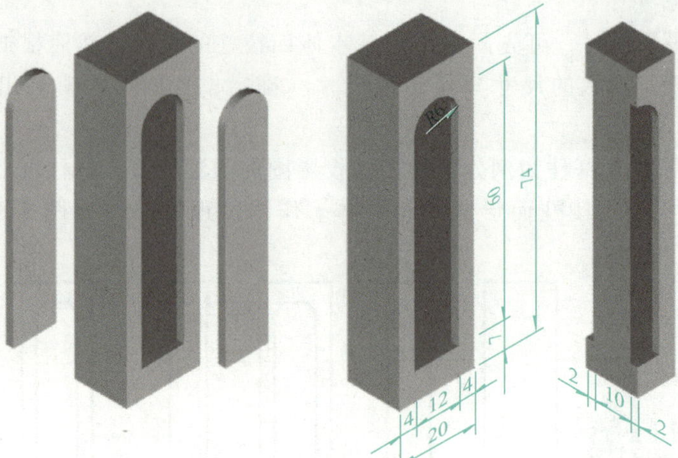

图 5-41 绘制栏杆柱投影图

2. 根据立体图（图 5-42），绘制组合体的三面投影图，尺寸从立体图上量取。

绘制组合体的
三面投影图

图 5-42 绘制组合体的三面投影图

任务六 识读道路工程中组合体的投影图

技能要点

识读道路工程中常见组合体投影图。

1）理解投影图中线和线框的含义，理解投影图中线框包围中的线框的含义。

2）能在投影图中找到对应关系。

3）掌握拉伸法读组合体投影图的方法。

4）掌握形体分析法读组合体投影图的方法。

5）掌握线、面分析法读组合体投影图的方法。

任务学习

读图就是要根据给出的投影图想象出形体的空间形状。读图通常要作形体分析，一部分一部分地读，有时要辅以线面分析，逐面逐线地读，把细节揣摩透，综合起来领会全貌。

一、读组合体投影图的要点

1. 几个投影图联系起来看

组合体的每个投影图只反映形体某一个侧面的特征，而不反映形体的全貌。读图时一定要把几个投影图联系起来，综合各个侧面的特征想象形体的空间形状。

图 5-43a、b、c、d、e、f 所示六个形体的正面投影相同，图 5-43a、b、c 中的侧面投影是相同的，图 5-43d、e、f 中的侧面投影也是相同的，但它们却表示不同的形体。所以一定要通过投影对照，把几个投影联系起来，才能正确地想象出形体的空间形状。

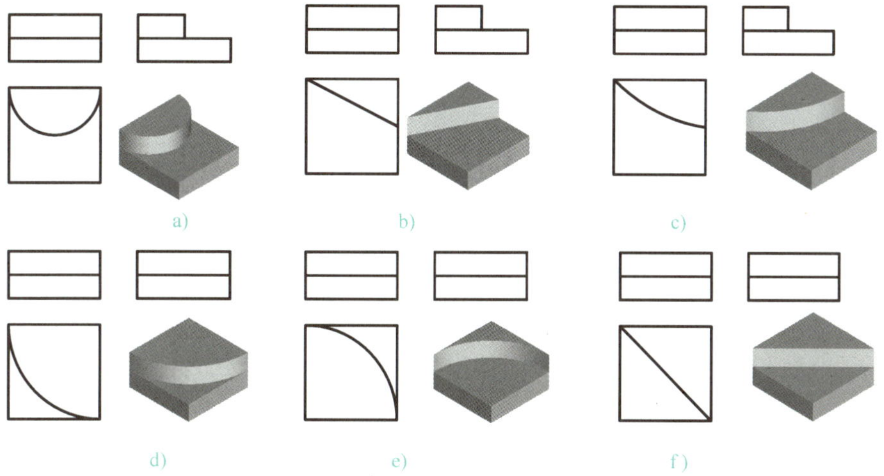

图 5-43　一个或两个投影相同的形体

2. 分析投影图中线和线框的含义

投影图是由若干图线组成的，图线构成不同形状的线框，分析线和线框的意义是读图的基础，是对组合体的投影作形体分析、线面分析的必备条件。

（1）线的意义　投影图中的线多数情况下是形体上某一侧面的积聚投影，也可能是形体上两个侧面交线的投影，再一种可能是曲面体轮廓线的投影。

以图 5-44 所示形体为例，图 5-44a 中的直线 a'是圆台的轮廓素线。图 5-44b 中的直线 b'、c'是棱台顶面 B 和棱台侧面 C 的积聚投影，图 5-44c 中的直线 d 和 d'是棱锥相邻两个侧

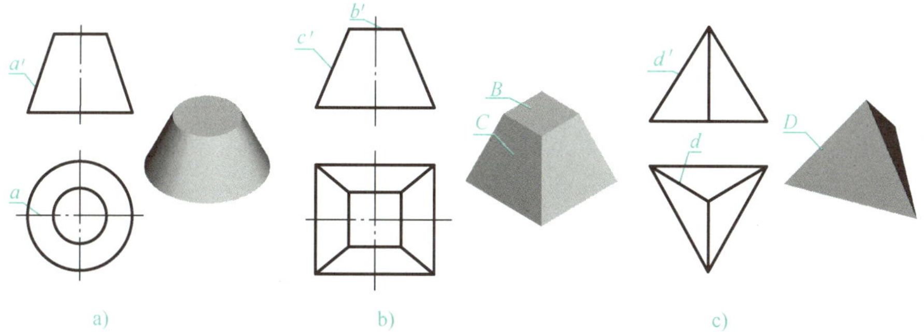

图 5-44　投影图中的线与线框

面交线 D 的 V 面投影及 H 面投影。

通过投影对齐，分析有无积聚性，有无曲线与之对应，线的意义是不难确定的。

(2) 线框的意义

1) 线框。线框通常是代表形体表面上某一个侧面的实形或类似形，有时是表示曲面。

以图 5-45 所示形体为例，图 5-45a 中正面投影的线框 a' 表示的是正平面 A 的反映实形的投影。图 5-45b 中正面投影的线框 b' 是铅垂面 B 的类似形的投影。图 5-45c 中正面投影的线框 c' 是圆柱面 C 的投影。

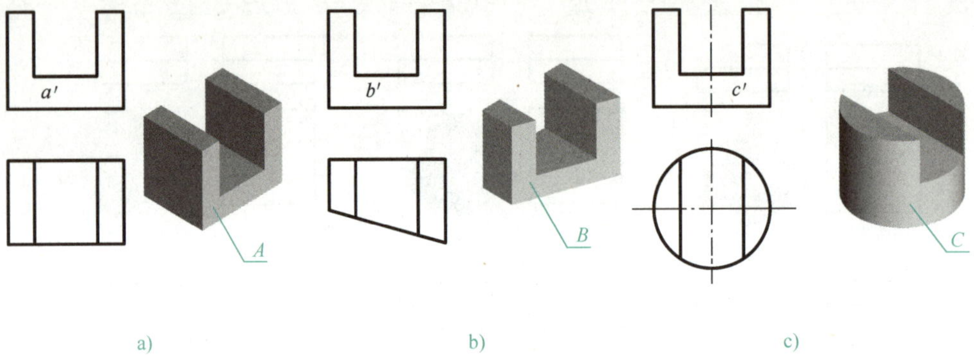

图 5-45 线框的意义

2) 相邻线框。投影图中相邻的封闭线框一般表示不同位置的表面，而线框中间的公共边可能表示把两个形体隔开的第三个表面的积聚投影或表示形体两表面交线的投影。如图 5-46a 所示侧面投影中线框 a'' 与 b'' 表示 A、B 两个表面；线框 a'' 与 b'' 的公共边 c'' 表示水平面 C 的积聚投影，如图 5-46b 所示；水平投影中线框 d 与 e 的公共边 f 表示侧垂面 E 与水平面 D 面的交线 F 的投影。

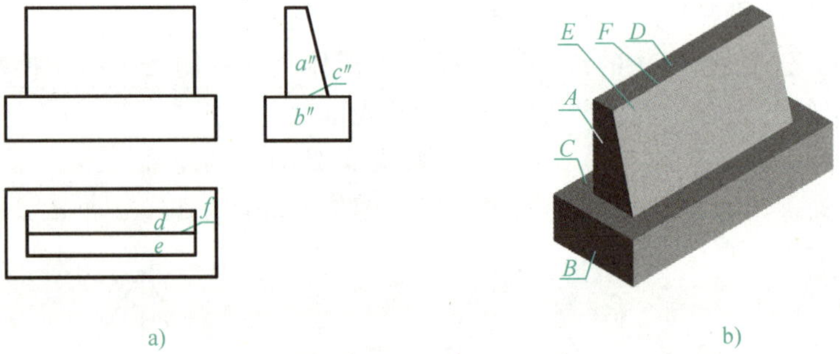

图 5-46 相邻线框的意义

3) 线框包围中的线框。投影图中线框包围中的线框可能表示凸面或凹面，也可能表示通孔。如图 5-47a、b 表示桥梁栏杆柱的投影，图 5-47a 中线框 a' 与 b' 表示两个平行面，B 面凸起；图 5-47b 中线框 c' 与 d' 表示的两个面也是平行面，D 面为凹面；图 5-47c 表示桥梁栏杆花板部分的投影，图中线框 e' 包围中的线框 f' 表示通孔。

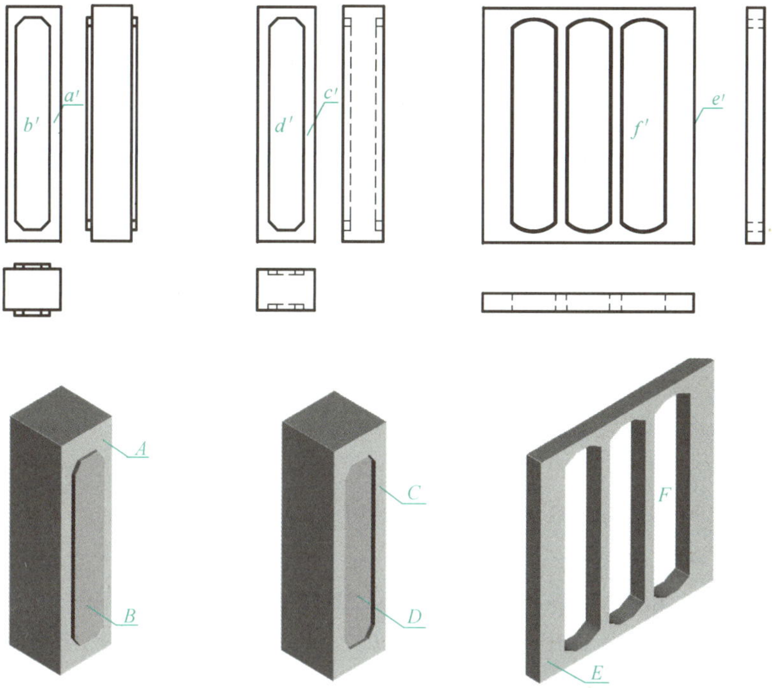

a)　　b)　　c)

（彩图）

图 5-47　线框包围中的线框

3. 在投影图中找对应投影关系

读图时，在三面投影中分析出点、线、面的对应投影是很重要的。下面介绍一些通过找投影关系来识别线、面的方法。

1）相邻投影图中对应的一对线框如果是同一平面的投影，它们必定是类似形，而且是几边形对应几边形，平行边对应平行边，线框各顶点投影符合点的投影规律，且各顶点连接顺序相同，如图 5-48 所示 p'和 p。

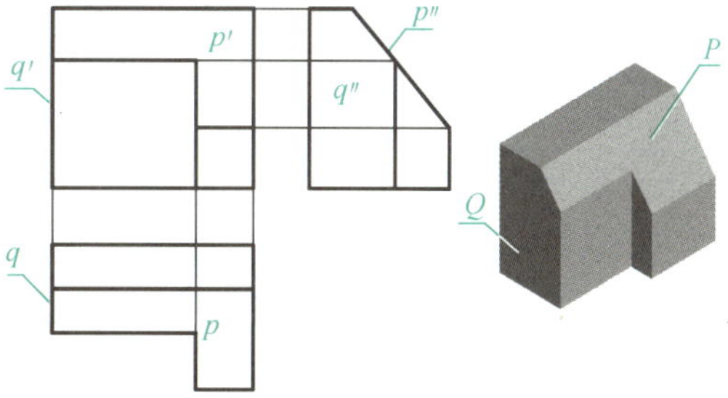

a) 投影图　　b) 立体图

（三维模型）

图 5-48　相邻投影图中对应投影

2）相邻投影图中对应投影无类似形，必定积聚成线。

如果某一投影图中的一个线框在相邻投影图中找不到对应的类似形线框时，则在相邻投影图中必定能找到其积聚为线的投影。如图 5-48 所示，正面投影中的线框 p'在侧面投影图中无类似形，按高平齐的关系只能对应侧面投影图中的斜线 p''。同理，侧面投影图中的线框 q''只能对应水平投影中的竖线 q 及正面投影中的竖线 q'。

当平面的两个投影为封闭线框，另外一个投影为斜直线时，该平面垂直于投影为斜直线的投影面，如图 5-48 中的 *P* 面为侧垂面。当平面的一个投影为封闭线框，另外两个投影为直线时，该平面平行于投影为封闭线框的投影面，如图 5-48 中的 *Q* 面为侧平面。

二、读图的方法

1. 拉伸法

当形体的三个投影图中一个投影是封闭的多边形，还有一个投影是由若干梯形线框组成，除多边形投影外，另外两个投影图中的大多数线条互相平行，且平行于同一条投影轴，该形体一定是由柱体切割出的柱状体，也就是由闭合的线框拉伸出的柱体被切割出的截切体，此时可用拉伸法读图。

如图 5-49 所示桥台翼墙的投影，正面投影为封闭的五边形，侧面投影由梯形线框组成，水平投影的多数线条平行于 *Y* 轴。阅读其投影图时可用拉伸法。即把反映立体形状特征的投影线框（封闭的多边形）沿其投影方向（封闭多边形投影的投影方向）拉伸为柱体，并结合相邻投影（由梯形线框组成的投影）中的斜线切割成柱状体，如图 5-49b、c、d、e 所示。这种读图的方法即为拉伸法。

拉伸法读图的关键是在投影图中找出反映立体特征的投影（封闭的线框），将其沿投影方向拉伸出柱体，结合另一个由梯形线框组成的投影中的斜线，将柱体切割成柱状体。此时应尽量避开比较复杂的投影。

读图困难时可以利用塑料泡沫板等材料切割出模型的方法帮助读图。

拉伸法读图

（三维模型）

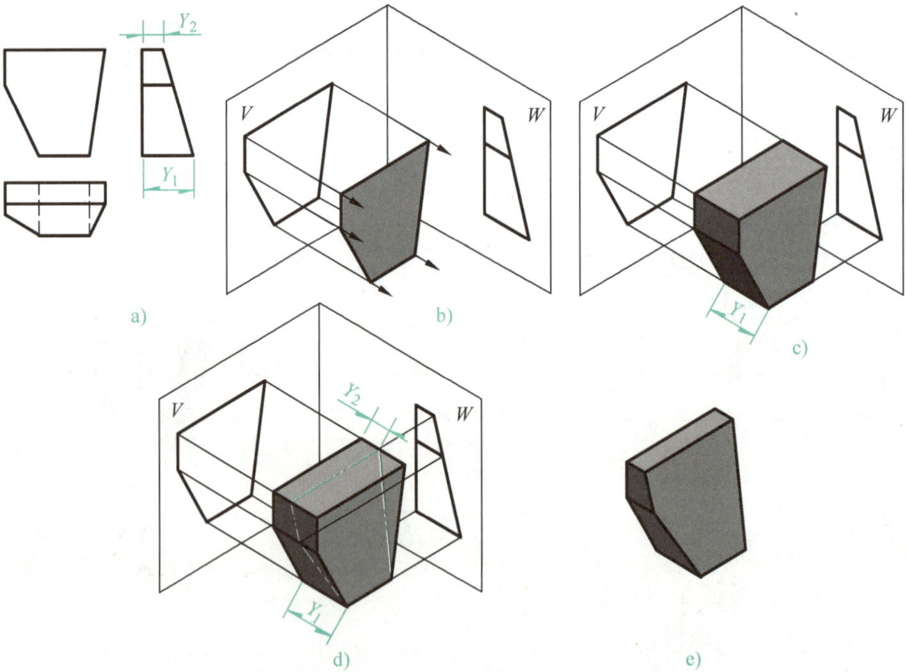

图 5-49 拉伸法读图（一）

如图 5-50a 所示的桥台翼墙的三面投影，正面投影是封闭线框，侧面投影由梯形线框组成。分析的重点是由封闭线框组成的正面投影和由梯形线框组成的侧面投影，避开比较复杂的水平投影。

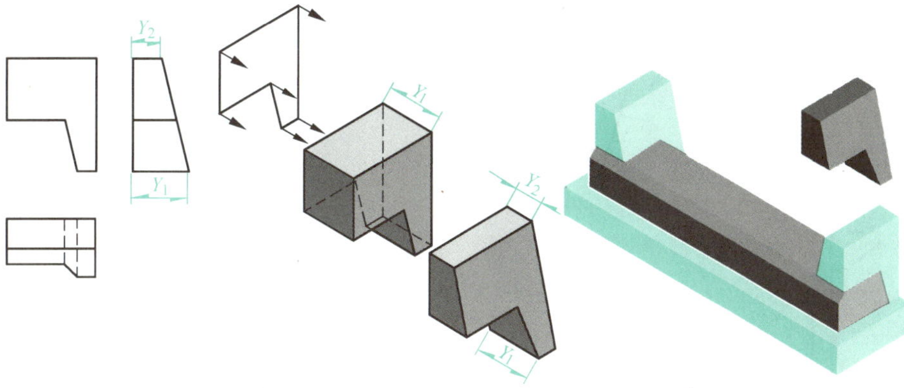

a)　　b)

（彩图）

（三维模型）

图 5-50　拉伸法读图（二）

［例 5-5］　用拉伸法识读图 5-51a 所示隧道洞门墙的三面投影图，请同学们自己分析。

图 5-51a 的正面投影是一个封闭的多边形，侧面投影由梯形线框组成，水平投影中大多数线条是 Y 轴方向的平行线，可以想象该形体是正面上的多边形向前（Y 轴方向）拉伸出来柱体后，被切割成的柱状体。由侧面投影中的斜直线，可以说明该柱状体是由正面投影中封闭线框沿 Y 轴拉伸出柱体后被侧垂面截切成柱状体，如图 5-51b 所示的立体图。

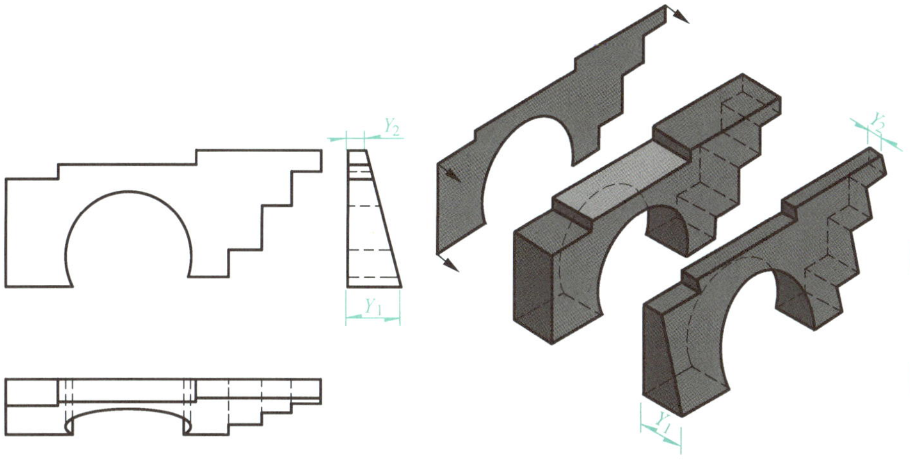

a)　　b)

（三维模型）

识读隧道洞门墙的三面投影图

图 5-51　识读隧道洞门墙的三面投影图

［例 5-6］　用拉伸法阅读图 5-52a 所示石拱涵端墙的三面投影图。

图 5-52a 的侧面投影是一个封闭的线框（反映立体特征），正面投影由梯形线框组成，说明该形体是由侧面上的封闭的线框向左（沿 X 轴方向）拉伸出来柱体后，被切割成的柱状体。由正面投影中左侧与 OZ 轴倾斜的直线，可以说该柱状体是由侧面投影中封闭线框沿 X 轴拉伸出柱体后被正垂面截切成柱状体，如图 5-52b 所示的立体图。

（三维模型）

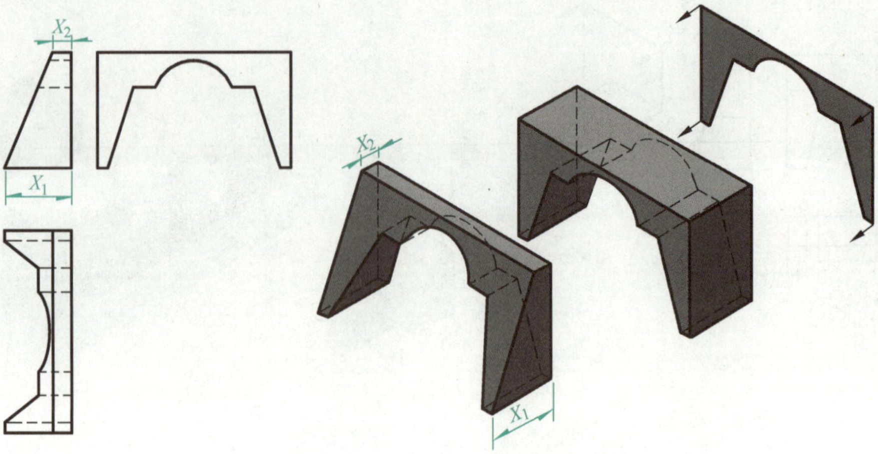

识读涵洞端墙的投影图

图 5-52 识读石拱涵端墙的三面投影图

2. 形体分析法

形体分析法读图，就是先从特征比较明显的投影图着手，根据投影图间的投影关系，把组合体分解成一些基本体，并想象各基本体的形状，再按它们之间的相对位置，综合想象出组合体的形状，此读图方法常用于叠加型组合体。

下面以图 5-53 所示的形体为例，说明形体分析的方法：

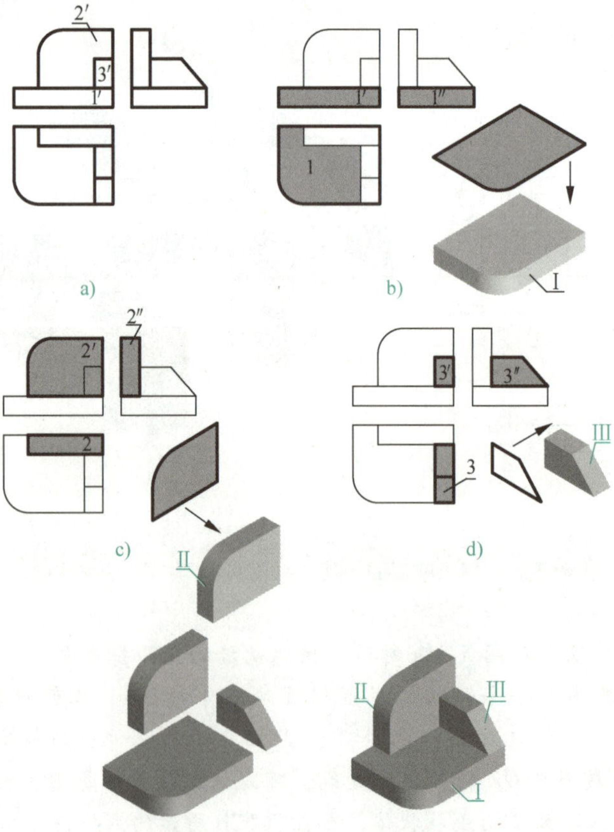

（三维模型）

图 5-53 形体分析法读图

1）从投影图中分离出表示各基本体的线框。

从特征比较明显的 *V* 面投影图着手，将 *V* 面投影分为 3 个线框，如图 5-53a 所示。

2）分别找出各线框对应的其他投影，并结合各基本体反映形状特征的投影想象出形体的形状。

由于组合体各组成部分的形状和位置特征并不一定都集中在某一个方向上，因此反映各部分形状特征和位置特征的投影也不会都集中在某一个投影图上。读图时必须善于找出反映特征的投影。

读形体Ⅰ时，首先应从 *H* 面投影中反映其形状特征的线框 1 读起，再结合其 *V* 面、*W* 面投影 1′、1″，可以通过拉伸法想象出它的形状，如图 5-53b 所示。

读形体Ⅱ时，首先应从 *V* 面投影中反映其形状特征的线框 2′读起，再结合其 *H* 面、*W* 面投影 2、2″，可以通过拉伸法想象出它的形状，如图 5-53c 所示。

读形体Ⅲ时，首先应从 *W* 面投影中反映其形状特征的线框 3″读起，再结合其 *V* 面、*H* 面投影 3′、3，可以通过拉伸法想象出它的形状，如图 5-53d 所示。

3）根据各部分的形状和它们的相对位置综合想象其整体形状，如图 5-53e、f 所示。此时要抓住有位置特征的投影图。

用形体分析法读图时，读每一个基本体时可以采用拉伸法、线面分析法（随后讲）。

［例 5-7］　图 5-54a 所示的是涵洞洞口的三面投影图，根据其三面投影，读图并想象其空间形状。

1）形体分析。从 *V* 面投影中可分出三个线框，即可把涵洞洞口分为：基础、墙身、缘石三个基本体，如图 5-54a 所示。

2）读各基本体的形状。基础可从 *H* 面反映形状特征的线框沿 *Z* 轴拉向空间，得其空间形状，如图 5-54b 所示；缘石可从它的 *W* 面投影中反映形状特征的线框沿 *X* 轴拉出，即可得缘石的空间形状，如图 5-54c 所示；墙身也可从它的 *W* 面投影中反映形状特征的线框沿 *X* 轴拉出，然后在拉出的四棱柱的基础上挖一个圆柱状的孔，即为墙身的空间形状，如图 5-54d 所示。

3）综合想象整体形状。根据基础、墙身、缘石间的相对位置，可综合想象出整个涵洞洞口的形状，如图 5-54e 所示。

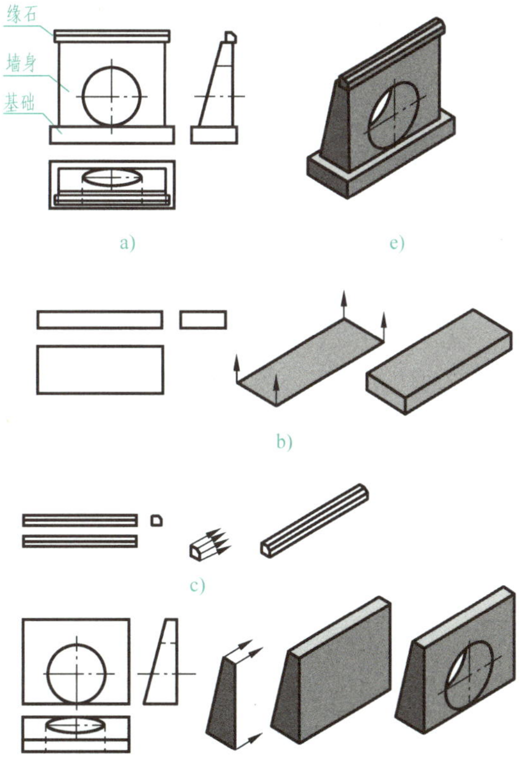

图 5-54　读涵洞洞口的三面投影图

识读涵洞洞口的投影图

（彩图）

（三维模型）

3. 线面分析法（切割法）

当形体被多个平面切割，形体的形状不规则，形体的三面投影均是有缺角或缺口的矩形时，运用形体分析法难以读懂。这时要运用线、面分析法分析表面形状以及面与面之间的表面交线，并借助立体的概念想象出组合体的形状。这种方法称为线面分析法。

下面以图 5-55 所示的涵洞洞口的八字墙为例，说明线面分析法。

（1）确定物体的原始基本体形状　由图 5-55a 可知，形体的三面投影均是有缺角或缺口的矩形，可初步认定该形体是由长方体切割而成的，如图 5-55d 所示。

（2）确定切割面的位置和形状　如图 5-55b 所示，在水平投影中有矩形线框 a，侧面投影中有对应的矩形线框 a''，而在 V 面投影中可找出与它对应的斜线 a'，可见平面 A 为四边形的正垂面。形体左上角是由一正垂面切割而成的。

如图 5-55c 所示，在 V 面投影中有梯形线框 b'，侧面投影中有类似的梯形线框 b''，水平投影中可找出与它对应的梯形线框 b，可见平面 B 是一般位置的平面。形体左前角是由一般位置的平面切割而成的。

（3）根据基本体形状、各截切面与基本形体的相对位置想象切割出的组合体的形状　本例中，原始基本体是长方体，首先可假想在长方体上用相应的正垂面切去左上角，如图 5-55e 所示，其次可假想在图 5-55e 的基础上用一般位置的平面切去左前角部分，如图 5-55f 所示，最后便得到组合体形状，如图 5-55g 所示。

线面分析法读图

（三维模型）

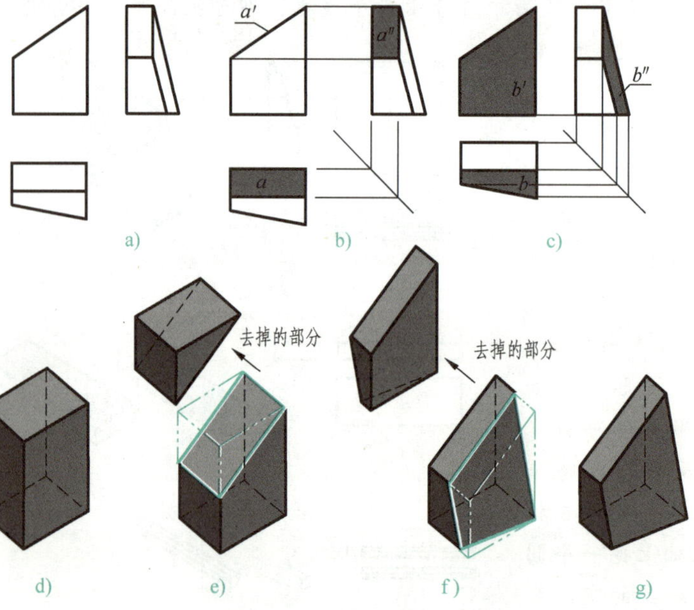

图 5-55　线面分析法

在用线面分析法读图时，可采用切割橡皮或橡皮泥的方法来帮助读图。

任务实施

1. 用拉伸法识读图 5-56 所示 T 梁的两面投影图，补画其正面投影图，并用塑料泡沫等材料切割出 T 梁的立体模型。

（三维模型）

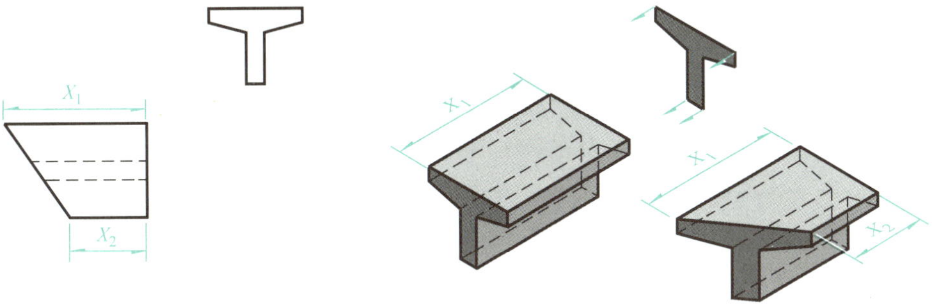

a)　　b)

图 5-56　补画 T 梁的正面投影

补画 T 梁的正面投影

2. 用形体分析法识读图 5-57 所示涵洞端墙的两面投影，并补画其水平投影。

3. 用线面分析法识读图 5-58 所示涵洞洞口八字墙的两面投影图，用塑料泡沫等材料切割出其立体模型，画出八字墙的水平投影。

（三维模型）

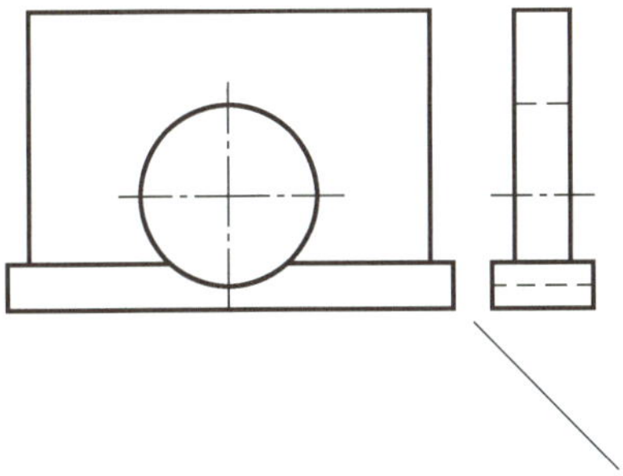

图 5-57　补画涵洞端墙的水平投影

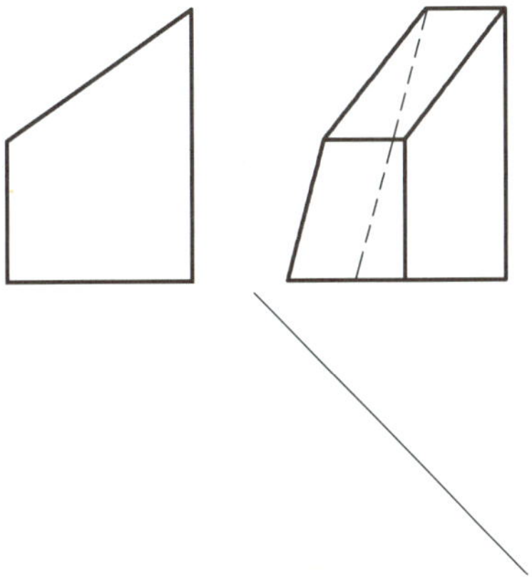

图 5-58　补画八字墙的水平投影

补画涵洞端墙的水平投影

4. 综合应用形体分析法、拉伸法及线面分析法，识读八字翼墙的投影图（图 5-59），用塑料泡沫等材料做出其立体模型。

补画八字墙的第三面投影

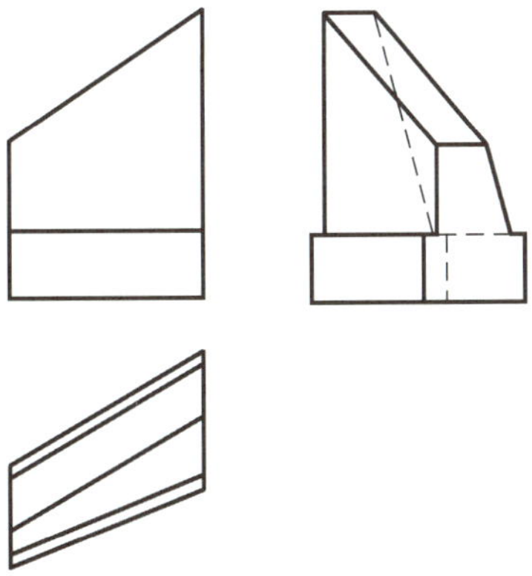

图 5-59　八字翼墙的投影图

识读八字翼墙的投影图

素质拓展

秦岭终南山公路隧道——高度智能化的隧道

秦岭终南山公路隧道——高度智能化的隧道

秦岭终南山公路隧道北起西安市长安区五台街道青岔村、南至商洛市柞水县营盘镇小峪口，穿越秦岭终南山。设计等级为高速公路，上、下行双洞双车道，是我国高速公路隧道示范工程和标志性工程，是当时世界双洞最长、技术标准最高、建设规模最大的高速公路隧道。

隧道内拥有先进的特殊灯光带，缓解驾驶员视觉疲劳，保证行车安全。通过不同的灯光和图案变化，可以将特长隧道演化成几个短隧道，从而消除驾驶员的焦虑情绪和压抑心理。

隧道内拥有完备的监控技术。隧道每125m设置一台视频监控摄像机，两洞共有摄像机288台。每250m设置一台视频事件检测器和火灾报警系统，对突发事件采用双系统全方位自动跟踪监控。运用了首套策略自动生成软件，只要发生一个事件，策略自动生成软件就会自动生成相应的策略程序进行全方位联动指导，保证秦岭终南山高速公路隧道运营管理的准确性和可靠性。

复习思考题

1. 直棱柱的特征：棱柱上有一对表面是互相平行且全等的多边形（称为底面），其余各侧棱面均为（ ），侧棱线相互平行而且垂直于这对表面。

2. 棱柱的投影特征：棱柱的一个投影积聚成一个多边形，该多边形反映棱柱顶面和底面的（ ）；而另外两投影都是由实线或虚线组成的（ ）线框。

3. 读图时，若一个投影为多边形，而另外两面投影是由实线或虚线组成的（ ）线框，则该形体是侧棱垂直于多边形所在投影面且底面为与多边形投影全等的（ ）。

4. 棱锥的投影特征：棱锥的一个投影为多边形中嵌套具有公共顶点的（ ），该多边形反映棱锥底面的（ ）；而另外两投影都是由实线或虚线组成的有公共顶点的（ ）线框。

5. 棱台的投影特征：棱台的一个投影为里、外两个相似多边形，两多边形之间嵌套有相应数目的（ ）；而另外两投影都是由实线或虚线组成的（ ）线框。

6. 圆柱体的投影特征：圆柱一个投影是圆，其他两个投影是相等的（ ）线框。

7. 圆锥的投影特征：圆锥一个投影是（ ），其他两个投影是相等的等腰（ ）线框。

8. 圆台的投影特征：一个投影为（ ），分别反映两底面的实形；而另外两个投影都是相等的（ ）线框。

9. 组合体两表面的连接形式有哪几种？表面连接处如何绘制？

1）两表面平齐，投影图上中间接触处（ ）线隔开。

2）两表面不平齐，投影图上中间接触处应（ ）隔开。

3）两表面相切，投影图上相切处（ ）画线。

4）两表面相交，投影图上相交处（ ）交线。

10. 形体投影图中的线可能有哪几种含义？

11. 组合体类型有哪些？

12. 投影图中的线框可能有哪几种含义？

13. 相邻线框含义是什么？线框中间的公共边可能代表什么？

14. 投影图中线框包围中的线框的含义是什么？

15. 当平面的两个投影为封闭线框，另外一个投影为斜直线时，该平面是（　　）位置的平面。

16. 当平面的一个投影为封闭线框，另外两个投影为直线时，该平面为（　　）位置的平面。

17. 相邻投影图中对应的一对线框如果是同一平面的投影，它们必定是（　　），而且是几边形对应（　　），平行边对应（　　），线框各顶点投影符合点的投影规律。相领投影图中对应投影无类似形，必定积聚成（　　）。

18. 柱状体的投影特征是什么？

19. 读柱状体投影应该从（　　）投影着手，应该尽量避开（　　）个投影？

20. 形体分析法适合读（　　）类型的组合体投影图？

21. 线面分析法适合读（　　）组合体的投影图？

*项目六

绘制形体的轴测投影图

学习目标

项目载体	道路工程中的常见形体的投影图
知识目标	1. 理解轴测投影的基本概念，理解轴测投影的特性 2. 熟记正等测图的轴间角、轴向伸缩系数 3. 熟记斜二测图的轴间角、轴向伸缩系数 4. 理解圆的正等测投影图的画法
能力目标	1. 能根据形体的投影图，绘制其正等测图 2. 能根据形体的投影图，绘制其斜二测投影图 3. 能根据回转体的投影图，绘制其正等测投影图
素质目标	自学绘图步骤，完成绘图任务，培养自学能力

轴测图是用轴测投影的方法画出来的一种富有立体感的图形，它接近于人们的视觉习惯，在生产和学习中常用它作为辅助图样来帮助未经读图训练的人读懂正投影图。如近年来的产品广告画、商品交易会上的展览画、居民区规划等都用到轴测投影图。

任务一　学习投影的基本知识

技能要点

1）理解正轴测投影和斜轴测投影的概念。

2）了解轴测投影的名词术语。

3）掌握轴测投影轴的设置方法。

4）掌握轴测投影的特性。

任务学习

一、轴测投影的形成

轴测投影是采用正投影或斜投影的方法，以单面投影的形式所得到的一种图示方法。可以分为两类：

其一是将形体斜放，如图 6-1a 所示，使其三个坐标轴方向都倾斜于一个投影面 P（轴测投影面），然后用正投影的方法向轴测投影面 P 投影，称为正轴测投影；由这种图示方法画出来的图称为正轴测投影图，简称正轴测图。

其二是将形体正放，采用斜投影的方法向轴测投影面进行投影，如图 6-1b 所示，称为斜轴测投影；由这种图示方法画出来的图称为斜轴测图。

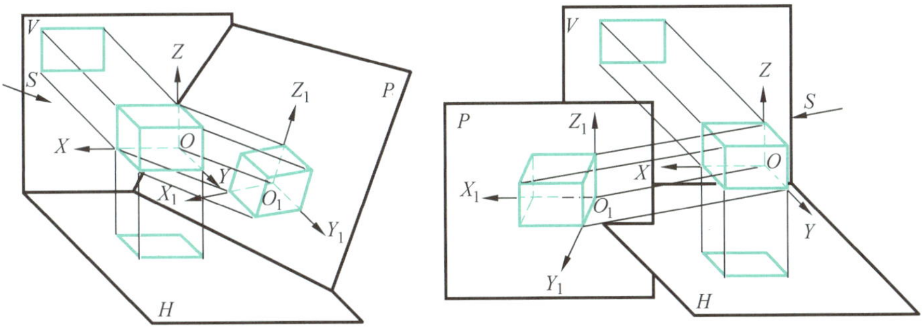

a) 正轴测投影　　b) 斜轴测投影

图 6-1　轴测投影

二、轴测投影的名词术语

轴测投影面：轴测投影的投影面，如图 6-1 中所示的平面 P。

轴测投影轴：直角坐标轴 OX、OY、OZ 在轴测投影面上的投影 O_1X_1、O_1Y_1、O_1Z_1，称为轴测投影轴，简称轴测轴。

轴间角：轴测投影轴之间的夹角称为轴间角。

轴向伸缩系数：三条直角坐标轴上的单位长度 e 的轴测投影长度为 e_X、e_Y、e_Z，它们与 e 之比，即 $p=\frac{e_X}{e}$、$q=\frac{e_Y}{e}$、$r=\frac{e_Z}{e}$，分别称为 O_1X_1、O_1Y_1、O_1Z_1 轴的轴向伸缩系数。

三、轴测投影轴的设置

根据轴测投影的图示方法画形体的轴测图时，先要确定轴测轴 O_1X_1、O_1Y_1、O_1Z_1，然后再将这些轴测轴作为基准来画轴测图。轴测轴一般常设置在形体本身内，与主要棱线、对称中心线或轴线重合，如图 6-2 所示，也可以设置在形体之外。

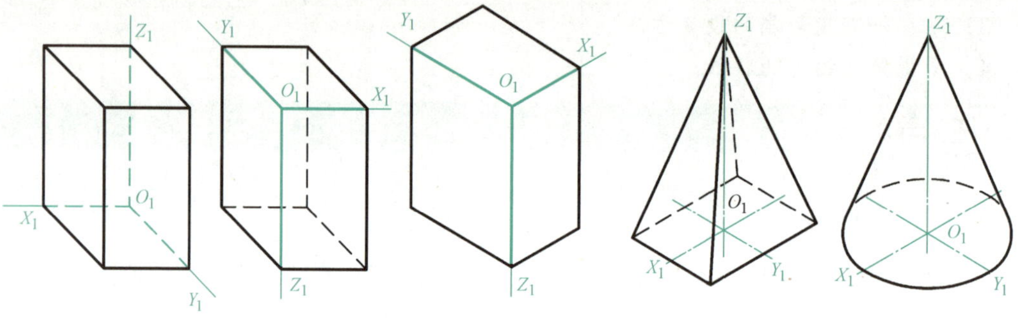

图 6-2 轴测投影轴的设置

四、轴测投影的分类

轴测投影分为正轴测投影和斜轴测投影两类。每类按轴向伸缩系数又分为三种：

若三个轴向伸缩系数都相等，即 $p=q=r$，称正（或斜）等测投影。

若有两个轴向伸缩系数相等，即 $p=r\neq q$，称为正（或斜）二测投影。

若三个轴向伸缩系数都不相等，即 $p\neq q\neq r$，称为正（或斜）三测投影。

工程上常采用正等测、正二测和斜二测投影。

五、轴测投影的特性

由于轴测投影是平行投影，因而它们具有平行投影的基本特性。

1）空间直角坐标轴投影成为轴测图以后，直角在轴测图中一般已不是 90°了，但是沿轴测轴确定长、宽、高三个坐标方向的性质不变，即仍可沿轴确定长、宽、高方向。

2）在轴测图中，形体上原来平行于坐标轴的线段仍然平行于相应的轴测轴，形体上相互平行的直线其轴测投影仍彼此相互平行。

3）在画轴测图时，形体上平行于坐标轴的线段（轴向线段），可按其原来尺寸乘以轴向伸缩系数后，再沿着轴测轴定出其投影长度，这便是“轴测”二字的含义。

但应注意，形体上不平行于坐标轴的线段（非轴向线段），它们的投影的伸缩系数与平行于坐标轴的那些线段的伸缩系数不同，因此不能将非轴向线段的长度直接移到轴测图上。画非轴向线段的轴测投影时，需要用坐标法定出其两端点在轴测坐标系中的位置，然后再连成线段的轴测投影图。

任务二　绘制形体的正等测投影图

技能要点

1）熟记正等测投影图的轴间角、轴向伸缩系数。

2）掌握坐标法绘制正等测投影图的方法。

3）自学切割法和叠加法绘制正等测投影图的步骤，掌握绘图方法。

4）能够根据已知形体的投影图绘制正等测投影图（图 6-7）。

任务学习

一、正等测投影图的轴间角、轴向伸缩系数

将形体放置成它的三个坐标轴与轴测投影面具有相同夹角，然后用正投影法向轴测投影面投影，就可得到正等测投影图。

正等测图的三个轴间角相等，都是 120°；三个轴向伸缩系数相等，都是 0.82，通常我们采用简化伸缩系数，即 $p=q=r=1$，采用简化轴向伸缩系数画成的正等测图比实际投影的尺寸约大 22%（图 6-3b），但是并不影响立体感，而作图却简便多了。

作正等测轴时，一般总是使 O_1Z_1 轴画成垂直位置（但应注意它并不是空间铅垂线，应想象它在空间是倾斜对着读图者的），把 O_1X_1 和 O_1Y_1 轴画成与水平线成 30°。

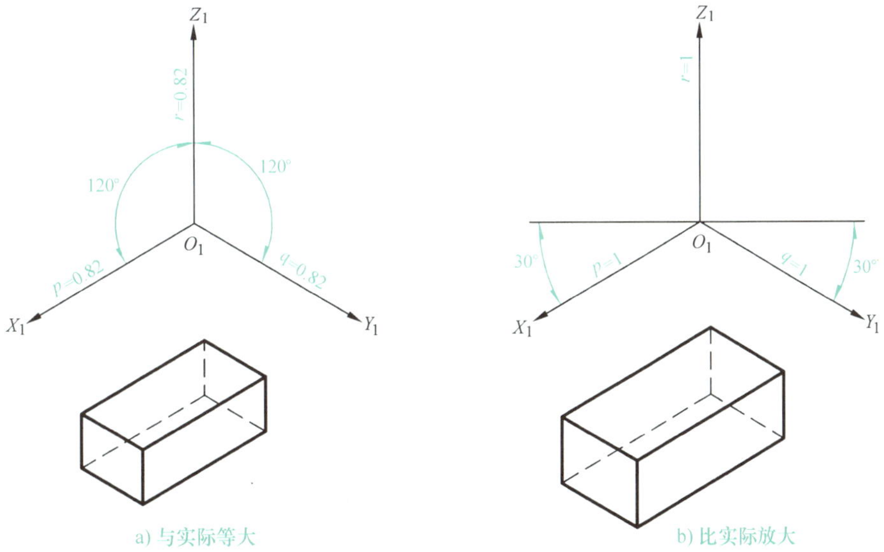

图 6-3　正等测投影图的轴测轴、轴间角、轴向伸缩系数

二、正等测投影图的画法

画轴测图时，首先画出轴测轴，可沿着轴测轴方向确定轴向线段的方向和长度，非轴向线段可求出其端点，相连即可，具体画法有多种。最基本的画法有坐标法、切割法、叠加法。

［例 6-1］ 试用坐标法作图 6-4a 所示三棱锥的正等测图。

解： 用坐标法画轴测图就是将形体上各顶点的直角坐标移到轴测投影系中去，定出各点的轴测投影，再用直线连接这些点的轴测投影，即得到形体的轴测图。

1）在正投影图中定坐标轴 OX、OY、OZ，如图 6-4a 所示。

2）画出正等测轴 O_1X_1、O_1Y_1、O_1Z_1，如图 6-4b 所示。

3）根据投影坐标值定出 A_1、B_1、C_1，其中 B_1A_1 为在 X_1 上的轴向线，定出 B_1 在原点后，可直接沿 O_1X_1 量出 $B_1A_1 = ba = b'a'$，A_1C_1、B_1C_1 是非轴向线，不能直接量取，由 C（X_C，Y_C）定出 C_1 点，然后连成 A_1C_1、B_1C_1 得锥底面的正等测图，如图 6-4b 所示。

4）由于三个棱也是非轴向线，不能直接量出。所以根据 S（X_S，Y_S，Z_S）定出 S_1，连接棱线 S_1A_1、S_1B_1、S_1C_1 得到三棱锥正等测图，如图 6-4c 及图 6-4d 所示。

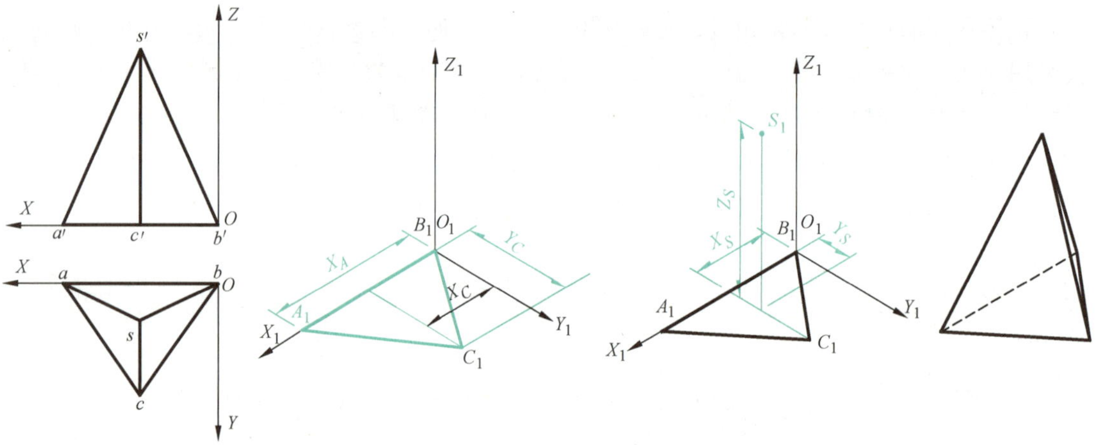

a) 正投影　b) 锥底面正等测图　c) 定S_1　d) 作图结果

图 6-4 三棱锥的正等测图

［例 6-2］ 用切割法作图 6-5a 所示形体的正等测图。

解： 可以将该形体看成是由四棱柱切割而成的，具体做法如下：

1）画长、宽、高分别为 L、B、H 的四棱柱的轴测图，如图 6-5c 所示。

2）切割上部的槽，其尺寸为 $L_2 \times B \times H_1$，如图 6-5d 所示。

3）切割下部的左右两角，完成作图，如图 6-5e 所示。

用坐标法绘制三棱锥的正等测图

［例 6-3］ 用叠加法作图 6-6a 所示挡土墙的正等测图。

解： 将该形体看成是由两个简单形体组成的，具体做法如图 6-6c、d、e 所示。

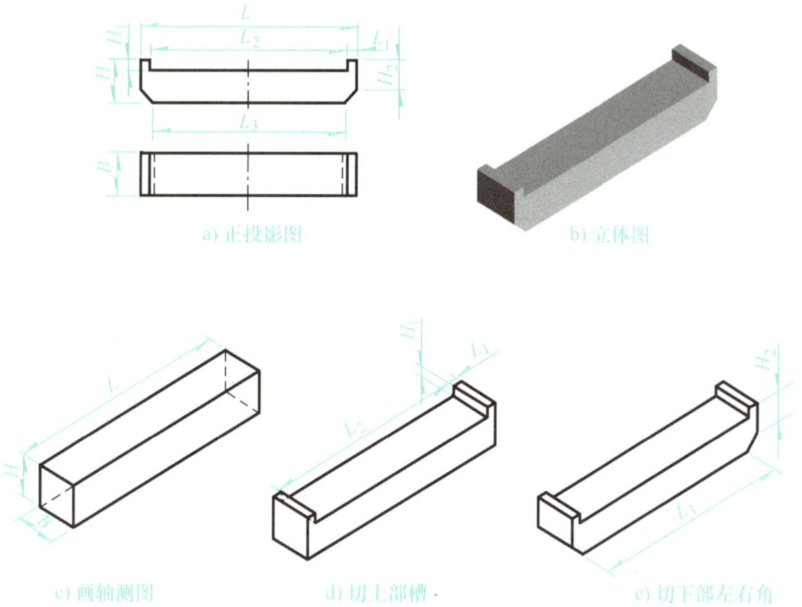

图 6-5　切割法作形体的正等测图

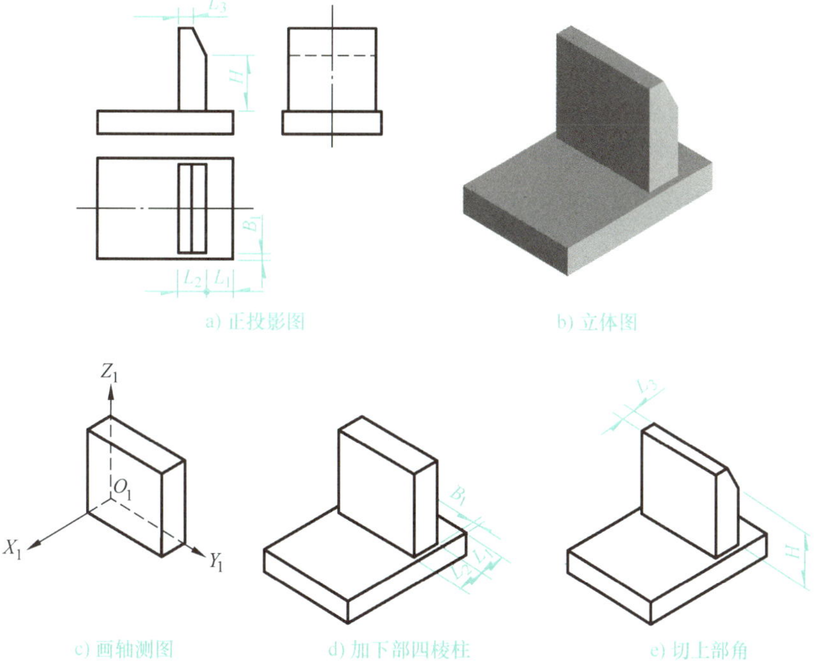

图 6-6　叠加法作形体的正等测图

任务实施

绘制正等测投影图。选择合适的比例，在 A4 图纸上根据已知形体的投影图绘制正等测投影图（图 6-7）。

绘制正等测投影图

参考答案

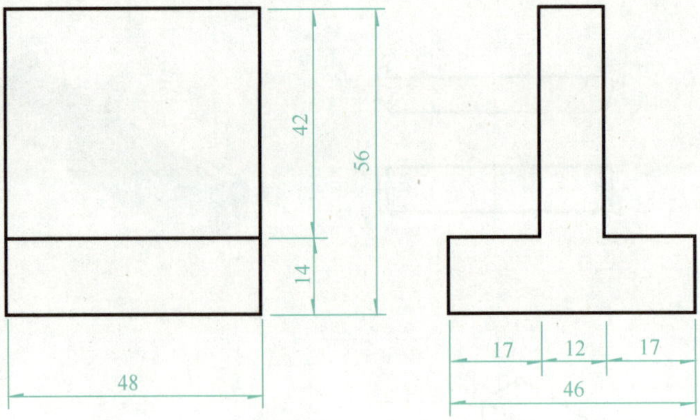

图 6-7 绘制正等测投影图

任务三 绘制形体的斜二测投影图

技能要点

1）熟记斜二测投影图的轴间角、轴向伸缩系数。

2）自学斜二测投影图的绘图步骤，掌握绘图方法。

3）能够根据已知形体的投影图绘制斜二测投影图（图 6-10）。

任务学习

一、斜二测投影图的轴间角、轴向伸缩系数

将形体放置成使它的 *XOZ* 面平行于轴测投影面，然后用斜投影的方法向轴测投影面进行投影，就可得到斜二测投影图。

斜轴测图的形式

斜二测的轴测轴和轴间角

由于 *XOZ* 坐标面平行于轴测坐标面，所以斜二测投影的两个坐标轴 O_1X_1、O_1Z_1 互相垂直，轴向伸缩系数 $p=r=1$，O_1Y_1 轴与 O_1Z_1 轴成 135°角，轴向伸缩系数 $q=0.5$，如图 6-8 所示。

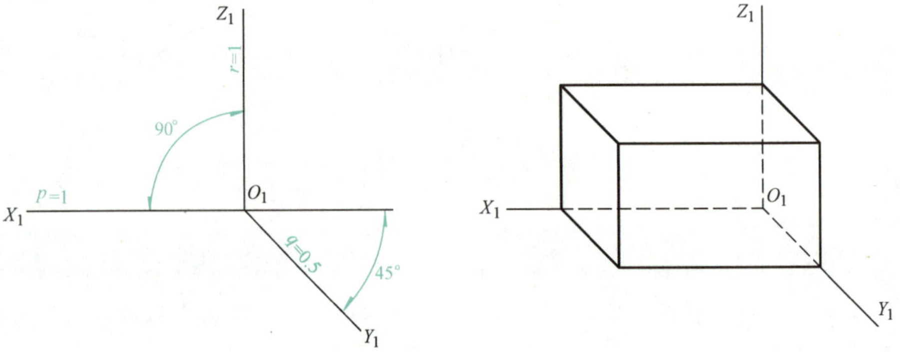

图 6-8 斜二测投影图的轴间角、轴向伸缩系数

斜二测投影图的正面形状能反映形体正面的真实形状，特别当形体正面有圆和圆弧时，画图简单方便，这是它的最大优点。

画斜二测投影图通常从最前的面开始，沿 Y_1 轴方向分层定位，在 $X_1O_1Z_1$ 轴测面上确定形状，注意 Y_1 方向伸缩系数为 0.5。

二、斜二测投影图的画法

［例 6-4］　画图 6-9a 所示涵洞洞口的斜二测投影图。

解：选取涵洞洞面作 XOZ 坐标面，可先画与立面图完全相同的正面形状，然后在各交点处画 45°斜线，如图 6-9b 所示。在斜线上量取 $B/2$ 定出 Y 轴方向上的各点，如图 6-9c 所示，然后连接这些点得到涵洞洞口的斜二测投影图（图 6-9d）。

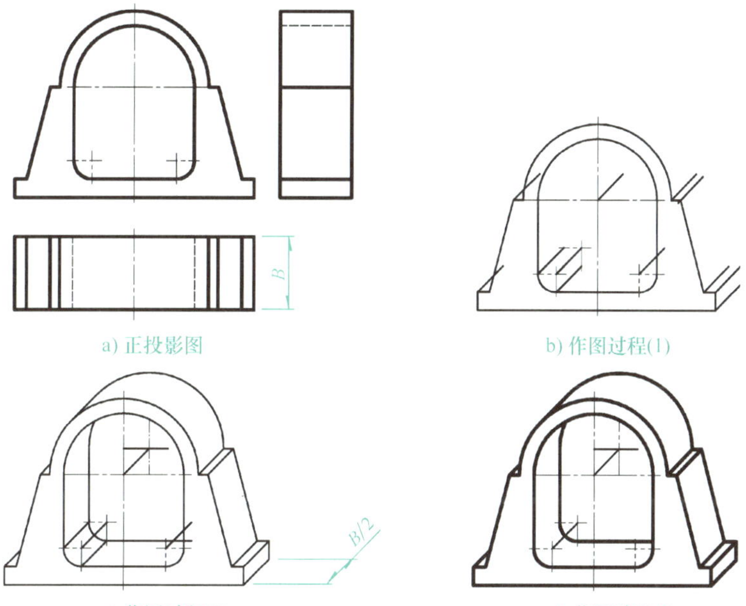

图 6-9　斜二测投影图

任务实施

绘制斜二测投影图。选择合适的比例，在 A4 图纸上根据已知形体的投影图绘制斜二测投影图（图 6-10）。

画形体的斜二测投影图

参考答案

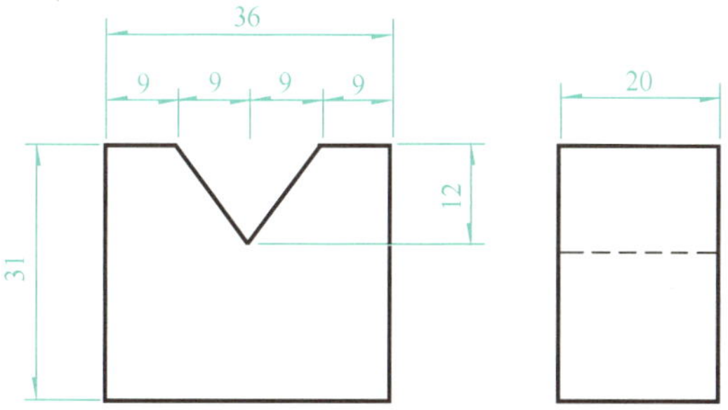

图 6-10　绘制斜二测投影图

任务四 绘制回转体的正等测投影图

技能要点

1）掌握正平圆、水平圆、侧平圆正等测投影图的画法。

2）自学回转体正等测投影图的画法。

3）能够根据已知圆台的投影图绘制正等测投影图（图 6-15）。

任务学习

一、绘制圆的正等测投影图

在正等测投影中，三个坐标面均倾斜于轴测投影面，因此正平圆、水平圆、侧平圆的正等测投影形状是椭圆，且三个轴测圆大小相等。图 6-11 为三个坐标面内圆的正等测投影图。由图可见：$X_1O_1Y_1$ 面上椭圆的长轴垂直于 O_1Z_1 轴；$X_1O_1Z_1$ 面上椭圆的长轴垂直于 O_1Y_1 轴；$Y_1O_1Z_1$ 面上椭圆的长轴垂直于 O_1X_1 轴。椭圆的正等轴测图一般采用四心圆弧法作图。

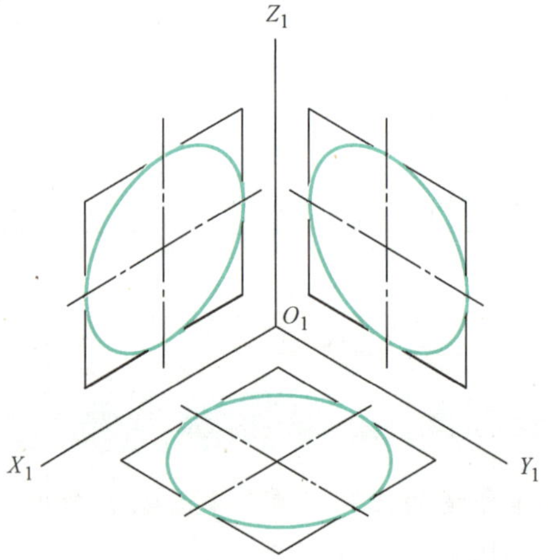

图 6-11 三个坐标面内圆的正等测投影图

[例 6-5] 求作图 6-12a 所示半径为 R 的水平圆的正等轴测图。

解： 1）定出直角坐标的原点及坐标轴。画圆的外切正方形，与圆相切于 a、b、c、d 四点，如图 6-12b 所示。

2）画出轴测轴，并在 X_1、Y_1 轴上截取 $O_1A_1 = O_1B_1 = O_1C_1 = O_1D_1 = R$，得出 A_1、B_1、C_1、D_1 四点，如图 6-12c 所示。

3）过 A_1、C_1 和 B_1、D_1 点分别作 O_1Y_1、O_1X_1 轴的平行线，得菱形，如图 6-12c 所示，

对角距较短的两角点为 I_1、II_1。

4）连接 I_1C_1、I_1D_1、II_1A_1、II_1B_1 交于 III_1、IV_1，如图 6-12d 所示。

5）分别以 I_1、II_1 为圆心，以 I_1C_1 为半径，画出圆弧 C_1D_1、A_1B_1，再分别以 III_1、IV_1 为圆心，以 III_1A_1 为半径，画出圆弧 A_1D_1、C_1B_1。由这四段圆弧光滑连接而成的图形，即为该水平圆的正等轴测图，如图 6-12e 所示。

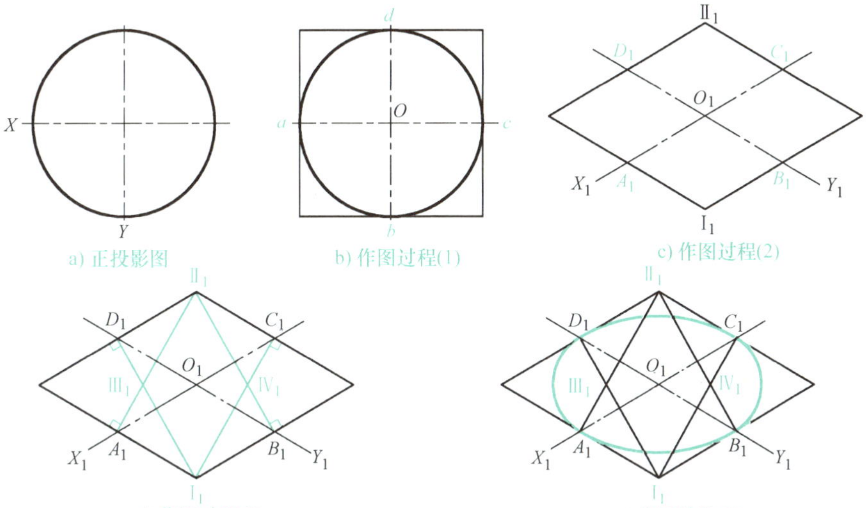

a) 正投影图　b) 作图过程(1)　c) 作图过程(2)

d) 作图过程(3)　e) 作图过程(4)

图 6-12　圆的正等测投影图

二、绘制圆柱、圆台的正等测投影图

［例 6-6］　画图 6-13a 所示圆柱的正等测投影图。

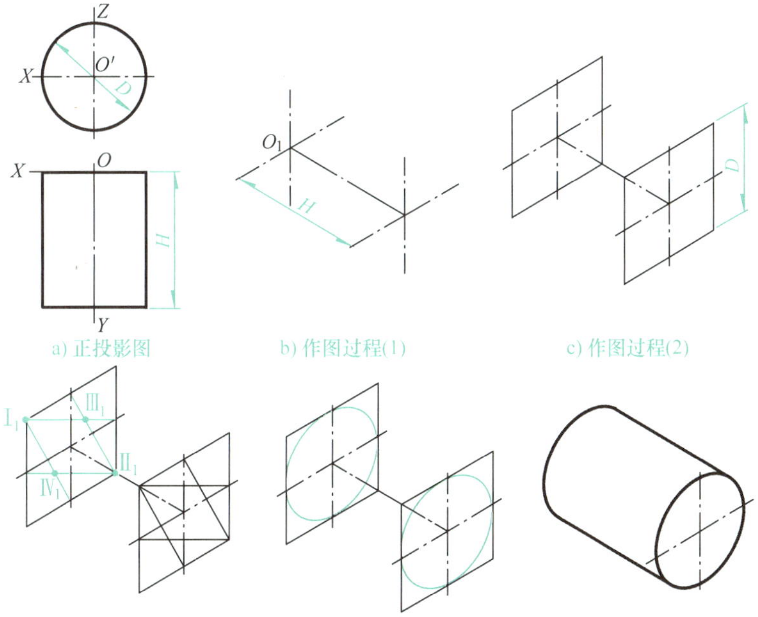

a) 正投影图　b) 作图过程(1)　c) 作图过程(2)

d) 作图过程(3)　e) 作图过程(4)　f) 作图过程(5)

图 6-13　圆柱的正等测投影图

解： 设轴测轴 O_1Y_1 与圆柱的轴线重合，如图 6-13b 所示；圆柱前后两圆都是画成正平面位置的椭圆，如图 6-13c、d、e 所示，画出两椭圆的公切线即圆柱面的轮廓线就完成圆柱的正等测图，如图 6-13f 所示。

［例 6-7］ 画图 6-14a 所示圆台的正等测投影图。

解： 设轴测轴 O_1X_1 与圆台的轴线重合，圆台的顶圆和底圆都是画成侧平面位置的椭圆，而圆台曲面的轮廓线是大小椭圆的公切线，如图 6-14b、c 、d、e 、f 所示。

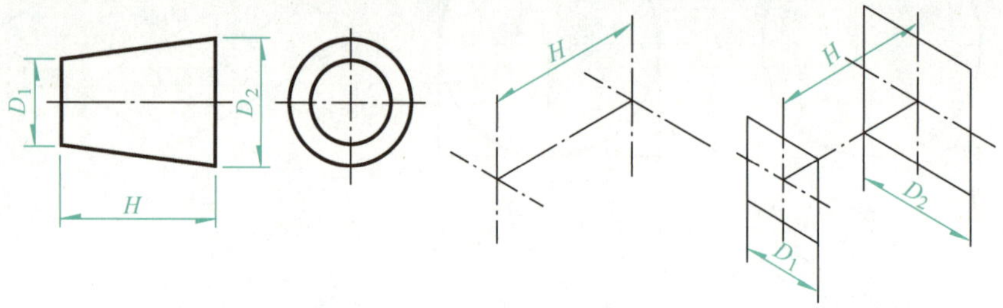

a) 正投影图　　b) 作图过程(1)　　c) 作图过程(2)

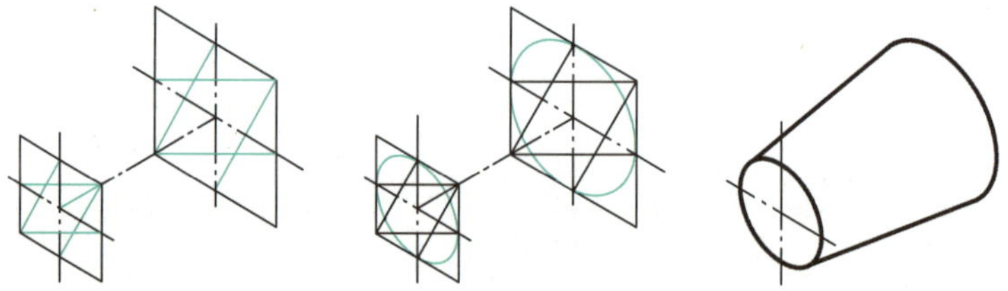

d) 作图过程(3)　　e) 作图过程(4)　　f) 作图过程(5)

图 6-14　圆台的正等测投影图

任务实施

绘制正等测投影图。选择合适的比例，在 A4 图纸上根据已知圆台的投影图绘制正等测投影图（图 6-15）。

绘制圆台的正等测投影图

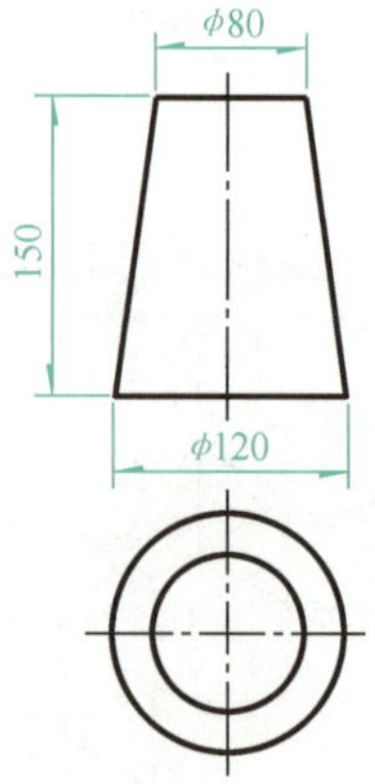

图 6-15　绘制正等测投影图

素质拓展

五峰山长江大桥——世界上首座高速铁路悬索桥

五峰山长江大桥——世界上首座高速铁路悬索桥

五峰山长江大桥于 2020 年 12 月 11 日建成通车，是连镇高铁跨越长江的关键工程，大桥北起镇江市丹徒区高桥镇，南至镇江市新区五峰山脚下。

五峰山长江大桥全长 6409m，主跨 1092m，南岸主塔高 191m，北岸主塔高 203m。五峰山长江大桥是一座公铁两用桥，上层为双向八车道高速公路，设计时速为 100km，下层为四线高速铁路，设计时速为 250km。

五峰山长江大桥在建设过程中采用了多项新工艺、新技术，创造了多项“世界第一”：世界上首座高速铁路悬索桥；世界上荷载最大的铁路悬索桥；世界上主缆直径最大的悬索桥；世界上陆地沉井基础面积最大的悬索桥；世界首座采用板桁结合新型加劲梁结构的公铁两用悬索桥等。

同时在国际上率先建立起中国高速铁路悬索桥的设计理念、计算方法和相关技术标准。它的建成通车，在我国乃至世界铁路桥梁建设史上具有里程碑意义。

复习思考题

1. 轴测投影图的特性有哪些？

2. 正等测投影图的三个轴间角相等，都是（　　）；三个轴向伸缩系数相等，都是 0.82，通常我们采用简化伸缩系数，即 $p=q=r=$（　　）。

3. 斜二测投影图的两个坐标轴 O_1X_1、O_1Z_1 互相（　　），O_1X_1、O_1Z_1 的轴向伸缩系数 $p=r=$（　　），O_1Y_1 轴与 O_1Z_1 轴成（　　）角，O_1Y_1 的轴向伸缩系数 $q=$（　　）。

4. 斜二测投影图的（　　）面形状能反映形体正面的真实形状。

项目七

识读与绘制道路工程构件的构造图

学习目标

项目载体	道路工程构件的构造图
知识目标	1. 理解各种剖面图、断面图的形成原理 2. 掌握各种剖面图、断面图的标注方法 3. 理解道路工程图中的规定画法和习惯画法
能力目标	1. 能根据构件的立体图或投影图绘制剖面图 2. 能识读构件构造图
素质目标	1. 在绘图过程中，提高动手能力，进一步养成认真、细致的职业习惯 2. 在任务学习中阅读构造图，注意读懂图中的每一个细节，逐渐形成自学能力及负责任的态度

道路工程中有很多形体的内部结构都比较复杂，而且涉及各种不同的材料。如果只用三面投影图表达，图中会出现很多虚线，且表达起来非常困难。如图 7-1 所示为埋在路堤下的涵洞，从外部是看不到内部结构的。假想将形体剖切开，并在断面上画上规定的剖面图例来表达其内部结构与材料，就可以把内部结构表达清楚。这就是剖面图和断面图要解决的问题。又如桥台、T 梁、泄水管及挡土墙同样需要通过剖面图、断面图及一些规定的方法来表达。

（三维模型）

（彩图）

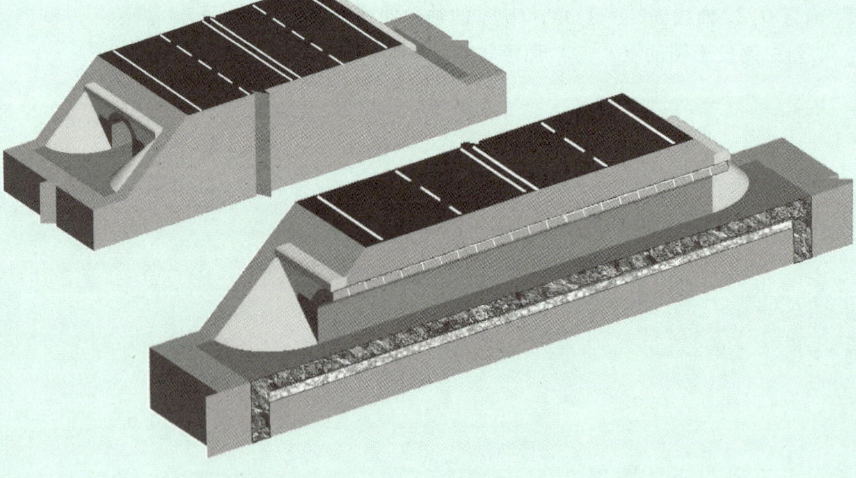

图 7-1 埋在路堤下的涵洞

任务一　绘制道路工程构件的剖面图

技能要点

1. 能根据立体图绘制道路工程中形体的剖面图

1）分析剖面图的形成原理，掌握剖面图的绘图方法及标注方法。

2）了解材料图例。

3）根据立体图，完成栏杆柱剖面图的绘制（图 7-12）。

2. 能根据立体图绘制道路工程中形体的半剖面图

1）分析半剖面图的形成原理，了解半剖面图的适用范围。

2）了解画半剖面图的注意事项。

3）根据立体图，完成拱涵洞身半剖面图的绘制（立面图画成半剖面图）（图 7-13）。

3. 能根据立体图绘制局部剖面图

1）理解局部剖面图的适用范围。

2）掌握局部剖面图的剖切范围、用线要求。

4. 能根据立体图绘制检查井的阶梯剖面图和旋转剖面图

1）分析阶梯剖面图的形成原理。

2）了解画阶梯剖面图的注意事项。

3）分析旋转剖面图的形成原理。

4）了解画旋转剖面图的注意事项。

5）根据检查井的立体图及其尺寸绘制其投影图，立面图画成旋转剖面图，平面图画成阶梯剖面图（图 7-14）。

5. 能结合立体图识读弯桥展开剖面图

1）分析展开剖面图形成原理。

2）掌握展开剖面图适用范围。

任务学习

一、剖面图形成

假想用剖切平面将形体切开后，将观察者与剖切平面之间的部分移去，而将剩余部分向投影面投影所得出的投影图称为剖面图。如图 7-2b、c 所示，假想用平行于 V 面的剖切平面 P 将形体沿对称中心平面切开后，将前面部分移去，而将剩余部分向 V 面投影，并在被剖到的实体部分画上相应的材料剖面图例，便得到图 7-2c 所示的 $A—A$ 剖面图。

剖面图的形成

二、剖面图标注

（1）剖切位置　一般用剖切符号（粗短线）表示剖切平面的位置，剖切符号不要与轮廓线相交，如图 7-2c 所示。

（2）投射方向　在剖切符号两端，用单边箭头（与剖切符号垂直）表示投射方向，如图 7-2c 所示。

（3）剖面图名称　道路工程制图标准规定，在剖切符号和单边箭头一侧用一对大写英文字母或阿拉伯数字来表示剖面图名称，并在所得相应剖面图的上方居中写上对应的剖面图名称。其字母或数字中间用长 5~10mm 的细短线间隔，如图 7-2c 中“*A—A* 剖面图”。为了美观，在剖面图名称的字样底部画上粗下细的两条等长平行的短线，两线间距为 1~2mm。

（4）材料图例　剖面图中包含了形体的断面，在断面上必须画上表示材料类型的图例，如图 7-3a 所示剖面图上的材料图例，表示该形体的材料是金属。如果没有指明材料时，可在断面处画上互相平行且等间距的 45°细实线替代材料图例，称为剖面线，如图 7-2c 所示，当一个形体有多个断面时，所有剖面线的方向保持一致，间距均应相等。

（三维模型）

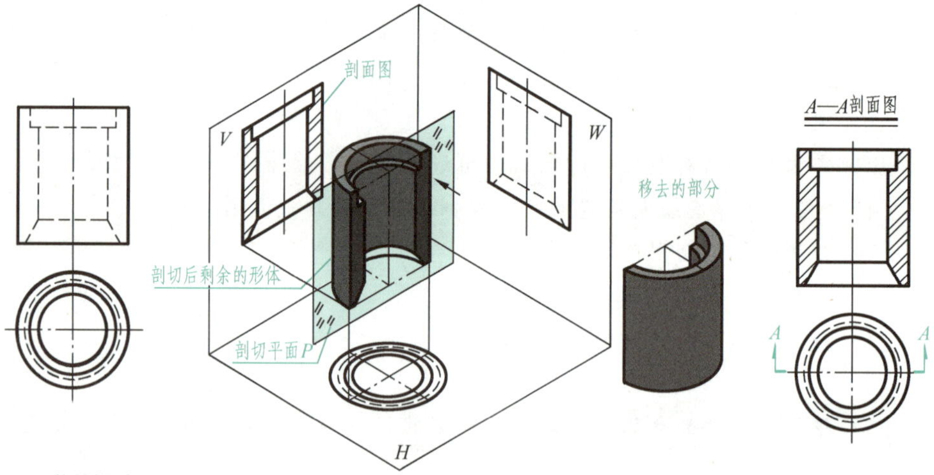

剖面图的标注

a) 形体的投影图　　b) 剖面图的形成　　c) 形体的剖面图

图 7-2　剖面图的形成

《国标》中规定的常用材料剖面图例见表 7-1。

表 7-1　道路工程制图常用材料剖面图例

名称	图　例	名称	图　例	名称	图　例
自然土壤		细粒式沥青混凝土		水泥稳定砂砾	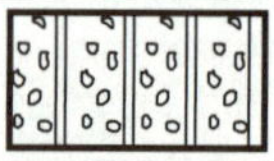
夯实土壤		中粒式沥青混凝土		水泥稳定碎砾石	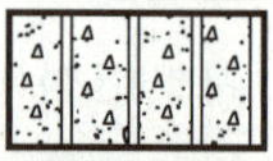
浆砌块石	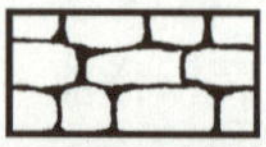	粗粒式沥青混凝土	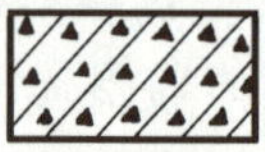	浆砌片石	
沥青表面处治		水泥稳定土	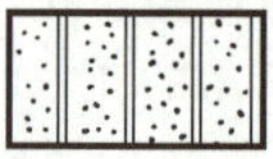	干砌片石	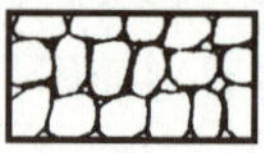

（续）

名称	图　例	名称	图　例	名称	图　例
水泥混凝土	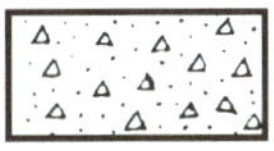	泥结碎砾石	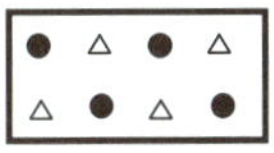	天然砂砾	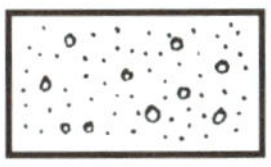
石灰土	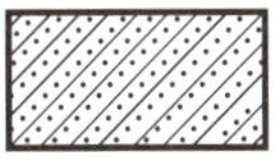	泥灰结碎砾石	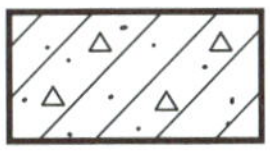	木材　横	
石类粉煤灰	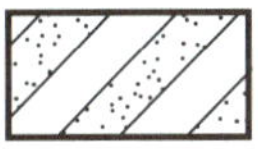	钢筋混凝土	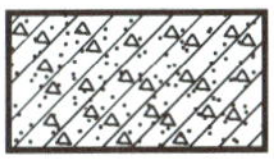	木材　纵	
石类粉煤灰土	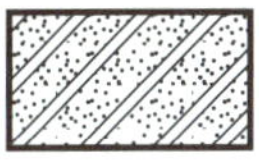	沥青碎石		金属	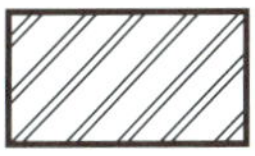
石灰粉煤灰砂砾	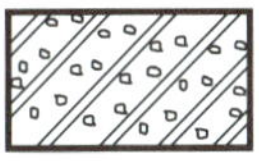	沥青灌入碎砾石	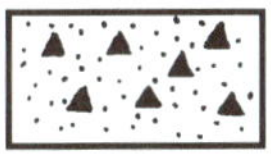	橡胶	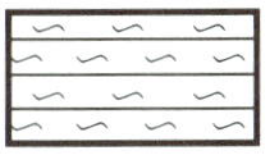
石灰粉煤灰碎砾石	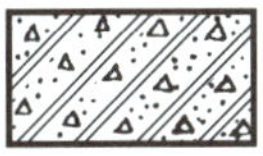	填缝碎石	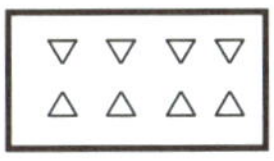	级配碎砾石	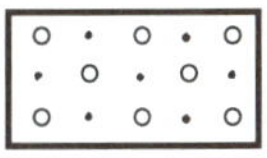

三、剖面图分类

（一）全剖面图

假想用剖切面将形体全部剖开所得到的剖面图，称为全剖面图，如图 7-3 所示的泄水管的剖面图。全剖面图适用于外形结构比较简单而内部结构比较复杂的形体，如图 7-3、图 7-4 所示。

剖面图中一般不画虚线，如图 7-3 中 *A*—*A* 剖面图。

全剖面图

（彩图）

（三维模型）

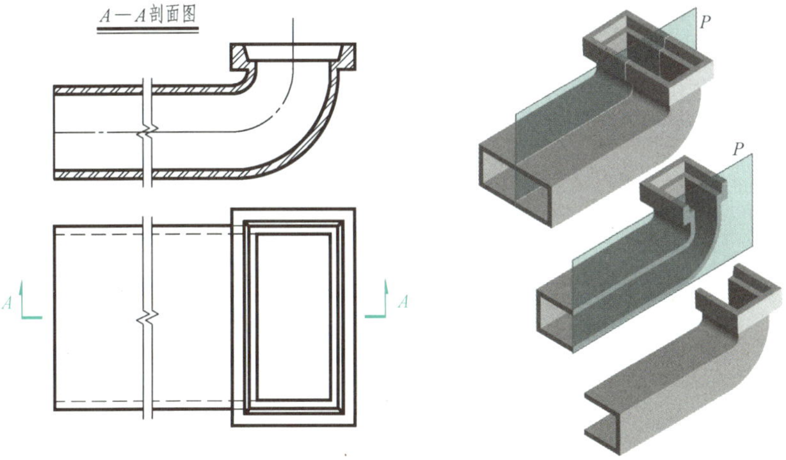

a) 投影图　　b) 立体图

图 7-3　全剖面图

若形体对称，且剖切平面通过对称中心平面，全剖面图又置于基本投影位置时，标注可以省略，如图 7-4 中泄水管盖的剖面图，剖切平面 *P* 通过形体的前后对称中心平面，且从前向后投影，剖面图配置在立面图位置，所以省略了标注，如图 7-4c 所示。剖切平面 *Q* 没有通过形体的左右对称中心平面，所以不能省略标注，如图 7-4b 所示。

（彩图）

（三维模型）

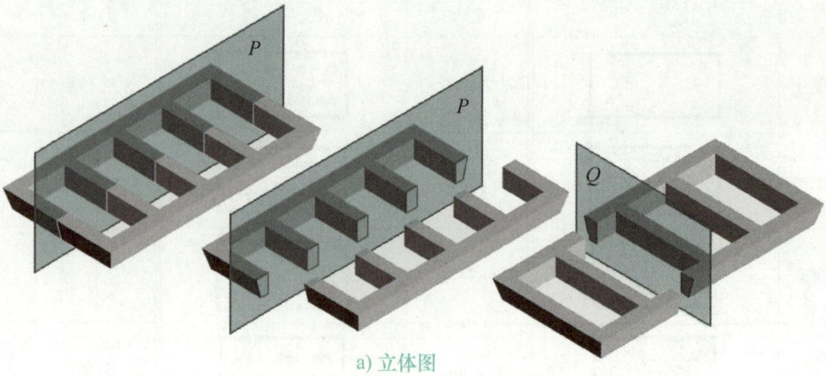

a) 立体图

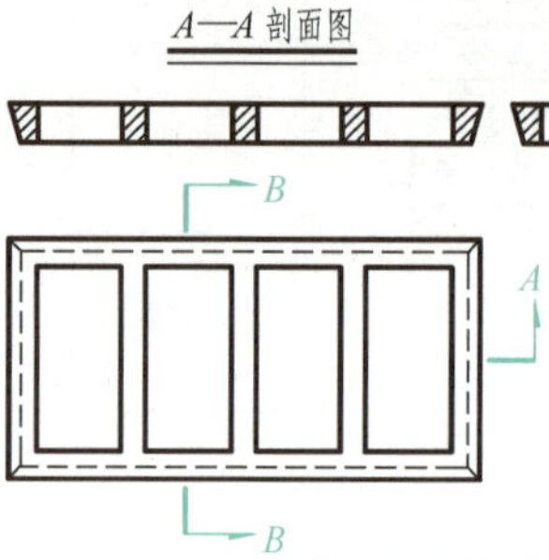

b) 未省略标注的剖面图

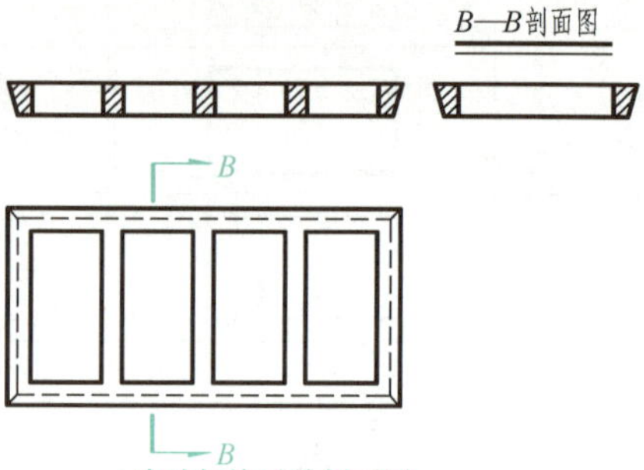

c) 省略标注后的剖面图

图 7-4 全剖面图标注的省略

（二）半剖面图

当形体具有对称中心平面，以对称中心线为界，可将其投影的一半画成外形正投影图，另一半画成剖面图，这种图形称为半剖面图，如图 7-5 所示。半剖面图适用于内、外形状都比较复杂，都需要表达的对称形体。

（彩图）

（三维模型）

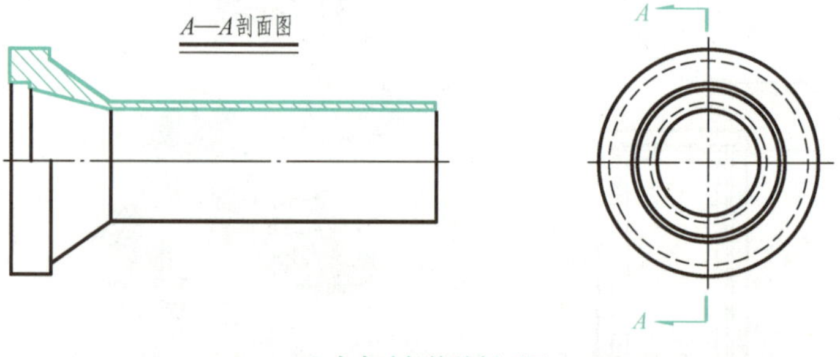

a) 未省略标注的剖面图

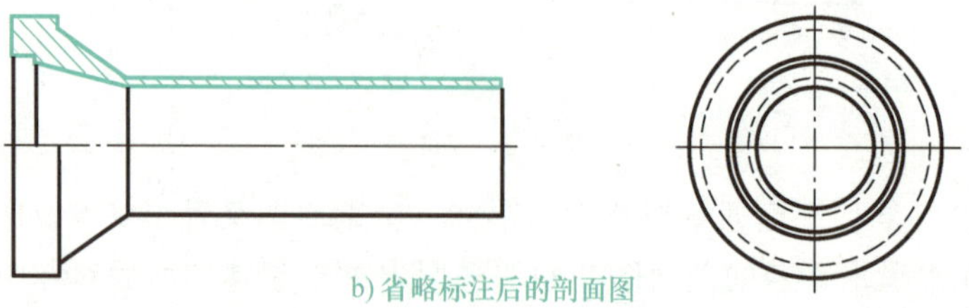

b) 省略标注后的剖面图

图 7-5 泄水管的半剖面图

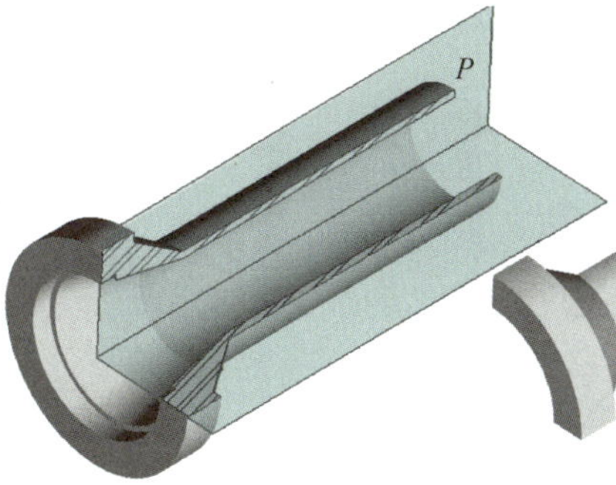

半剖面图

c) 立体图

图 7-5　泄水管的半剖面图（续）

半投影图与半剖面图的分界线为点画线，若作为分界线的点画线刚好与轮廓线重合，则不能采用半剖面图，可采用局部剖面图。

若形体具有两个方向的对称中心平面，且剖切面通过对称中心平面，半剖面图又置于基本投影位置时，标注可以省略。图 7-5 所示的泄水管的半剖面图，由于上下、前后对称，剖切平面通过对称中心平面，立面位置的半剖面图省略标注，如图 7-5b 所示。

（三）局部剖面图

用剖切平面局部地剖开形体所得到的剖面图，称为局部剖面图。

如图 7-6 所示管壁上的小圆孔的内部构造，若采用全剖面图，上部的倒角部分就表达不出来，所以采用局部剖面图来表示，既保留了上部倒角的投影，同时也表达出了下部小圆孔的结构。

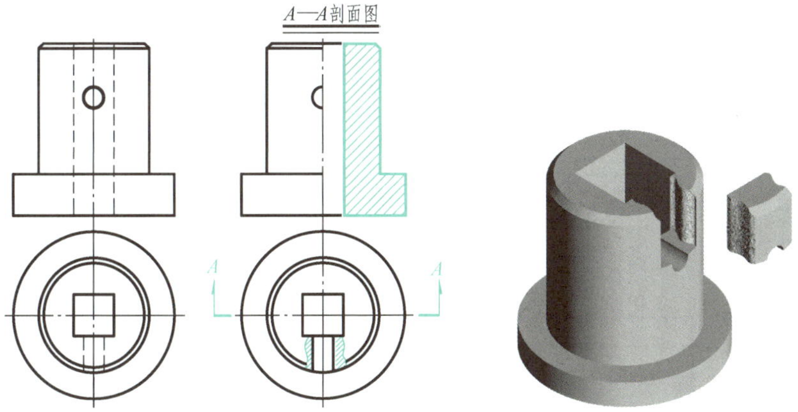

（三维模型）

图 7-6　局部剖面图（一）

局部剖面图用波浪线来表示剖切的范围。局部剖面图是一种灵活的表达方式，其位置、剖切范围的大小都可根据需要来定，当物体上有孔眼、凹槽等局部形状需要表达时都可以采用局部剖面图，如图 7-7 所示形体的正面投影与水平投影都采用了局部剖面图。

局部剖面图不需要标注。

(彩图)

(三维模型)

(三维模型)

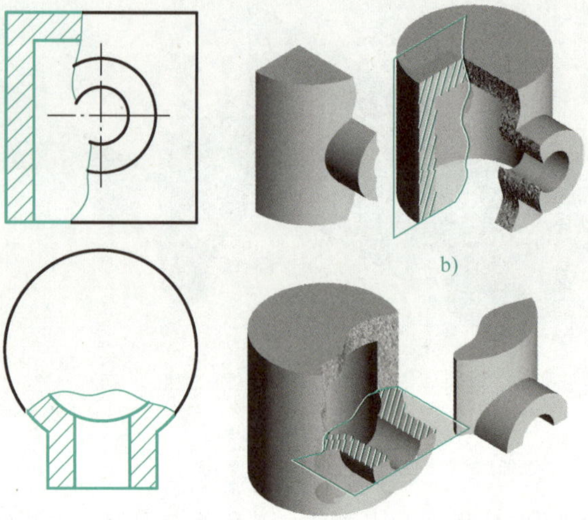

图 7-7 局部剖面图（二）

（四）阶梯剖面图

当形体具有几个不同的结构要素，且它们的中心线排列在相互平行的平面上时，可以采用几个互相平行的剖切平面来剖切形体，所得到的剖面图称为阶梯剖面图。如图 7-8 所示，用两个分别通过两排水管中心线的水平面将检查井剖切开，再向水平面投影得到阶梯剖面图（*A*—*A* 剖面图）。

(彩图)

(三维模型)

阶梯剖面图

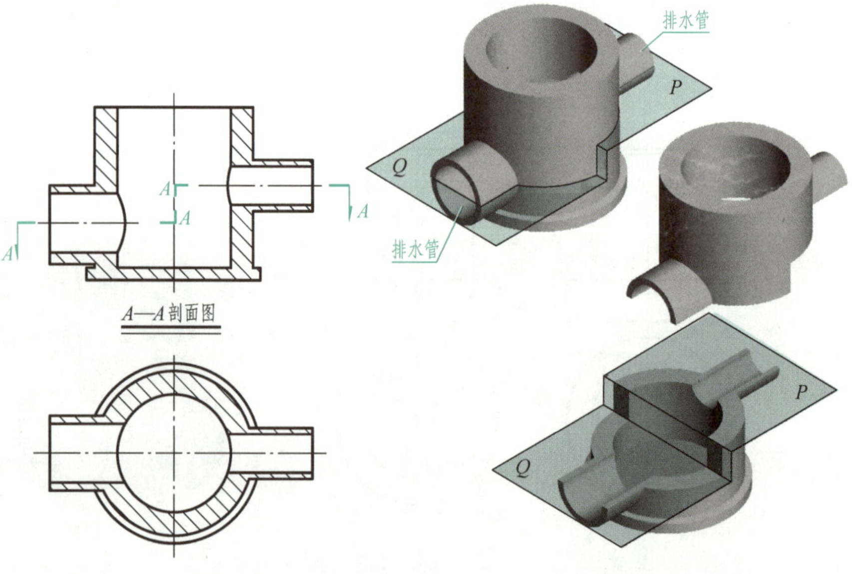

a) 投影图　　b) 立体图

图 7-8 阶梯剖面图

注意：正面投影上的剖面图，省略了标注。

阶梯剖面图适合于表达内部结构（孔或槽）的中心线排列在几个相互平行的平面内的形体。

画阶梯剖面图应注意：

1）在阶梯剖面图上，不画出两个剖切平面转折处交线的投影。

2）阶梯剖面图在剖切的起止点和转折处均应画出剖切线，如图 7-8a 正面投影图所示，读阶梯剖面图必须注意标注，分析剖切平面及转折处的位置。

（五）旋转剖面图

用两相交的剖切平面（交线垂直于一基本投影面）剖切形体后，将倾斜于基本投影面的剖切平面旋转到与基本投影面平行的位置，再进行投影，使剖面图得到实形，这样的剖面图叫作旋转剖面图。如图 7-9 所示，用一个正平面和一个铅垂面分别通过检查井的两个圆柱孔轴线将其剖开，再将铅垂面部分旋转到与 *V* 面平行后再投影而得到的旋转剖面图（*A*—*A* 剖面图）。

旋转剖面图

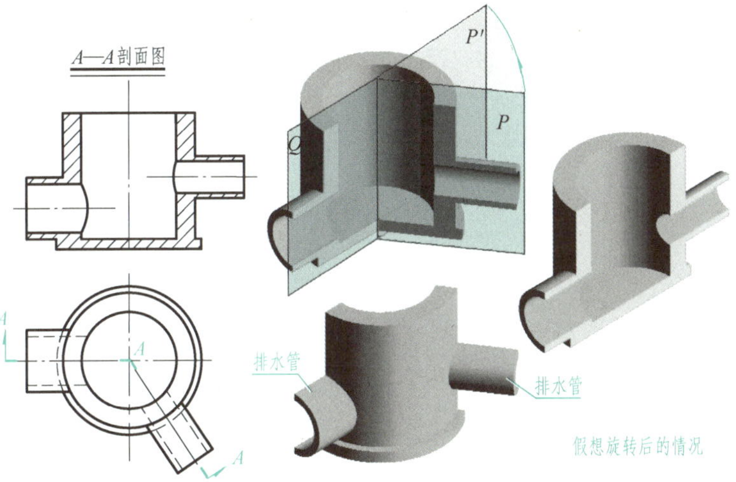

（彩图）

（三维模型）

图 7-9　检查井旋转剖面图

旋转剖面图适合于表达内部结构（孔或槽）的中心线不在同一平面上，且具有回转轴的形体，如图 7-9 所示。

画旋转剖面图应注意，旋转剖面图在剖切的起止点和转折处均应画出剖切线，如图 7-12 中正面投影图所示。读旋转剖面图必须注意标注，分析两剖切平面交线及剖切后的旋转方向。

（六）展开剖面图

剖切面是用曲面或平面与曲面组合而成的铅垂面，沿构造物的中心线剖切，再将剖切平面展开（或拉直），使之与投影面平行，并进行投影，这样所画出的剖面图称为展开剖面图。

展开剖面图适用于道路路线纵断面及带有弯曲结构的工程形体。如图 7-10 所示为一弯桥，由平面图可知弯桥的中心线为直线与圆弧合成的，立面图是由平面和圆柱面沿桥面中心线将弯桥剖开，再将剖切平面展开（或拉直）得到的展开剖面图。又如图 7-11a 所示为桥上护栏柱的投影图，其侧面投影为沿曲面剖切后的展开剖面图。

（彩图）

（三维模型）

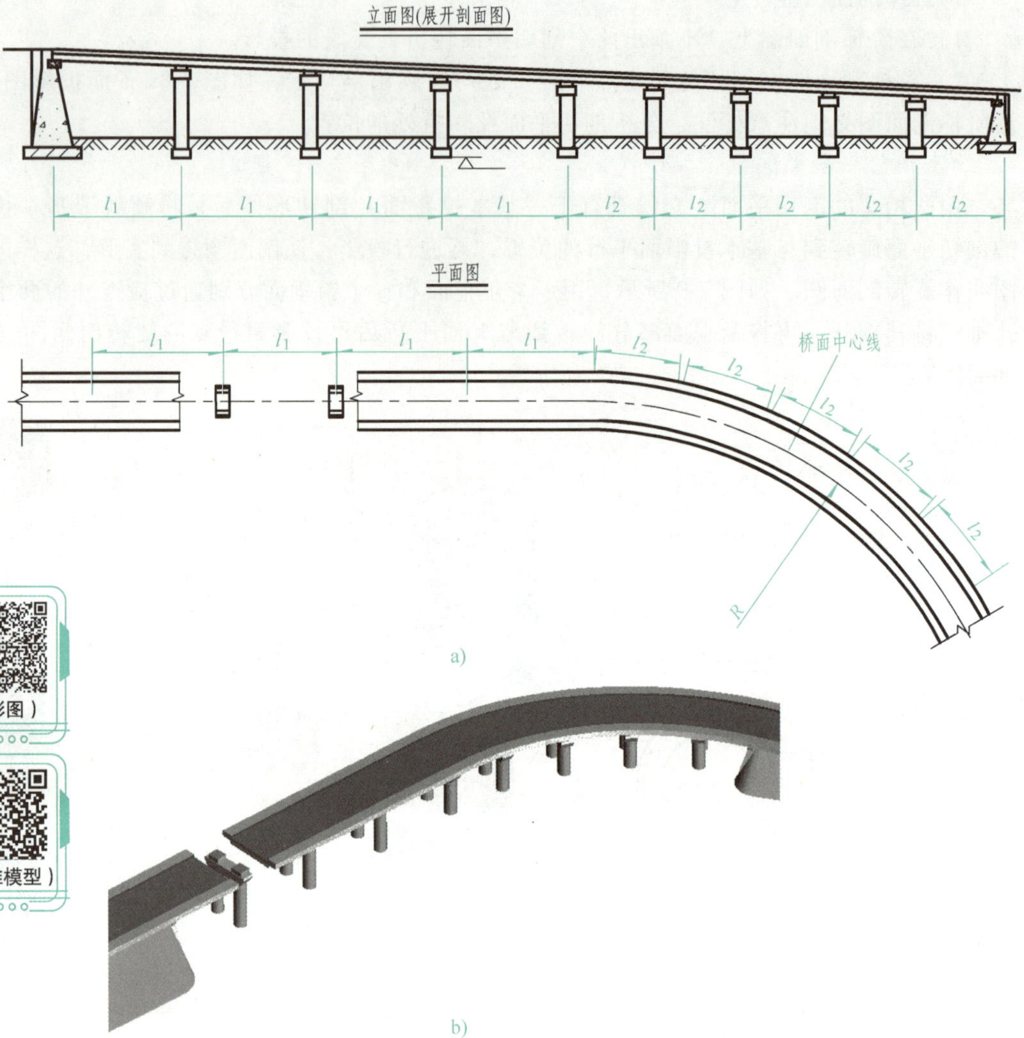

图 7-10 弯桥的展开剖面图

（彩图）

（三维模型）

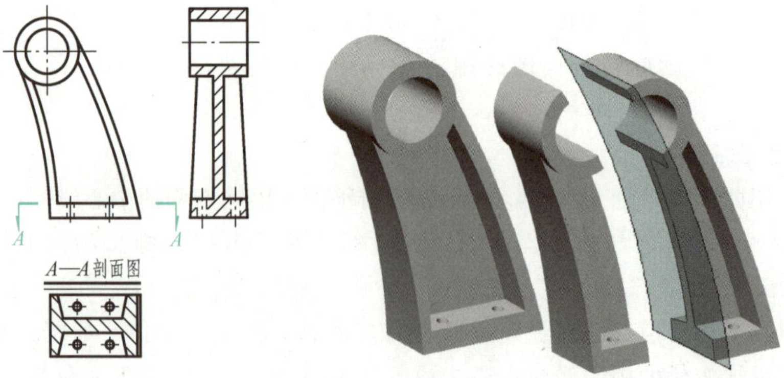

图 7-11 护栏柱的展开剖面图

任务实施

1. 如图 7-12 所示，将栏杆柱的侧面图绘制成 *A—A* 全剖面图，水平投影画成 *B—B* 全剖面图。

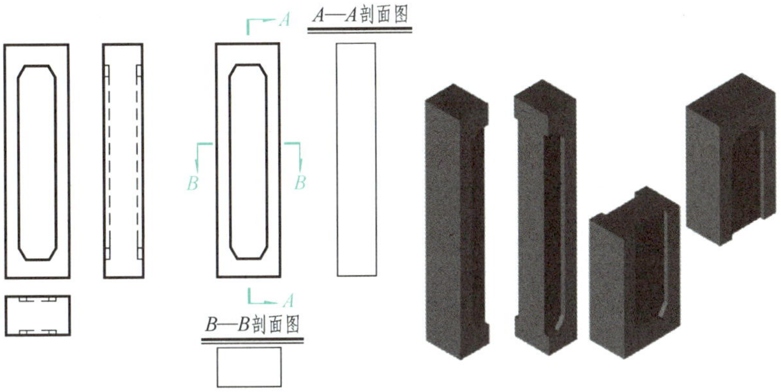

参考答案

图 7-12　绘制栏杆柱的剖面图

2. 如图 7-13 所示，在指定位置绘制拱涵洞身的 *A—A* 半剖面图和 *B—B* 半剖面图。

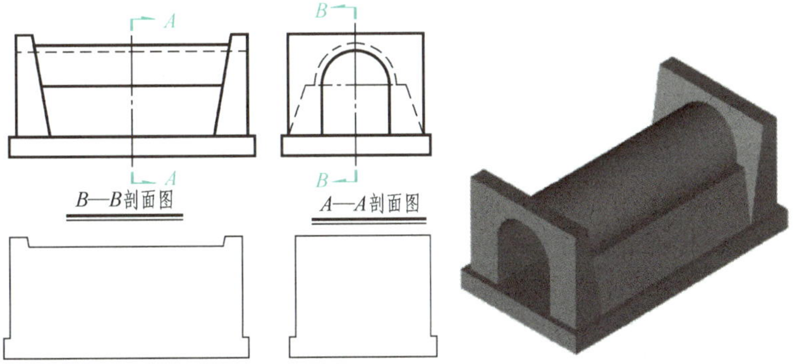

图 7-13　绘制拱涵洞身的半剖面图

3. 选择合适的比例，根据检查井的立体图及其尺寸绘制其投影图（图 7-14），立面图画成旋转剖面图，平面图画成阶梯剖面图。

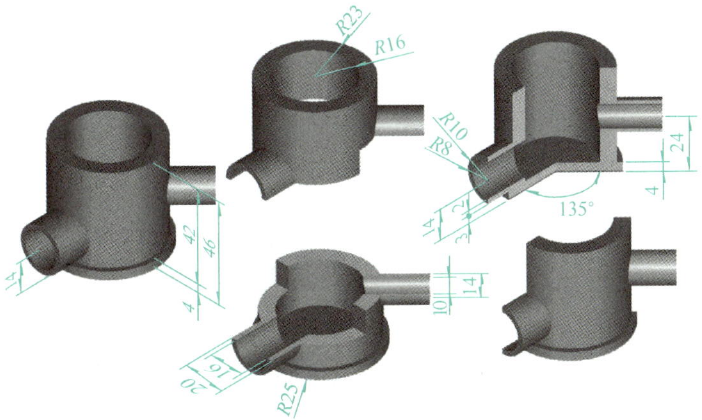

图 7-14　绘制检查井的构造图

任务二 绘制道路工程构件的断面图

技能要点

能绘制道路工程中形体的断面图。

1）分析断面图的形成原理，理解断面图的标注方法。

2）了解断面图的种类。

3）能绘制桥墩盖梁的断面图（图7-20）。

任务学习

一、断面图的形成

假想用剖切平面将形体某处切断，仅画出截断面的形状，这种图形称为断面图，如图7-15b所示梁的A—A断面图。比较图7-15a中的A—A剖面图和图7-15b中的A—A断面图，可以看出断面图与剖面图的区别。

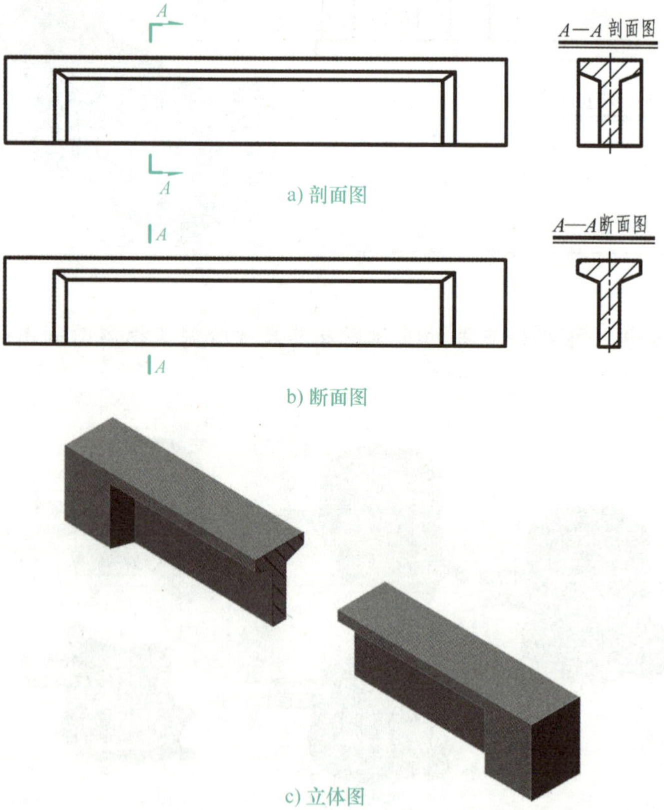

a) 剖面图

b) 断面图

c) 立体图

图7-15 梁的断面图

（彩图）

（三维模型）

断面图上一般要画材料图例或剖面线。

二、断面图的标注

断面图的标注与剖面图的标注有所不同。断面图的剖切符号只画出剖切位置线，但不画表示投影方向的单边箭头。只是用编号的注写位置来表明投影方向。编号写在剖切线下方，表示向下投影，编号写在剖切线左边，表示向左投影。图 7-15 中 *A—A* 断面图是向右投影画出的。

三、断面图的分类

断面图根据布置的位置不同，分为移出断面图、重合断面图和中断断面图。

（一）移出断面图

画在投影图外面的断面图，称为移出断面图，如图 7-16 所示。形体的移出断面图，在立面图上标出其剖切位置及编号，将各断面图顺序排列画出并注上 *A—A* 断面图、*B—B* 断面图等断面图名称。

移出断面图的轮廓线用标准实线绘制，可以用大于基本视图的比例画出移出断面图，如图 7-16b 所示。

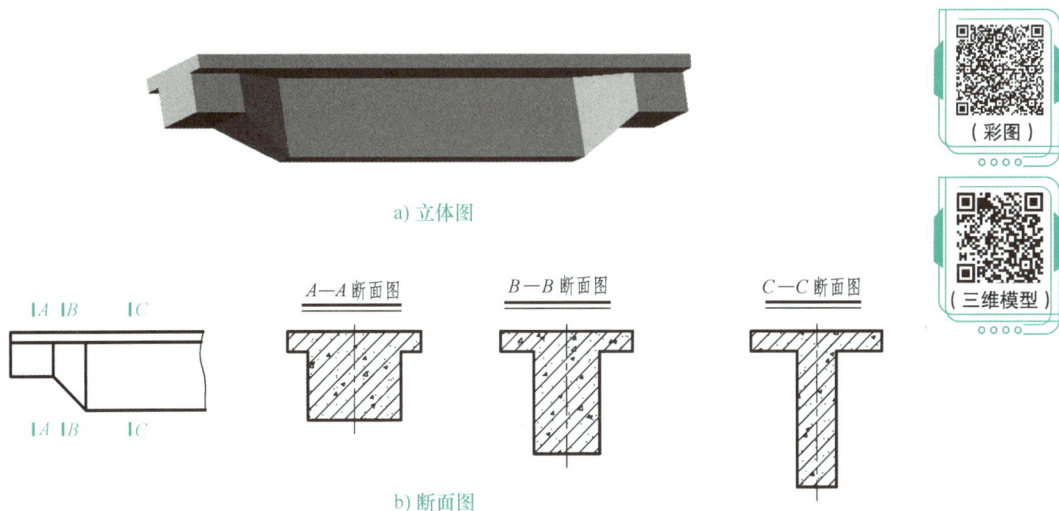

a) 立体图

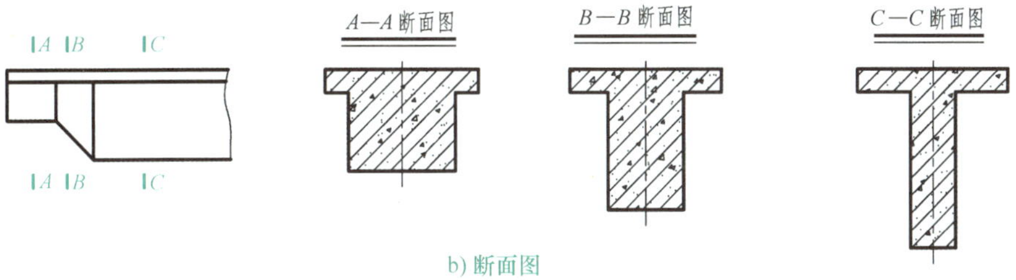

b) 断面图

图 7-16　移出断面图

（彩图）

（三维模型）

（二）重合断面图

直接将断面图按形成左侧投影或水平投影的旋转方向重合画在基本投影图轮廓内，称为重合断面图，如图 7-17 所示为槽钢、工字钢、角钢的重合断面图。

重合断面图的比例应与基本视图一致，其断面轮廓线规定用细实线，并不加任何标注。

（三）中断断面图

把长杆件的投影图断开，把断面图画在中间，这样的断面图称为中断断面图，如图 7-18 所示。

中断断面图适合于表达较长而只有单一断面的杆件及型钢。如图 7-19 所示为钢桥中的型钢杆件。

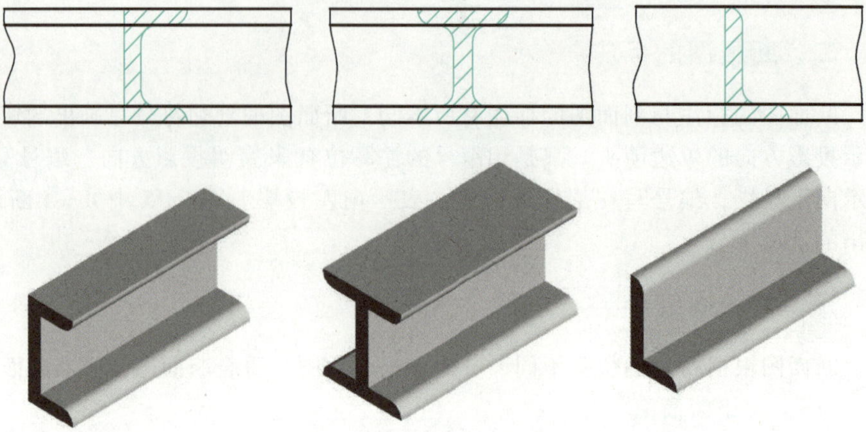

（彩图）

a) 槽钢 b) 工字钢 c) 角钢

图 7-17 型钢的重合断面图

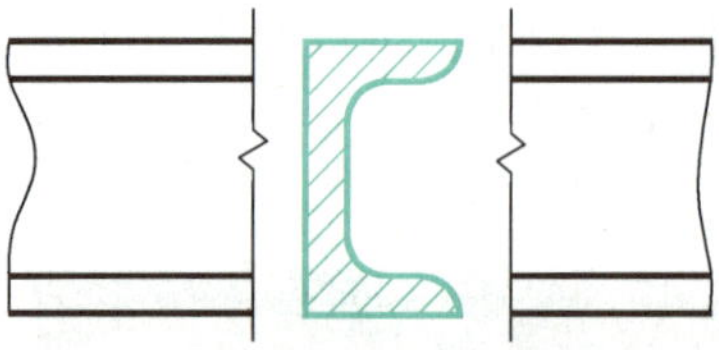

图 7-18 槽钢的中断断面图

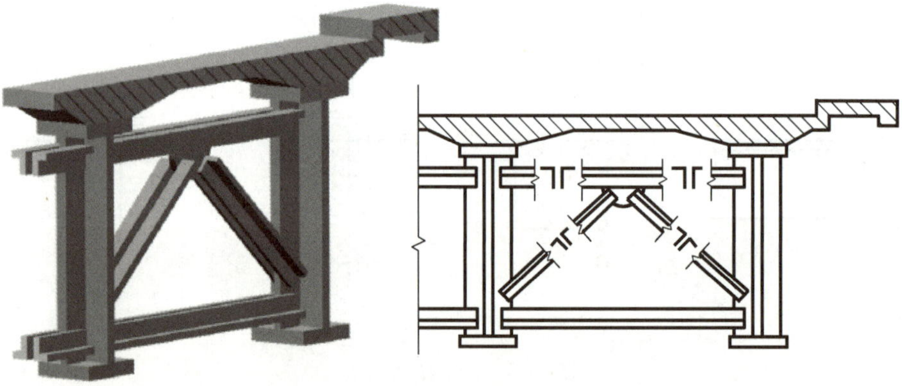

（彩图）

（三维模型）

a) 立体图 b) 中断断面图

图 7-19 钢桥型钢杆件中断断面图

中断断面图不需标注，断面轮廓线为粗实线，而且比例与基本视图一致。

任务实施

在指定位置绘制桥墩盖梁的 *A*—*A* 半剖面图、*B*—*B* 断面图，并在 *C*—*C* 处绘制其重合断面图。

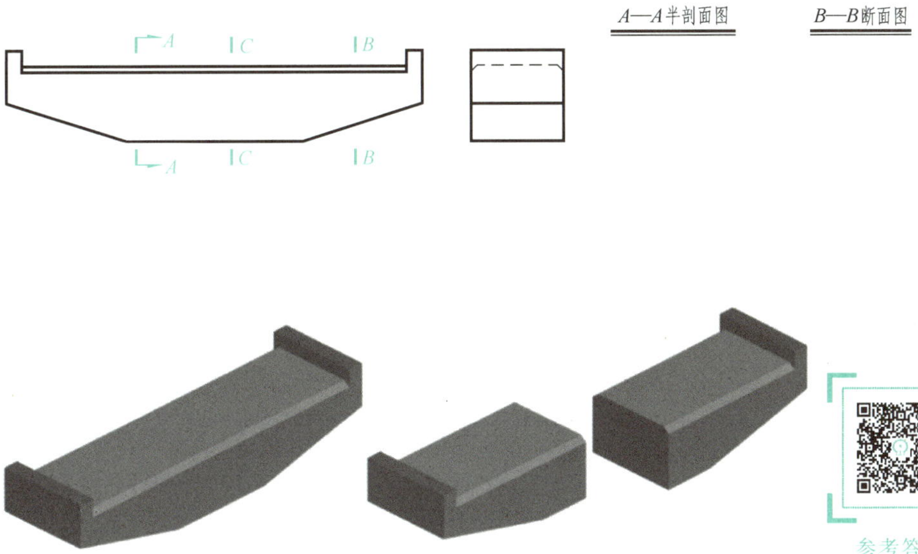

参考答案

图 7-20　绘制桥墩盖梁的断面图

任务三　识读道路工程构件的构造图

技能要点

识读道路桥梁构件构造图，分析道路工程图中的规定画法和习惯画法，并对相关内容熟练掌握。

任务学习

下面我们结合道路工程实例的剖面图、断面图，分析道路工程图中的规定画法和习惯画法。

［例 7-1］　读图 7-21 所示的钢筋混凝土 T 梁的投影图。

立面图由于左右对称，只画出一半。这是道路工程图中的规定画法。

道路工程图中的规定画法（一）：对称图形可采用绘制一半或 1/4 图形的方法表示，在图形的图名前，应标注“1/2”“1/4”或“半”等字样，在对称中心线上要绘制对称符号，对称符号应由两条平行的细实线组成。

2—2 断面图、3—3 断面图以对称中心线为界分别画出两个不同的 1/2 断面图。这是道路工程图中的规定画法。

道路工程图中的规定画法（二）：可以以对称中心线为界，一半画一般构造图，另一半画断面图；也可以分别画两个不同的 1/2 断面。

1—1 断面图剖切到横隔板，剖切平面通过横隔板（薄板）的纵向对称中心平面，但在断面图上横隔板没画剖面线，当不剖切处理。这是道路工程图中的规定画法。

道路工程图中的规定画法（三）：薄板、圆柱等构件，如梁的横隔板、桩、柱、轴等，凡剖切平面通过其对称中心面或轴线时，均当不剖切处理。

2—2 断面图、3—3 断面图虽然画的是断面图，但为了清楚地表达横隔板与主梁的相互关系，在断面图上画出了距截面较近的横隔板的投影。这是道路工程图中的习惯画法。

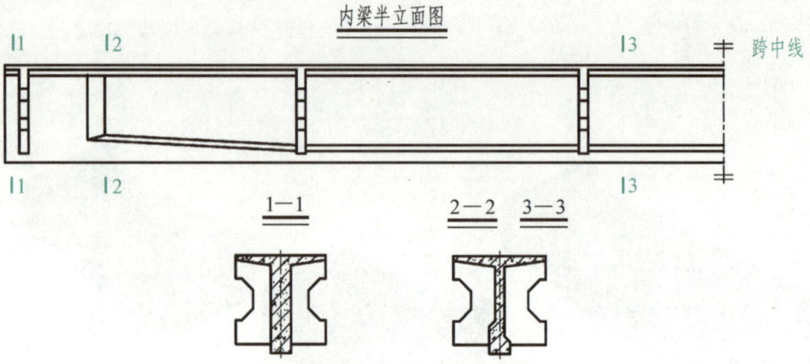

a)

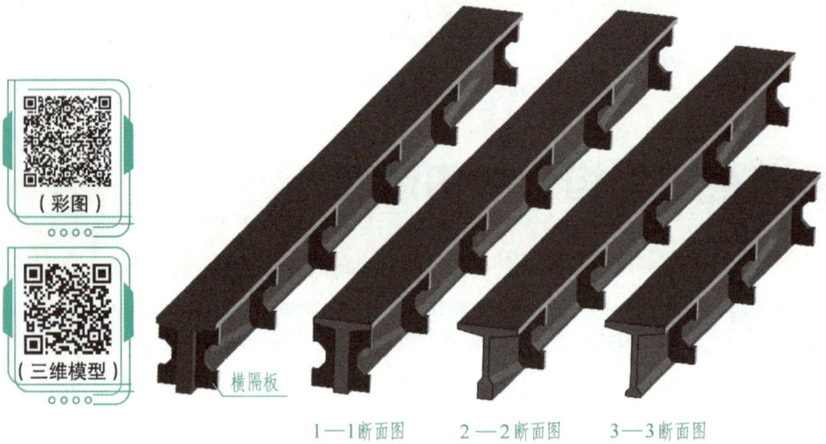

b)

图 7-21 T 梁的投影图

道路工程图中的习惯画法：在道路工程图中可根据需要取舍截断面以后可见部分，一般情况下画近不画远。

*［例 7-2］ 读图 7-22 所示的预制 T 梁的投影图。

本图由立面图和三个移出剖面图来表达 T 梁，各断面图整齐排列在投影图之外，使梁截面变化情况得到了清楚的表达。

由立面图的标注可以看出，该梁由预制主梁和现浇横隔板、现浇桥面板组成。该梁是将预制 T 形主梁安装后，再浇筑桥面板和横隔板。由立面图可以看出现浇横隔板的厚度及横隔板之间的间距，而且可以看出主梁中部与两端截面是不相同的（主梁端部虚线以外的部分是现浇连续接头。桥墩两侧主梁安装后，现浇连续接头段将桥墩两侧主梁连接在一起）。

由每一个断面图两侧的折断线可以看出，整个桥面板是连在一起的，横隔板和相邻梁的横隔板是连在一起的。

由跨中的Ⅰ—Ⅰ断面图可以看出，T 梁的跨中的腹板部较薄，马蹄部分较小。Ⅰ—Ⅰ断

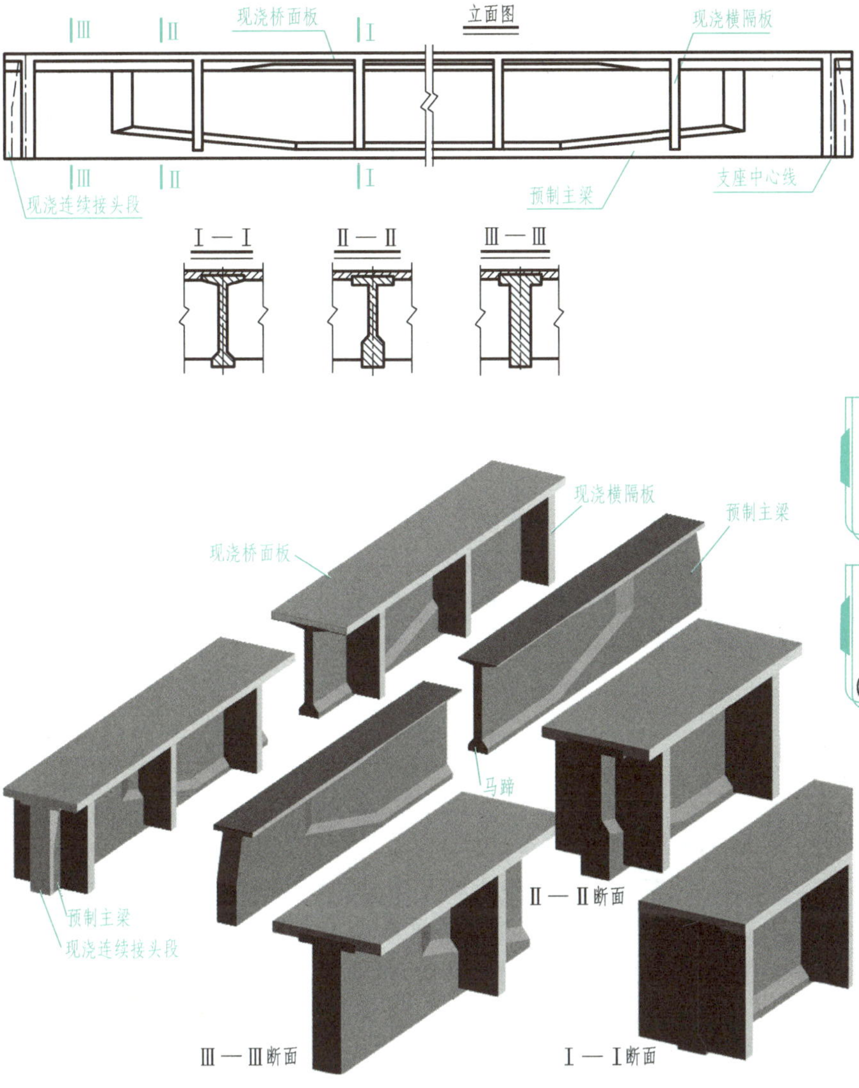

图 7-22 预制 T 梁的投影图

面剖切到横隔板，剖切平面通过横隔板（薄板）的纵向对称中心平面，此时横隔板不画剖面线，当不剖切处理。这是道路工程图中的规定画法。

由接近梁端的Ⅱ—Ⅱ断面图可以看出，此处腹板部仍然较薄，但马蹄部分逐渐变高。

由梁端的Ⅲ—Ⅲ断面图可知，此处腹板厚度与马蹄厚度相同。

Ⅱ—Ⅱ断面图、Ⅲ—Ⅲ断面图虽然画的是断面图，但为了清楚地表达横隔板与主梁的相互关系，在断面图上画出了距截面较近的横隔板的投影。这是道路工程图中的习惯画法。

[例 7-3] 读图 7-23 所示的重力式桥台的投影图。

立面图采用全剖面图，由于台身由混凝土浇筑而成，而基础及台帽由钢筋混凝土浇筑而成，剖面图中画出了材料图例。由于材料不同，在台身与基础、台身与台帽断面之间都画出分界线。这是道路工程图中的规定画法。

道路工程图中的规定画法（四）：在工程图中为了表示构造物不同的材料，如不同强度等级的混凝土或砂浆等，在同一断面上应画出材料分界线，并注明材料符号或文字说明。

侧面图由台前和台后两个方向的视图各取一半拼成，这是常见的表达方法。由于桥台宽度方向尺寸较大，所以采用了折断的画法。这是道路工程图中的规定画法。

道路工程图中的规定画法（五）：当图形较长且沿长度方向截面不发生变化时，可用波浪线或折断线简化表示，越过省略部分的尺寸线不能中断，并应标注实际尺寸。

（彩图）

（三维模型）

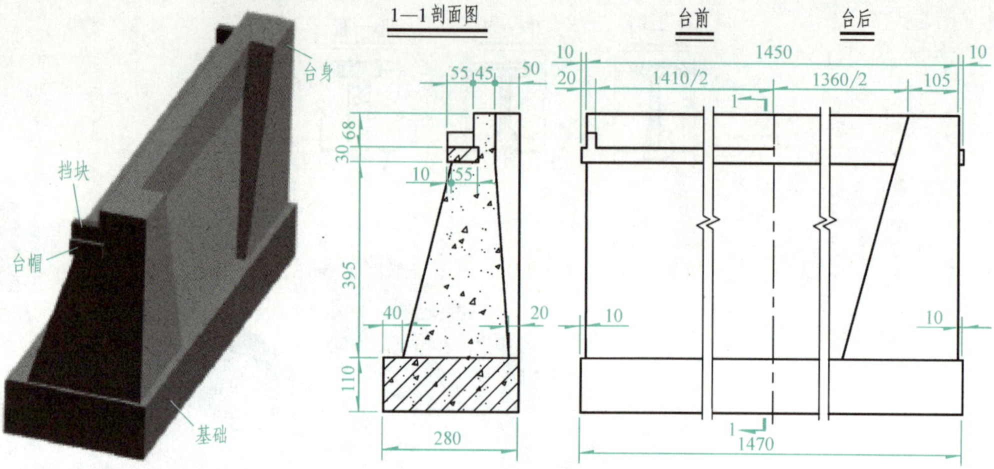

a) b)

图 7-23 重力式桥台的投影图

［例 7-4］ 读图 7-24 所示的泄水管安装图。

图 7-24 所示的泄水管安装图，由水平投影和 *A*—*A* 断面图表达。由于桥面铺装、空心板、防撞栏等相对于泄水管是很大的，且只需要表达泄水管与桥面铺装、空心板、防撞栏等的相对位置，所以水平投影和 *A*—*A* 断面图都采用了折断画法。这是道路工程图中的规定画法。

道路工程图中的规定画法（六）：当图形较大时，可用折断线或波浪线勾出图形表示的范围。

A—*A* 断面图的剖切平面通过泄水管中心线，剖切到桥面铺装、空心板、防撞栏，图中泄水管、桥面铺装的现浇混凝土层和沥青混凝土层的剖面图例都符合国标规定；而空心板、防撞栏的断面省略了剖面图例；水泥密封防水层因厚度很小，所以将其断面涂黑。这是道路工程图中的规定画法。

道路工程图中的规定画法（七）：两个或两个以上的相邻断面可画成不同倾斜方向或不同间隔的阴影线代替不同的材料图例。在满足图形表达清楚的前提下，断面也可不画阴影线。对于图样上实际宽度小于 2mm 的狭小面积的剖面，允许将全部面积涂黑。

［例 7-5］ 读图 7-25 所示的路堤挡土墙设计图。

在道路工程图中移出断面图得到了广泛的应用，如图 7-25a 所示挡土墙，挡土墙沿道路长度方向分布，其截面形状和尺寸都在变化，用三面投影图很难表达清楚，所以挡土墙设计图主要由平面图、立面图和一系列不同位置的断面图来表达，且其断面图以里程桩号进行标注，这样便于判断其位置，如图 7-25b 所示。

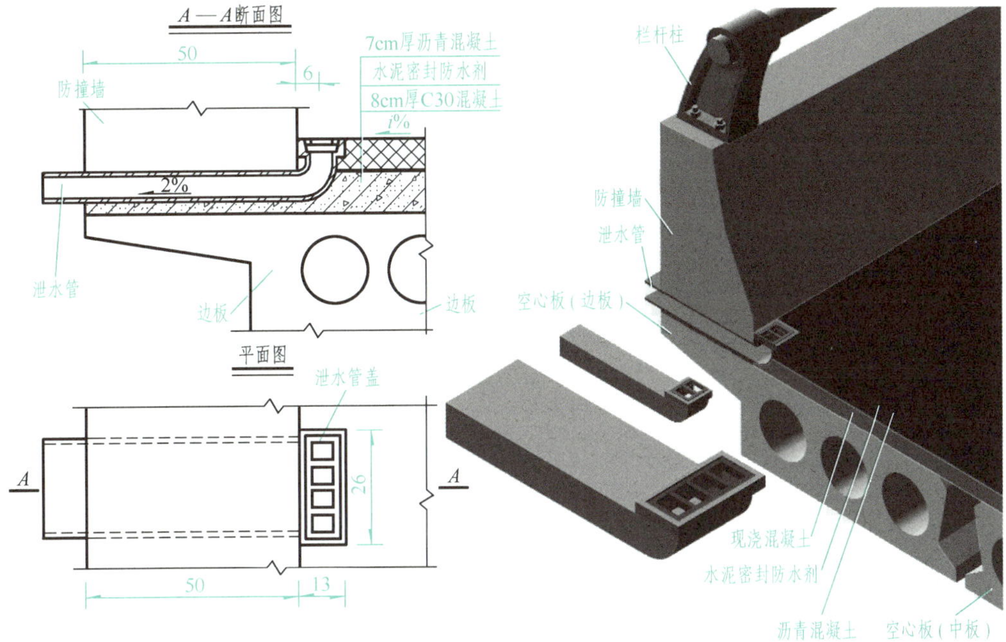

（彩图）

（三维模型）

图 7-24　泄水管安装图

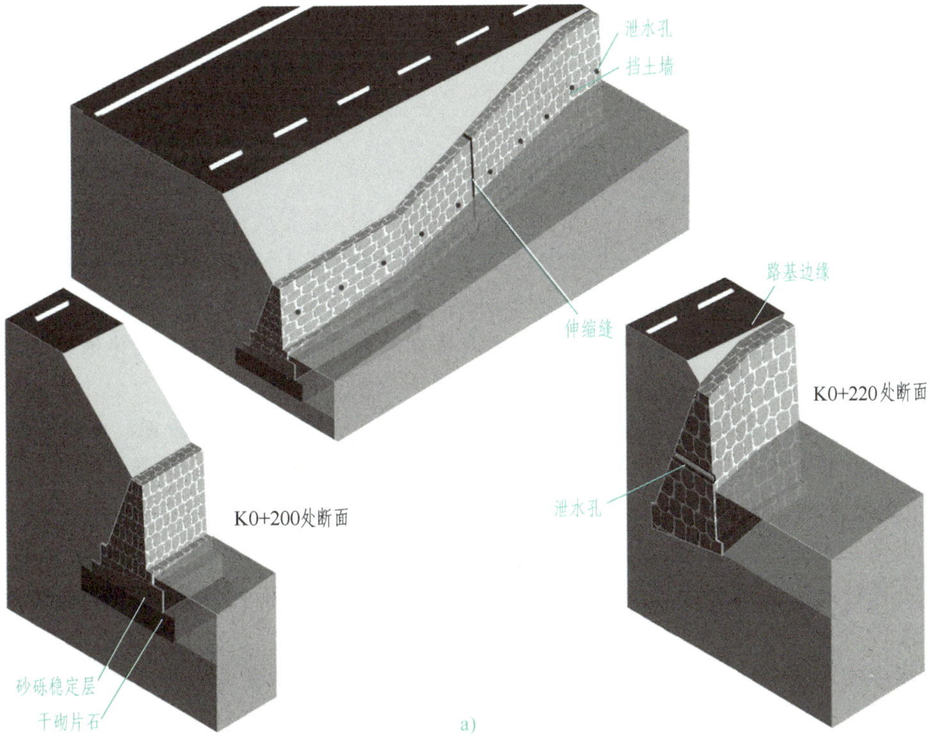

（彩图）

图 7-25　路堤挡土墙设计图

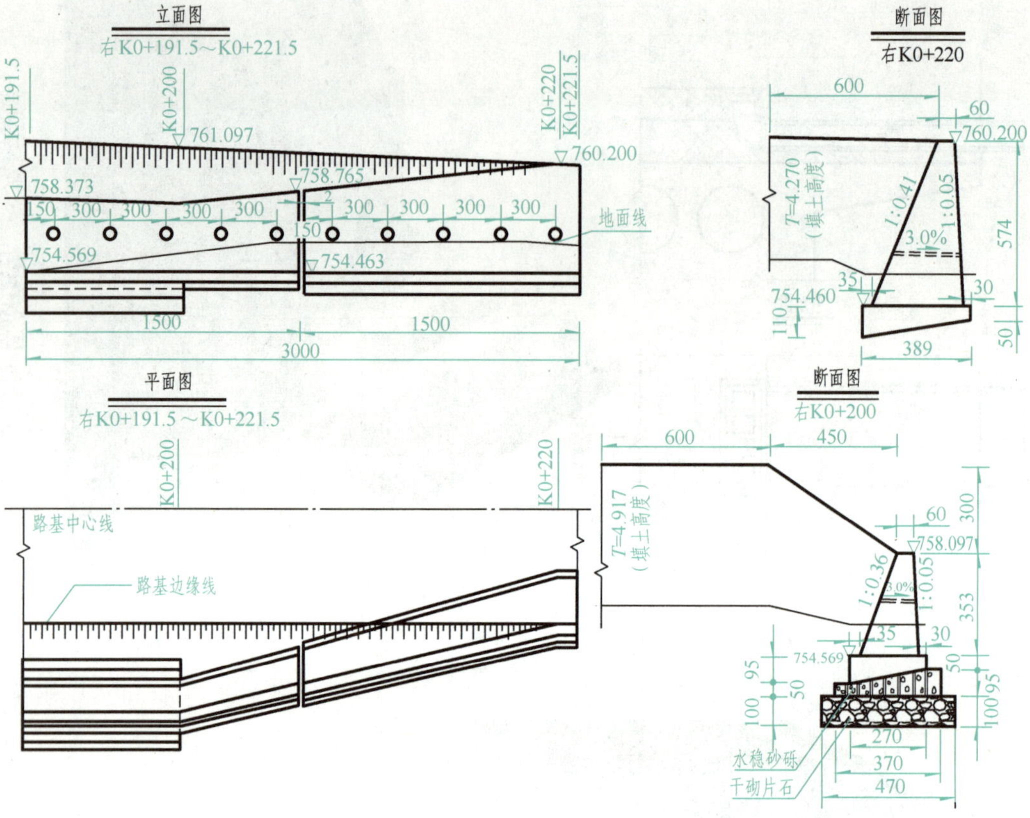

b)

图 7-25 路堤挡土墙设计图（续）

图 7-25 所示是某道路 K0+191.5～K0+221.5 段路堤右侧的挡土墙，图中挡土墙每个桩号处断面形状虽然大致相同，但其断面尺寸及标高各不相同，需要分别表达。

从立面图上可以看出每一段挡土墙两端墙顶面及基础顶面的标高，泄水孔及伸缩缝的布置情况。从平面图上可以分析挡土墙沿道路长度方向的平面布置情况。

而每一段的断面形状、详细尺寸及材料要结合断面图进行分析。由立面图、平面图及 K0+200 处的断面图可以看出，在 K0+191.5～K0+200 段，对挡土墙地基进行了处理，其基底上部 50cm 用水稳砂砾，下部用干砌片石进行了处理。由立面图、平面图及 K0+220 处的断面图可以看出，在 K0+200～K0+221.5 段地基没有处理。

在此挡土墙设计图中，挡土墙被路堤和土体遮挡的部分画成实线，此时将土体和路堤看成透明体。这是道路工程图中的习惯画法。

道路工程图中的习惯画法：当土体或锥坡遮挡视线时，可将土体看成透明体，使被土体遮挡部分成为可见体，以实线表示。

［例 7-6］ 读图 7-26 所示的锥形护坡的重合断面图（请同学自己读图）。

图 7-26 所示为桥台锥坡的构造图，由立面图、平面图组成。立面图采用重合断面图表达，上部锥坡部分的厚度较薄，断面图采用了简化的画法，用引出线标明材料及厚度，下部

基础的断面图只在局部画出材料图例。这是道路工程图中的规定画法。

道路工程图中的规定画法（八）：较大面积的断面符号可以简化，可只在其断面轮廓的边沿画出断面符号。

道路工程图中的规定画法（九）：边坡和锥坡用长短交替的细实线表示，长短线引出端即平齐端为边坡和锥坡的高端。坡度用比例标注，如图 7-25、图 7-26 所示。

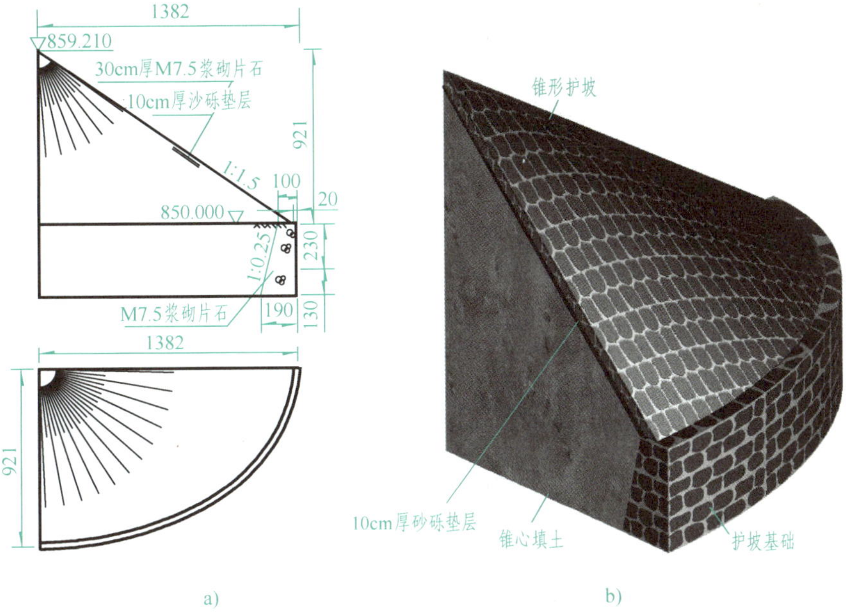

（彩图）

（三维模型）

图 7-26　锥形护坡的重合断面图

[例 7-7]　读图 7-27 所示桥梁栏杆的断面图（请同学自己读图）。

注意：在Ⅰ—Ⅰ断面图、Ⅱ—Ⅱ断面图上都画出了距剖切平面较近的没被剖切到的轮廓线。

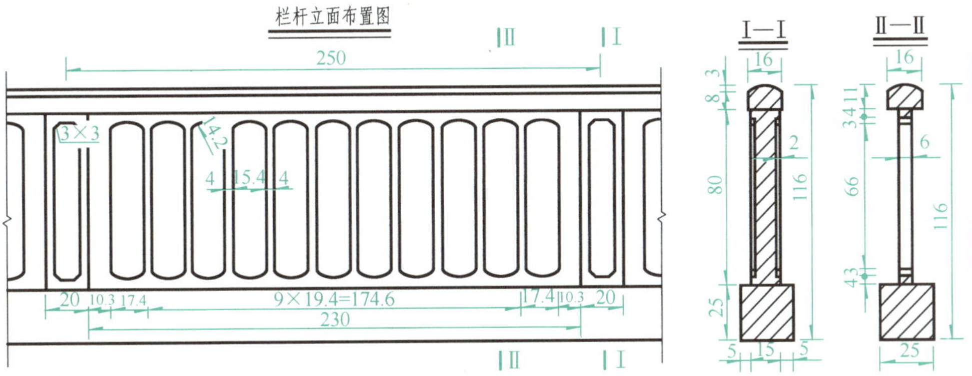

（彩图）

（三维模型）

图 7-27　桥梁栏杆的断面图

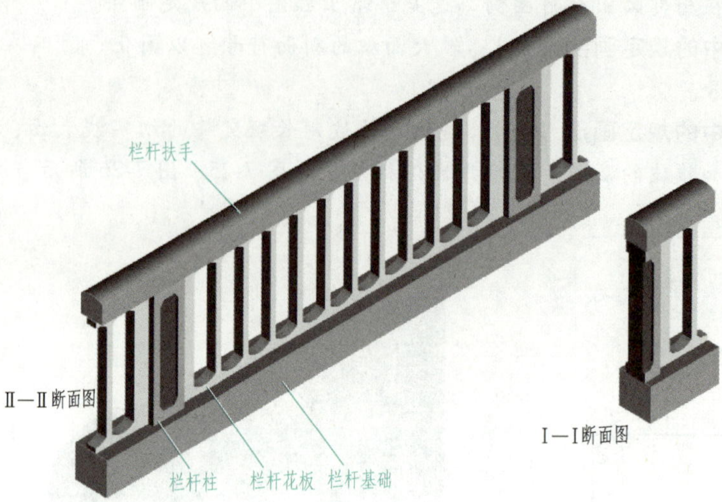

图 7-27 桥梁栏杆的断面图（续）

任务实施

1. 根据图 7-28 给出的尺寸，选择合适的比例和表达方法，绘制涵洞盖板的构造图。提示：

1）立面图既可以画成半剖面图，也可以画成局部剖面图。

2）侧面图可以画成视图、全剖面图、半剖面图、局部剖面图。

3）立面图、侧面图表达清楚的情况下，平面图也可以省略。

画涵洞盖板的构造图

图 7-28 涵洞盖板的构造图

2. 如图 7-29 所示，综合应用投影图、剖面图、断面图及规定画法等知识，设计更合理、更简单的表达方案，绘制桥台构造图（台帽为钢筋混凝土，台身为混凝土，基础为浆砌片石）。

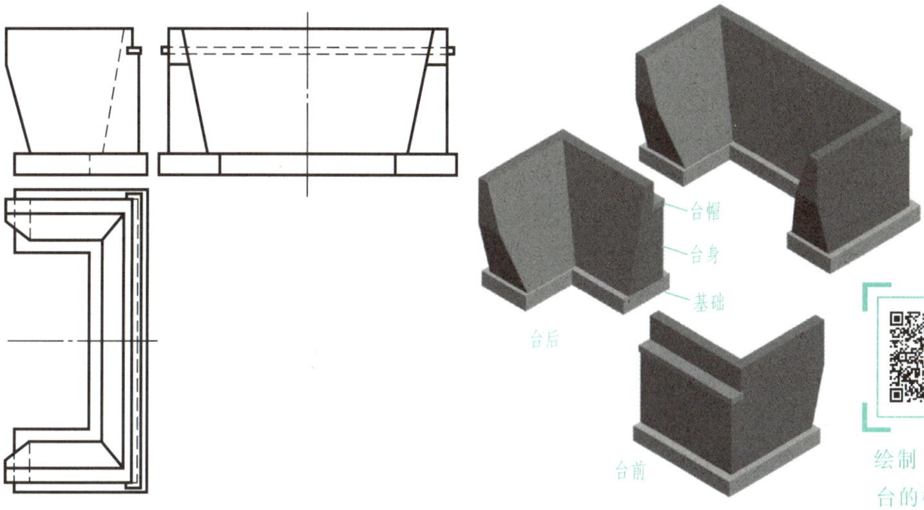

绘制 U 形桥台的构造图

图 7-29　绘制桥台的构造图

素质拓展

干海子特大桥——螺旋形特大桥

在雅西高速公路上的四川省雅安段，有一座云雾笼罩的螺旋形特大桥——干海子特大桥，它依山势而建，穿云破雾，还绕过了两个 360° 的大回旋，看起来像是过山车的轨道一般。

干海子特大桥全长 1811m，设计宽度 24.5m，共 36 跨，桥墩最高达 110m。与相连的干海子螺旋隧道一起，是雅西高速公路的控制性工程，也是世上罕见的螺旋形桥隧工程。它是当时世界上最长的钢管混凝土桁架梁桥，同时也是桥梁建设中难度最高的弯桥。它的结构设计与施工技艺创造了四项世界第一。干海子特大桥全桥广泛采用钢结构，就连大桥两侧的防撞护栏也采用了竖直钢结构和横向钢梁，既通透减小风阻，又能保护车辆。

干海子特大桥——螺旋形特大桥

干海子特大桥从上到下科技感十足。雅安位于地中海—喜马拉雅火山地震带上。这里地震灾害频发，而且震源深度往往很浅，这意味着即使是一个震级不高的地震也能产生极高的地震烈度，进而造成极大的破坏。因此，在该地区修桥最要紧的问题就是抗震。因此，干海子特大桥的桥墩采用的不是通用的混凝土桥墩，而是空管钢架桥墩，具有足够的韧性来对抗地震的能量传递。

复习思考题

1. 剖面图中剖切位置一般用剖切符号表示，剖切符号用（　　）线。

2. 在剖切符号两端，用（　　）（与剖切符号垂直）表示投影方向。

3. 在剖切符号和（　　）一侧用一对大写英文字母或阿拉伯数字来表示剖面图名称。

4. 在剖面图名称的字样（　　）部画上（　　）粗（　　）细两条等长平行的短线。

5. 图形对称，内、外形状都比较复杂且都需要表达时，应采用（　　）剖面图。

6. 半剖面图中，半投影图与半剖面图的分界线为（　　）线。

7. 半投影图，若作为分界线的点划线刚好与轮廓线重合，则（　　）采用半剖面图，可采用（　　）剖面图。

8. 局部剖面图用（　　）线来表示剖切的范围。

9. 当物体上有孔眼、凹槽等局部形状需要表达时，可以采用（　　）剖面图。

*项目八 识读与绘制标高投影图

学习目标

项目载体	标高投影图
知识目标	1. 掌握点的标高投影表示法 2. 掌握直线的两种表示法，掌握直线的坡度和平距的定义 3. 掌握平面标高投影的几种表示方法 4. 熟记并掌握圆锥面的标高投影特性，能绘制圆锥面的标高投影 5. 熟记并掌握地形面上等高线的特性以及典型地貌在地形图上的特征
能力目标	1. 能绘制坡脚线（开挖线）、坡面交线 2. 能绘制地形断面图
素质目标	了解地形图在道路路线平面图中的应用，养成自觉联系工程实际的习惯

标高投影法，就是在物体的水平投影图上加注某些特征点、线、面的高程数值和比例来表示空间物体的方法。

任务一 识读与绘制点的标高投影

技能要点

1）理解点的标高投影概念。

2）理解标高比例尺的作用。

任务学习

在标高投影中，水平投影面 H 称为基准面，标高就是空间点到基准面 H 的距离。一般规定：H 面的标高为零，H 面上方的点标高为正值；下方的点标高为负值。

点的标高投影，是作出点在基准面 H 上的投影，然后在其投影右下角标出该点的标高。

如图 8-1a 所示，设空间有三点 A、B、C，A 点在 H 面上方 5m，B 点在 H 面上，C 点在 H 面下方 4m，作出它们在基准面 H 上的投影 a、b、c，并在其右下角标注各点的标高 5m、0m、-4m，即得各点的标高投影，如图 8-1b 所示。

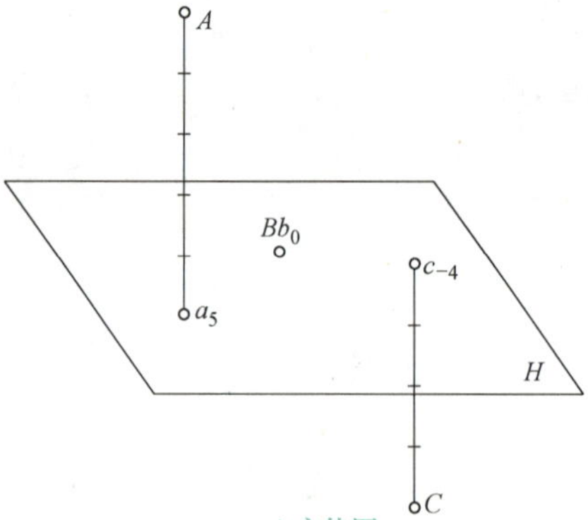

a) 立体图

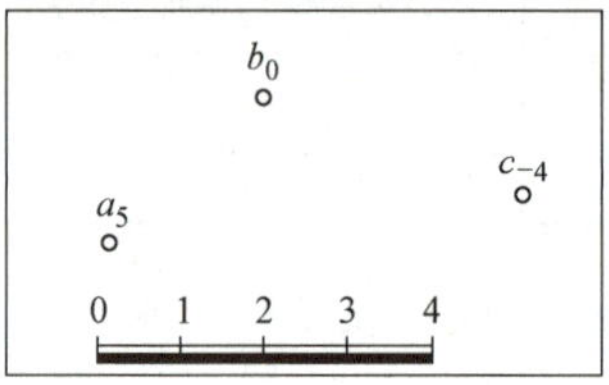

b) 投影图

图 8-1 点的标高投影

在标高投影图上必须标明比例或附有比例尺，否则就无法根据投影图来确定点在空间的位置。其长度单位，如图中没有注明，则以 m 计。根据一点的标高投影，则可确定该点在空间的位置。如图 8-1 所示，如由 a_5 作垂直于 H 面的投射线，向上量 5m，即得 A 点。

任务二 识读与绘制直线的标高投影

技能要点

1）理解直线的两种表示方法。

2）理解直线的坡度和平距的概念及相互关系。

3）了解直线实长的求解方法。

4）能确定直线上的整数标高点。

任务学习

一、直线的表示法

直线的位置可由直线上的两个点或直线上一点及该直线的方向来确定，因此，在标高投影中，直线的表示法有两种：

1）直线的水平投影并加注直线上任意两点的标高。如图 8-2a 所示，直线 AB、CD 和 EF，它们的标高投影分别为 a_3b_5、$c_8(d_2)$ 和 e_4f_4。

2）直线上一点的标高投影并加注直线的坡度和方向。如图 8-2b 所示，直线上一点 M 的标高投影为 m_3，直线的方向用箭头表示，箭头指向下坡，坡度为 2∶3。

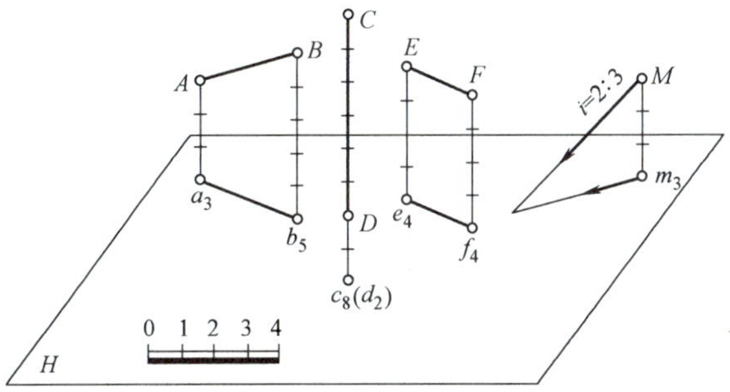

a) 立体图

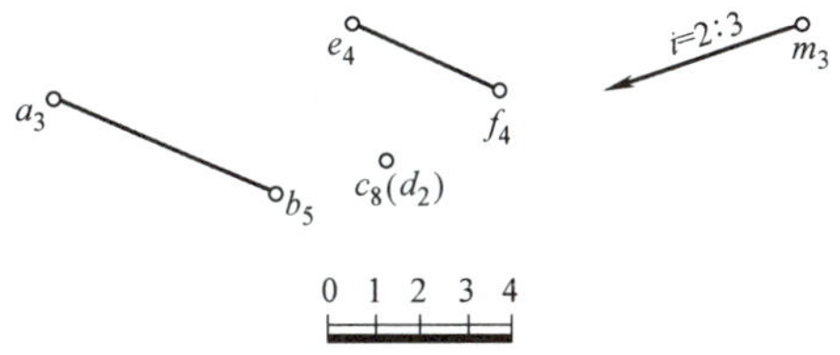

b) 投影图

图 8-2　直线的标高投影

二、直线的坡度和平距

（1）坡度　直线上任意两点的高差与其水平距离（水平投影长度）之比称为直线的坡度，用符号 i 表示。

$$坡度(i)=\frac{高差(H)}{水平距离(L)}=\tan\alpha$$

上式表明两点间的水平距离为 1 个单位时，两点间的高差即为坡度。

（2）平距　直线上任意两点的水平距离与其高差之比称为直线的平距，用符号 l 表示。

$$平距(l)=\frac{水平距离(L)}{高差(H)}=\cot\alpha$$

当两点间的高差为 1 个单位时，两点间的水平距离即为平距。

由此可见，直线的坡度和平距互为倒数，即 $i=\frac{1}{l}$，平距越小，坡度越大；反之，平距越大，坡度越小。

[例 8-1] 求图 8-3 中所示直线 AB 的坡度和平距，并求出直线上点 C 的标高。

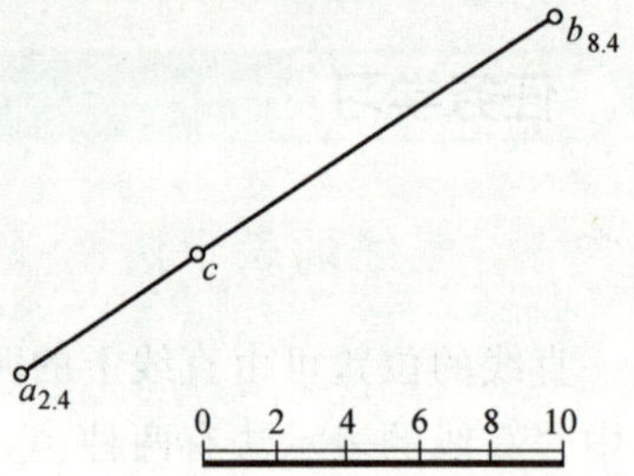

图 8-3 求直线的坡度、平距及点 C 标高

解：为求坡度和平距，先求出高差 H 和水平距离 L，然后用 $i=\frac{H}{L}$ 和 $l=\frac{1}{i}$ 来求得。

$H_{AB}=8.4\text{m}-2.4\text{m}=6.0\text{m}$

$L_{ab}=18.0\text{m}$（用所给比例尺量得）

则 $i=\frac{H_{AB}}{L_{ab}}=\frac{6.0\text{m}}{18.0\text{m}}=\frac{1}{3}$；$l=\frac{1}{i}=3$

又量得 $L_{ac}=6.0\text{m}$，由 $i=\frac{H_{AC}}{L_{ac}}$，得 $H_{AC}=L_{ac}\times i=6.0\text{m}\times\frac{1}{3}=2.0\text{m}$

故点 C 的标高为 $2.4\text{m}+2.0\text{m}=4.4\text{m}$

三、直线的实长和整数标高点

（一）直线的实长和倾角

在标高投影中求直线的实长，仍然可以采用正投影中的直角三角形法，如图 8-4 所示，以直线的标高投影作为直角三角形的一条直角边，以直线两端点的高差作为另一条直角边（用所给比例尺量得），斜边即为直线的实长。斜边和直线的标高投影的夹角即为直线对 H 面的倾角 α。

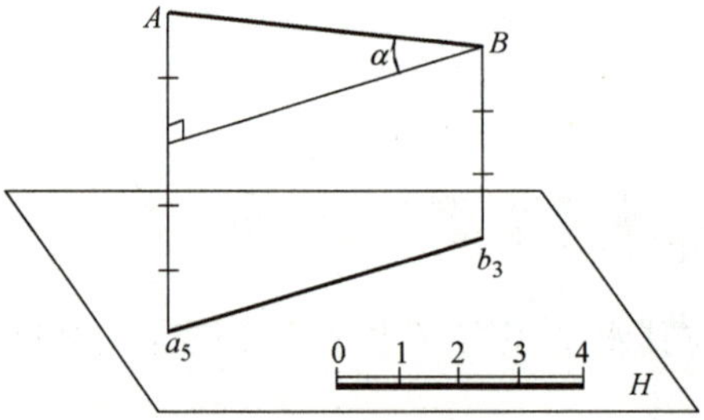

a) 立体图

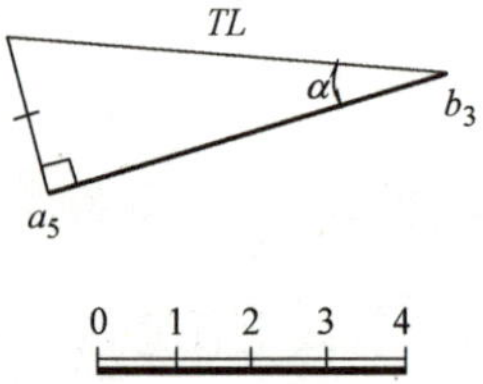

b) 投影图

图 8-4 求直线的实长和倾角

（二）直线上的整数标高点

在实际工作中，常遇到直线两端点的标高并非整数，需要在直线的标高投影上作出各整数标高点。解决这类问题，可利用定比分割原理作图。

[例 8-2] 如图 8-5a 所示，已知直线 AB 的标高投影 $a_{3.4}b_{6.7}$，求直线上各整数标高点。

分析：过直线 $a_{3.4}b_{6.7}$ 作一辅助铅垂面，在该面上按所给比例尺作出低于直线上最低点 $a_{3.4}$ 和高于最高点 $b_{6.7}$ 之间的若干条整数标高的水平线，即得高程为 4m、5m、6m 的等高

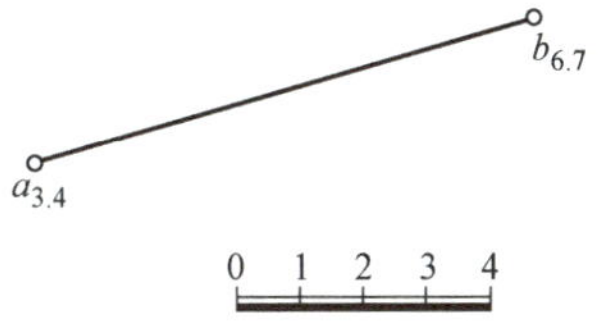

a) 已知条件

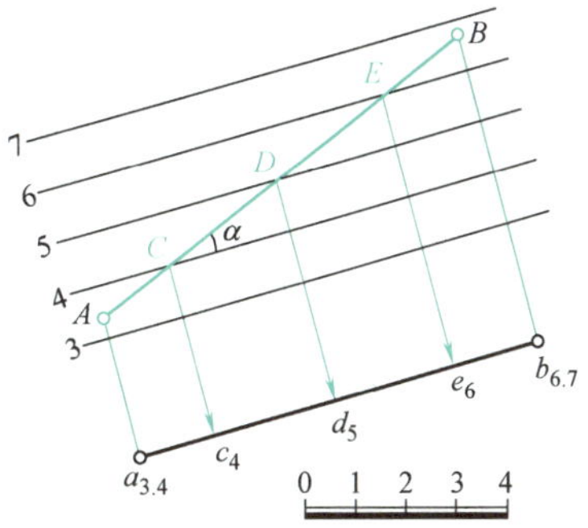

b) 作图结果

图 8-5 求直线上的整数标高点

线，根据 A、B 两点的标高在铅垂面上作出直线 AB，其与各整数标高的水平线交于 C、D、E 各点，然后将这些点投至直线的标高投影上，即得到 c_4、d_5、e_6 各整数标高点。此时 AB 反映直线实长，它与水平线的夹角反映直线对 H 面的倾角 α。

作图步骤：

1）平行于 $a_{3.4}b_{6.7}$ 作五条等距平行线，由下往上标高依次为 3m、4m、5m、6m、7m。

2）由直线标高投影两端点 $a_{3.4}$、$b_{6.7}$ 分别作直线垂直于 $a_{3.4}b_{6.7}$，在垂线上按其标高 3.4m 和 6.7m 分别定出 A、B 两点。

3）连接 A、B 两点，得其与平行线组的交点 C、D、E。

4）从 C、D、E 点作 $a_{3.4}b_{6.7}$ 的垂线交 $a_{3.4}b_{6.7}$ 于 c_4、d_5、e_6 点。c_4、d_5、e_6 即为整数标高点。

若平行线间的距离按比例采用单位长度，还可同时求出 AB 的实长及对 H 面的倾角 α，如图 8-5b 所示。

任务三 识读与绘制平面的标高投影

技能要点

1）理解平面上的等高线和坡度比例尺的含义。

2）理解平面上的等高线不同特性。

3）掌握等高线表示平面的方法，坡度比例尺表示平面的方法。

4）掌握平面上用一条等高线和平面的坡度表示平面的方法。

5）绘制坡脚线（或开挖线）、坡面交线及示坡线。

任务学习

一、平面上的等高线和坡度比例尺

（一）等高线

平面上的水平线称为平面上的等高线，如图 8-6a 所示。在实际应用中常取高差相等、标高为整数的等高线，并且把平面与基准面 H 的交线，作为高程为零的等高线。

平面上的等高线有以下特性：①等高线是直线；②等高线互相平行；③相邻等高线高差相等时，水平距离也相等。

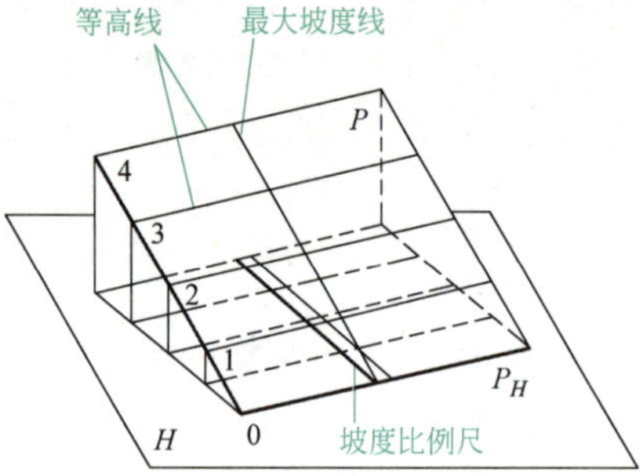

a) 立体图

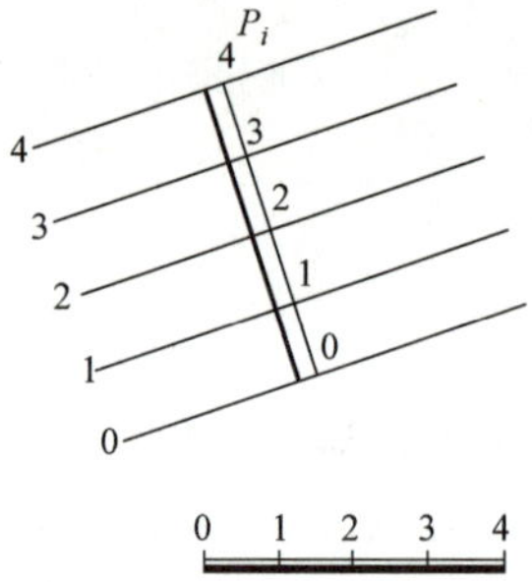

b) 投影图

图 8-6 平面上的等高线和坡度比例尺

（二）坡度比例尺

如图 8-6a 所示，平面上与水平线（等高线）垂直的直线称为平面上的最大坡度线。

最大坡度线对基准面 H 的倾角，即平面对基准面的倾角；最大坡度线的坡度就是该平面的坡度。

将平面上最大坡度线的投影附以整数标高，并画成一粗一细的双线，称为平面的坡度比例尺。如图 8-6 所示，P 平面的坡度比例尺用 P_i 表示。

由于最大坡度线垂直于平面上的等高线，根据直角投影原理，最大坡度线的投影，即坡度比例尺，与平面上的等高线的投影互相垂直。最大坡度线的平距就是等高线的平距，如图 8-6b 所示。

二、平面的表示法

在正投影中所介绍的用几何元素来表示平面的方法在标高投影中仍然适用。在标高投影中，平面常采用等高线表示法、坡度比例尺表示法、平面上的一条等高线和平面的坡度表示法、平面上的一条非等高线和平面的坡度与倾向表示法。

1. 等高线表示法

如图 8-7 所示，这种表示法实质上是两平行直线表示平面。在实际应用中，我们一般采用高差相等、标高为整数的一系列等高线来表示平面。

2. 坡度比例尺表示法

如图 8-8a 所示，这种表示法实质上就是最大坡度线表示法。坡度比例尺的位置和方向一经给定，平面的方向和位置也就随之确定。根据平面上等高线与坡度比例尺相互垂直的关系，过坡度比例尺上的各整数标高点作坡度比例尺的垂线，则可得平面上相应标高的等高线，反之亦然，如图 8-8b 所示。

坡度比例尺已知，则平面对基准面 H 的倾角可以利用直角三角形法求得。

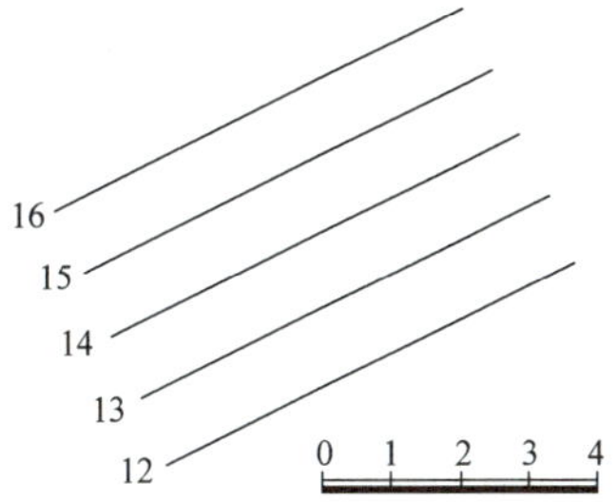

图 8-7　等高线表示平面

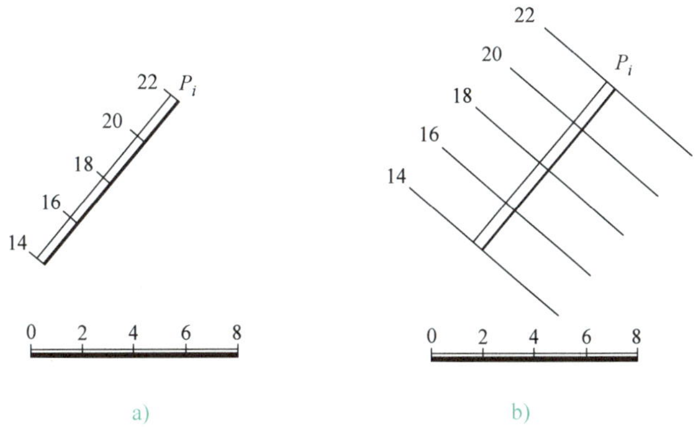

图 8-8　坡度比例尺表示平面

3. 平面上的一条等高线和平面的坡度表示法

如图 8-9a 所示，这种表示法实质上是等高线表示法和最大坡度线表示法的综合。知道平面上的一条等高线，就可定出最大坡度线的方向。由于平面的坡度已知，则平面的方向和位置就确定了。如果作平面上的等高线，可利用坡度求得等高线的平距，然后作已知等高线的垂线，在垂线上按图中所给比例尺截取平距，过各分点作已知等高线的平行线，即可作出平面上一系列等高线的标高投影，如图 8-9b 所示。

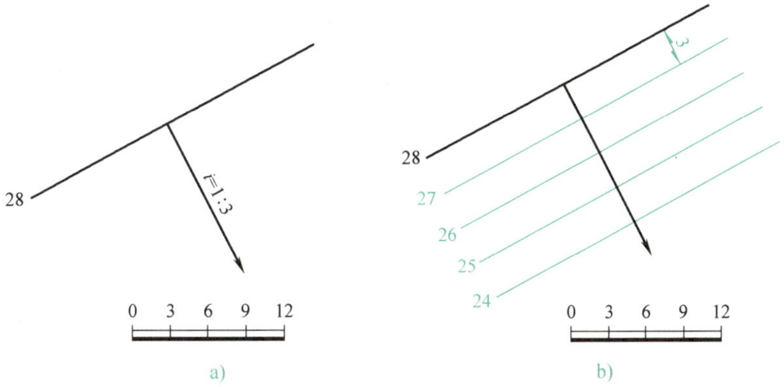

图 8-9　平面上一条等高线和平面的坡度表示平面

4. 平面上的一条非等高线和平面的坡度与倾向表示法

如图 8-10a 所示，但图中的箭头只是表明平面向直线的某一侧倾斜，并不表示坡度的方向，因此，将它用虚线表示。过一条直线可以作无数个平面，然而平面的坡度给定后，又指出了平面向某一侧倾斜，并要包含直线，则此平面的位置就可以确定。图 8-10b 表示平面上等高线的作法。过 a_5 有一条标高为 5m 的等高线，过 b_9 有一条标高为 9m 的等高线，这两条等高线之间的水平距离 $L=\frac{H}{i}=\frac{(9-5)\text{m}}{\frac{2}{3}}=4\text{m}\times\frac{3}{2}=6\text{m}$，以 b_9 为圆心，以 $R=6\text{m}$（按图中所给比例尺量得）为半径，在平面的倾斜方向画圆弧，再过 a_5 向圆弧作切线，就得到标高为 5m 的等高线，四等分 a_5b_9，可得到直线上标高为 6m、7m、8m 的点，过各分点作直线与标高为 5m 的等高线平行，即得平面上的等高线。

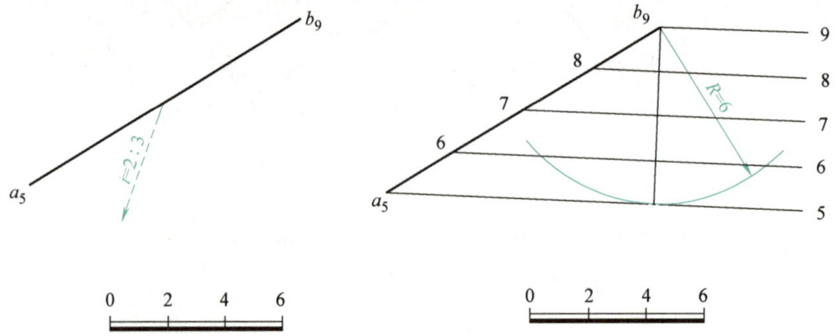

a)　　b)

图 8-10　平面上一条非等高线和平面的坡度与倾向表示平面

［例 8-3］　如图 8-11 所示，已知平面△ABC 的标高投影，求平面△ABC 上的等高线、最大坡度线及其对基准面 H 的倾角 α。

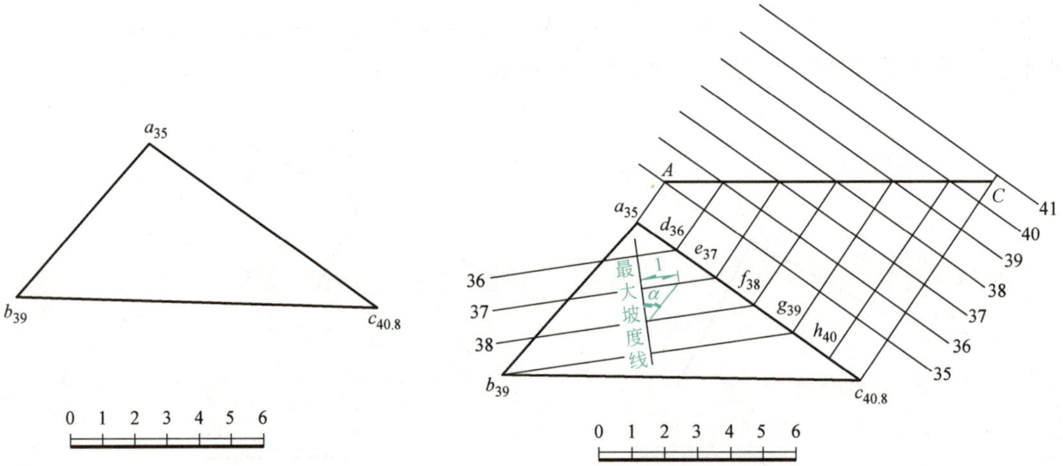

a) 已知条件　　b) 作图结果

图 8-11　求平面上的等高线和最大坡度线

分析：平面上的等高线是平面上标高相同的两点的连线。AC 直线的标高从 35 逐渐增加到 40.8，故其中必有一点与 B 点标高相同，求出该点，并与 B 连线即为平面上标高为 39 的一条等高线，其他等高线与之平行。平面上的最大坡度线与等高线垂直，平面对基准面的倾角即为最大坡度线的倾角。

作图步骤：

1）按直线上整数标高点的求法，求出直线 AC 上各整数标高点 d_{36}、e_{37}、f_{38}、g_{39}、h_{40}。

2）连接 b_{39}、g_{39}，即为平面上标高为 39 的一条等高线。

3）过其他各整数标高点分别作 $b_{39}g_{39}$ 的平行线，即得平面上一系列的等高线。

4）作平面上等高线的垂线，即得最大坡度线。

5）以最大坡度线（即等高线）的平距为一条直角边，以其高差为另一条直角边（按所给比例尺量得）作直角三角形，斜边与最大坡度线的夹角，即平面对基准面 H 的倾角 α。

6）将结果加深，完成作图。

三、两平面的相对位置

两平面在空间的相对位置可分为平行与相交两种情况。

（1）平行　如果两平面平行，则它们的坡度比例尺和等高线互相平行、平距相等、标高数字的增减方向一致，如图 8-12a 所示。

（2）相交　在标高投影中求两平面的交线，仍然利用辅助平面法在相交的两平面上求得两个共有点，两共有点的连线即为两平面的交线。通常采用整数标高的水平面作为辅助平面，水平辅助平面与两平面的截交线是两条标高相等的等高线，这两条等高线的交点就是两平面的共有点，分别求出两个共有点并相连即为两平面的交线，如图 8-12b 所示。

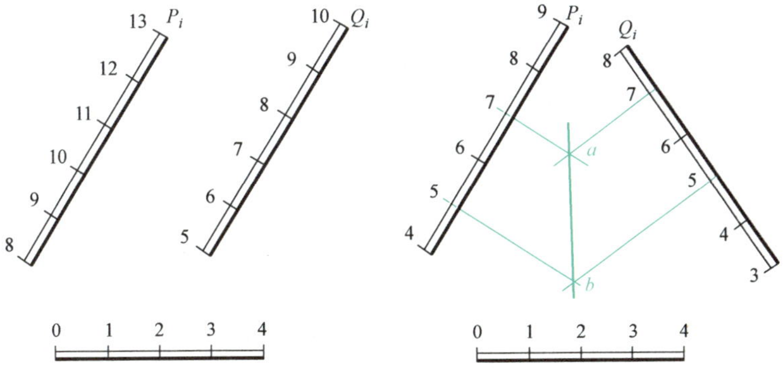

图 8-12　两平面的相对位置

［例 8-4］　如图 8-13 所示，求已知两平面的交线。

分析：两平面内相同标高的等高线的交点，即为两平面的共有点，两共有点的连线即为两平面的交线。

作图步骤：

1）在 Q 平面内作一条标高为 14m 的等高线，与 P 平面内标高为 14m 的等高线交于 a 点。

2）在 P 平面内作一条标高为 8m 的等高线，与 Q 平面内标高为 8m 的等高线交于 b 点。

3）连接 a、b 两点，即为所求。

4）将结果加深，完成作图。

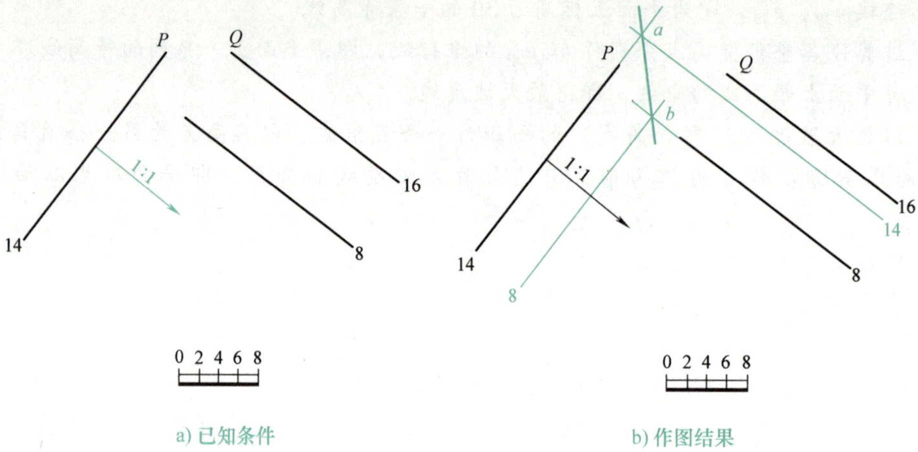

图 8-13 求两平面的交线

（3）坡脚线（或开挖线）、坡面交线及示坡线　在工程中，把建筑物相邻两坡面的交线称为坡面交线，坡面与地面的交线称为坡脚线（填方）或开挖线（挖方）。坡面倾斜情况可用示坡线表示，如图 8-14b 所示，图中长短相间的细实线叫示坡线，它与等高线垂直，用来表示坡面，并画在坡面高的一侧。

［例 8-5］　如图 8-14 所示，已知基坑底面标高为-3m，坑底的大小和各坡面的坡度如图所示，地面标高为 0，求基坑的开挖线和坡面交线。

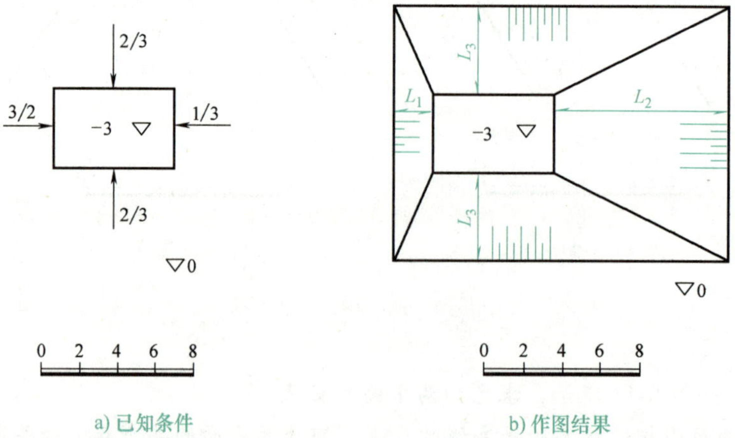

图 8-14 求基坑的标高投影

分析：地面为标高为 0 的水平面，因此开挖线实际上就是各坡面上标高为 0 的等高线；坡面交线就是相邻两坡面上标高相同的等高线的交点的连线。

作图步骤：

1）作出各坡面上标高为 0 的等高线，它们分别与坑底的相应底边线平行，水平距离分别为 $L_1=3\text{m}\times\frac{2}{3}=2\text{m}$，$L_2=3\text{m}\times3=9\text{m}$，$L_3=3\text{m}\times\frac{3}{2}=4.5\text{m}$。

2）连接坑底和坑顶的各对应顶点，即得各坡面交线。

3）将结果加深，画出坡面的示坡线，完成作图。

［例 8-6］　如图 8-15 所示，已知一路堤堤顶 $ABCD$，高度由 0 升到 3m，两侧及尽头坡面坡度如图所示，地面标高为 0，求路堤坡脚线和坡面交线。

分析：地面为标高为 0 的水平面，因此坡脚线实际上就是各坡面上标高为 0 的等高线；坡面交线就是相邻两坡面标高相同的等高线的交点的连线。

作图步骤：

1）作 a_3b_3 的平行线，并使两平行线间的水平距离为 $L_1=3\text{m}\times\frac{2}{3}=2\text{m}$，即为路堤尽头坡脚线。

2）分别以 a_3、b_3 为圆心，以 $L_2=3\text{m}\times1=3\text{m}$ 为半径画弧，再自 c_0 和 d_0 分别作两弧的切线，即为路堤两侧坡脚线。

3）三条坡脚线分别交于 m、n 两点，连接 ma_3、nb_3，即为各坡面交线。

4）将结果加深，画出各坡面的示坡线，完成作图。

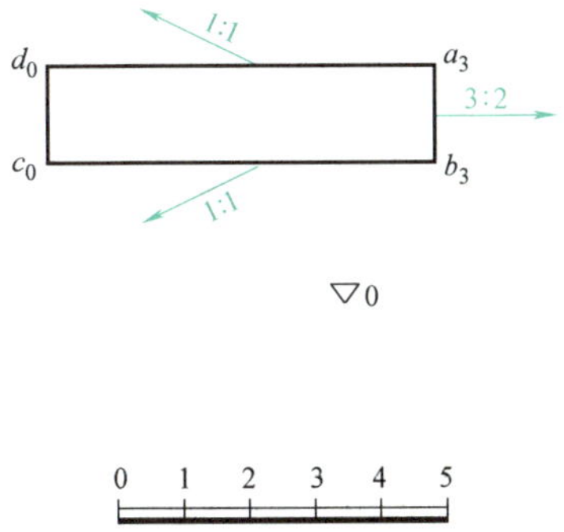

a) 已知条件

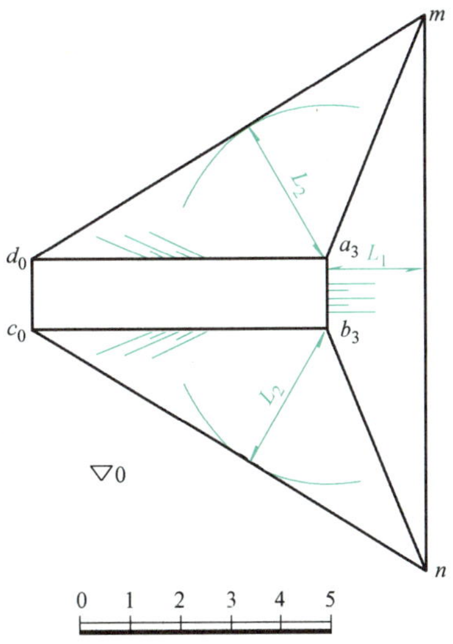

b) 作图结果

图 8-15　求路堤的标高投影

任务四 识读与绘制曲面的标高投影

技能要点

1）掌握圆锥面标高投影的表示方法及注意事项。
2）理解圆锥面的等高线的特性。
3）能绘制圆锥面与其他坡面的坡面交线。
4）理解同坡曲面的概念。
5）能绘制干道和引道的标高投影。
6）理解并熟记地形面上等高线的特性。
7）掌握典型地貌在地形图上的特征。

任务学习

在标高投影中，曲面是用一系列的等高线来表示的，即用一系列的水平面与曲面相截，画出这些截交线（等高线）的标高投影。

道路工程中常见的曲面有圆锥面、同坡曲面和地形面等。

一、圆锥面

如图 8-16 所示为一圆锥面，用一系列水平面和它相截，其截交线就是等高线，画出这些等高线的标高投影，即圆锥面的标高投影。由图可看出，这些等高线都是同心圆，当水平面高差相等时，等高线间的水平距离也相等。当锥面正立时，等高线越靠近圆心，其标高数字越大；当锥面倒立时，等高线越靠近圆心，其标高数字越小。需要注意的是：

1）必须注明锥顶高程，否则无法区分圆锥与圆台。
2）等高线在遇到标高数字时必须断开。
3）标高字头朝向高处以区分正圆锥与倒圆锥。
4）等高线的疏密反映了坡度的大小。等高线越密坡度越大。

［例 8-7］ 如图 8-17 所示，在堤坝与河岸的连接处，用圆锥面护坡，河底标高，堤坝、河岸、圆锥台顶面标高及各坡面坡度如图所示，求坡脚线和坡面交线。

分析：圆锥面坡脚线为圆弧，即圆锥面上标高为 -2m 的一条等高线；坡面交线为曲线段。

作图步骤：

（1）作坡脚线 河岸、堤坝、圆锥面护坡各坡面的水平距离分别为 $L_1=(8+2)\text{m}\times2=20\text{m}$，$L_2=(8+2)\text{m}\times1=10\text{m}$，$L_3=(8+2)\text{m}\times1.5=15\text{m}$。根据各坡面的水平距离，即可作出坡脚线。需注意的是，圆锥面的坡脚线是圆锥台顶圆的同心圆，其半径为锥台顶圆半径（R_1）与其水平距离（L_3）之和，即 $R=R_1+L_3$。

（2）作坡面交线 各坡面相同标高等高线的交点即坡面交线上的点，依次光滑连接各

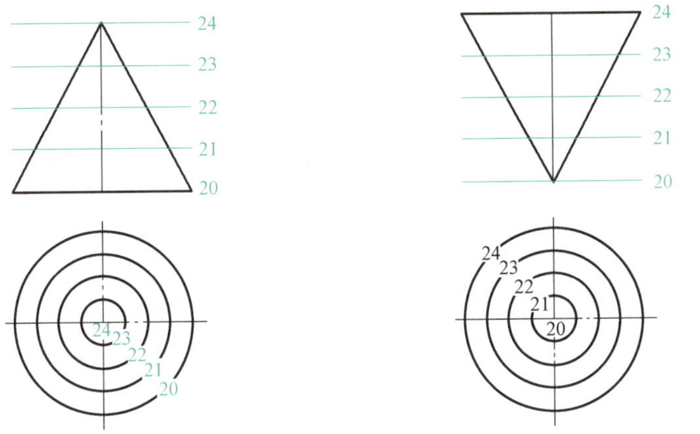

a) 正圆锥面　　b) 倒圆锥面

图 8-16　圆锥面的标高投影

点，即得坡面交线。

（3）将结果加深　画出各坡面的示坡线，完成作图。

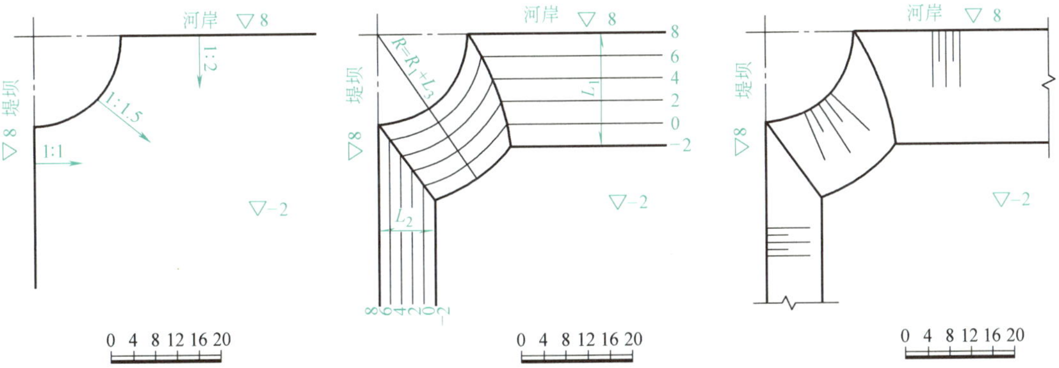

a) 已知条件　　b) 作图过程　　c) 作图结果

图 8-17　求堤坝、河岸、圆锥面护坡的标高投影

二、同坡曲面

各处的坡度都相等的曲面称为同坡曲面。

道路工程上常用到同坡曲面，如图 8-18a 所示，道路在弯道处的边坡，无论路面有无纵坡，均为同坡曲面。同坡曲面的形成如图 8-18b 所示，以一条空间曲线作导线，一个正圆锥的顶点沿此曲导线运动，当正圆锥的轴线方向不变时，所有正圆锥的包络曲面就是同坡曲面。

要作出同坡曲面上的等高线，应明确以下几点：

1）运动的正圆锥在任何位置都和同坡曲面相切。

2）同坡曲面的等高线与运动的正圆锥同标高的等高线相切。

3）运动的正圆锥与同坡曲面坡度相同。

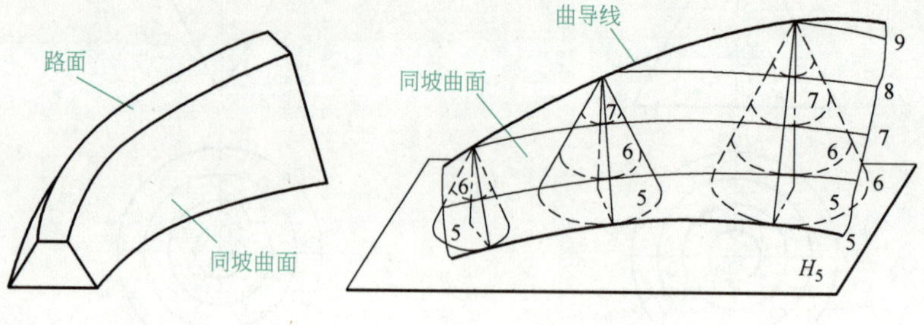

a) 立体图　　b) 形成示意图

图 8-18　同坡曲面

［例 8-8］　如图 8-19 所示为一圆弧斜坡干道与引道相接，干道顶面标高为 4m，地面标高为 0，引道由地面逐渐升高与干道相接，求坡脚线和坡面交线。

分析：引道两边的边坡就是同坡曲面，同坡曲面上标高为 0 的等高线就是引道的坡脚线；同坡曲面和干道边坡坡面上相同标高等高线的交点的连线就是坡面交线。

作图步骤：

1）算出边坡平距 $l=\frac{1}{1}\text{m}=1\text{m}$。

2）引道的两条路边线即为同坡曲面的导线，定出曲导线上的整数标高点 a_1、b_2、c_3、d_4。

3）以 a_1、b_2、c_3、d_4 为圆心，分别以 $R=1$、2、3、4 为半径画同心圆，即为各正圆锥的等高线。

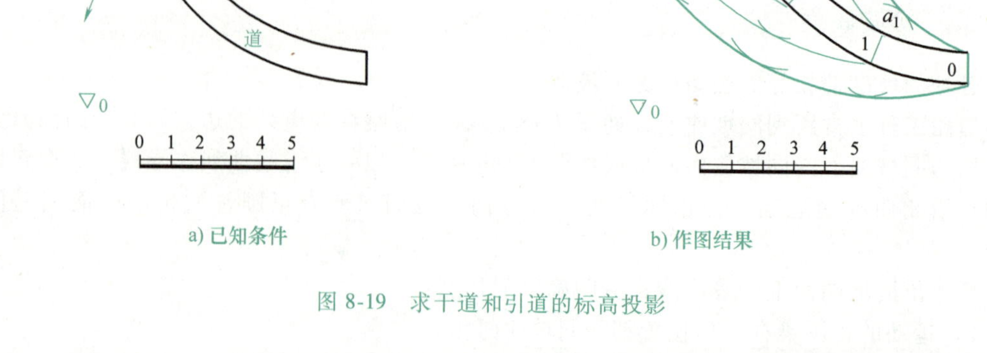

a) 已知条件　　b) 作图结果

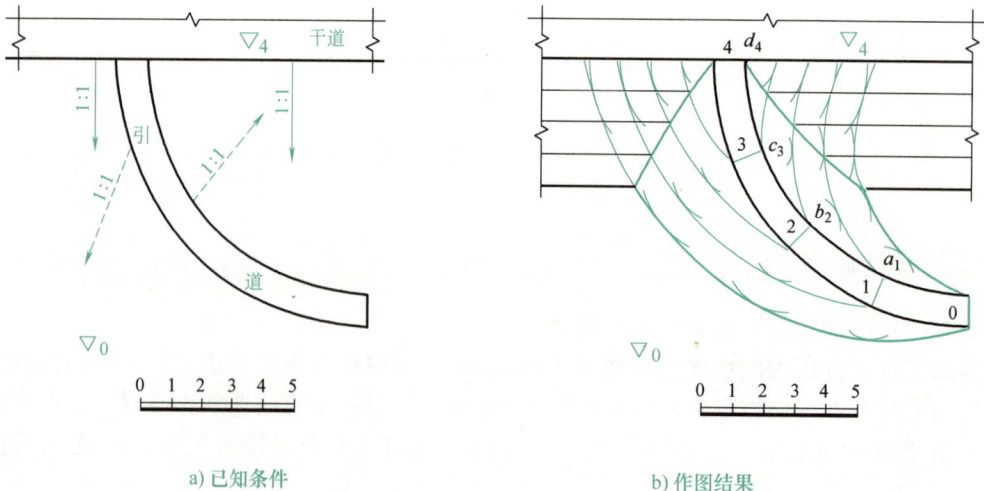

图 8-19　求干道和引道的标高投影

4）作正圆锥上相同标高等高线的公切曲线（包络线），即得同坡曲面上的等高线，标高为 0 的一条即为引道边坡的坡脚线。

5）同坡曲面与干道边坡坡面上相同标高的等高线两两相交，连接各交点即得两坡面交线。

6）将结果加深，完成作图。

三、地形面

地形面是不规则的曲面，用一系列高差相等的水平面来截地形面，所得的截交线是一系列不同标高的等高线，如图 8-20a 所示，画出这些等高线的标高投影即为地形面的标高投影图，也称为地形图，如图 8-20b 所示。需注意的是，在标注各等高线的数值时，字头要朝向地面的上坡方向。用这种方法表示地形面，能够清楚地反映地形的起伏变化以及坡向等。

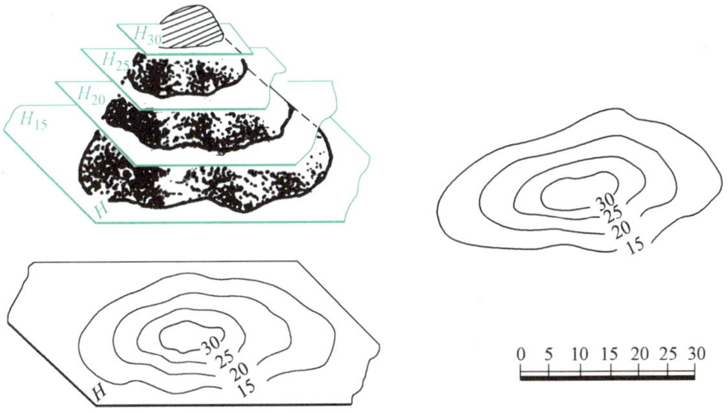

a) 立体图　　b) 投影图

图 8-20　地形面的标高投影

地形面上的等高线有以下特性：

1）等高线是不规则的曲线。

2）等高线一般是封闭曲线（在有限的图形范围内可不封闭）。

3）除悬崖、峭壁外，等高线不相交。

4）等高线的疏密反映地形的陡缓，即等高线愈密地势愈陡，反之等高线愈疏地势愈平坦。

在地形图中，一般每隔四条等高线有一条加粗等高线，加粗的等高线称为计曲线，不加粗的等高线称为首曲线。

为了便于看地形图，把典型地貌在地形图上的特征归纳如下：

（1）山丘　如图 8-21a 所示，等高线闭和圈由小到大高程依次递减，等高线亦随之渐稀，则对应地形是山丘。

（2）盆地　如图 8-21b 所示，等高线闭和圈由小到大高程依次递增，等高线亦随之渐稀，则对应地形是盆地。

（3）山脊　如图 8-21c 所示，等高线凸出方向指向低高程，则对应地形是山脊。

（4）山谷　如图 8-21d 所示，等高线凸出方向指向高处，则对应地形是山谷。

（5）鞍部　如图 8-21e 所示，相邻两峰之间，形状像马鞍的区域称为鞍部，在鞍部两侧的等高线形状接近对称。

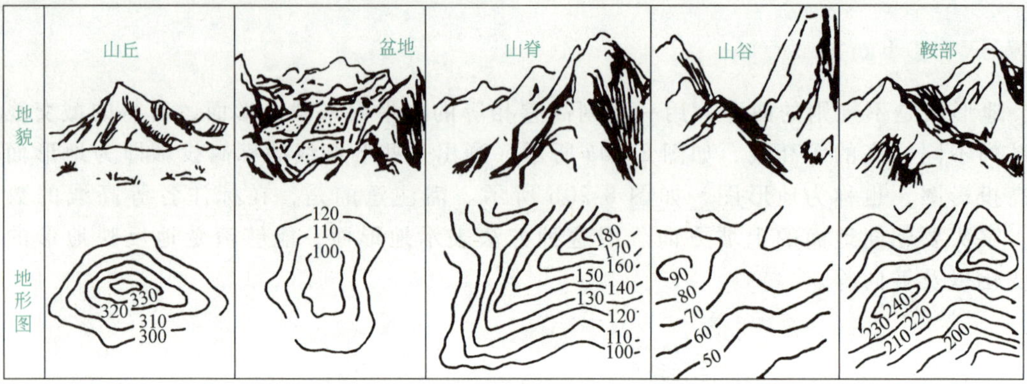

a) 山丘　b) 盆地　c) 山脊　d) 山谷　e) 鞍部

图 8-21　典型地貌在地形图上的特征

如图 8-22 所示的地形图，图中相邻两条等高线的高差为 20m；图的上方在 700m 标高附近有两处环状等高线，表明这两个地方是山丘，两个山丘的中间部分是鞍部；图的右上角等高线较密集，表明该区域地势较陡，坡度较大；图的下半部等高线较稀疏，表明该区域地势较平坦，坡度较小。

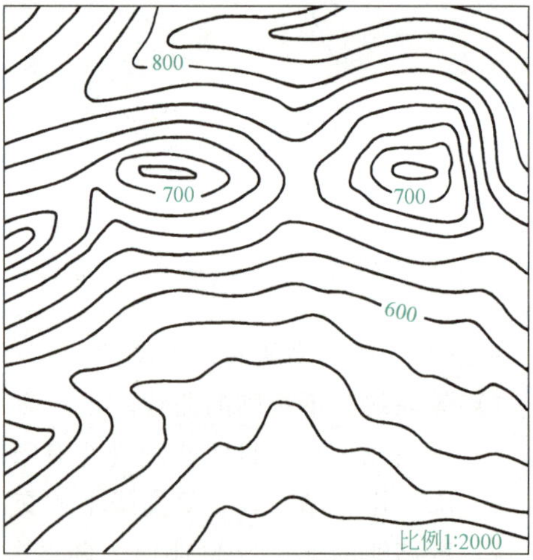

图 8-22　地形图

四、地形断面图

由铅垂面剖切地形面，剖切平面与地面的交线就是地形断面，并画上相应的材料图例，就是地形断面图。

图 8-23 用 *A—A* 平面剖切地形面，剖切平面与等高线的交点就是地形断面轮廓线上的点，连接这些点，可得到 *A—A* 方向的地形断面图。

作图步骤：

1）过 *A—A* 作直线与地形图上的等高线交与 1，2，3，……，如图 8-23a 所示。

2）以 *A—A* 的水平距离作为横坐标，以高程为纵坐标，作一坐标系。

3）在纵坐标上按比例确定各高程点 71，72…，过这些点做一系列平行于横坐标轴的高程线。

4）将图 8-23a 上的各点移到横坐标上，并过这些点作一系列平行于纵坐标轴的直线，使其与相应的高程线相交得到一系列的点。

5）用曲线光滑连接各交点并画上材料图例，即得地形断面图。

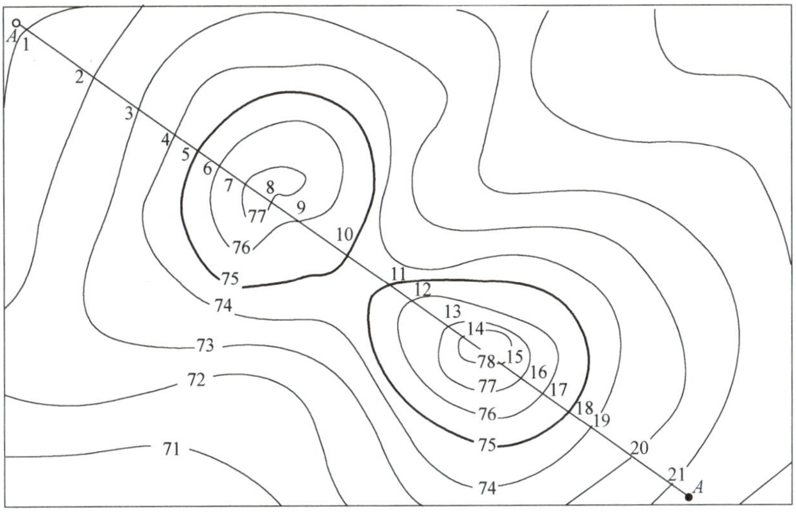

a)

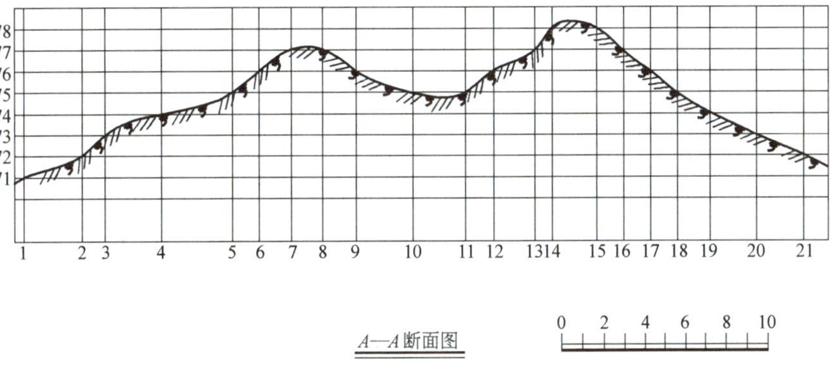

b)

图 8-23　地形断面图

素质拓展

雅西高速公路——最美高速天路

雅西高速公路是连接雅安市和西昌市的高速公路，全长近 240km，是北京至昆明高速公路（G5）在四川境内的重要路段。

雅西高速公路——最美高速天路

雅西高速公路跨越青衣江、大渡河、安宁河等水系和 12 条地震断裂带，整条线展布在崇山峻岭之间，山峦重叠、山峰尖峭。全线有桥梁 270 座，其中特大桥 23 座，大桥 168 座；有隧道 25 座，其中特长隧道 2 座，长隧道 16 座。雅西高速公路创造了独一无二的小半径双螺旋隧道，创造了“亚洲第一高墩”的腊八斤特大桥，创造了“世界最长钢管桁架梁公路桥”干海子特大桥等世界奇迹，雅西高速公路被誉为“云端高速”，是当之无愧的最美高速天路。

雅西高速公路如巨龙般从四川盆地向攀西高原爬升，每向前延伸1km，平均海拔上升7.5m。在翻越拖乌山脉的一段，为克服12.35km路程729m的高差，设计者创造性地设计了两座小半径双螺旋隧道，让雅西高速公路在拖乌山“肚子”里钻进钻出盘旋两个圈，首先进入干海子螺旋隧道向上爬升，然后跨过干海子特大桥后，再进入另一个铁寨子1号螺旋隧道继续攀爬。这段约10km的路程，几乎是原地转了两个圈，爬升高度300m，相当于爬了108层楼的高度，而道路纵坡减至3%左右。

雅西高速公路的建成，实现了京昆高速公路四川境内全线贯通，推动了四川的全面发展。

复习思考题

1. 在标高投影中，水平投影面 *H* 称为（　　）面，标高就是空间点到（　　）的距离。*H* 面的标高为0，*H* 面上方的点标高为（　　）值，下方的点标高为（　　）值。

2. 什么是点的标高投影？

3. 标高比例尺的单位是（　　）。

4. 直线有哪两种表示方法？

5. 什么是直线的坡度？什么是直线的平距？坡度与平距有什么关系？

6. 平面与 *H* 面的交线的高程是（　　）。

7. 什么叫最大坡度线？什么是平面对基准面的倾角？最大坡度线的坡度是该平面的（　　）。

8. 相邻两坡面的交线称为（　　　　），坡面与地面的交线称为（　　或　　），坡面的示坡线用（　　　）表示，它与等高线（　　　　），画在坡面（　　　）的一侧。

9. 当圆锥面正立时，等高线越靠近圆心，其标高数字越（　　）；当锥面倒立时，等高线越靠近圆心，其标高数字越（　　）。

10. 圆锥面的标高投影，标高字头应朝向（　　　　）以区分正圆锥与倒圆锥。等高线越（　　），圆锥的坡度越（　　）。

11. 地形面的等高线是不规则的曲线；等高线一般是（　　　）曲线；除悬崖、峭壁外，等高线不（　　）；等高线的疏密反映地形的（　　　），即等高线越密地势越（　　　），反之等高线越疏地势越（　　）。

12. 地形图上等高线的标高数字字头要朝向地形面的（　　　）方向。

项目九

识读公路路线工程图

学习目标

项目载体	公路路线施工图
知识目标	1. 掌握公路路线平面图、纵断面图、横断面图的内容与特点 2. 理解公路路线平面图、纵断面图、横断面图的形成原理及作用
能力目标	1. 能识读公路路线平面图 2. 能识读公路路线纵断面图 3. 能识读公路路基横断面图
素质目标	养成自觉到工程一线锻炼并利用各种渠道随时收集工程资料的习惯，紧跟时代步伐，与时俱进，终身学习

道路基本组成包括路基、路面、桥梁、涵洞、隧道、防护工程和排水设施等。道路分为公路和城市道路两种。位于城市郊区和城市以外的道路称为公路，位于城市范围以内的道路称为城市道路。

任务一 了解道路路线工程图的内容及特点

技能要点

1）了解道路的基本组成及道路的分类。

2）理解道路路线的含义。

3）理解路线平面图、路线纵断面图、路基横断面图的形成原理。

任务学习

道路路线是指道路沿长度方向的行车道中心线。道路的位置和形状受道路所在地区的地形、地貌、地物以及地质等自然条件的综合影响，因此道路路线有竖向高度变化（上坡、下坡、竖曲线）和平面弯曲（左向、右向、平曲线）变化，所以从总体来看是一条空间曲线。

公路路线工程图包括路线平面图、路线纵断面图和路基横断面图。

道路工程具有组成复杂、长宽高三向尺寸相差悬殊、受地形影响大的特点，所以道路路线工程的图示方法与一般工程图样不完全相同，它以地形图为平面图，以纵断面图为立面图，以横断面图为侧面图，并且各自画在单独的图纸上，形成原理如图 9-1 所示。

（1）路线平面图　路线平面图是道路中心线及沿线地貌地物在水平面上的投影。

（2）路线纵断面图　路线纵断面图是通过道路中心线用假想的铅垂剖切面进行纵向剖切，然后展开绘制而获得的断面图。

（3）路基横断面图　路基横断面图是用假想的剖切平面，垂直于道路中心线剖切而得到的断面图。

道路路线工程图的图示内容与图示特点

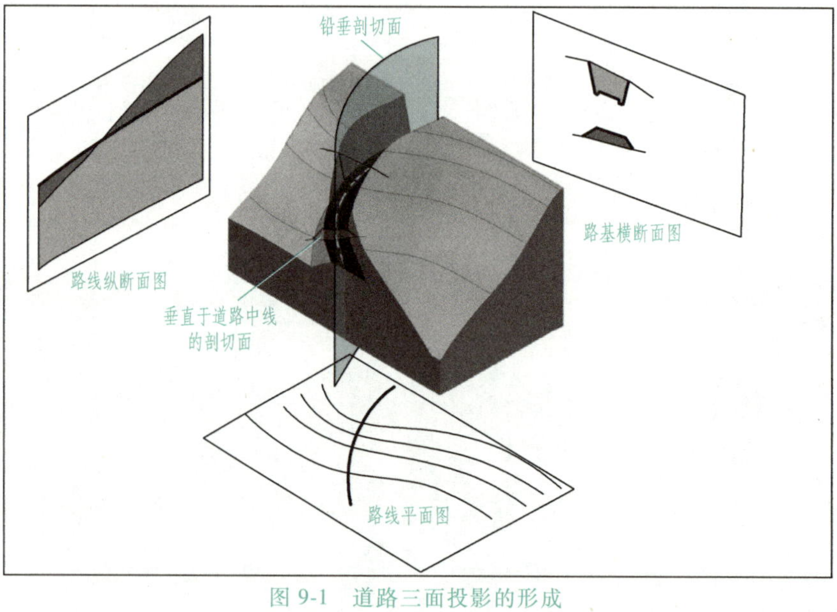

图 9-1　道路三面投影的形成

任务实施

分析道路路线工程图的图示内容及图示特点，回答问题。

1）路线平面图是指道路中心线及沿线地貌地物在（　　）面上的投影。

2）路线纵断面图是通过（　　　）用假想的（　　）剖切面进行纵向剖切，然后（　　）绘制而获得的。

3）路基横断面图是用假想的剖切平面，（　　）于道路中心线剖切而得到的。

参考答案

任务二　识读公路路线平面图

技能要点

1）了解道路路线平面图的内容。

2）掌握道路路线平面图上方位的判断。

3）掌握地形图的识读方法。

4）了解地形图上的地物图例。

5）掌握路线平面图上设计线的表示方法，掌握里程桩号的标注方法。

6）理解并熟记平曲线要素的含义及图示方法。

7）了解道路沿线结构物的图例。

任务学习

路线平面图是上面绘有道路中心线的地形图。其作用是表达路线的方向、平面线形、沿线两侧一定范围内的地形、地物情况以及结构物的平面位置。

路线平面图主要内容包括地形和路线两部分。

图 9-2 所示为某环城公路 K6+400～K7+100 段的路线平面图。

1. 地形部分

（1）方位　为了表示路线所在地区的方位和路线的走向，在路线平面图上应画出指北针或坐标网。指北针在图上是用“”符号来表示的，箭头所指为正北方向。方位的坐标网在图上是用“”符号来表示的，其 X 轴向为南北方向（坐标值增加的方向为北），Y 轴向为东西方向（坐标值增加的方向为东）。坐标值的标注应靠近被标注点，书写方向应平行于网格或在网格延长线上，数值前应标注坐标轴线代号。图 9-2 所示的路线平面图采用坐标网表示法，可以看出新建道路的走向大致由是南向北的。

识读公路路线平面图（地形部分）

（2）比例　路线平面图的地形图，是经过勘测而绘制的，可根据地形的起伏情况采用相应的比例。城镇区一般采用 1∶500 或 1∶1000，山岭重丘区一般采用 1∶2000，微丘和平原区一般采用 1∶5000。

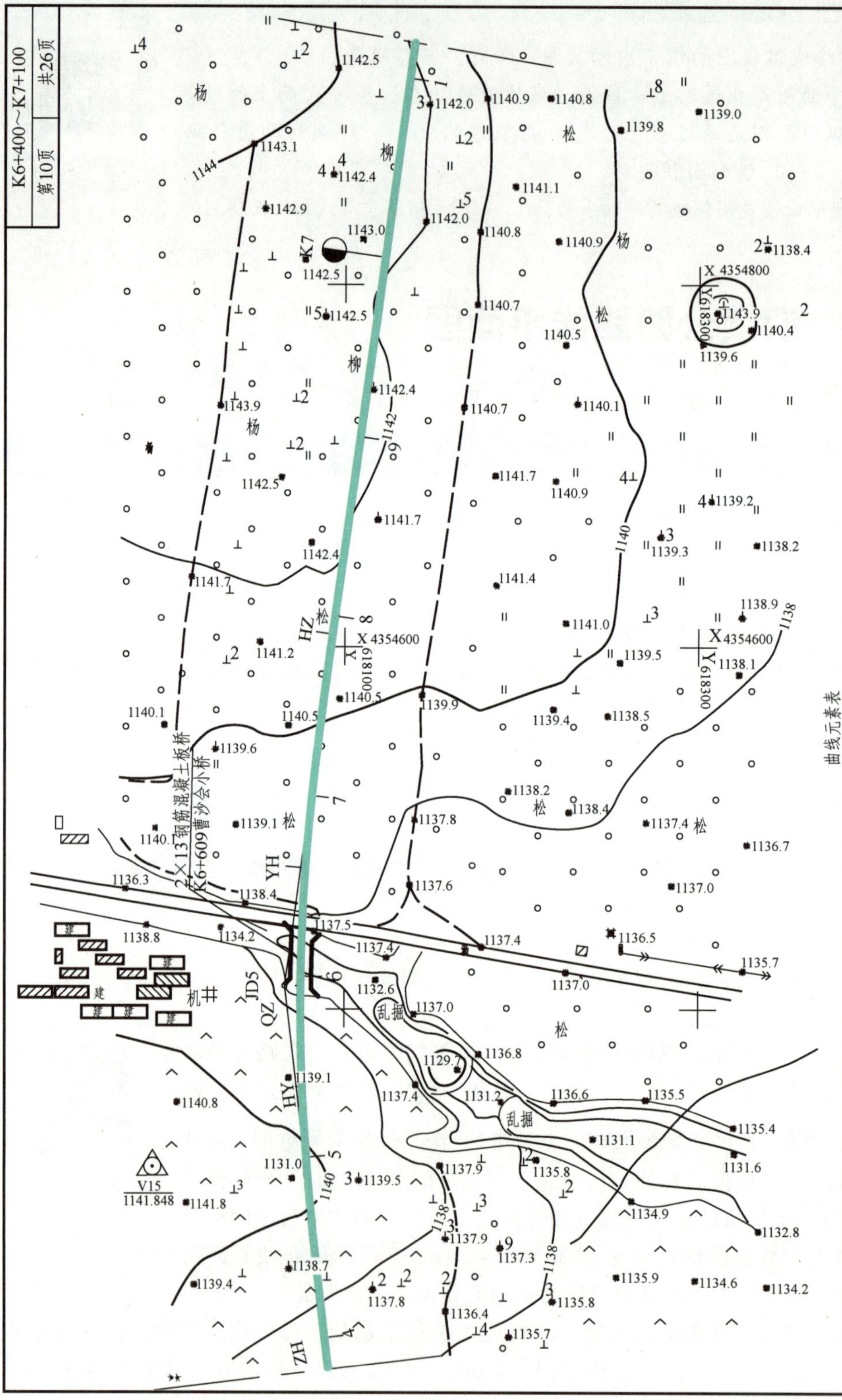

曲线元素表

交点号	交点坐标 X(N)	交点坐标 Y(E)	交点桩号	转角值(α)	曲线要素值/m 半径(R)	缓和曲线长度(L_s)	切线长度(T)	曲线长度(L)	外距(E)	校正值(J)	曲线要素值/m 直缓(ZH)	缓圆(HY)	曲中(QZ)	圆缓(YH)	缓直(HZ)
JD5	4354412.981	618065.990	K6+595.74	14°53′37.2″(Y)	1000	130	195.791	389.943	9.216	1.639	K6+399.95	K6+529.95	K6+594.92	K6+659.90	K6+789.90

图 9-2 某环城公路路线平面图

（3）地形　路线平面图中地形起伏情况用地形图来表示，详见项目八。

（4）地物　在路线平面图中地形面上的地物如河流、房屋、道路、桥梁、输电线、植被等，都是按国家标准绘制的。常用的地物图例见表 9-1。对照图例可知，图 9-2 中该地区

表 9-1　道路工程常用地物图例

名称	图　例	名称	图　例	名称	图　例
学校	文	机场		港口	
井		变电室		烟囱	
堤		冲沟	3.4	池塘 坑穴	
陡崖、陡坎 a. 土质的 b. 石质的	a 300 b 700	河流		高速公路 2~4 级公路 等外公路	(G5) b 2(G305) 9
		水渠			
铁路 a1-电杆	a1	乡村路		小路	
沙滩 沙砾滩		高压输电线 配电线		电讯线	a
房屋 建筑中房屋	建	窑 a. 堆式窑 b. 台式窑 瓦、陶— 产品名	瓦 陶 a b	斜坡 陡坎	
梯田坎	2.5	地类界线		散坟地 独立坟	
果园		旱地		花圃、花坛	
林地		稻田		菜地	
天然草地		人工草地		竹林	
卫星定位等级点 B——等级 14——点号 495. 263——高程	B14 495.263	导线点 Ⅰ16——等级 84. 46——高程	Ⅰ16 84.46	三角点 张湾岭——点名 156. 718——高程	张湾岭 156.718

中南部有一条公路与新建公路相交，在该公路的东南侧有一条冲沟，西南侧有一片房屋；南部有一片人工草地；北部地区有杨树林、松树林及天然草地。图中还表示出了机井、输电线、小路等的位置。

注意：路线平面图中的植被、控制点等地物图例应朝上或向北绘制。

识读公路路线平面图（路线部分）

2. 路线部分

（1）设计路线　由于路线平面图所采用的绘图比例较小，且公路的宽度相对于长度来说尺寸小得多，故无法按实际尺寸画出公路的宽度，因此在路线平面图中，设计路线是用加粗实线表示道路中心线的。

（2）里程桩　道路路线的总长度和各段之间的长度用里程桩号表示。里程桩号应从路线的起点至终点由小到大依次顺序编号，并规定在平面图中路线的前进方向是从左向右的。里程桩分公里桩和百米桩两种。

公里桩宜标注在路线前进方向的左侧，用符号"◐"表示桩位，用"K×××"表示其公里数，且注写在符号的上方；百米桩宜标注在路线前进方向的右侧，用垂直于路线的细短线表示桩位，用阿拉伯数字表示百米数，注写在短线的端部。如图 9-2 所示，该图中"K7"表示距离路线起点 7km；在 K7 公里桩的前方注写的"1"表示桩号为 K7+100，说明该点距路线起点为 7100m。

（3）平曲线　道路路线在平面上是由直线段和曲线段组成的，在路线的转折处应设平曲线。最常见的较简单的平曲线为圆曲线，其基本几何要素及画法如图 9-3 所示：JD 为交点，是路线的两直线段的理论交点；α 为转角，是路线前进时向左（α_Z）或向右（α_Y）偏转的角度；R 为圆曲线半径；T 为切线长，是切点与交点之间的长度；E 为外距，是曲线中点到交点的距离；L 为曲线长，是圆曲线两切点之间的弧长。

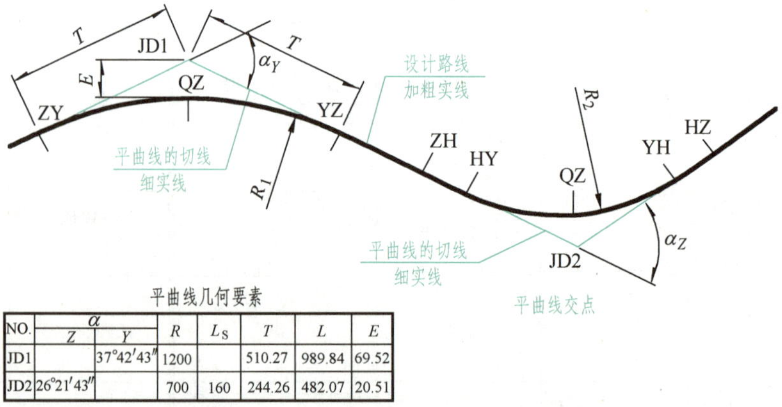

平曲线几何要素

NO.	α Z	α Y	R	L_S	T	L	E
JD1		37°42′43″	1200		510.27	989.84	69.52
JD2	26°21′43″		700	160	244.26	482.07	20.51

图 9-3　平曲线要素及其画法

在路线平面图中，转折处应注写交点代号并依次编号，如 JD2 表示第 2 个交点。还要注出曲线段的起点 ZY（直圆）、中点 QZ（曲中）、终点 YZ（圆直）的位置。为了将路线上各段平曲线的几何要素值表示清楚，一般还应在图中的适当位置列出平曲线要素表，如图 9-2、图 9-3 所示。如果设置缓和曲线，则将缓和曲线与前、后段直线的切点，分别标记为 ZH（直缓点）和 HZ（缓直点）；将圆曲线与前、后段缓和曲线的切点，分别标记为 HY（缓圆点）和 YH（圆缓点）。

如图 9-2 所示，该图中新设计的这段公路是从 K6+400 处开始，在交点 JD5 处向右转折，$\alpha_Y = 14°53'37.2''$，圆曲线半径 $R = 1000\text{m}$，图中注出了 ZH、HY、QZ、YH、HZ 的位置并列出了平曲线要素表。

（4）结构物和控制点　在路线平面图上还须标示出道路沿线的结构物和控制点，如桥梁、涵洞、通道、立交、三角点、水准点和导线点等。道路工程常用的结构物图例，见表 9-2。结合此表可从图 9-2 中了解到道路沿线结构物的位置、类型和分布情况以及控制点的坐标和高程。如“”表示在里程为 K6+609 处有一座 2×13m 钢筋混凝土板桥（曹沙会小桥），该桥共两跨，跨径 13m；“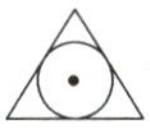 $\frac{\text{E15}}{1141.848}$”表示第 15 个卫星定位等级点，控制点高程为 1141.848m。

表 9-2　道路工程常用结构物图例（平面图）

序号	名称	图　例	序号	名称	图　例
1	涵洞	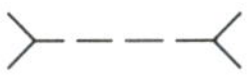	6	通道	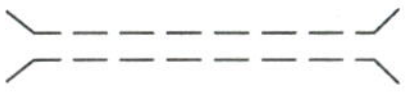
2	桥梁（大、中桥按实际长度绘制）	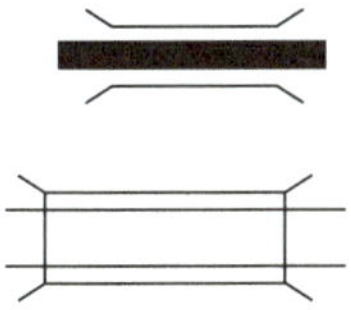	7	分离式立交 a）主线上跨 b）主线下穿	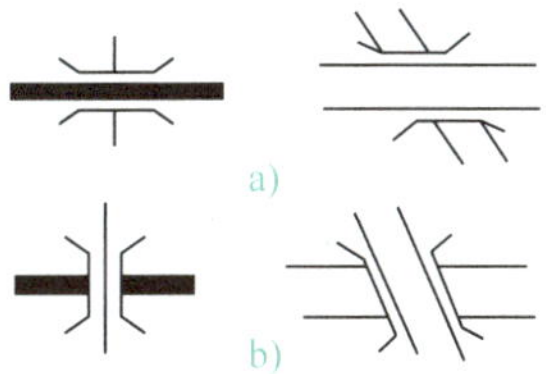
3	隧道		8	互通式立交（按采用形式绘）	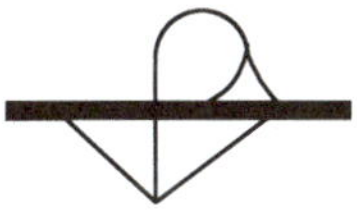
4	养护机构		9	管理机构	
5	隔离墩		10	防护栏	

任务实施

识读图 9-2 所示某环城公路 K6+400 至 K7+100 段的路线平面图，回答问题。

参考答案

1）道路路线平面图包括（　　　　）、（　　　　）两部分。

2）道路路线平面图上表示方位的坐标网，X 坐标值增加的方向指向（　　）方向，Y 坐标值增加的方向指向（　　）方向。

3）图 9-2 所示的路线平面图中新建道路的走向为由（　　）到（　　）。

4）路线平面图在山岭重丘区一般采用（　　　）的比例。

5）图 9-2 所示的路线平面图中相邻等高线的高差为（　　　）m。

6）等高线越密说明地势越（　　）。等高线交汇处的地形是（　　）。

7）路线平面图中设计路线的道路中心线用（　　　）线表示。

8）平面图中路线的前进方向是从（ ）向（ ）的，该路段的起点桩号是（ ），终点桩号是（ ）。

9）公里桩号宜标注在路线前进方向的（ ）侧，在K6公里桩的前方注写的“8”表示桩号为（ ），说明该点距路线起点为（ ）m。

10）该图中新设计的这段公路在交点JD5处向（ ）转折，转角为（ ），圆曲线半径R为（ ）m，指出ZH、HY、QZ、YH、HZ的位置的桩号（ ）、（ ）、（ ）、（ ）、（ ），缓和曲线长度为（ ）m，切线长度为（ ）m，曲线长度为（ ）m。

11）曹沙会小桥位于设计路线的（ ）桩号处，该桥有（ ）跨，跨径为（ ）m。

任务三 识读公路路线纵断面图

技能要点

1）理解路线纵断面图图样部分的表示方法及横向、纵向比例情况。
2）理解并熟记竖曲线要素的含义及图示方法。
3）掌握道路沿线结构物的图示方法。
4）理解设计高程、地面高程、填挖高度的含义。
5）理解坡度、坡长的含义。
6）能在纵断面图中分析道路的平面线形。
7）掌握超高的含义及图示方法。

任务学习

路线纵断面图是通过道路中心线用假想的铅垂剖切面进行纵向剖切，然后展开绘制而获得的断面图，如图9-1所示。由于道路中心线是由直线和曲线组合而成的，所以纵向剖切面既有平面又有曲面，为了清晰地表达路线的纵断面情况，特采用展开的方法，将此纵断面展平成一平面，并绘制在图纸上，这就形成了路线纵断面图。

路线纵断面图的作用是表达道路中心的纵向线形、沿线地面的高低起伏状况以及地质和沿线设置构造物的概况。

识读公路路线纵断面图（图样部分）

路线纵断面图包括图样和资料表两部分，一般图样画在图纸的上部，资料表布置在图纸的下部。

如图9-4所示为某环城公路K6+400~K7+100段的路线纵断面图，与图9-2所示的公路路线平面图相对应。

1. 图样部分

（1）比例 路线纵断面图的横向表示路线的里程（前进方向），竖向

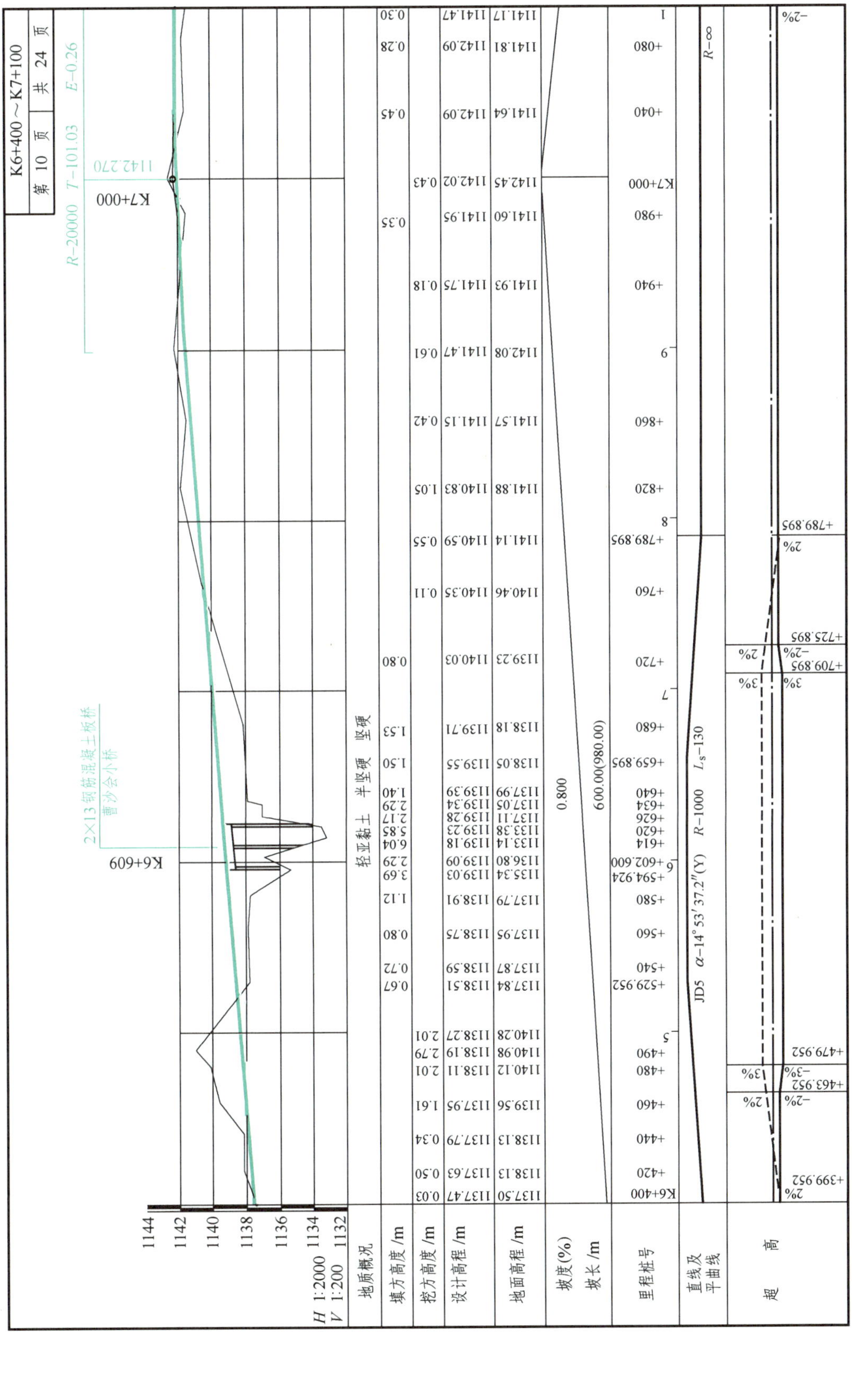

图 9-4　某环城公路路线纵断面图

表示设计线和地面的高程。由于路线、地形的高程变化比起路线的长度要小得多，为了在路线纵断面图上清晰地显示出高程的变化和设计上的处理，绘图时一般竖向比例要比横向比例放大数倍。如图 9-4 所示，该图横向比例为 1：2000，而竖向比例为 1：200。为了便于画图和读图，一般还应在纵断面图的左侧按竖向比例画出高程标尺。

（2）设计线和地面线　在纵断面图中，粗实线为公路纵向设计线，是由直线段和竖曲线组成的，它是根据地形起伏和公路等级，按相应的公路工程技术标准而确定的，设计线上各点的标高通常是指二级以下公路路基边缘的设计高程，或一级公路及高速公路中央分隔带外缘的设计高程。不规则的细折线为设计中心线处的地面线，它是根据原地面上沿线各点的实测中心桩高程而绘制的。比较设计线与地面线的相对位置，可确定填挖地段和填挖高度。

（3）竖曲线　在设计线的纵向坡度变更处，即变坡点，应按公路工程技术标准的规定设置竖曲线，以利于汽车平稳行驶。竖曲线及相关要素的画法如图 9-5 所示。竖曲线分为凸形和凹形两种，在图中分别用“┌┬┐”和“└┴┘”符号表示，符号中部的竖线应对准变坡点，竖线两侧标注变坡点的里程桩号和变坡点的高程。符号的水平线两端应对准竖曲线的起点和终点，水平线上方应标注竖曲线要素值（半径 *R*、切线长 *T*、外距 *E*）。如图 9-4 所示，在 K7+000 处设有 *R*＝20000m 的凸形竖曲线，该变坡点的高程为 1142. 270m（*R*＝20000m，*T*＝101. 03m，*E*＝0. 26m）。

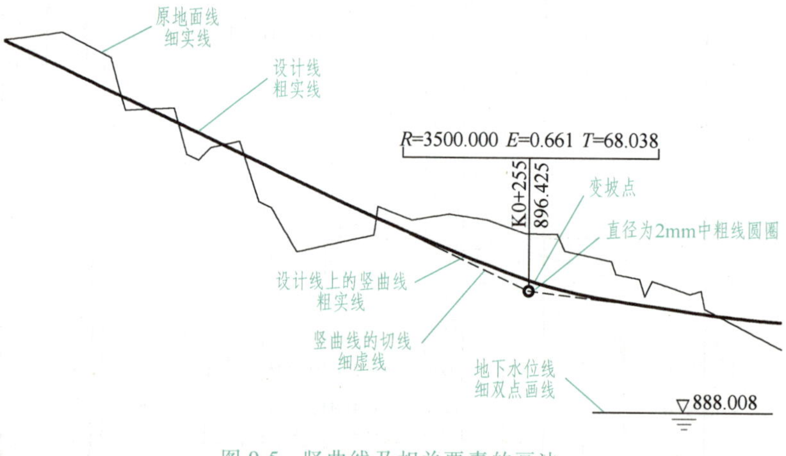

图 9-5　竖曲线及相关要素的画法

（4）沿线构造物　道路沿线如设有桥梁、涵洞、立交和通道等构造物时，应在其相应的设计里程和高程处，按表 9-3 所列图例绘制并注明构造物名称、种类、大小和中心里程桩号。如图 9-4 所示，在 K6+609 里程桩处设有一座 2×13m 钢筋混凝土板桥（曹沙会小桥），该桥共 2 跨，每跨 13m。

2. 资料表部分

路线纵断面图的资料表是与图样上下对应布置的，这种表示方法，较好地反映出纵向设计线在各桩号处的高程、填挖方量、地质条件和坡度以及平曲线与竖曲线的配合关系。资料表主要包括以下栏目和内容：

表 9-3 道路工程常用结构物图例（纵断面图）

序号	名称	图例	序号	名称	图例
1	箱涵		5	桥梁	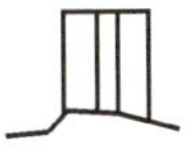
2	盖板涵	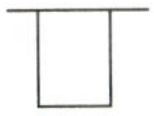	6	箱形通道	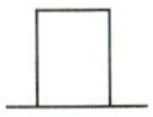
3	拱涵		7	管涵	
4	分离式立交 a) 主线上跨 b) 主线下穿	 a) b)	8	互通式立交 a) 主线上跨 b) 主线下穿	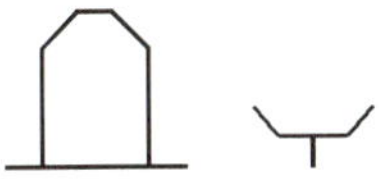 a) b)

(1) 地质概况 根据实测资料，在该栏中注出沿线各段的地质情况。

(2) 高程 资料表中有设计高程和地面高程两栏，它们应与图样互相对应，分别表示设计线和地面线上各点（桩号）的高程。

(3) 填挖高度 设计线在地面线下方时需要挖土，设计线在地面线上方时需要填土，挖或填的高度值应是各点（桩号）对应的设计高程与地面高程之差的绝对值。

识读公路路线纵断面图（资料表部分一）　识读公路路线纵断面图（资料表部分二）

(4) 坡度及坡长 标注设计线各段的纵向坡度和坡长。该栏中的对角线表示坡度方向，左下至右上表示上坡，左上至右下表示下坡，坡度及坡长分注在对角线的上下两侧。如图 9-4 所示，该栏中第一格的标注“0.80/600.00（980.00）”，表示该坡段为上坡，设计纵坡为 0.80%，设计长度为 980.00m，K6+400 至 K7+100 路段坡长为 600m。

(5) 里程桩号 沿线各点的桩号是按测量的里程数值填入的，单位为 m，桩号从左向右排列。在平曲线的起点、中点、终点和桥涵中心点等处可设置加桩。

(6) 直线及平曲线 在路线设计中竖曲线与平曲线的配合关系，直接影响着汽车行驶的安全性和舒适性，以及道路的排水状况，故《公路路线设计规范》（JTG D20—2017）对路线的平纵配合提出了严格的要求。由于道路路线平面图与纵断面图是分别表示的，所以在纵断面图的资料表中，以简约的方式表示出平纵配合关系。在该栏中，以“——”表示直线段；以“”和“”或“”和“”四种图样表示平曲线段，其中前两种表示设置缓和曲线的情况，后两种表示不设缓和曲线的情况，图样的凹凸表示曲线的转向，上凸表示右转曲线，下凹表示左转曲线。

从图 9-4 中可以看到大概在桩号 K6+400 到 K6+789.895 段是平曲线，并沿路线前进方向向右转，该平曲线设有缓和曲线。图中双点划线表示路基旋转前的位置，旋转轴的位置有多种情况，因涉及更深层的专业知识，此处不作讨论。

(7) 超高 为了减小汽车在弯道上行驶时的横向作用力，道路在平曲线处需设计成外侧高内侧低的形式，左转时右侧高，右转时左侧高，道路边缘与设计线的高程差称为超高值，如图 9-6 所示，双点划线表示直线路段的路基，粗实线表示道路在平曲线处旋转后的路基，旋转轴的位置有多种情况，这里不作讨论。在纵断面图的“超高”栏中绘出了超高方式图，用来表示路基横向坡度沿路线纵向的变化情况。用点划线绘出贯穿全栏的水平线作为基线，代表道路设计线。用细实线绘出路线前进方向右侧路基边缘线，用虚线绘出左侧路基边缘线。若路基边缘高于设计线，则绘于基线上方；反之绘于基线下方，并标注出相应的路基横坡坡度。

如图 9-4 所示，在 K6+479.952～K6+709.895 段，其左、右侧路基横向坡度均为 3%，左侧路基边缘线高于设计线，右侧路基边缘线低于设计线，该段道路在右转的平曲线上。横坡坡度 3%，表示此处的路基边缘与中央分隔带边缘的高度差为路基边缘到中央分隔带宽度的 3%，即如果路基边缘到中央分隔带宽度为 10m，其超高为 0.3m。

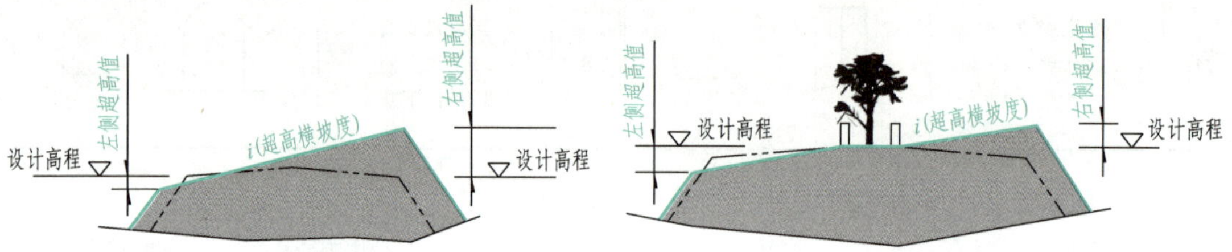

a) 一般道路　　b) 一级公路及高速公路

图 9-6　道路超高

纵断面图的标题栏绘在最后一张图或每张图的右下角，注明路线名称，纵、横比例等。每张图纸右上角应有角标，注明图纸序号及总张数。

任务实施

参考答案

识读图 9-4 所示某环城公路 K6+400 至 K7+100 段的路线纵断面图，回答问题。

1）路线纵断面图的剖切平面通过公路的（　　）线。

2）在路线纵断面图上，图样画在图纸的（　　），资料表布置在图纸的（　　）。

3）该图横向比例为（　　），竖向比例为（　　）。

4）在纵断面图中，公路纵向设计线用（　　）线来表达，纵向设计线是由直线段和竖曲线组成的。图中不规则的细折线为设计中心线处的（　　）线，它是根据原地面上沿线各点的（　　）而绘制的。

5）设计线上各点的高程通常是指二级以下公路（　　）的设计高程，或一级公路及高速公路（　　）的设计高程。

6）变坡点是在设计线（　　）处。竖曲线分为凸形和凹形两种，在图中分别用（　　）和（　　）符号表示，符号中部的竖线应对准（　　），竖线两侧标注变坡点的（　　）和（　　）。

7）图 9-4 上，竖曲线变坡点的里程桩号为（　　），高程为（　　）m，曲线半径为（　　）m。

8）曹沙会小桥位于（　　）桩号处。

9）K6+760 处的设计高程为（　　）m，地面高程为（　　）m，挖方高度为

（　　）m，坡度为（　　）。K6+720 桩号处位于平曲线的（　　）（圆曲线、缓和曲线或直线）段。

10）道路在（　　）处需要设置超高，超高栏中的 3%含义是（　　）。

11）K6+560 桩号处位于平曲线的圆曲线段，K6+560 桩号处的路基横坡为（　　），道路左幅路面的超高值为（　　）m，路基边缘（　　）（高或低）于中央分隔带边缘；右幅路面超高值为（　　）m，路基边缘（　　）（高或低）于中央分隔带边缘（该路为一级公路，路基边缘到中央分隔带边缘的宽度为 12m）。

任务四　识读公路路基横断面图

技能要点

1）理解路基横断面图的形成原理。

2）掌握路基横断面图的图示方法。

3）能分析三种路基填挖高度及填挖面积。

4）熟记同一张图纸内路基横断面图的绘制顺序。

任务学习

路基横断面图是用假想的剖切平面，垂直于道路中心线剖切而得到的，其作用是表达路线各中心桩处路基横断面的形状和横向地面高低起伏状况。

工程上要求，在路线的每一中心桩处，应根据实测资料和设计要求，画出一系列的路基横断面图，用以计算公路的土石方量和作为路基施工的依据，路基横断面图的要素及其画法如图 9-7 所示。

路基横断面图的基本形式有以下三种：

（1）填方路基（路堤）　整个路基全为填土区。如图 9-8a 所示，填土高度等于设计高程减去地面高程。填方边坡一般为 1∶1.5。在图下注有该断面的里程桩号、中心线处的填方高度 H_t（m）以及该断面的填方面积 A_t（m^2）。

（2）挖方路基（路堑）　整个路基全为挖土区。如图 9-8b 所示，挖土深度等于地面高程减去设计高程，挖方边坡一般为 1∶1（该图为 1∶0.75）。图下注有该断面的里程桩号、中心线处挖方高度 H_w（m）以及该断面的挖方面积 A_w（m^2）。

（3）半填半挖路基　路基断面一部分为填土区，一部分为挖土区，是前两种路基的综合。如图 9-8c 所示，在图下注有该断面的里程桩号、中心线处的填（或挖）方高度 H_t（或 H_w）以及该断面的填方面积 A_t 和挖方面积 A_w。

在同一张图纸内绘制的路基横断面图，应按里程桩号顺序排列，从图纸的左下方开始，先至下而上，再由左向右排列，如图 9-9 所示。

图 9-9 所示为某环城公路 K6+400～K7+100 段的路基横断面图，是与图 9-2 所示的路线平面图和图 9-4 所示的路线纵断面图相对应的，由于图幅的限制只引用了 K6+400～K6+594.924 段的断面图。

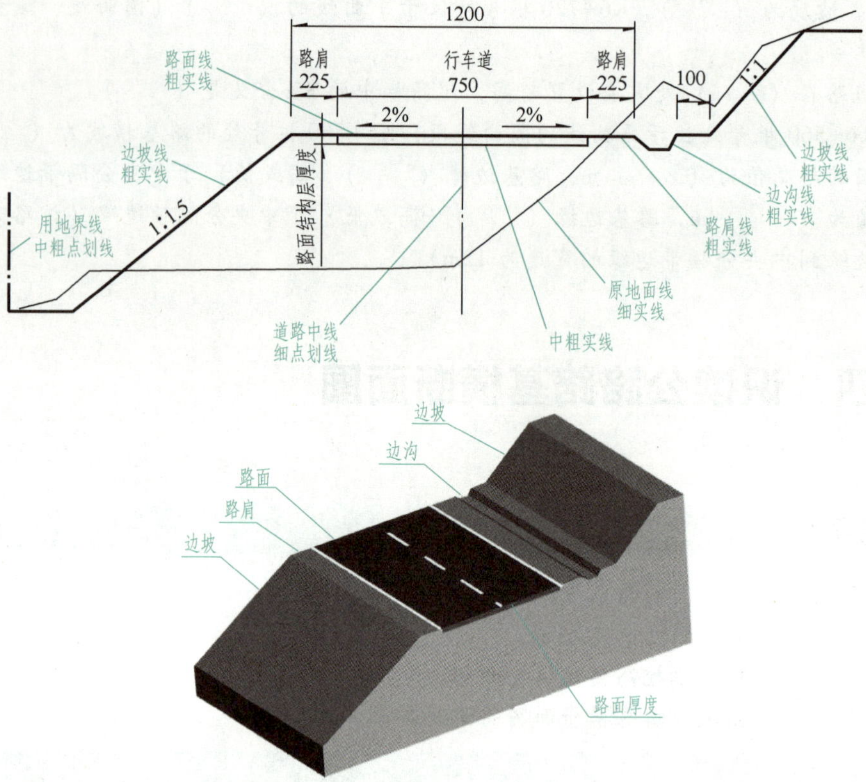

图 9-7 路基横断面图的要素及其画法

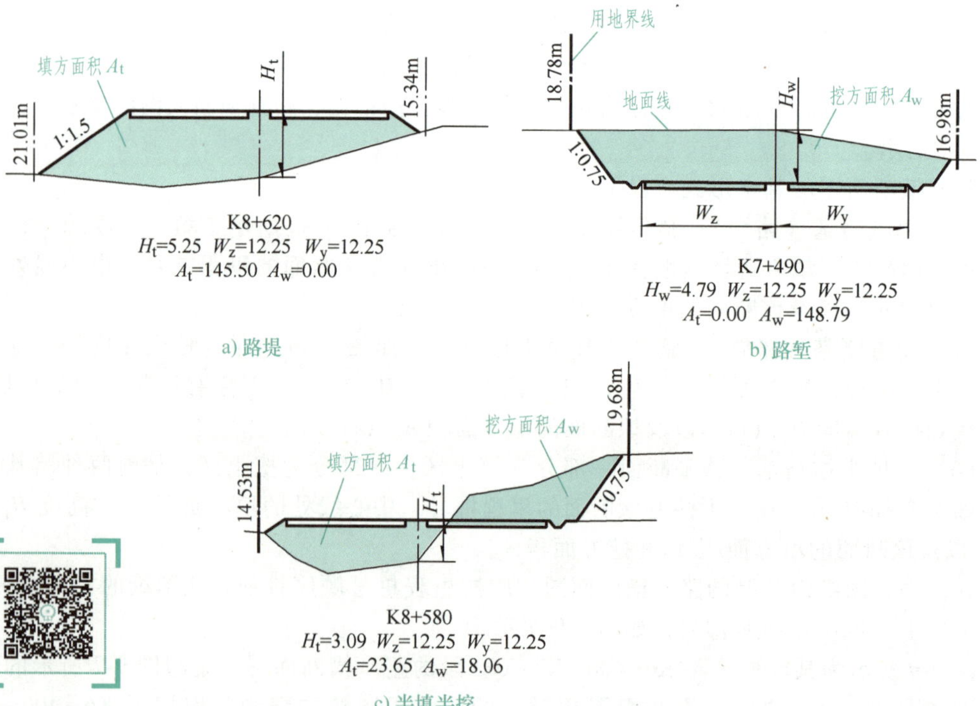

识读路基横断面

图 9-8 路基横断面图的基本形式

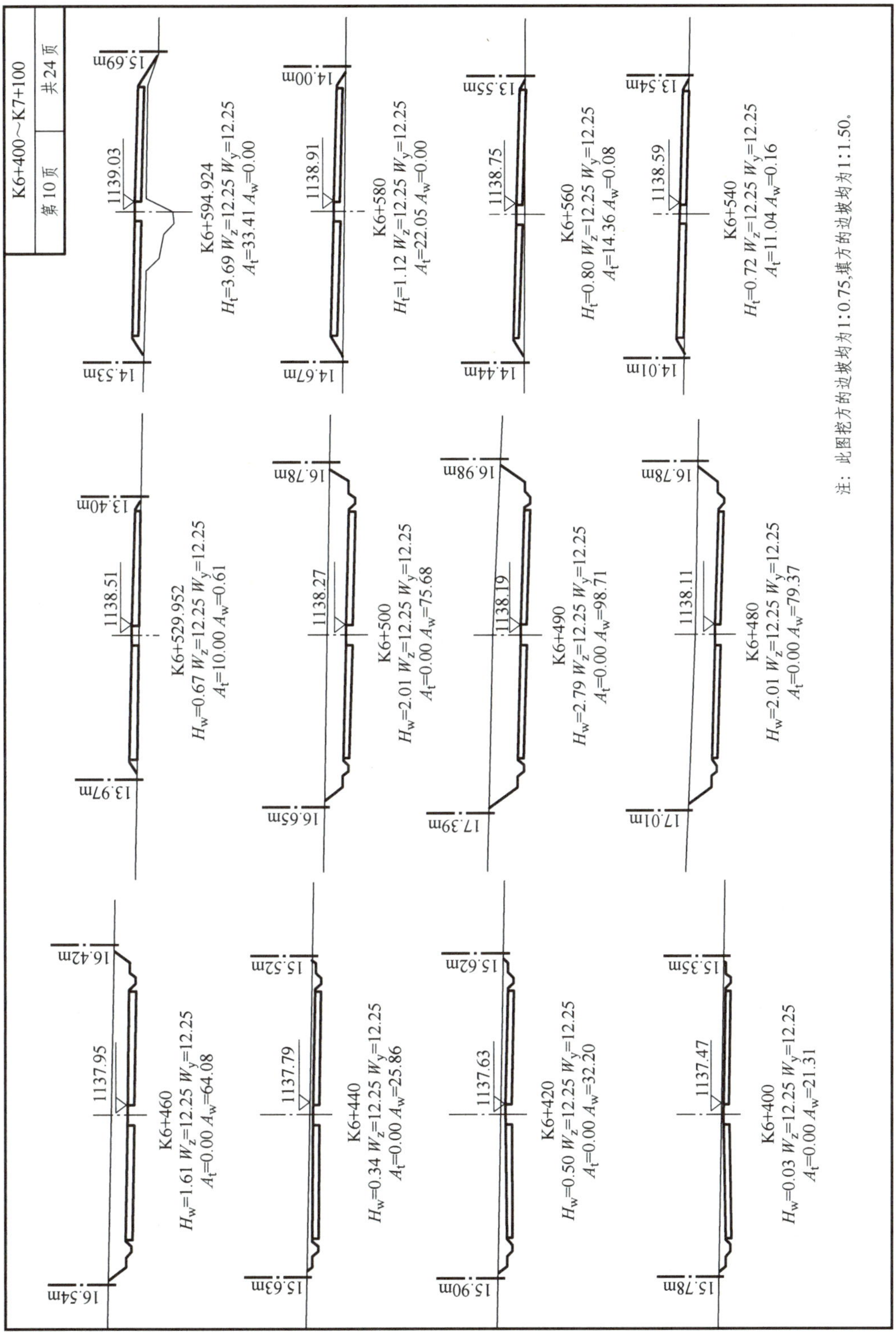

注：此图挖方的边坡均为1:0.75，填方的边坡均为1:1.50。

图 9-9　某环城公路路基横断面图

请读者将图 9-2、图 9-4 及图 9-9 三个图对照起来分析，以加深对道路路线工程图的理解。

任务实施

参考答案

识读图 9-9 所示某环城公路 K6+400 至 K7+100 段的路基横断面图，回答问题。

1）路基横断面图的剖切平面（　　）于道路中心线。

2）路基横断面图的用途是（　　　　）。

3）在路基横断面图上，路面线、边坡线、边沟线均采用（　　）线绘制，表示路面结构层厚度的线采用（　　）线绘制。道路中线采用（　　）线绘制，用地界线采用（　　）线绘制，原地面线采用（　　）线绘制。

4）填方路基是指（　　），填方高度是指（　　　）路基，填方面积（　　）（是否）包括路面结构部分。

5）挖方路基是指（　　）路基，该图挖方边坡的坡度是（　　）。请在图上指出路面结构部分。

6）什么叫半填半挖路基？此处什么情况下标注填方高度？什么情况下标注挖方高度？请在图上指出挖方面积和填方面积。

7）在同一张图纸内绘制的路基横断面图，排列顺序（　　）。

8）K6+580 处为（　　）（填方或挖方）路基，用彩色笔描绘出填方或挖方面积；K6+490 处为（　　）（填方或挖方）路基，用彩色笔描绘出填方或挖方面积。

9）K6+500 处挖方高度为（　　）m，挖方面积为（　　）m^2，左、右侧路面宽度为（　　）m。

素质拓展

故宫博物院排水系统——600 多年前的智慧

故宫博物院排水系统——600 多年前的智慧

如今的故宫博物院建立在始建于明成祖永乐四年（1406 年）紫禁城的基础上。它是一座长方形城池，南北长 961m，东西宽 753m，四面围有高 10m 的城墙，城外有宽 52m 的护城河。

故宫博物院历经无数次暴雨从没有被淹过，原来早在 600 多年前修建故宫博物院的时候，一套完整庞大的排水系统就完美诞生了，工匠利用北京北高南低的地理特点，大致分为建筑排水、地表排水、地下暗沟等排水系统。

雨水降落时建筑屋顶的水通过排水口流到地面进入暗沟，还有一部分水顺着地面的坡度流入四周的石槽明沟，汇集到涵洞中，而地下暗沟将近 13km，纵横交错四通八达，进入暗沟的水由支沟回到干沟流入金水河内，最后流入 52m 宽的护城河。就是这套完美的排水系统让 600 多年的故宫博物院从来没被雨水淹过。

中华民族自古就是充满智慧的和工匠精神的民族，我们要发扬光大祖先的优良传统，让我们的城市更加美好。

项目十 识读城市道路工程图

学习目标

项目载体	城市道路工程图
知识目标	1. 掌握城市道路平面图、纵断面图、横断面图的内容与特点 2. 理解城市道路平面图、纵断面图、横断面图的作用 3. 掌握城市道路排水系统施工图的内容与特点
能力目标	1. 能识读城市道路平面图、纵断面图、横断面图 2. 能识读城市道路排水系统施工图
素质目标	养成自觉到工程一线锻炼并利用各种渠道随时收集工程资料的习惯，紧跟时代步伐，与时俱进，终身学习

城市道路一般由机动车道、非机动车道、人行道、绿化带、分隔带、交叉口和交通广场以及城市道路排水系统等设施组成。在交通高度发达的现代化城市，还建有架空高速道路以及地下道路等。

城市道路的线形设计结果也是通过平面图、纵断面图和横断面图来表达的。它们的图示方法与公路路线工程图完全相同，但由于城市道路的设计是在城市规划与交通规划的基础上实施的，交通性质和组成部分比较复杂，尤其是行人和各种非机动车较多，各种交通工具和行人的交通问题都需要在横断面设计中综合考虑予以解决，所以横断面设计是矛盾的主要方面，一般都放在平面和纵断面设计之前进行。

任务一 识读城市道路横断面图

技能要点

1）了解城市道路横断面布置的形式。
2）理解标准横断面图及路基横断面图的概念与用途。
3）掌握城市道路横断面图的图示内容及图示特点。

任务学习

了解城市道路横断面的类型

（一）城市道路横断面布置类型

城市道路的横断面就是垂直于道路中心线方向的断面。城市道路的横断面由车行道、人行道、分隔带及绿化带等组成。

根据机动车道和非机动车道不同的布置形式，城市道路横断面的布置有以下四种基本形式。

（1）单幅路　俗称“一块板”断面。各种车辆在行车道上混合行驶。

（2）双幅路　俗称“两块板”断面。在行车道中心用分隔带或分隔墩将行车道分为两部分，上、下行车辆分向行驶。各自再根据需要决定是否划分快、慢车道。

（3）三幅路　俗称“三块板”断面。中间为双向行驶的机动车车道，两侧为靠右侧行驶的非机动车车道。机动车和非机动车车道之间用分隔带或分隔墩分隔。

（4）四幅路　俗称“四块板”断面。在三幅路的基础上，再用中间分隔带将中间机动车车道分隔为二，分向行驶。

上述四种横断面布置形式如图 10-1 所示。

识读城市道路标准横断面图

（二）城市道路横断面图

城市道路横断面图分为标准横断面图和路基横断面图。

1. 标准横断面图

在道路设计中，表示各路段的代表性设计的横断面图称作标准横断面图。它是城市道路横断面设计的最后成果。在标准横断面图中，应绘出道路红线宽度、机动车道、非机动车道、人行道、绿化带、照明、新建或改建的地下管道等各组成部分的位置和宽度，以及排水方向、路拱横坡等。标准横断面图可采用 1∶100 或 1∶200 的比例。

道路红线是城市道路用地的规划控制线，是道路两侧最外侧的线。在道路红线内包括了机动车道、非机动车道、绿化带和人行道。

图 10-2a 所示为某城市道路横断面施工图，由标准横断面图、路面结构与路缘石安装大样图组成，图 10-2b 为路面结构立体示意图。

标准横断面图在垂直方向和水平方向上采用了不同比例，水平方向为 1∶200，垂直方向为 1∶50。由标准横断面图可知，机动车道中间有分隔墩将机动车道分为上、下行分向行

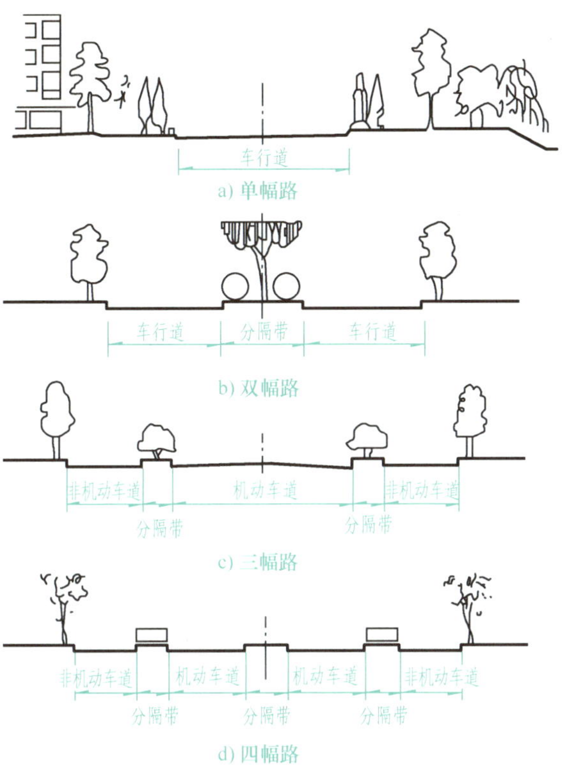

图 10-1　城市道路横断面布置基本形式

驶的车道，两侧有非机动车道，所以该道路为“四块板”断面，路幅宽为 50.0m，两侧机动车道宽度各为 14.5m，横坡为 2%；人行道宽为 3m，横坡为 1%；非机动车道宽为 4.5m，横坡为 1%。两侧非机动车行道与机动车行道之间的隔离带宽度为 3m。图中给出了横断面上各特征点相对于道路中心线处的相对标高。

路面结构与路缘石安装大样图详细地表达了机动车行道、非机动车行道、人行道的路面结构情况及路缘石（平石、侧石）的安装情况。路面结构层是指路面辅装层，从上到下有面层、基层、底基层。面层一般为 2~3 层，面层与基层之间还有下封层，如图 10-2b 所示的路面结构立体示意图。机动车行道路面结构的面层由上而下分别是 4cm 厚的细粒式 SBS 改性沥青混凝土；7cm 厚的中粒式沥青混凝土；8cm 厚的粗粒式沥青混凝土。在面层与基层之间是 1cm 的下封层（黏结层）。基层为 20cm 厚的水泥稳定碎石（水泥含量 5%）；底基层为 30cm 厚的水泥稳定碎石（水泥含量 3.5%）。人行道的面层是 6cm 厚的彩色广场砖，彩色广场砖下是 3cm 厚的 M10 砂浆找平层；基层为 10cm 厚的 C15 混凝土；垫层为 15cm 厚的级配碎石。非机动车行道路面结构的面层由上而下分别是 4cm 厚的细粒式沥青混凝土；6cm 厚的中粒式沥青混凝土；在面层与基层之间是 1cm 的下封层（黏结层）；基层为 20cm 厚的水泥稳定碎石（水泥含量 5%）；底基层为 20cm 厚的水泥稳定碎石（水泥含量 3.5%）。

路缘石的尺寸及安装情况请读者自己分析。

2. 路基横断面图

在完成道路纵断面设计之后，各中线上的填挖高度则为已知。沿道路中线每隔一定距离绘制横断面地面线，根据道路纵断面设计里程桩号、设计高程，以与横断面地面线相同的比

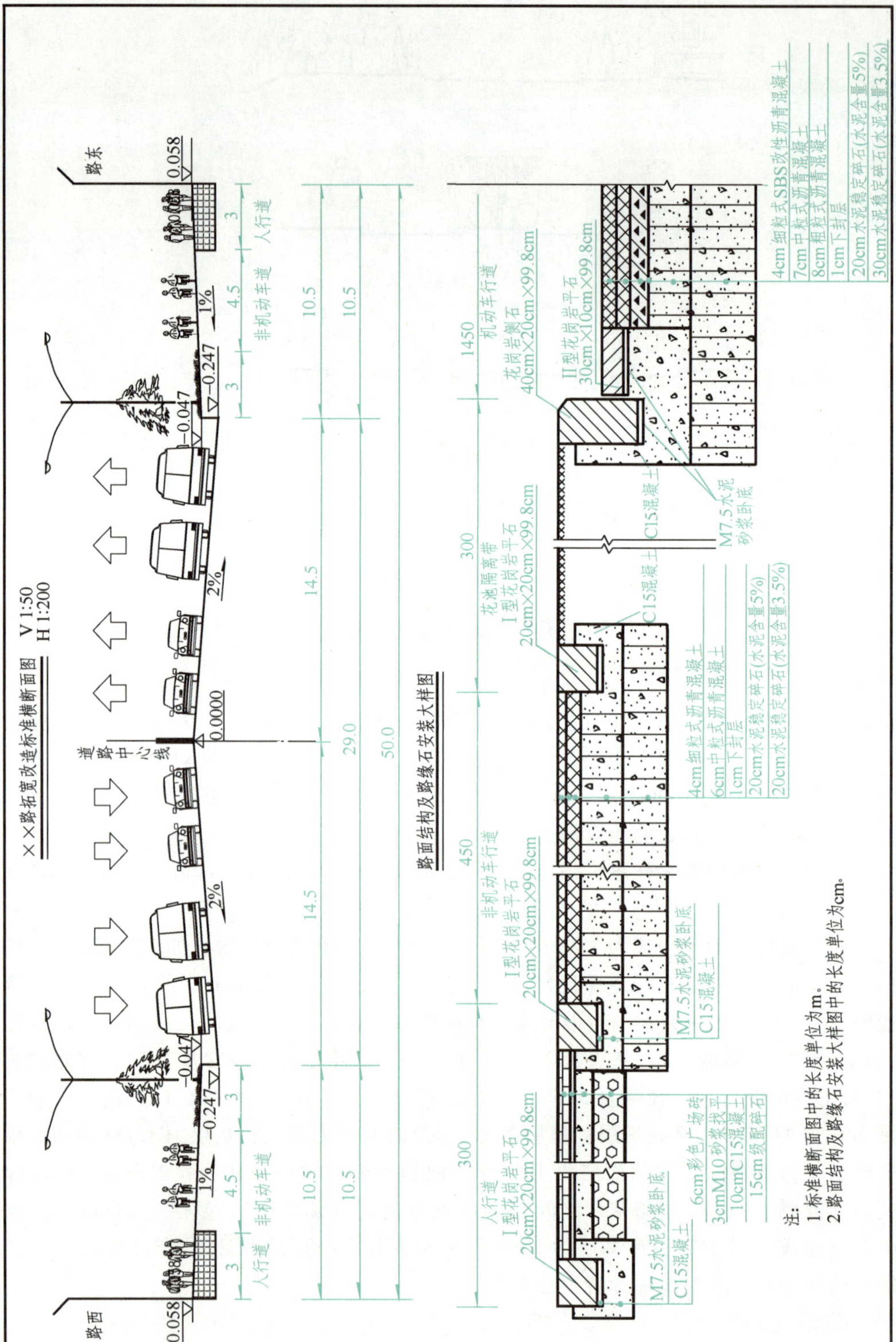
××路拓宽改造标准横断面图 V 1:50 H 1:200
路西
路东
道路中心线
0.058
0.0000
-0.247
-0.047
1%
2%
人行道
非机动车道
3
4.5
10.5
14.5
29.0
50.0
路面结构及路缘石安装大样图
人行道
I型花岗岩平石
20cm×20cm×99.8cm
非机动车行道
花池隔离带
机动车行道
花岗岩侧石
40cm×20cm×99.8cm
II型花岗岩平石
30cm×10cm×99.8cm
300
450
1450
M7.5水泥砂浆卧底
C15混凝土
6cm彩色广场砖
3cmM10砂浆找平
10cmC15混凝土
15cm级配碎石
4cm细粒式沥青混凝土
6cm中粒式沥青混凝土
1cm下封层
20cm水泥稳定碎石(水泥含量5%)
20cm水泥稳定碎石(水泥含量3.5%)
4cm细粒式SBS改性沥青混凝土
7cm中粒式沥青混凝土
8cm粗粒式沥青混凝土
30cm水泥稳定碎石(水泥含量3.5%)
注:
1.标准横断面图中的长度单位为m。
2.路面结构及路缘石安装大样图中的长度单位为cm。

a) 某城市道路横断面施工图

图 10-2 某城市道路横断面施工图及路面结构立体示意图

b）路面结构立体示意图

图 10-2　某城市道路横断面施工图及路面结构立体示意图（续）

例，把标准横断面图套上去，就形成路基横断面图。此图反映了各断面上的填、挖和拆迁界线，所以也叫土方断面图。工程上要求在每一中心桩处（包括地形变化显著处的加桩），顺次画出每一个路基横断面图，用来计算道路的土石方量，如图 10-3 所示。

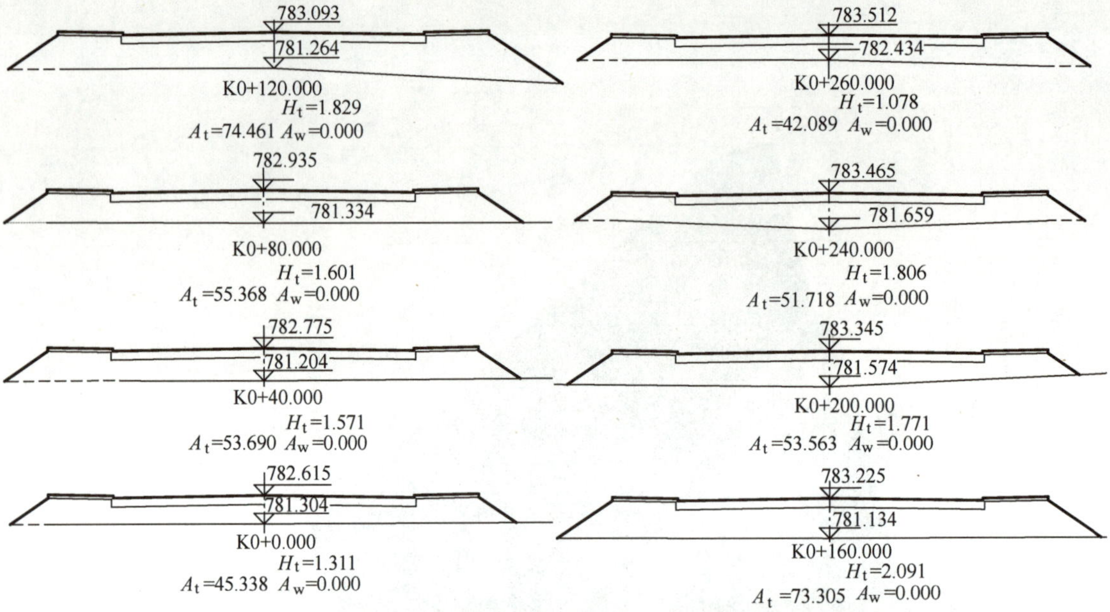

图 10-3 路基横断面图

任务实施

参考答案

识读图 10-2 所示某城市道路横断面施工图及路面结构立体示意图，回答问题。

1）城市道路横断面的布置形式有（　　）、（　　）、（　　）、（　　）。

2）图中，道路机动车道边缘、人行道外边缘相对于道路中线处的标高分别为（　　）m、（　　）m，机动车道及非机动车道的坡度分别为（　　）、（　　）。

3）该标准横断面图在水平方向的比例为（　　），垂直方向的比例为（　　）。

4）在该城市道路横断面施工图中两侧机动车道宽度、绿化带（花池隔离带）、非机动车道、人行道的宽度分别为（　　）m、（　　）m、（　　）m、（　　）m。

5）路面的结构层是指路面的铺装层，从上而下有（　　）层、（　　）层、（　　）层，面层一般为（　　）层，面层与基层之间还有（　　）。

6）图中机动车行道路面结构的面层有（　　）、（　　）、（　　），厚度分别为（　　）cm、（　　）cm、（　　）cm；下封层的厚度为（　　）cm，基层为（　　），厚度为（　　）cm；底基层为（　　），厚度为（　　）cm。

7）图中人行道路面结构由上自下分别是（　　）、（　　）、（　　）、（　　）。

8）路基横断面图的作用是什么？

任务二　识读城市道路平面图

技能要点

1）理解城市道路平面图的图示内容及各部分的图示方法。

2）了解城市道路平面图上地形地物的图示方法。

任务学习

城市道路平面图与公路路线平面图相似，它用来表示城市道路的方向、平面线形和车行道布置以及沿路两侧一定范围内的地形和地物情况。

图 10-4 所示为某城市道路 K10+100~K10+320 段的城市道路平面图。

城市道路平面图的内容可分为道路、地形和地物两部分。

（一）道路情况

由于城市道路平面图采用比较大的比例，所以在平面图上可以按比例画出道路的宽度。在平面图中除要画出道路红线、道路中线、里程桩号，还按比例绘制出机动车道、非机动车道的位置、宽度及各车道之间的分隔带、路缘带的位置、宽度，图中还应绘制人行道、人行横道线，交通岛、交叉口等。

城市道路中心线一般采用细点划线表示，道路红线（道路红线是道路用地与城市其他用地的分界线，红线之间的宽度也就是城市道路的总宽度）用粗双点划线表示。行车道边缘线（非机动车道边缘线）由粗实线绘出，绿化带边缘线用中实线绘出，原有道路用细实线画出。

图 10-4 所示人行道边缘线为实施道路红线，该道路总宽度为 50m，机动车道总宽度为 29m，上、下行车道宽均为 14.5m。非机动车道宽度为 4.5m，人行道宽度为 3m、绿化带宽度为 3m。

参考横断面施工图，可知该道路机动车道中间设置有隔离墩。机动车道与非机动车道之间有绿化带，所以该道路为“四块板”即四幅路面的断面布置形式。

一般在道路中心线上，从起点到终点，沿前进方向注写里程桩号，可向垂直道路中心线方向画细短线，在细短线上方或旁边注写里程桩号。

道路的走向，可用坐标网或指北针来确定，图 10-4 同时标有坐标网和指北针表示，“”符号表示指北针，箭头所指为正北方向，从指北针方向可知，大同路的大致走向为由南偏西到由北偏东方向，图中杨兴河的大致走向为东西方向，河水由东流向西。

在城市道路平面图中应该按平面图的比例画出并详细注明交叉口处的各道路的去向、交叉角度、曲线元素以及路缘石转弯半径。

（二）地形和地物情况

城市道路所在地区的地势一般比较平坦。地形除用等高线表示外，还用大量的地形测点表示高程。如图 10-4 所示，图中没有画等高线，只用地形测点高程表示，可以看出该地区北部较高，南部较低。

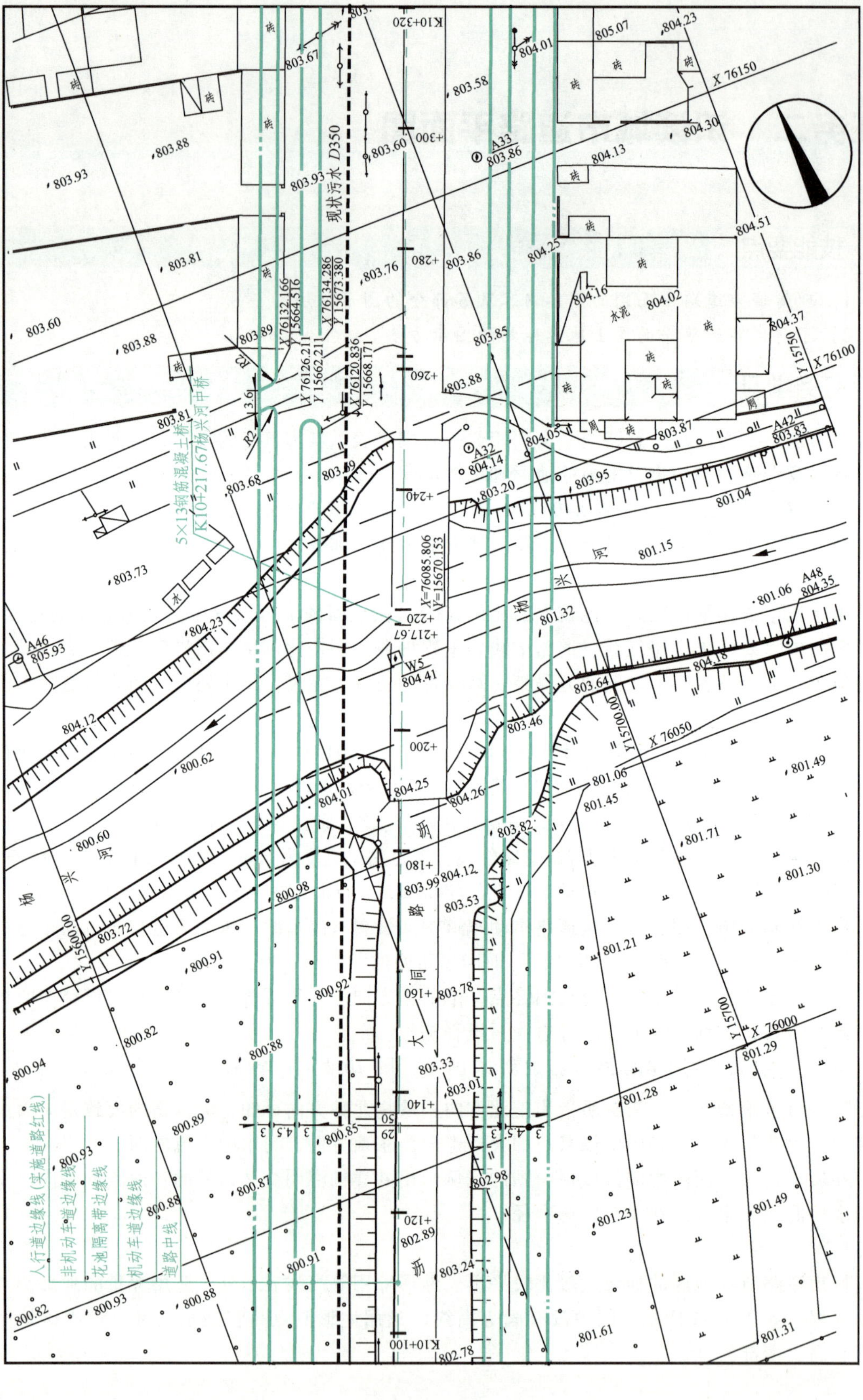

图 10-4 某城市道路平面图

城市路线平面图中的地物更多见的是房屋、原有道路、地下管道等。如图 10-4 所示，该段道路是郊区扩建的城市道路，从中可以看到原有道路（用细实线表示）及原有桥梁。新建道路占用了沿路两侧一些工厂、民房、其他用地。在该地区的北部是大量的民宅（砖瓦房）。中部有一条由东流向西的杨兴河，新建道路横跨杨兴河。为跨越杨兴河，新建道路上设计有 5m×13m 钢筋混凝土板桥（杨兴河中桥）。该地区的东南部是一片旱地，西南部是一片树林。沿路线前进方向的左侧，有一条现状污水管（原有污水管）。图中还表示出控制点如导线点、图根点的位置。

任务实施

识读图 10-4 所示某城市道路 K10+100 至 K10+320 段的道路平面图，回答问题。

参考答案

1）在城市道路平面图中，道路中心线、路基边缘线、地下管道、道路红线、原有道路边线分别应采用（　　）线、（　　）线、（　　）线、（　　）线、（　　）线绘制。

2）该城市道路平面图中，两侧非机动车道宽度各为（　　）m，人行道宽度为（　　）m。该道路的断面布置型式为（　　）幅路面。

3）该地区道路两侧，（　　）侧地势较高。

4）为了跨越杨兴河，新建道路上设计有钢筋混凝土板桥，该桥位于（　　　　）桩号处。杨兴河的流向是由（　　）流向（　　）。

5）道路右侧，杨兴河南岸的地物是（　　），北岸的地物是（　　）。

任务三　识读城市道路纵断面图

技能要点

1）理解城市道路纵断面图的图示内容及各部分的图示方法。

2）了解城市道路纵断面图上地形地物的图示方法。

任务学习

城市道路纵断面图也是沿道路中心线的展开断面图。其作用与公路路线纵断面相同，内容也是包括图样和资料表两部分，一般图样画在图纸的上部，资料表布置在图纸的下部。如图 10-5 所示为某城市道路 K10+100～K10+320 段的道路纵断面图。

（一）图样部分

城市道路纵断面图的图样部分完全与公路路线纵断面图的图示方法相同。如绘图比例竖向较横向放大数倍表示等，如图 10-5 所示。

（二）资料部分（与公路纵断面图基本相同）

城市道路纵断面图的资料表部分基本上与公路路线纵断面图相同，不仅与图样部分上下

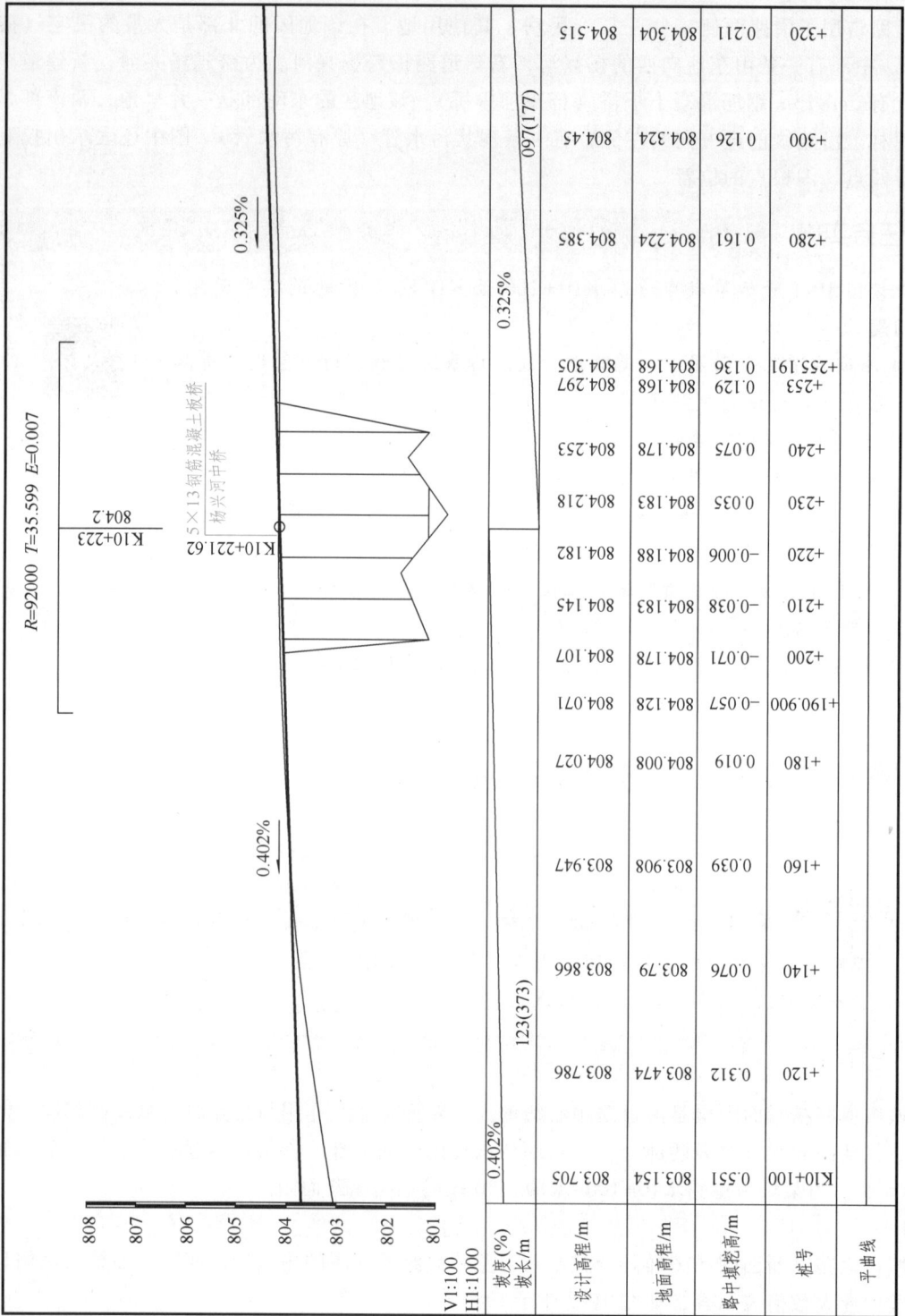

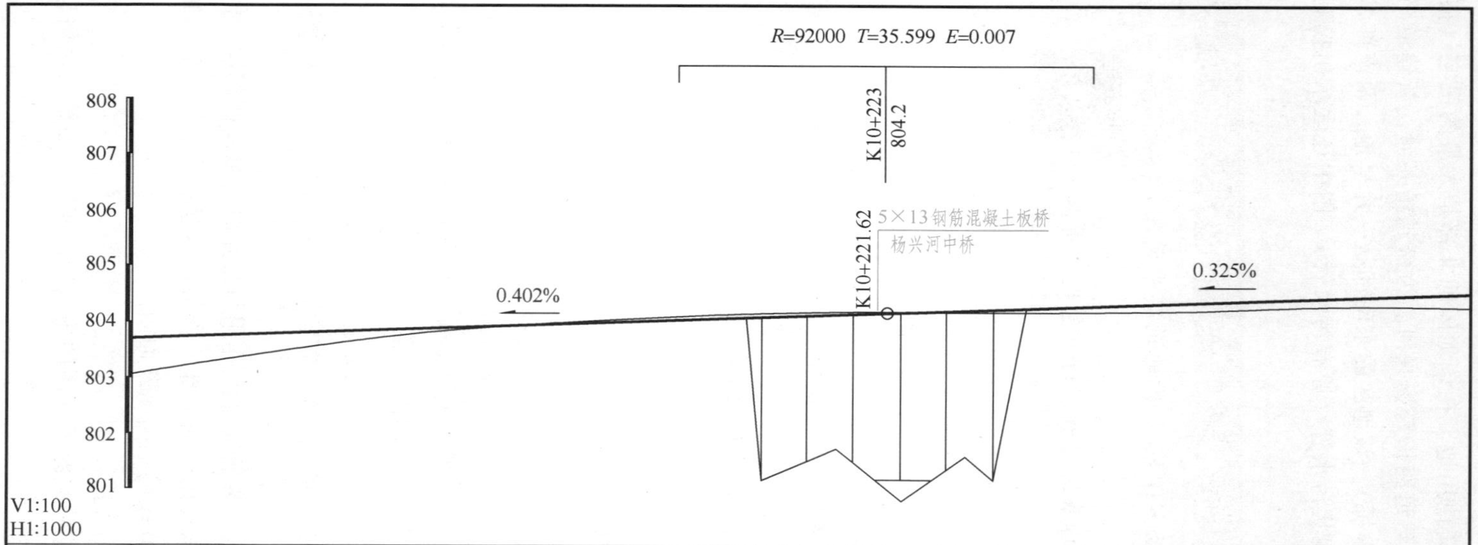

桩号	K10+100	+120	+140	+160	+180	+190.900	+200	+210	+220	+230	+240	+253	+255.191	+280	+300	+320
坡度(%) 坡长/m	0.402% 123(373)									0.325% 097(177)						
设计高程/m	803.705	803.786	803.866	803.947	804.027	804.071	804.107	804.145	804.182	804.218	804.253	804.297	804.305	804.385	804.45	804.515
地面高程/m	803.154	803.474	803.79	803.908	804.008	804.128	804.178	804.183	804.188	804.183	804.178	804.168	804.168	804.224	804.324	804.304
路中填挖高/m	0.551	0.312	0.076	0.039	0.019	−0.057	−0.071	−0.038	−0.006	0.035	0.075	0.129	0.136	0.161	0.126	0.211
平曲线																

图 10-5 某城市道路纵断面图

对应，而且还标注有关的设计内容，如图 10-5 所示。

请将图 10-3、图 10-4 及图 10-5 对照起来分析，以加深对城市道路工程图的理解。

任务实施

识读图 10-5 所示某城市道路 K10+100 至 K10+320 段道路纵断面图，回答问题。

1）该图横向比例为（　　），而竖向比例为（　　）。

2）杨兴河中桥位于（　　　　　）桩号处。该桥共（　　）跨，跨径（　　）m。

3）K10+100 处的设计高程为（　　　）m，地面高程（　　　）m，填方高度为（　　），道路纵向坡度为（　　）m。

4）图中变坡点的桩号为（　　），高程为（　　　）m。

参考答案

任务四　识读城市道路排水系统施工图

技能要点

1）了解城市道路雨水排除系统的组成及雨水管的布置情况。

2）掌握雨水进水口及检查井的图示内容及图示方法。

3）掌握城市道路雨水排除系统平面图及纵断面图的图示内容及图示方法。

任务学习

城市道路排水系统分为污水排除系统和雨水排除系统。其中汇集和处理生活污水或工业废水的系统称为污水排除系统；汇集和排泄雨水的系统称为雨水排除系统。

污水排除系统和雨水排除系统工程图的图示方法基本相同，下面以雨水排除系统为例分析城市道路排水系统工程图。

一、了解城市道路雨水排除系统

（一）城市道路雨水排除系统的组成

城区道路一般采用管道排水，即利用设在地下的相互连通的管道及相应设施，汇集和排除道路的地表水。城市道路雨水排除系统包括街沟、雨水收集口（雨水口）、雨水连接管、干管、检查井、出水口等主要组成部分。道路上及其相邻地区的地面水依靠道路设计的纵、横坡度，流向道路两侧的街沟，然后顺街沟的纵坡流入沿街沟设置的雨水口，再由地下的连接管通到干管，排入附近河流或其他水体中去，如图 10-6 所示。

（二）雨水管的布置

城市道路的雨水管应平行于道路的中心线布置。雨水干管一般宜尽量设在快车道以外的慢车道或人行道一侧。

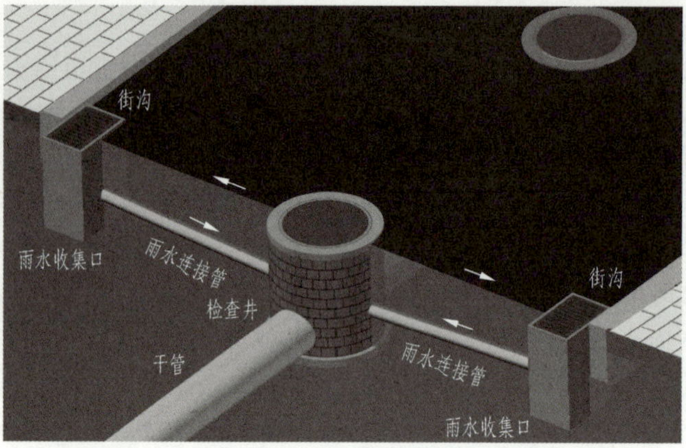

图 10-6 雨水排除示意图

由于雨水管道施工及检修对道路交通干扰很大，因此，雨水管应尽可能不布置在主要交通干道的行车道下，而宜直接埋设在绿带或较宽的人行道下，并注意与树、杆柱、侧石等保持一定的横向距离。

（三维模型）

（三）雨水口

雨水进水口也叫雨水进水井或雨水收集井，是在雨水管道或合流管道上汇集地表水的设施，由进口篦、井身及雨水连接管（雨水连管）组成，如图 10-7 所示。根据进水篦布置的不同，雨水口可分为平篦式、立式和联合式三种，图 10-7 所示为平篦式雨水口立体示意图。

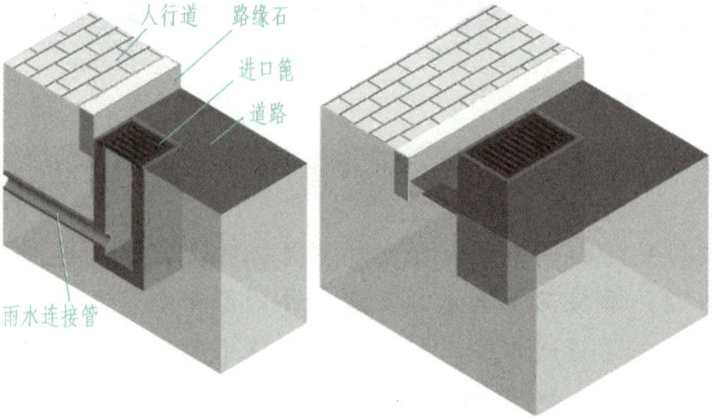

图 10-7 平篦式雨水口立体示意图

（四）检查井（窨井）

设置检查井是为了对地下管道进行检查和疏通，同时检查井还起连接不同方向和高度的支管或连管的作用，图 10-8 所示为检查井立体示意图。相邻两个检查井之间的管道应在同一直线上，便于检查和疏通操作。检查井一般设置在管道容易沉积污物以及经常需要检查的

（三维模型）

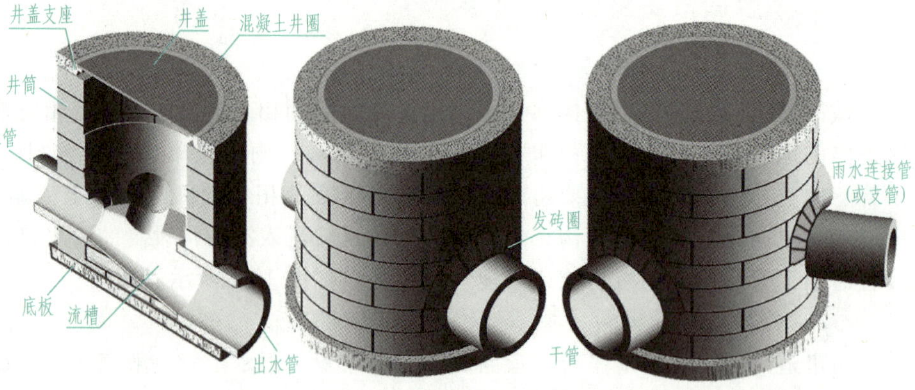

图 10-8 检查井立体示意图

地方，如管道断面改变处和交汇处，以及直线管段上每隔一定距离，都应布设检查井。

雨水支管是指连接干管窨井与道路两侧街坊窨井的管道，它还有上游管道。而雨水连接管是直接接在雨水收集井上的雨水收集管。一般情况下，检查井各管道连接采用管顶平接，在进、出水管之间砌筑锥形流槽，将进水管和出水管顺畅连接，即接入窨井的各管道的管顶标高是相同的，如图 10-8 所示。

二、识读城市道路雨水排水系统施工图

排水系统施工图通常包括施工平面图、施工纵断面图。

（一）识读城市道路排水系统施工平面图

城市道路排水系统施工平面图是在城市道路平面图的基础上画出排水管线及其构造物的布置图样。在城市道路排水系统施工平面图中，为了突出管线的布置情况，设计管线应采用加粗实线表示，现状管道习惯上用粗虚线表示并在图上加以标注，其余的线可以采用相应的细线表示。图 10-9a 所示为某路段雨水管道施工平面图。

识读城市道路排水平面图

1. 地形地物部分（同城市道路平面图）

图 10-9a 比例为 1∶5000，其地形由散点高程反映出该路段的坡度平缓，由西向东呈微倾之势，地面高程为 4.2~4.4m。

路西北有较大的绿化地块，靠近人行道有一条低压电力线路，路南沿分隔带也有一条低压线路。

道路总宽为 30m，设有两条分隔带。行车道宽度为 12m，人行道宽度为 4m，分隔带宽度为 5m，是“单幅路面”。路北地下管线有一条 ϕ150 的自来水管，埋设深度为 0.5m；还有一条管径为 ϕ380mm 污水管道，大致布置在机动车道北边的隔离带下面。消防龙头及污水窨井，图上已标明它们所在位置。沿道路两侧建有住房数幢的住宅区。街坊内雨水系统由支管汇集输送至路口窨井 Y4 甲及 Y5 甲，以便接入新建雨水管道。

2. 管道设计部分

在图 10-9 中，拟建雨水管道位于该路段南侧（右侧），距道路中线 4.5m。管道起点位于西端，桩号为 0+000。

每一管段均标明其管径、长度、坡度、水流方向。每个窨井均标明其编号、里程桩号、窨井尺寸及管道埋深。在 0+000 桩号~0+040 桩号段，ϕ300-40-0.3%表示此段排水管直径为 ϕ300mm，长为 40m，方向由 0+000 桩号流向 0+040 桩号，坡度为 0.3%。Y1 窨井处路面标高为 4.380m。在 K0+120 桩号处的 Y4 窨井及 K0+155 处的 Y5 窨井都接入了街坊雨水支管。雨水进水口安装在雨水干管的两侧的机动车道和人行道上，紧贴分隔带侧石安装。

道路两侧的雨水口和街坊口的雨水口，用连接管和支管接入雨水干管上的窨井，图上用粗实线标明各连接管的位置。由图示的现有地下管线，明显表示出管线之间的交叉情况。

图 10-9b 所示为图 10-9a 所示雨水管道施工平面图的立体示意图，立体示意图中管道尺寸、道路尺寸没有按比例绘制。

（二）识读城市道排水施工纵断面图

排水系统的施工纵断面图与平面图需对照使用。施工纵断面图是按实地定线后进行水准测量的资料绘制而成的。通常选用的比例，横向为 1∶1000；纵向为 1∶100 或 1∶50。

识读城市道路排水纵断面图

图 10-10 为雨水管道施工纵断面图，与图 10-9 配套。

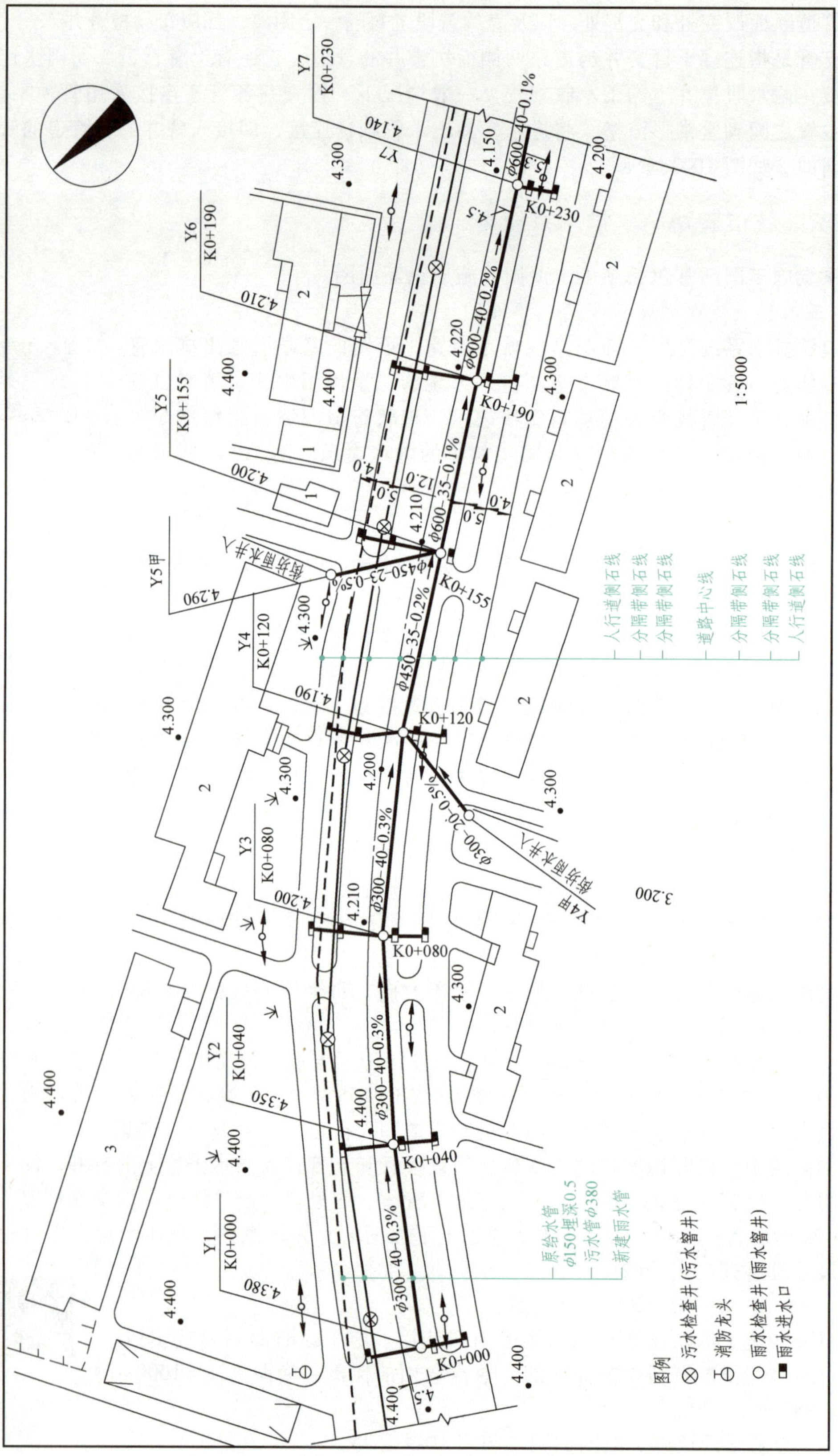

a) 施工平面图

图 10-9 某路段雨水管道施工图

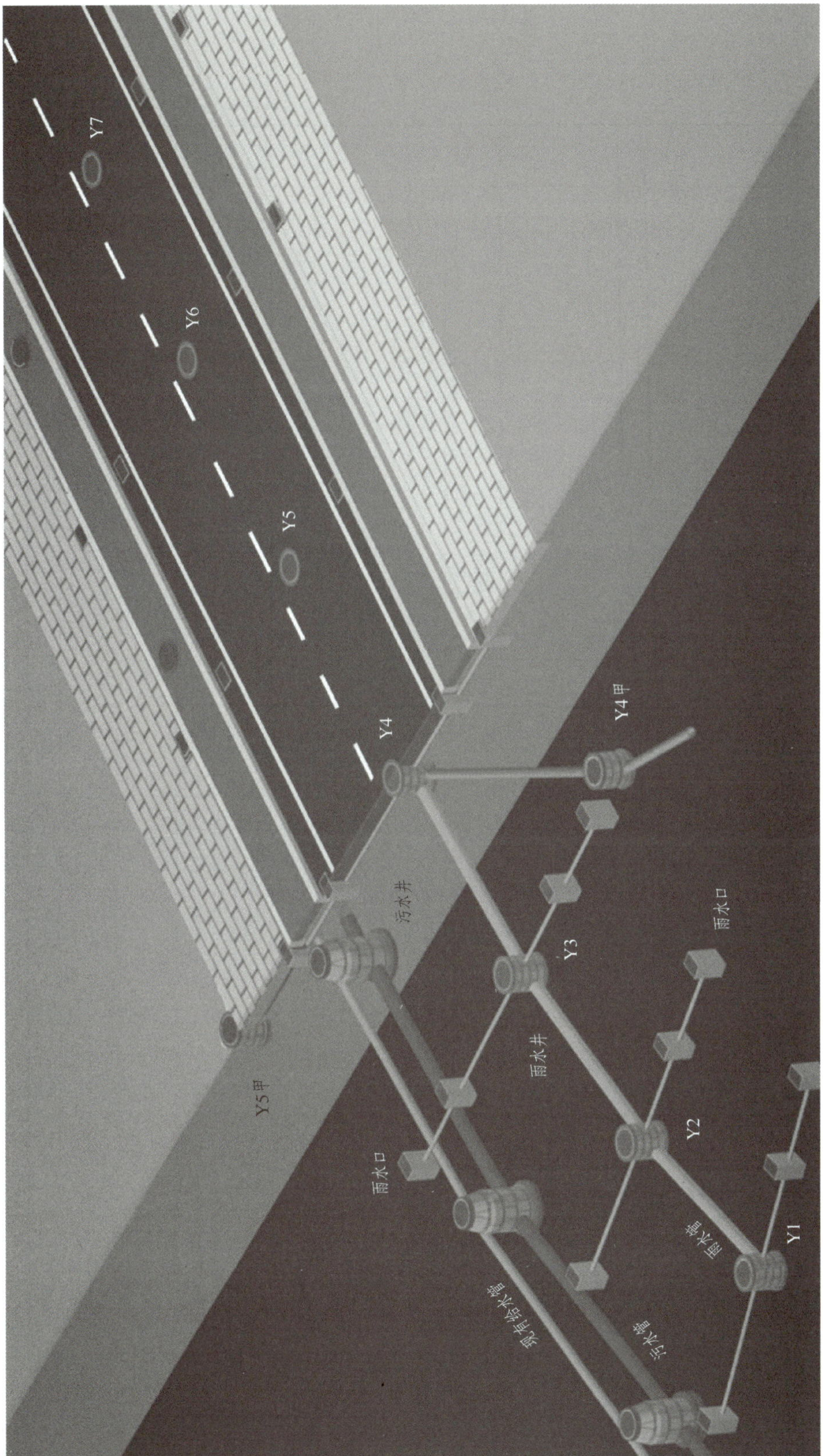

b) 立体示意图

图 10-9　某路段雨水管道施工图（续）

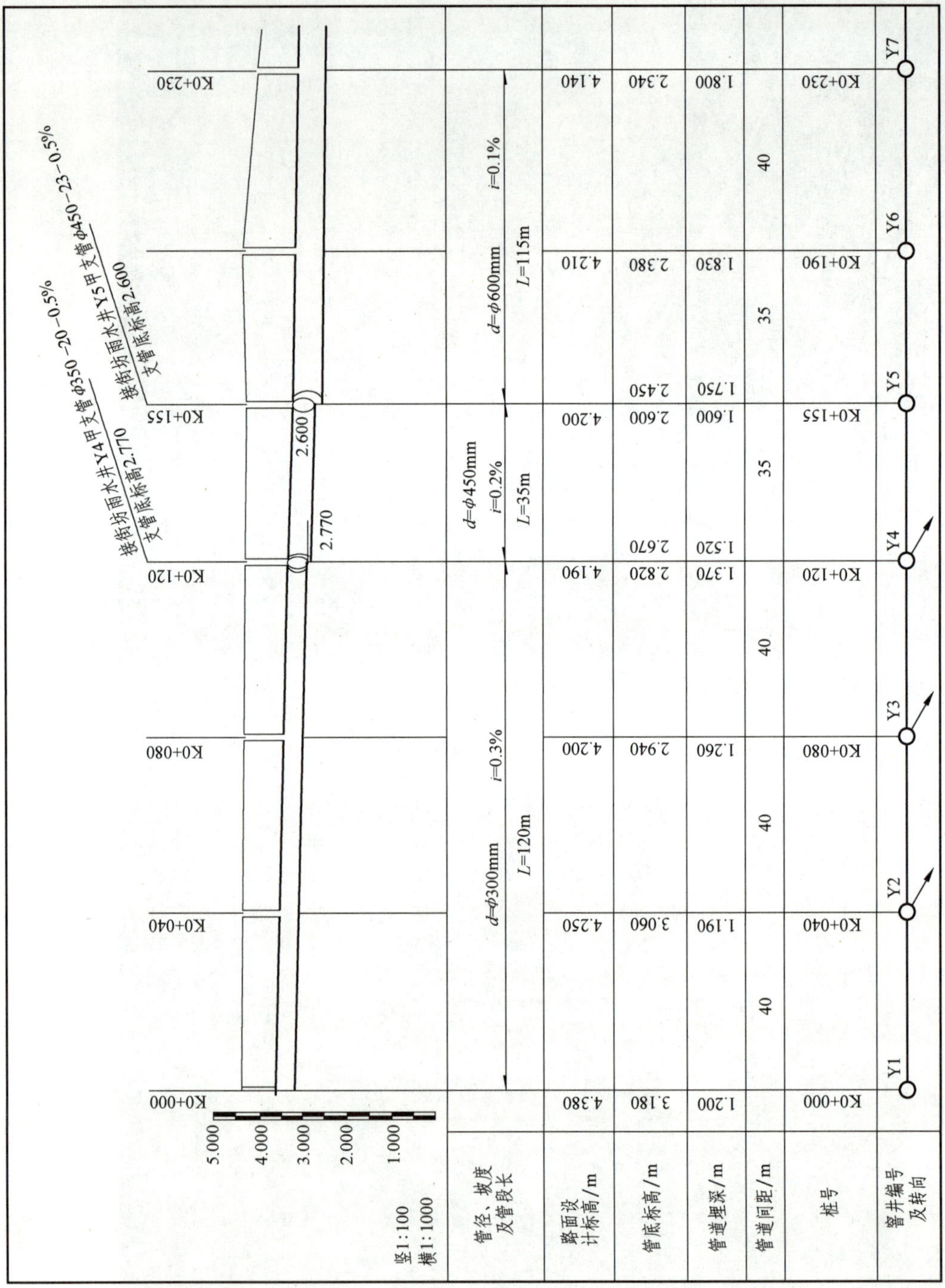

图 10-10 某路段雨水管道施工纵断面图

1. 图样部分

1）按比例画出高程标尺，根据路面高程点画出路面坡度变化线。该图的横向比例为1∶1000，纵向比例为1∶100。

2）每庄窨井所在的位置上用两根平行竖线表示窨井及其位置（其间距夸大了窨井尺寸）。

3）根据管底标高按比例画出管道的纵断面图，表明管段的衔接情况。图中管段的衔接，均采用管顶平接。

4）由指示线标明各窨井处接入支管的管径、长度、坡度及管底标高。由图可见在Y4及Y5窨井上，各有街坊雨水支管接入，如Y5窨井接入道路左侧街坊雨水支管，其管径为ϕ350mm，长度为35m，设计纵坡为5%，管底标高为2.600m，支管另一端连接Y5甲街坊雨水井。

2. 资料表部分

1）窨井编号、转向点、窨井间距。该项资料是取自平面图上标出的资料。管道在窨井位置如果改向，应标明转折方向符号，必要时还须注明转折角大小。图中的Y2、Y3、Y4窨井位置画出的箭头，表明管道均向右转折。

2）各窨井处的管道埋深、管底标高、路面设计标高。其中管道埋深等于路面设计标高减去管底标高，管底标高是指管内底标高。如图10-10所示，Y4窨井左侧管底标高2.820m，右侧管底标高2.670m，左侧管道埋深1.370m，右侧管道埋深1.520m，路面设计标高4.190m。

3）各管段的管径、设计纵坡及管段长等有关数据均列于纵断面图下的表格中。如图10-10所示，桩号K0+000到K0+120的管段管径为ϕ300mm，设计坡度为0.003，管段长为120m。

任务实施

1. 识读图10-9中所示的某路段雨水管道施工图，回答问题。

参考答案

1）在城市道路排水系统施工平面图中，设计管线应采用（　　）线表示。

2）在图10-9所示城市道路排水系统施工平面图上，在K0+040桩号~K0+080桩号段，排水管直径为（　　）mm，长为（　　）m，方向由（　　）桩号流向（　　）桩号，坡度为（　　）%。

3）在图10-9所示城市道路排水系统施工平面图上，3号窨井的桩号为（　　），3号窨井处的地面标高为（　　）m，此处管道的转向为向（　　）转。

4）全图中ϕ300的管道总长为（　　）m，ϕ450的管道长为（　　）m，ϕ600的管道总长为（　　）m。

2. 识读图10-10所示的某路段雨水管道施工纵断面图，回答问题。

1）城市道排水施工纵断面图包括（　　）、（　　）两部分。

2）在图10-10所示雨水管道纵断面图上，横向比例为（　　），纵向比例为（　　）。

3）在图10-10上，3、4号窨井间的距离为（　　）m，4号窨井的桩号为（　　）。

4）5号窨井，左侧管底标高为（　　）m，右侧管底标高为（　　）m，路面设计标高为（　　）m。左侧管道埋深为（　　）m，右侧管道埋深为（　　）m，5号窨井处有街坊雨水支管接入，支管管底标高为（ ）m，支管管径为（ ）mm。

5）K0+120 到 K0+155 的管段管径为（ ）mm，设计纵波为（ ）%，管段长为（ ）m。

素质拓展

港珠澳大桥——桥梁界的“珠穆朗玛峰”

港珠澳大桥
——桥梁界的
“珠穆朗玛峰”

港珠澳大桥于 2018 年 10 月全线开通营运，它全长 55km，能抵抗 16 级台风及 8 级地震，它的使用寿命为 120 年，成为世界上最长、最牢固的超大型跨海大桥，是粤港澳三地紧密联系的象征。港珠澳大桥横空出世，震惊了全世界。业界称它是桥梁界的“珠穆朗玛峰”，外媒更惊呼这是“现代世界七大奇迹”之一。

港珠澳大桥包括 22.9km 的主体桥梁，四个人工岛以及 6.7km 的世界最长、最深的海底沉管隧道。主体桥梁用钢总量 42 万 t，相当于 60 座埃菲尔铁塔。建设所用材料不仅自主研发，而且标准提升，技术突破。光是桥梁、人工岛、隧道领域就获得专利一千多项，堪称世界之最。

港珠澳大桥在波浪汹涌的伶仃洋上施工，横跨国家级白海豚自然保护区，海面上每天有两千多只船舶往返穿行。施工难度在建桥史上前所未有。港珠澳大桥岛隧工程总工程师林鸣曾感叹：“33 节海底沉管，装上去，对接好，比连续 33 次考上清华的难度可能还要更高。”

创造人间奇迹的背后，是无数呕心沥血的科技工作者在默默坚守。他们不愧是“大国工匠”，是我们学习的楷模。

项目十一 识读桥梁工程图

学习目标

项目载体	桥梁工程图
知识目标	1. 了解桥梁的组成与分类 2. 掌握桥型布置图的图示内容及各部分的图示特点 3. 掌握必要的钢筋混凝土知识 4. 掌握钢筋混凝土构件图的图示方法与特点 5. 掌握钢筋混凝土构件图的识图方法
能力目标	1. 能识读桥型布置图 2. 能识读桥梁构件的构造图
素质目标	1. 了解我国桥梁建设的辉煌成就,增加民族自豪感 2. 自主完成学习任务,获得成就感,增强责任感和自信心

任务一 识读桥梁总体布置图

技能要点

1）了解桥梁的组成与分类。

2）能够识读桥位平面图、桥位地质断面图、桥型布置图。

任务学习

一、了解桥梁分类

当道路路线在跨越江河湖泊、山谷、低洼地带以及其他路线（公路和铁路）时，需要修筑桥梁以保证车辆的正常行驶和宣泄水流，保证船只的通航和桥下公路或铁路的运行。

1. 桥梁的组成

桥梁主要是由上部结构（主梁或主拱圈和桥面系）、下部结构（桥墩、桥台和基础）及附属构造物（栏杆、灯柱及护岸、导流结构物）等组成。上部结构习惯称为桥跨结构，下部结构习惯称为墩台结构，桥墩和桥台是支撑桥跨结构并将荷载通过基础（桥台基础及桥墩基础）传至地基的建筑物。在上部结构与下部结构连接处设置有传力装置支座。在路堤与桥台衔接处，一般还在桥台两侧设置石砌的锥形护坡，以保证迎水部分路堤边坡的稳定。桥梁示意简图如图 11-1 所示。

桥梁全长（桥长 L）是桥梁两端两个桥台的侧墙或八字墙后端点之间的距离。对于无桥台的桥梁为桥面系行车道的全长。

桥梁的组成

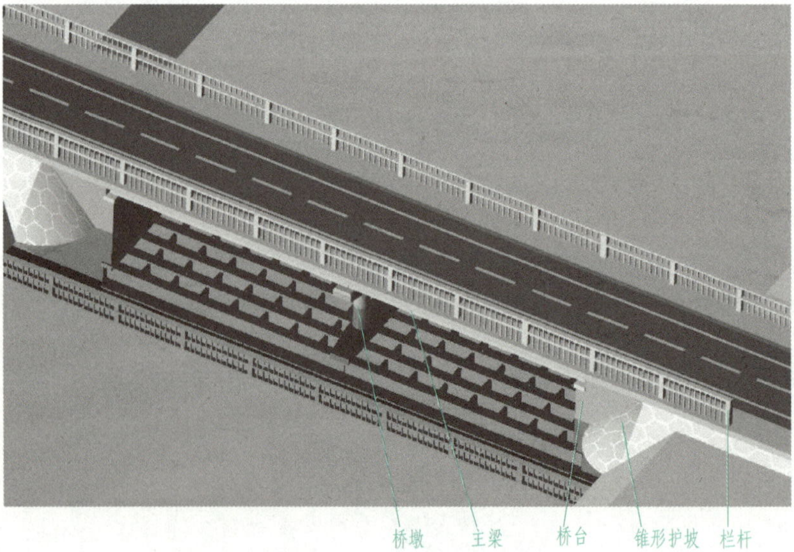

图 11-1 桥梁示意简图

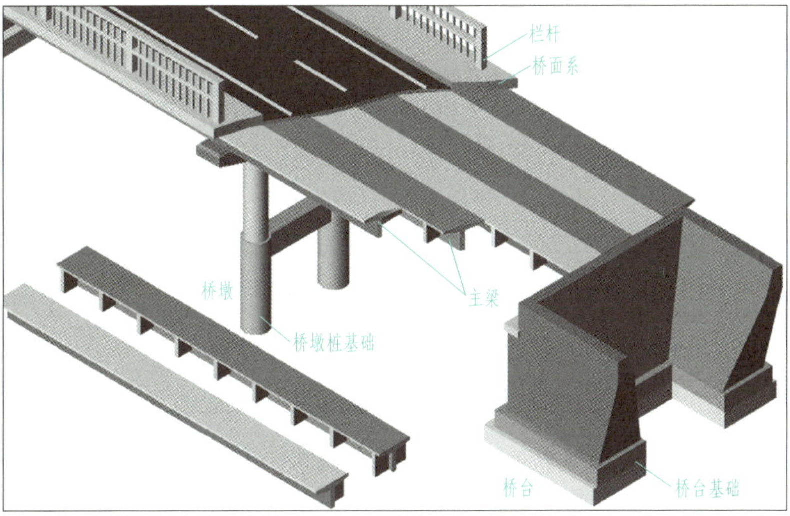

（彩图）

图 11-1　桥梁示意简图（续）

2. 桥梁分类

按桥梁的受力体系的不同可分为：梁式桥、拱式桥、悬索桥、斜拉桥、刚架桥、桁架桥等，如图 11-2 所示。

a) 梁式桥

b) 拱式桥

c) 悬索桥

d) 斜拉桥

（彩图）

e) 刚架桥

f) 桁架桥

图 11-2　桥梁分类

按主要承重结构所用的材料分为：圬工桥（包括砖、石、混凝土桥）、钢筋混凝土桥、预应力混凝土桥、钢桥和木桥等。

根据《公路桥涵设计通用规范》（JTG D60—2015），桥梁按全长和跨径的不同分为：特大桥、大桥、中桥、小桥及涵洞，见表 11-1。

表 11-1 按桥梁全长和跨径分类

桥梁分类	多孔桥全长 L/m	单孔跨径 L_k/m
特大桥	$L>1000$	$L_k>150$
大桥	$100\leqslant L\leqslant 1000$	$40\leqslant L_k\leqslant 150$
中桥	$30<L<100$	$20\leqslant L_k<40$
小桥	$8\leqslant L\leqslant 30$	$5\leqslant L_k<20$
涵洞	—	$L_k<5$

按跨越障碍的性质分为：跨河桥、跨线桥（立体交叉）、高架桥和栈桥。

无论桥梁形式和建筑材料如何，但图示方法是相同的。下面我们结合桥梁专业图的图示特点来阅读和分析桥梁工程图。

识读桥位平面图

二、识读桥位平面图

桥位平面图主要表示桥梁与路线连接的平面位置。通过地形测量绘出桥位处的道路、河流、水准点、钻孔及附近的地形和地物（如房屋、原有桥梁等）的平面图，以便作为设计桥梁、施工定位的根据。

桥位平面图中的植被、水准符号等图例与道路路线平面图中的图例一致，一些特殊的图例在图中适当位置标出，读图时注意通过阅读图例来分析桥位平面图中的内容。

图 11-3 所示为某桥（长源河桥）的桥位平面图。除了表示路线平面形状、地形和地物

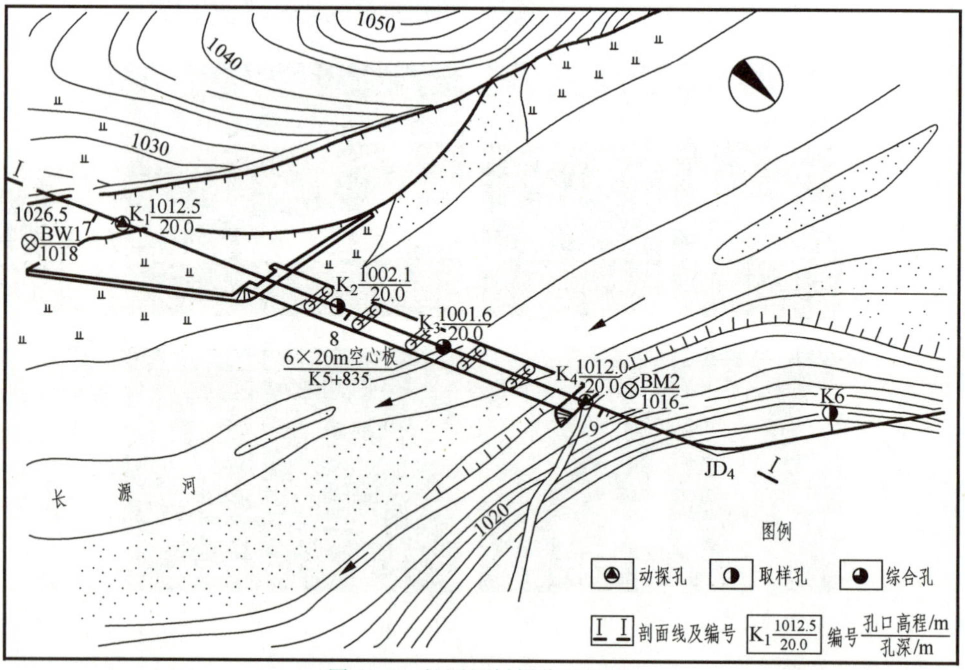

图 11-3 长源河桥桥位平面图

外，主要表明桥位中心、钻孔、水准点等的里程桩号和有关数据。图中表示一座六孔跨径为20m的空心板梁桥倾斜跨越长源河，桥梁中心位于K5+835处。图中共有五个钻孔，有动探孔、取样孔和综合孔。桥中心位置的3号钻孔是一动探和取样的综合孔，其孔口标高为1001.6m，孔深为20m。

三、识读桥位地质断面图

识读桥位地质断面图

桥位地质断面图是根据水文调查和地质钻探所得的资料绘制的所在河床位置的沿桥梁中心线用假想的铅垂面纵向剖切得到的地质断面图。桥位地质断面图包括河床断面线、钻孔位置、各地质层情况、最高水位线、常水位线和最低水位线，以便作为设计桥梁、桥台、桥墩和计算土石方数量的依据；为了显示地质和河床深度变化情况，桥梁地质断面图上特意把地形高度（标高）的比例较水平方向比例放大数倍画出。

和桥位平面图一样，读图时要注意通过阅读图例来分析图中的内容。

图11-4所示为某桥（长源河桥）的地质断面图。图中标出了钻孔的位置、孔口标高、钻孔深度及孔与孔的间距，图中地形高度的比例采用1∶200，水平方向比例采用1∶500。

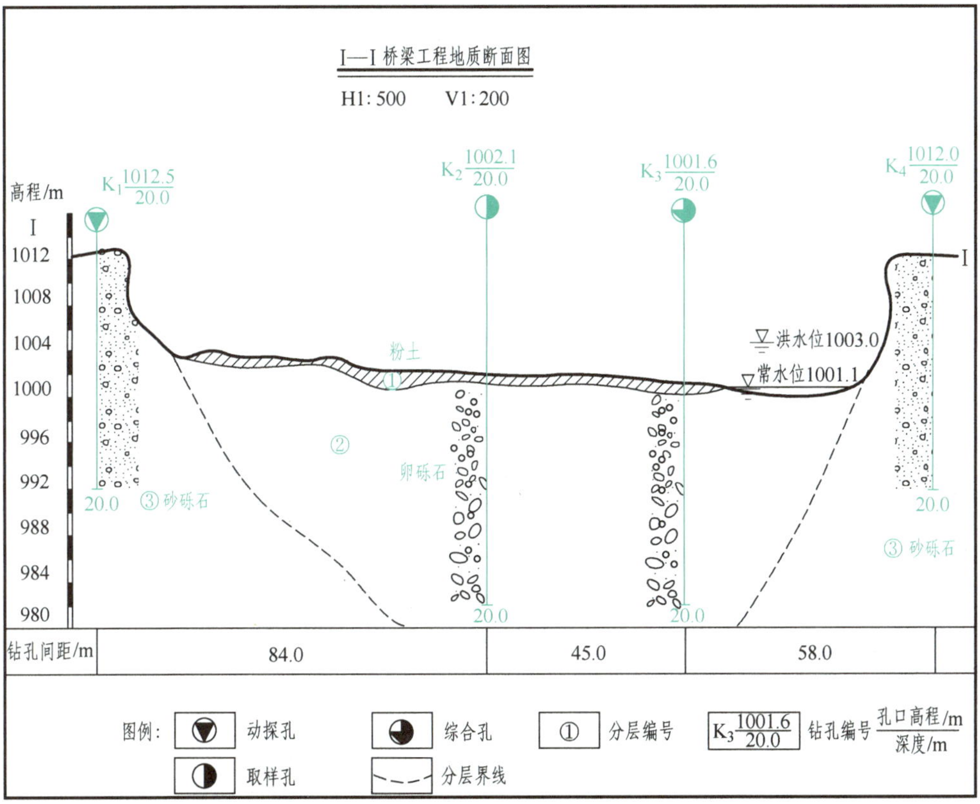

图11-4　长源河桥地质断面图

桥梁的地质断面图有时以地质柱状图的形式直接绘在桥型布置图的立面图正下方。有些桥可不绘制桥位地质断面图，但应写出地质情况说明。

四、识读桥型布置图

（一）桥型布置图的图示内容与特点

桥梁总体布置图主要由立面图、平面图、侧面图、纵断面高程数据表及注释组成，如图 11-5 所示。

1）立面图由于桥梁左右对称，立面图一般采用半剖面图的形式表示，剖切平面通过桥梁中心线沿纵向剖切。当桥梁结构较简单时也可采用单纯的正面投影图来表示。由于桥台、桥墩基桩一般埋置较深，为了节省图幅经常采用折断画法。

2）平面图可采用半剖图或分段揭层的画法来表示，半剖图是指左半部分为水平投影图，右半部分为剖面图（假想将上部结构揭去后的桥墩、桥台的投影图）。分段揭层的画法是指在不同的墩台处假想揭去不同高度以上部分的结构后画出投影的方法。当桥梁结构较简单时也可采用单纯的水平投影图来表示。

3）侧面图根据需要可采用一个或几个不同的断面图来表示。如图纸空间受到限制，在工程图中侧面图也可采用两个不同位置的断面图各画一半合并而成。为了表达清楚桥梁断面形状与尺寸，侧面图可以采用比平面图和立面图较大的比例。在路桥专业图中，画断面图时，为了图面清晰、突出重点，可以只画剖切平面后离剖切平面较近的可见部分。

根据道路工程制图国家标准规定，可将土体看成透明体，所以埋入土中的基础部分都认为是可见的，可画成实线。

（二）识读桥型布置图

图 11-5 为一桥梁的桥型布置图，图 11-6 为该桥梁立体图。

从立面图上可以看出该桥起点的桩号为 K0+058. 50，终点桩号为 K0+102. 50，桥跨中心位于 K0+080. 50 桩号处。全桥共三跨，三孔跨径均为 13m，全长为 44m（从耳墙的后边缘算起）。立面图上标注出桥梁桩基础底面、顶面，桥墩盖梁底面及桥台基础底面、顶面，桥台盖梁底各部分的高程。根据图中桥梁各部分的高程可以知道立柱的高度及混凝土钻孔桩的埋置深度等，由于桩埋置较深，为了节省图幅采用了折断画法。

从立面图中还可以看出两边桥台为带耳墙的肋板式桥台，台下基础为钢筋混凝土扩大基础。河床中间有 2 个单柱式桥墩，它由盖梁、立柱、承台和桩基础共同组成。根据道路工程制图国家标准规定，可将土体看成透明体，所以埋入土中的承台、桩柱、桥台部分都认为是可见的，画成实线。

平面图采用了分段揭层的画法。左面的投影图部分主要表达了锥形护坡以及桥面的布置情况；2 号桥墩中心线右侧，揭去桥梁上部结构以表达桥墩盖梁和支座；在 3 号桥墩处揭去盖梁以上部分的结构，表达了立柱的断面形状及下面承台、桩柱分布情况；右侧桥台处是揭去桥梁上部结构得到的，主要表达桥台盖梁、耳墙及其扩大基础水平方向的形状与布置情况。为了图形清晰，平面图中省略了大部分虚线。对照横断面图可以看出桥面车行道宽为 4. 5m，桥梁总宽 5. 5m。

侧面图是由 1/2 Ⅰ—Ⅰ断面图和 1/2 Ⅱ—Ⅱ断面图拼接成的。为了更清楚地表达断面形状，断面图采用较大的比例。Ⅰ—Ⅰ断面图是从左侧边跨处剖开得到的，主要表达该处桥梁的上部结构和离剖切平面较近的桥墩侧面方向的形状与尺寸；Ⅱ—Ⅱ断面图是在右侧边跨处剖开得到的，主要表达该处桥梁的上部结构和桥台侧面方向的形状与尺寸。在路桥专业中，

桥型布置图的内容

桥型布置图的图示特点

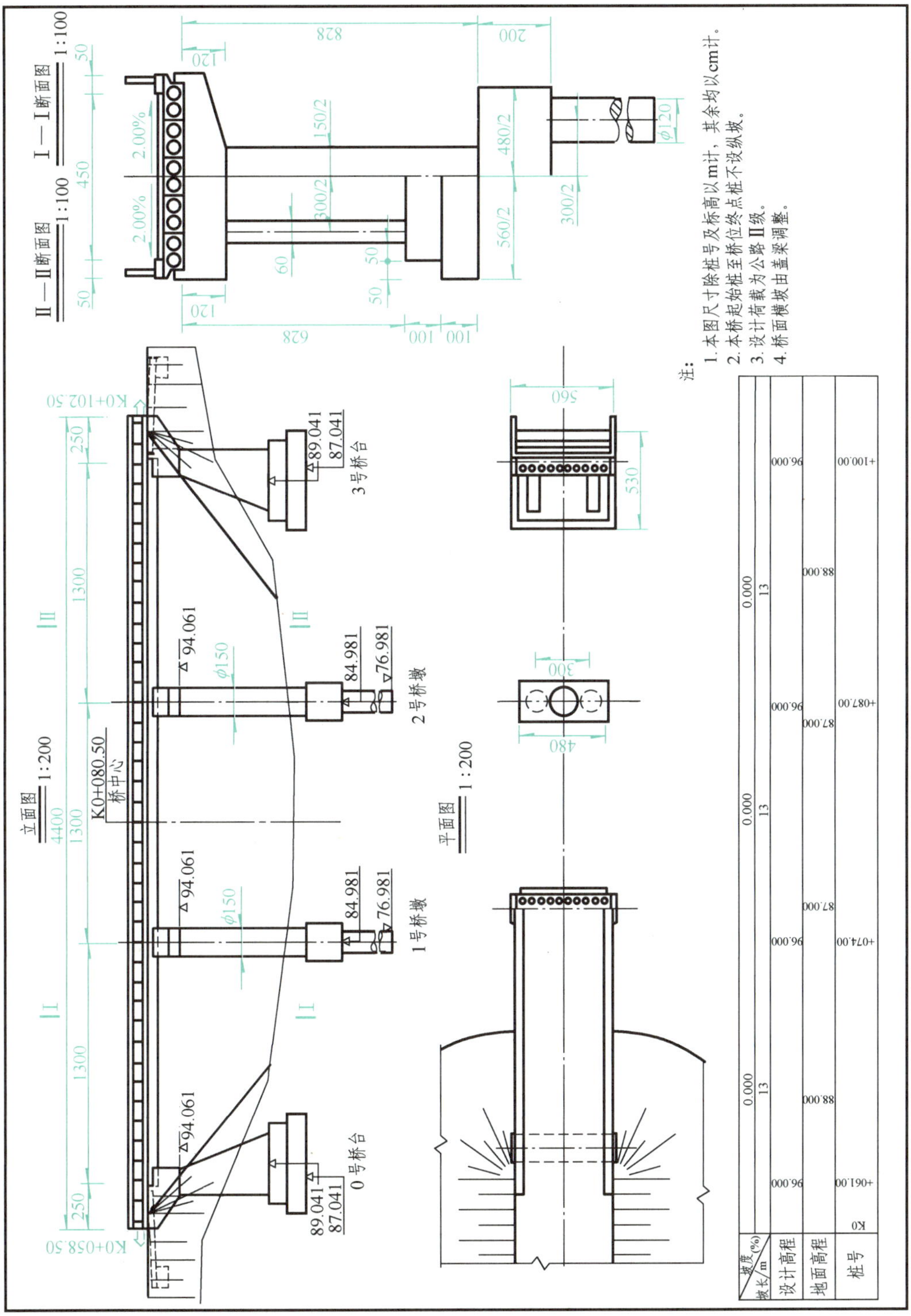

图 11-5 桥型布置图

桥型布置图

（彩图）

（三维模型）

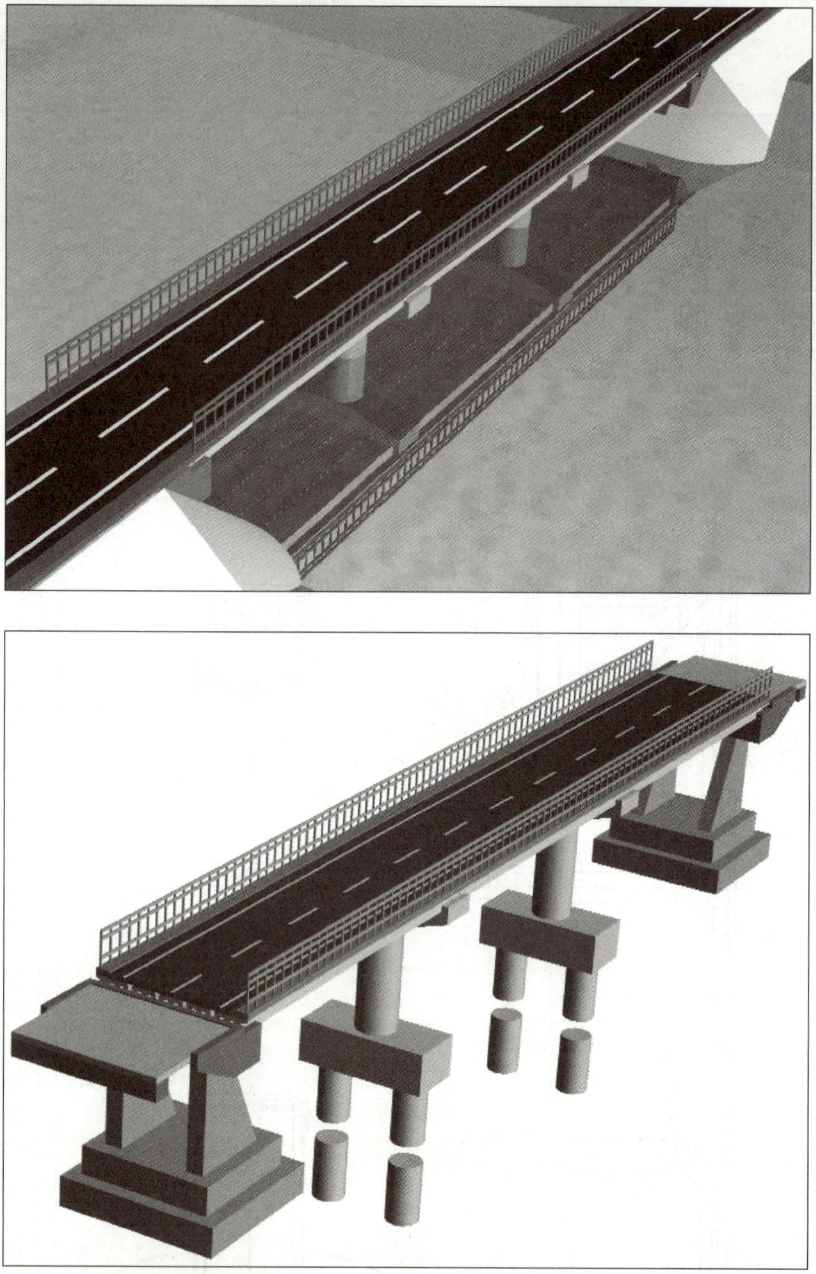

图 11-6 桥梁立体图

画断面图时，可根据需要取舍剖切平面以后可见部分，这里为图面清晰、突出重点，只画了剖切平面后离剖切平面较近的可见部分。

在平面图下面与平面图对齐画出纵断面高程数据表，纵断面高程数据表中列出了桥台、桥墩的桩号及各桩号处的桥面设计高程、各测点的地面高程及各跨的纵坡。从表中可知该桥梁没设纵坡。

任务实施

识读桥梁总体布置图，回答问题。

参考答案

1. 了解桥梁组成与分类。

1）桥梁上部结构习惯称为（　　）结构，桥梁的下部结构习惯称为（　　）结构。

2）桥墩、桥台的作用是（　　）。

3）在上部结构与下部结构连接处设置有起传力作用的（　　）。

4）桥梁全长（桥长 L）是指（　　）。

5）按受力体系的不同桥梁可分为（　　）、（　　）、（　　）、（　　）、（　　）、（　　）。

6）按照全长和跨径的不同桥梁分为（　　）、（　　）、（　　）、（　　）、（　　），其长度范围分别是（　　）、（　　）（　　）（　　）、（　　）。

2. 识读桥位平面图。

1）图 11-3 所示的桥位平面图上，桥梁中心位置的桩号为（　　），该桥的跨径为（　）m，共有（　　）跨。该桥的大致走向为由（　　）方向到（　　）方向。

2）图 11-3 中 1 号钻孔是（　　）孔，其孔口高程为（　　）m，孔深为（　　）m。

3. 识读桥位地质断面图（图 11-4）。

1）桥位地质断面图包括（　　）。图中所示的桥位地质断面图上，桥梁中心位置处从上到下的各地质分别为（　　）层、（　　）层、（　　）层。

2）该桥位地质断面图上高度方向的比例是（　　），水平方向的比例是（　　）。

3）图 11-3 中 2 号钻孔是（　　）孔，其孔口高程为（　　）m，孔深为（　　）m。

4. 识读桥型布置图（图 11-5）。

1）桥型布置图的图示内容主要有（　　）。

2）立面图一般采用（　　）表示。

3）当桥台、桥墩桩基（桩基础）埋置较深时，为了节省图幅经常采用（　）画法。

4）平面图可采用（　　）或（　　）的画法来表示。

5）侧面图可采用（　　）来表示。如图纸空间受到限制，在工程图中侧面图也可采用（　　）合并而成。

6）画桥梁断面图时，为图面清晰、突出重点，只画剖切平面后离剖切平面（　　）的可见部分。

7）根据道路工程制图国家标准规定，可将土体看成透明体，所以埋入土中的基础部分都认为是可见的，可用（　　）线绘制。

8）图 11-5 所示的桥梁，共有（　　）跨，跨径为（　　）m，桥梁全长为（　　）m，桥梁宽度为（　　）m，上部结构由（　　）块板组成。

9）该桥的起点桩号为（　　），终点桩号为（　　），桥跨中心位于（　　）桩号处。

10）桥梁中心线上 2 号桥墩桩基底面、顶面、立柱顶面的高程分别为（　　）、（　　）、（　　）。

11）根据图中桥梁各部分的高程可以知道混凝土钻孔桩的长度为（　）cm。

12）从立面图中还可以看出两边桥台为（　　　　）式桥台。桥台基础为钢筋混凝土（　　　）。

13）该桥有（　）个桥墩，是（　　）式的桥墩，其基础是（　　）基础。

14）平面图采用了分段揭层的画法。2号桥墩中心线右侧，揭去（　　）结构；在3号桥墩处揭去（　）以上部分的结构；右侧桥台处是揭去（　　）结构。

15）侧面图采用了两个不同位置的断面图各画一半合并而成，断面图采用的比例为（　　）。在两个断面图中指出桥墩立柱、桥墩桩基的投影，指出桥台立柱、桥台盖梁、桥台桩基的投影。

16）0号桥台基础底面的高程分别为（　　）m，该桥桥面的设计高程为（　　）m。

任务二　识读钢筋混凝土结构图

技能要点

1）认识并熟记桥梁构件。

2）通过分析钢筋混凝土空心板的钢筋混凝土结构图，了解钢筋混凝土知识。

3）分析钢筋构造图，掌握钢筋混凝土结构图的图示内容与特点。

任务学习

图11-7为桥梁各主要构件立体示意图。桥梁由上部结构（桥跨结构）、下部结构（墩

（三维模型）

（彩图）

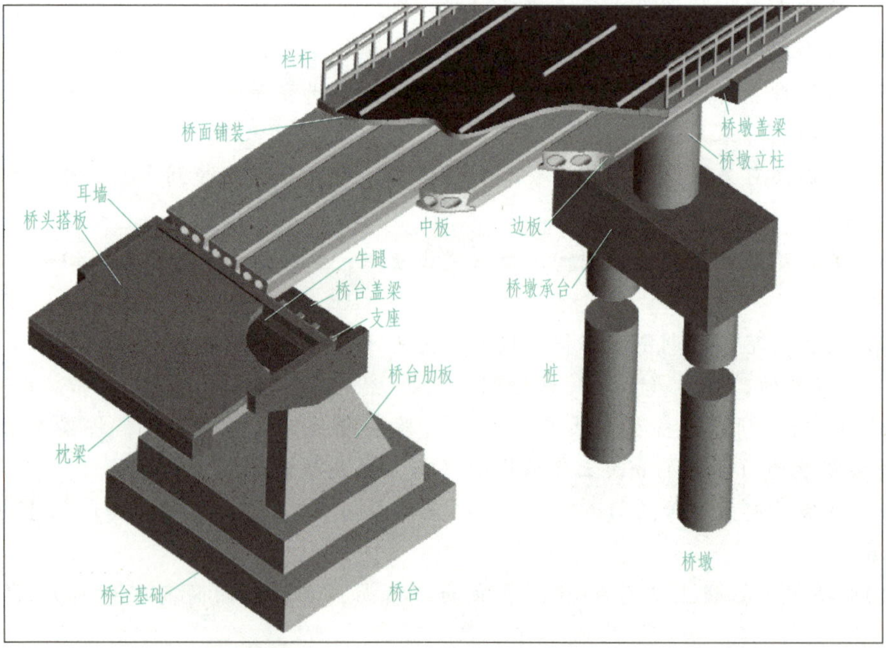

图11-7　桥梁各主要构件立体示意图

台结构）及附属构造物等组成。桥梁的上部结构包括主梁和桥面系，图 11-7 中的空心板、桥面铺装为桥梁的上部结构，桥跨结构是桥梁中的主要受力构件。桥梁的下部结构包括桥墩、桥台和基础。桥跨结构通过支座支撑在桥墩、桥台上。桥跨结构上部的栏杆为桥梁的附属结构。

桥梁构件大部分是钢筋混凝土构件，钢筋混凝土结构图主要包括两类图样：一类称为构件一般构造图（或模板图），只画出构件的形状和大小，不表示内部钢筋的布置情况；另一类称为钢筋构造图（或钢筋结构图或钢筋布置图），即主要表示构件内部钢筋的布置情况。当构件比较简单时只画钢筋构造图。

一、钢筋混凝土知识

钢筋混凝土结构是由钢筋和混凝土两种物理力学性能不同的材料按一定方式结合成的一个整体共同承受外力的结构物，如钢筋混凝土梁、板、柱、桩、拱圈等。

（一）钢筋的作用与分类

根据钢筋在构件中所起的作用，可分为下列几种：

（1）受力钢筋（主筋）　承受构件内力的主要钢筋，如图 11-8 中的 N1。

（2）箍筋（钢箍）　主要固定受力钢筋位置，并承受一部分内力，如图 11-8 中的 N7、N8。

钢筋混凝土知识

钢筋混凝土空心板中的钢筋

（彩图）

（三维模型）

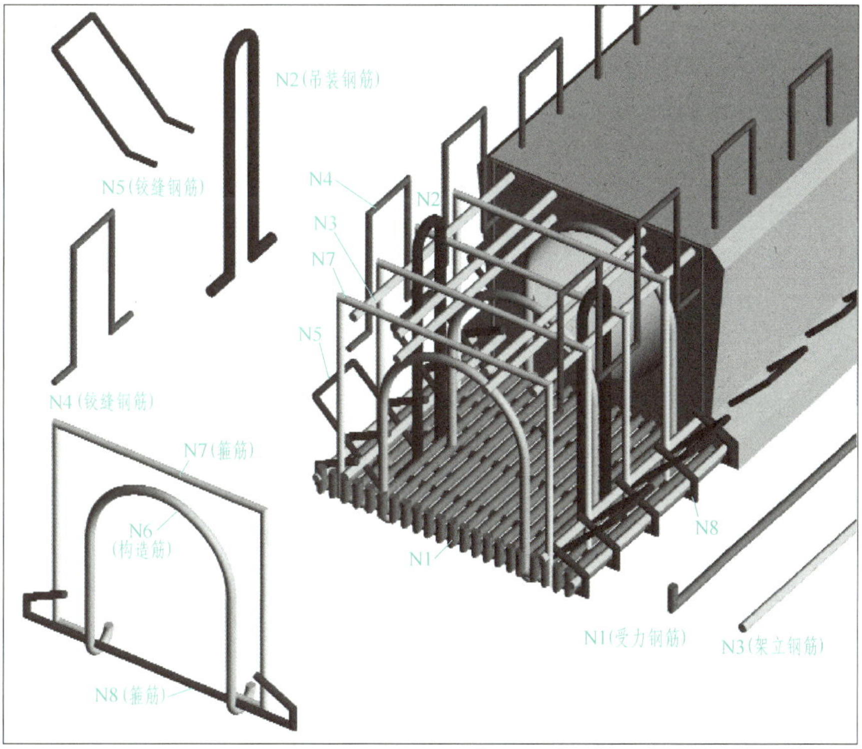

图 11-8　钢筋混凝土空心板中的钢筋

（3）架立钢筋　用来固定箍筋的位置，并与构件内的受力筋、箍筋一起构成钢筋骨架，如图 11-8 中的 N3。

(4) 分布钢筋　一般用于钢筋混凝土板或高梁结构中，用以固定受力钢筋位置，将荷载更好地分布给受力钢筋，防止因混凝土收缩和温度变化出现裂缝，如图 11-8 中的 N3。

(5) 构造筋　因构件的构造要求和施工安装需要配置的钢筋，如图 11-8 中的吊装钢筋 N2，铰缝钢筋 N4、N5 等。

(二) 钢筋的种类与符号

《公路钢筋混凝土及预应力混凝土桥涵设计规范》(JTG 3362—2018) 规定，公路桥涵钢筋混凝土及预应力混凝土构件中的普通钢筋宜选用 HPB300、HRB400、HRB500、HRBF400 和 RRB400 钢筋，预应力混凝土构件中的箍筋应选用其中的带肋钢筋，按构造要求配置的钢筋网可采用冷轧带肋钢筋。普通钢筋抗拉强度标准值见表 11-2。

表 11-2　普通钢筋抗拉强度标准值

种类	符号	公称直径 d/mm	屈服强度 f_{sk}/MPa
HPB300	Φ	6～22	300
HRB400 HRBF400 RRB400	Φ $Φ^F$ $Φ^R$	6～50	400
HRB500	Φ	6～50	500

(三) 钢筋的弯钩

对于受力钢筋，为了增加它与混凝土的黏结力，在钢筋的端部做成弯钩，弯钩的标准形式有半圆弯钩、直弯钩和斜弯钩三种，如图 11-9 所示。

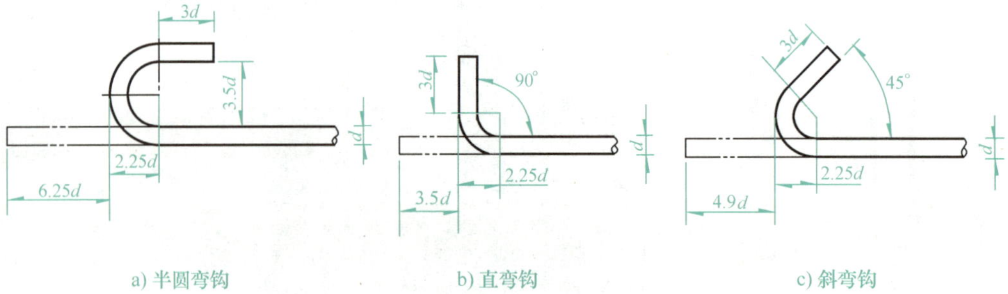

图 11-9　钢筋的弯钩

(四) 混凝土的等级和混凝土保护层

混凝土按其抗压强度分为不同的等级，《混凝土结构设计标准》(GB/T 50010—2010) 将普通混凝土分为 C20、C25、C30、C35、C40、C45、C50、C55、C60、C65、C70、C75、C80 共 13 个等级。数字越大，表示混凝土的抗压强度越高。

《公路钢筋混凝土及预应力混凝土桥涵设计规范》(JTG 3362—2018) 规定，公路桥涵受力的钢筋混凝土构件不低于 C25；当采用强度标准值 400MPa 及以上钢筋时，不低于 C30。预应力混凝土构件不低于 C40。

为了防止钢筋裸露在大气中而锈蚀，钢筋外表面到混凝土表面必须有一定的厚度，最外层钢筋外缘至混凝土表面的混凝土层称为混凝土保护层。最外层钢筋边缘至混凝土表面的距离，称为混凝土保护层的厚度。

（五）钢筋骨架

为制造钢筋混凝土构件，先将不同直径的钢筋，按照需要的长度截断，根据设计要求进行弯曲，再将弯曲后的钢筋组装。钢筋组装成型一般有两种方式：一种是用钢丝绑扎钢筋骨架；另一种是焊接钢筋骨架，先将钢筋焊成平面钢筋骨架，然后用箍筋联系（绑或焊）成立体骨架形式。

二、钢筋构造图的图示内容与特点

（一）钢筋构造图的图示内容

1. 配筋图

对于梁、板等钢筋混凝土结构，常选用立面图、平面图和几个断面图来表示，如图 11-10 所示；对于柱体类钢筋混凝土结构，则采用一个立面图和几个断面图来表示。配筋图主要表明各钢筋的配置，它是绑扎或焊接钢筋骨架的依据。

2. 成型图（钢筋详图）

钢筋成型图是表示每根钢筋形状和尺寸的图样，是钢筋成型加工的依据。在画钢筋成型图时，主要钢筋应尽可能与配筋图中同类型的钢筋保持对齐关系，如图 11-10a 所示。

3. 工程数量表（钢筋明细表）

在钢筋构造图中，一般还附有工程数量表，内容包括钢筋的编号、直径、每根长度、根数、总长及质量等，如图 11-10a 中的工程数量表。

（二）钢筋构造图的图示特点

1）为突出结构物中钢筋配置情况，把混凝土假设为透明体，结构外形轮廓画成细实线，如图 11-10a 所示。

2）钢筋纵向画成粗实线（钢箍可为中实线），钢筋断面用黑圆点表示，如图 11-10a 中的断面图。

3）当钢筋密集，难以按比例画出时，钢筋间的间隙允许夸大绘制，当钢筋并在一起时，画图应留有空隙，以免线条重叠。

4）在路桥工程图中，钢筋直径的尺寸单位采用 mm，其余尺寸单位均采用 cm，图中无需注出单位。

5）在钢筋构造图中，要用阿拉伯数字对各种钢筋编号。钢筋编号的标注有三种方式：

① 可将编号注在引出线外端的细实线圆圈内。如图 11-10a 中的 $\frac{8\Phi12}{610.0}$③。$\frac{8\Phi12}{610.0}$③表示编号为 3 号的钢筋，有 8 根，直径为 12mm，钢筋为 HRB400 钢筋（Φ是钢筋符号，也表示钢筋的种类，不同种类的钢筋直径、符号不同，见表 11-2），每根钢筋的断料长度（总长度）为 610cm。

② 可将编号标注在与钢筋断面对应的细实线方格内，如图 11-10a 所示的 Ⅰ—Ⅰ 断面图下部是 7 根 1 号钢筋。

③ 可将冠以 N 字的编号，注写在钢筋的侧面，根数标在 N 字之前（有时不注写根数）。如图 11-10a 中的 2N2 表示 2 根编号为 2 的钢筋。

桥面连续钢筋

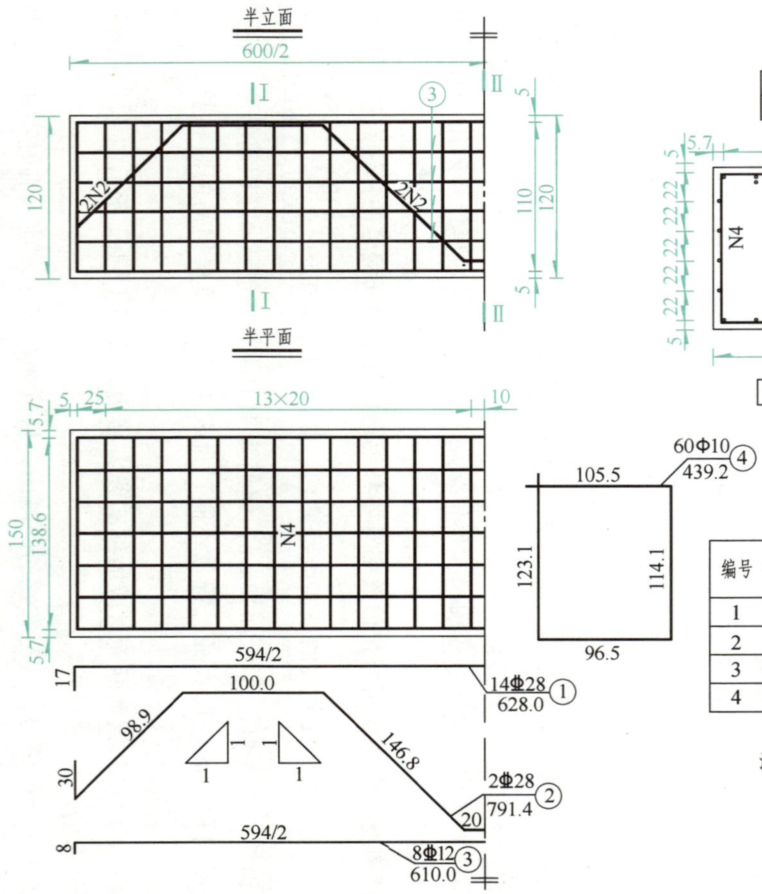

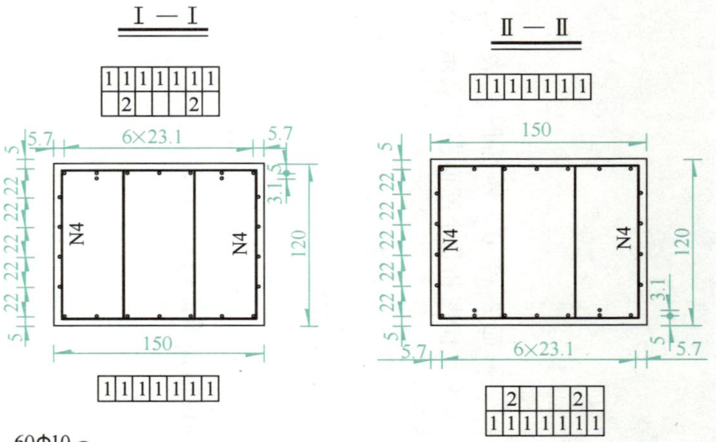

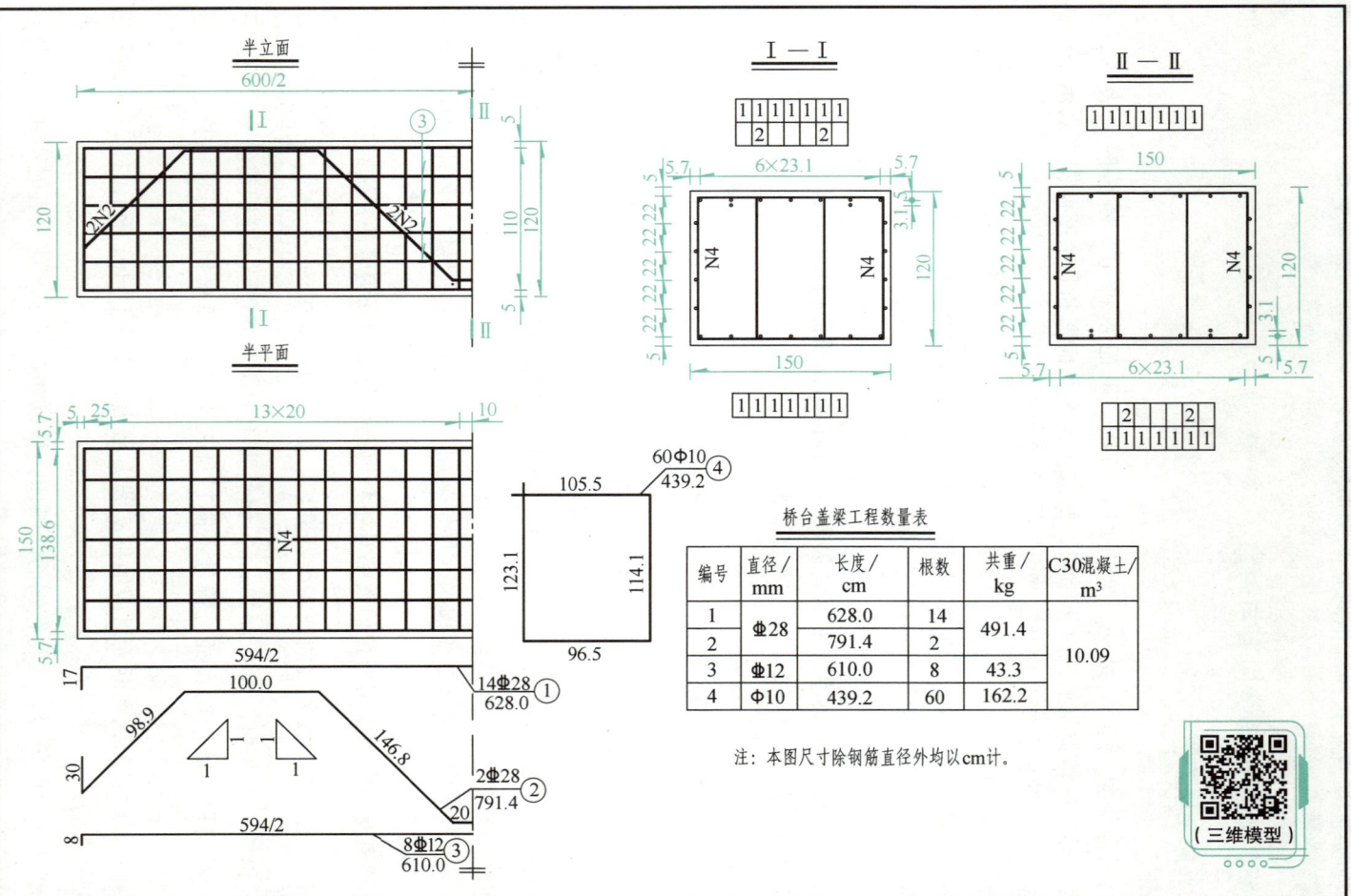

桥台盖梁工程数量表

编号	直径/mm	长度/cm	根数	共重/kg	C30混凝土/m^3
1	Φ28	628.0	14	491.4	10.09
2		791.4	2		
3	Φ12	610.0	8	43.3	
4	Φ10	439.2	60	162.2	

注：本图尺寸除钢筋直径外均以cm计。

（三维模型）

a)

图 11-10 钢筋构造图

钢筋构造

钢筋构造图的图示内容与图示特点

识读钢筋构造图的方法

（彩图）

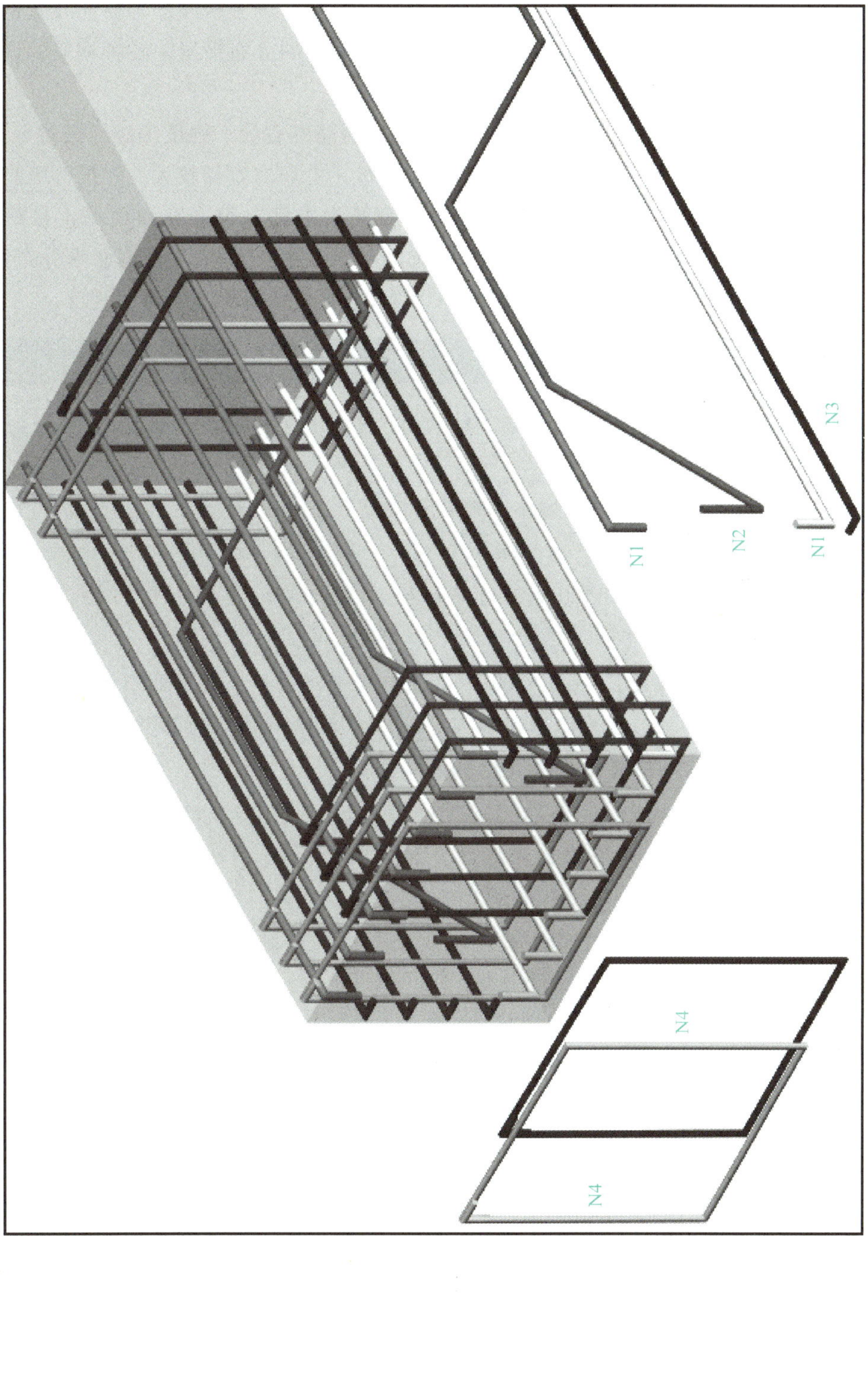

b)

图 11-10　钢筋构造图（续）

（三）钢筋构造图的识读方法

1）概括了解各投影图及剖面图、断面图的剖切位置和投射方向。

2）根据各投影中给出的细实线的轮廓线确定混凝土构件的外部形状。

3）综合各投影图、断面图、钢筋详图分析各种钢筋的形状、尺寸、数量及分布情况。

一般可以通过钢筋数量表和钢筋详图大致了解有几种钢筋及每一种钢筋的形状。在断面图中分析主筋、架立钢筋等纵向钢筋在构件断面中的分布情况，分析箍筋等横向布置钢筋的组成及形状。在立面图、平面图中分析箍筋等横向布置钢筋的分布情况。各种钢筋的详细尺寸与形状要仔细阅读钢筋详图。

4）仔细阅读钢筋数量表并确定钢筋的种类及各种钢筋的直径、强度等级、数量等。

注意：主筋、架立钢筋或分布钢筋沿构件纵向分布，主筋的直径较大、强度等级高，而箍筋与主筋互相垂直。如图 11-10a 中所示 1、2 号钢筋为主筋（分布在顶面的 1 号钢筋受压，分布在底面的 1 号钢筋受拉；2 号钢筋为斜筋，主要承受剪力），3 号钢筋为分布钢筋，4 号钢筋为箍筋。其中 1、2、3 号钢筋为 HRB400 钢筋，4 号钢筋为 HPB300 钢筋。

任务实施

参考答案

1. 分析钢筋混凝土空心板的钢筋混凝土结构图，了解钢筋混凝土知识。

1）钢筋混凝土结构图主要包括（　　）、（　　）两类图样。

2）根据钢筋在构件中的作用，构件中钢筋可分为（　　）筋、（　　）筋、（　　）筋、（　　）筋和（　　）筋。

3）HPB300、HRB400、HRB500 钢筋的符号为（　　）、（　　）、（　　），其屈服强度分别为（　　）、（　　）、（　　）。

4）《混凝土结构通用规范》（GB 55008—2021）将普通混凝土按其抗压强度分为（　）等级。C25 抗压强度（　　）于 C40 抗压强度，抗压强度等级最低的混凝土为（　　）混凝土，抗压强度等级最高的混凝土为（　　）混凝土。

5）什么叫混凝土保护层？

6）钢筋混凝土板、梁的配筋图常选用（　　）图、（　　）图和几个（　　）图来表示。

7）钢筋结构图中，结构外形轮廓用（　　）线，钢筋纵向用（　　），钢筋断面用（　　）表示。

8）钢筋编号标注的三种方式是什么？（理解含义）

2. 分析图 11-10 所示钢筋构造图，掌握钢筋混凝土结构图的图示内容与特点。

1）图 11-10 中共有（　　）种钢筋，1 号钢筋有（　　）根，分布在梁的（　　）部和（　　）部，分布间距为（　　）cm，1 号钢筋中心到混凝土梁上下表面的距离为（　　）cm。

2）图 11-10 中，2 号钢筋的长度为（　　）cm，有（　　）根 2 号钢筋。3 号钢筋分布在梁的（　　），共（　　）根，整个梁中 3 号钢筋的总重为（　　）kg。

3）图 11-10 中 4 号箍筋全梁共（　　）根，分布间距为（　　）cm，桥台盖梁的混凝土强度等级为（　　）。该盖梁需（　　）m^3 的混凝土。

任务三 识读桥跨结构图

技能要点

能够识读桥跨结构的一般构造图及钢筋构造图。

任务学习

桥跨结构包括主梁和桥面系。常见的钢筋混凝土主梁有钢筋混凝土空心板梁、钢筋混凝土 T 形梁及钢筋混凝土箱梁等，如图 11-11 所示。

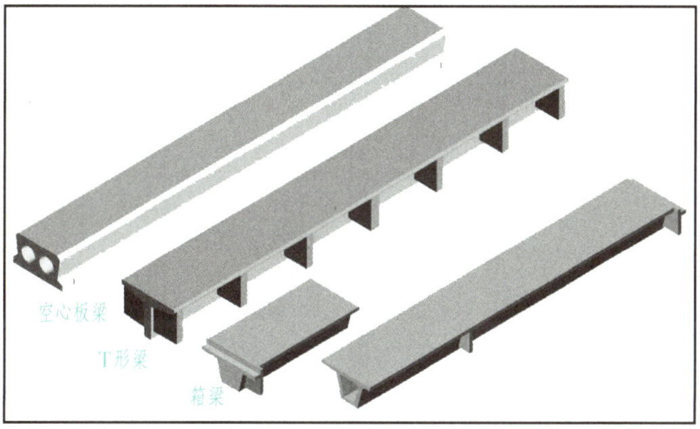

（彩图）

图 11-11 常见的钢筋混凝土主梁

（一）钢筋混凝土空心板构造图

钢筋混凝土空心板梁是主梁的常用形式之一，它的两端支承在桥墩盖梁上或桥台盖梁上。它是桥梁上部结构的主要承重构件。它的上部是桥面铺装及栏杆。

图 11-12 为钢筋混凝土空心板中板和边板的一般构造图，主要表达板的外部形状与尺寸，它由半立面图、半平面图、断面图及铰缝钢筋施工大样图组成。由于边板和中板的立面形状区别不大，所以图中只画了中板立面图；又由于板纵向对称，图中采用了半立面图、半平面图。由图可看出该板跨度为 1300cm，两端留有接头缝，板的实际长度为 1296cm。中板的理论宽度为 1m，板的横向也留有 1cm 的缝，所以中板的实际宽度为 99cm。断面图中省略了材料图例。

（二）钢筋混凝土空心板钢筋构造图

图 11-13 所示为钢筋混凝土空心板钢筋构造图（即空心板钢筋布置图）及其立体示意图，其中立体图只画出一半。在构造图中用细实线及虚线表示其外形轮廓线。该图由立面

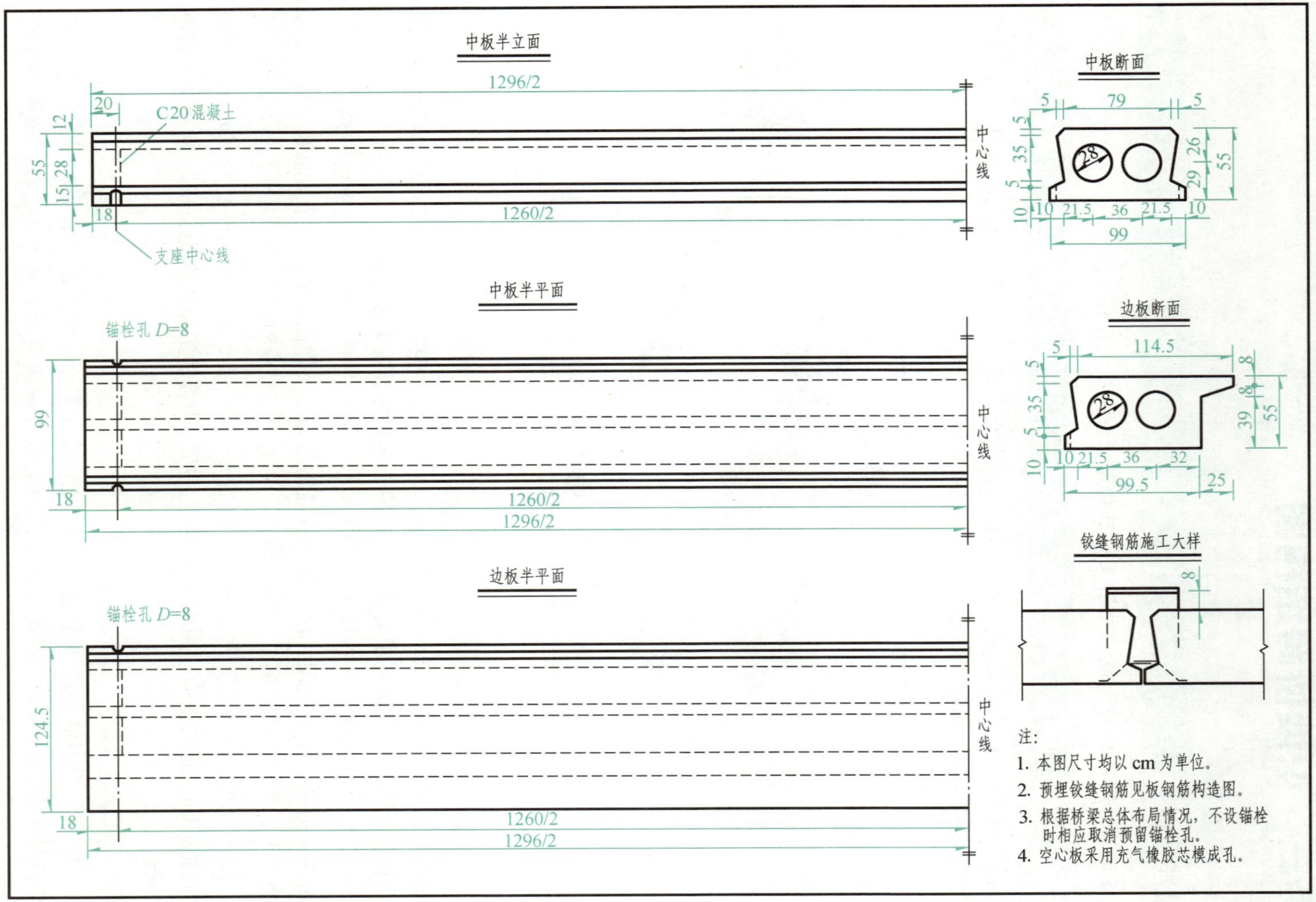

a)

图 11-12 钢筋混凝土空心板一般构造图

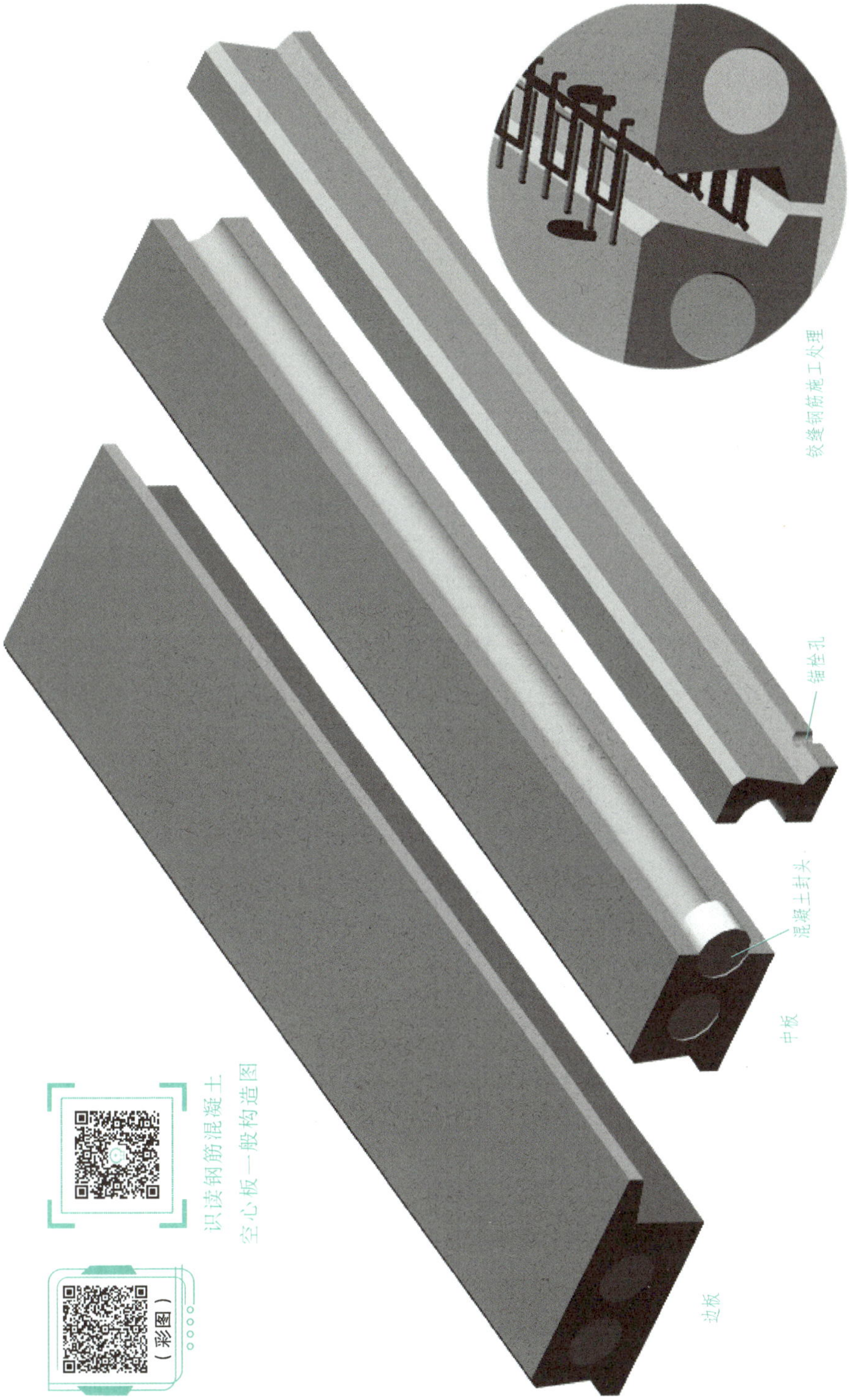

识读钢筋混凝土空心板一般构造图

（彩图）

b)

图 11-12　钢筋混凝土空心板一般构造图（续）

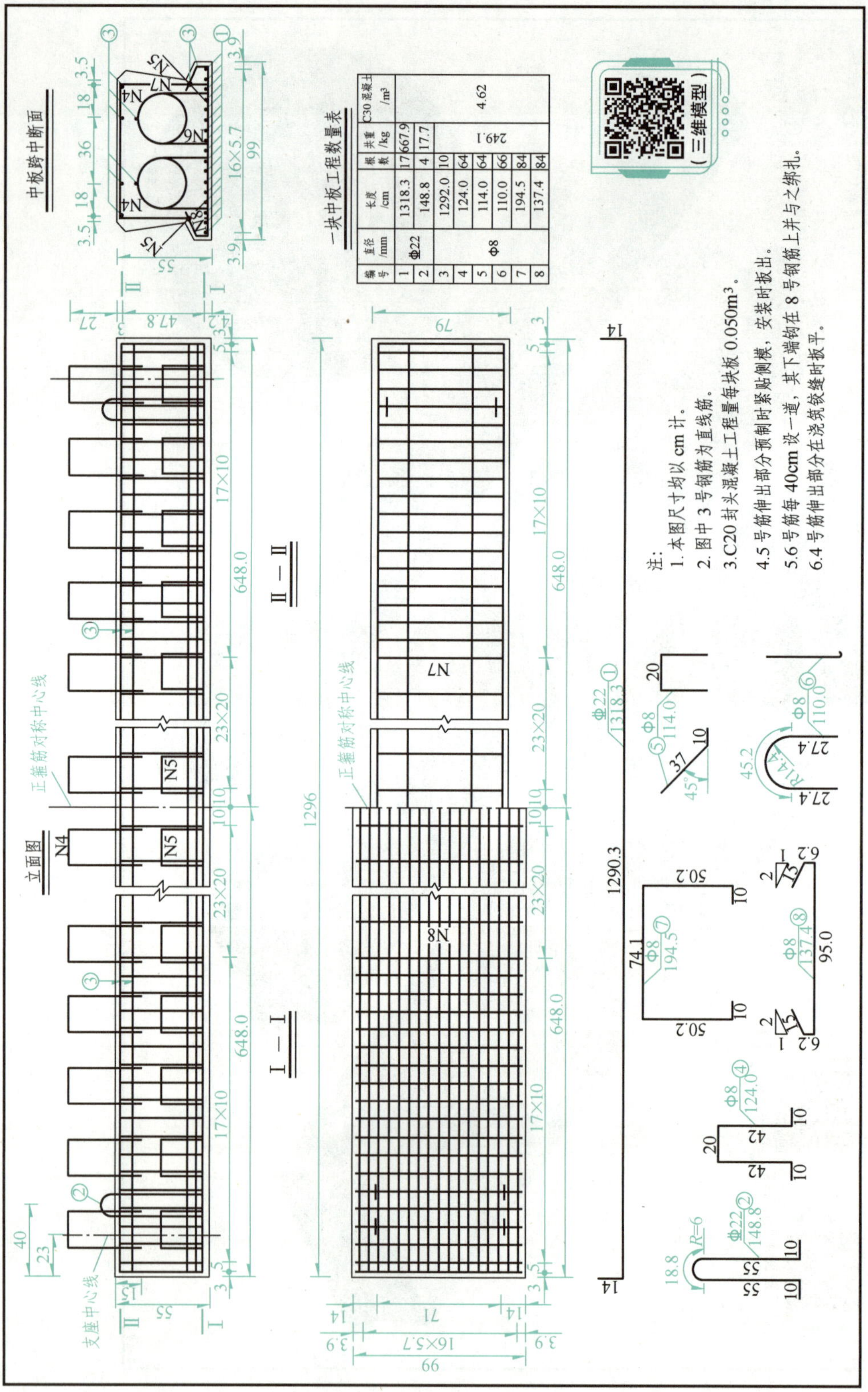

一块中板工程数量表

编号	直径/mm	长度/cm	根数	共重/kg	C30混凝土/m³
1	Φ22	1318.3	17	667.9	4.62
2		148.8	4	17.7	
3	Φ8	1292.0	10	249.1	
4		124.0	64		
5		114.0	64		
6		110.0	66		
7		194.5	84		
8		137.4	84		

注：

1. 本图尺寸均以cm计。
2. 图中3号钢筋为直线筋。
3. C20封头混凝土工程量每块板0.050m³。
4. 5号钢筋伸出部分预制时紧贴侧模，安装时扳出。
5. 6号钢筋每40cm设一道，其下端钩在8号钢筋上并与之绑扎。
6. 4号钢筋伸出部分在浇筑铰缝时扳平。

a)

图 11-13 钢筋混凝土空心板钢筋构造图

（彩图）

中板钢筋构造图

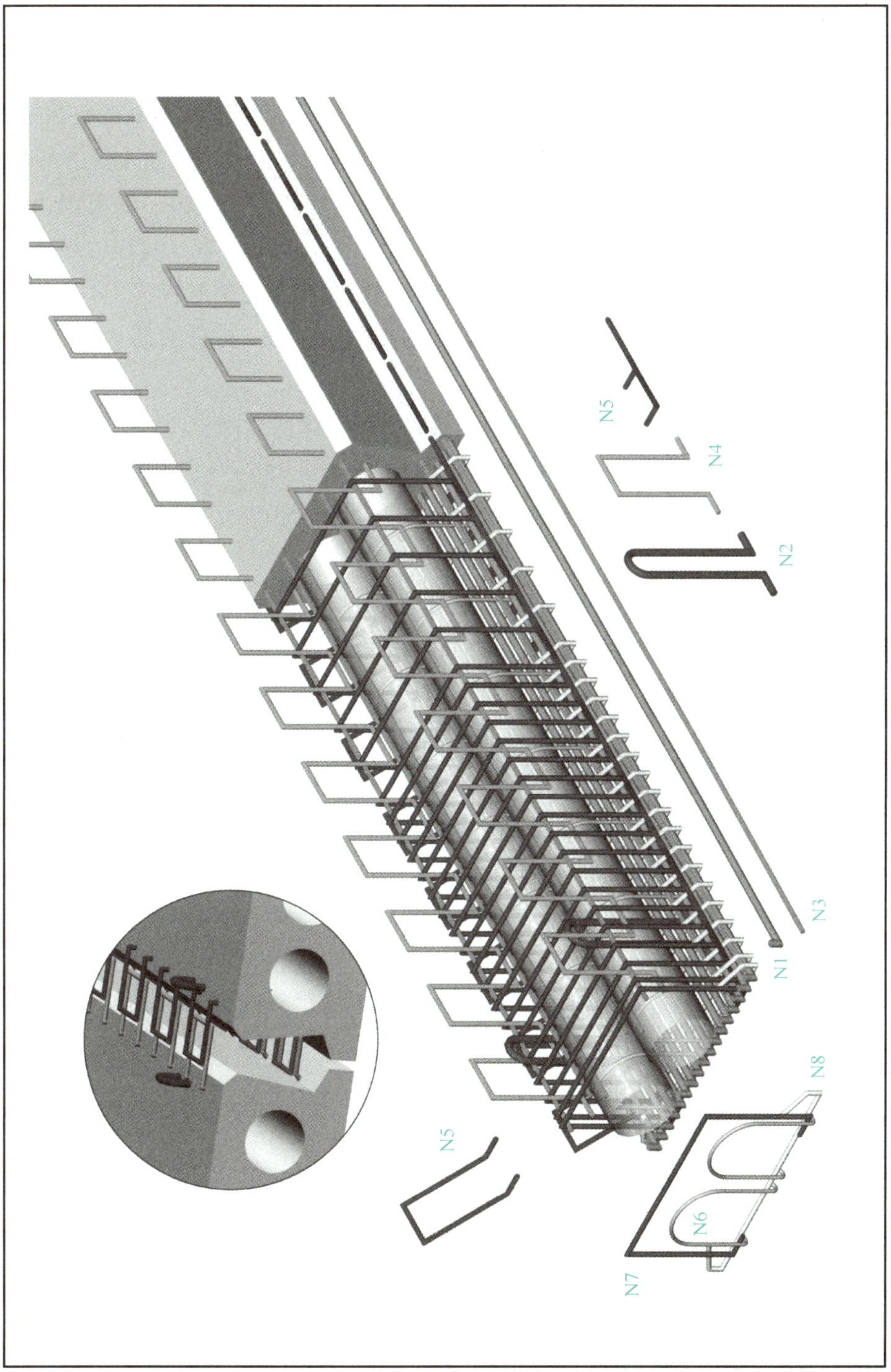

b)

图 11-13　钢筋混凝土空心板钢筋构造图（续）

图、平面图、横断面图、钢筋详图及钢筋数量表组成。由于空心板比较长，采用了折断画法。平面图由1/2 Ⅰ—Ⅰ断面图、1/2 Ⅱ—Ⅱ断面图拼接而成，分别表达板的上部与下部钢筋分布情况。Ⅰ—Ⅰ、Ⅱ—Ⅱ断面图也采用了折断画法。横断面图主要表达钢筋在断面上的分布情况及主要钢筋的定位尺寸。

图中共有8种钢筋，其中1号钢筋为受拉钢筋，共17根，分布在板梁的底部。从断面图上可以看出其定位尺寸。尺寸16×5.7表示16个间距，每个间距为5.7cm。2号钢筋为吊装钢筋，分布在梁的两端，共4根。7、8号钢筋一起组成箍筋，在立面图中重叠在一起，其分布情况与定位尺寸可在立面图与平面图中看出：在板梁端部第一与第二道箍筋的间距为5cm，其后在“17×10”范围内每隔10cm分布一道，在板梁中部“23×20”的范围内每隔20cm分布一道，全梁7、8号钢筋各84根。4、5号钢筋为横向连接钢筋（预埋铰缝钢筋），分布间隔均为40cm，共64根。5号筋伸出部分预制时紧贴侧模，安装时扳出，4号筋伸出部分在浇筑铰缝时扳平。图中除1、2号钢筋为HRB400钢筋外，其余钢筋均为HPB300钢筋。

图11-14所示为边板钢筋构造图及其立体示意图，其中立体图只画出一半。请读者自己分析。

（三）桥面铺装及连续钢筋构造图

1. 桥面铺装钢筋构造图

图11-15a是一孔桥面铺装钢筋构造图（图11-15b为其立体示意图）。该图由立面图、平面图组成，立面图是垂直于桥梁中心线剖切得到的Ⅱ—Ⅱ断面图，平面图是Ⅰ—Ⅰ断面图。由图可见桥面铺装层铺设在空心板之上，桥面铺装层由两种钢筋组成，由横向钢筋1和纵向钢筋2组成钢筋网，现浇层是10cm厚的C40混凝土，面层是5cm厚的沥青混凝土。1号钢筋、2号钢筋都是均匀分布的，其间距均为20cm，均为HPB300钢筋。1号钢筋长545cm，共65根，2号钢筋长1292cm，共28根。由于面积较大所以采用了折断画法。图中2×124.5cm+3×99cm+4×1cm=550cm表示两块124.5cm的边板和三块99cm的中板及四个1cm的铰缝共550cm，即整个桥面宽。

2. 桥面连续钢筋构造图

图11-16a是一孔桥面连续钢筋构造图，即相邻两跨板与板之间端缝处的钢筋构造图，图11-16b为其立体示意图。图11-16a由立面图和平面图来表达。立面图为Ⅰ—Ⅰ断面图，是沿桥面中心线剖切得到的。图中共有3种钢筋，1号钢筋与2号钢筋相互垂直，2号钢筋长545cm，其长度方向垂直于桥面中心线，在桥墩中心线两侧各50cm范围内均匀分布，间距为5cm，上下各布置19根，共38根。3号箍筋垂直于2号钢筋均匀分布在整个桥宽上，间距为5cm，共109根。1号钢筋平行于桥面中心线，每隔30cm一根。1号钢筋长度为258cm，横跨端缝。1号钢筋端缝两侧50cm以外的部分与两侧的铺装层钢筋浇筑在一起。1号钢筋端缝两侧50cm以内部分采用涂沥青玻璃丝布裹紧的措施，做到钢筋不与混凝土接触黏结。

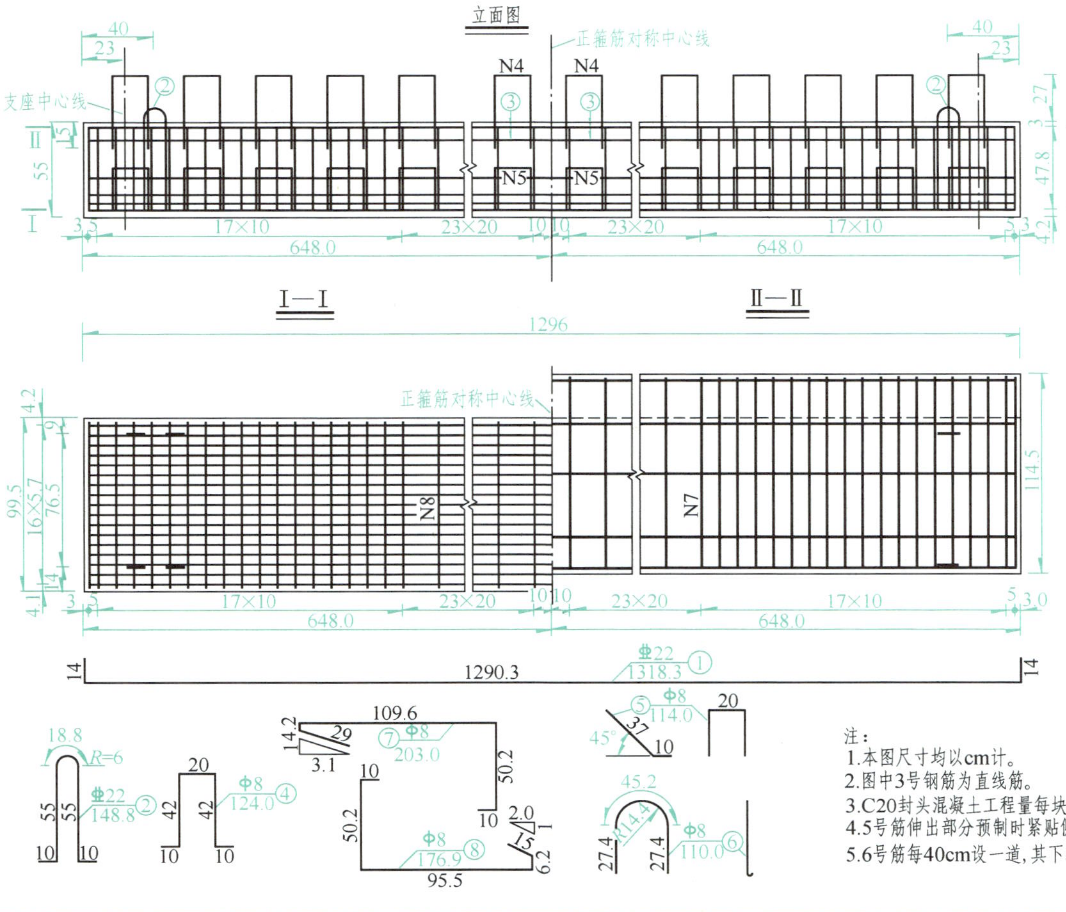

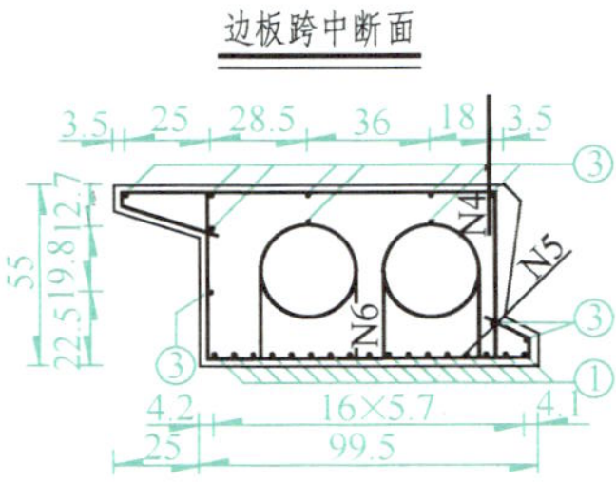

一块边板工程数量表

编号	直径/mm	长度/cm	根数	共重/kg	C30混凝土/m^3
1	Φ22	1318.3	17	667.9	5.47
2		148.8	4	17.7	
3	Φ8	1292.0	11	240.1	
4		124.0	32		
5		114.0	32		
6		110.0	66		
7		203.0	84		
8		176.9	84		

注：
1.本图尺寸均以cm计。
2.图中3号钢筋为直线筋。
3.C20封头混凝土工程量每块板为0.050m^3。
4.5号筋伸出部分预制时紧贴侧模，安装时扳出。
5.6号筋每40cm设一道，其下端钩在8号钢筋上并与之绑扎。

（三维模型）

a)

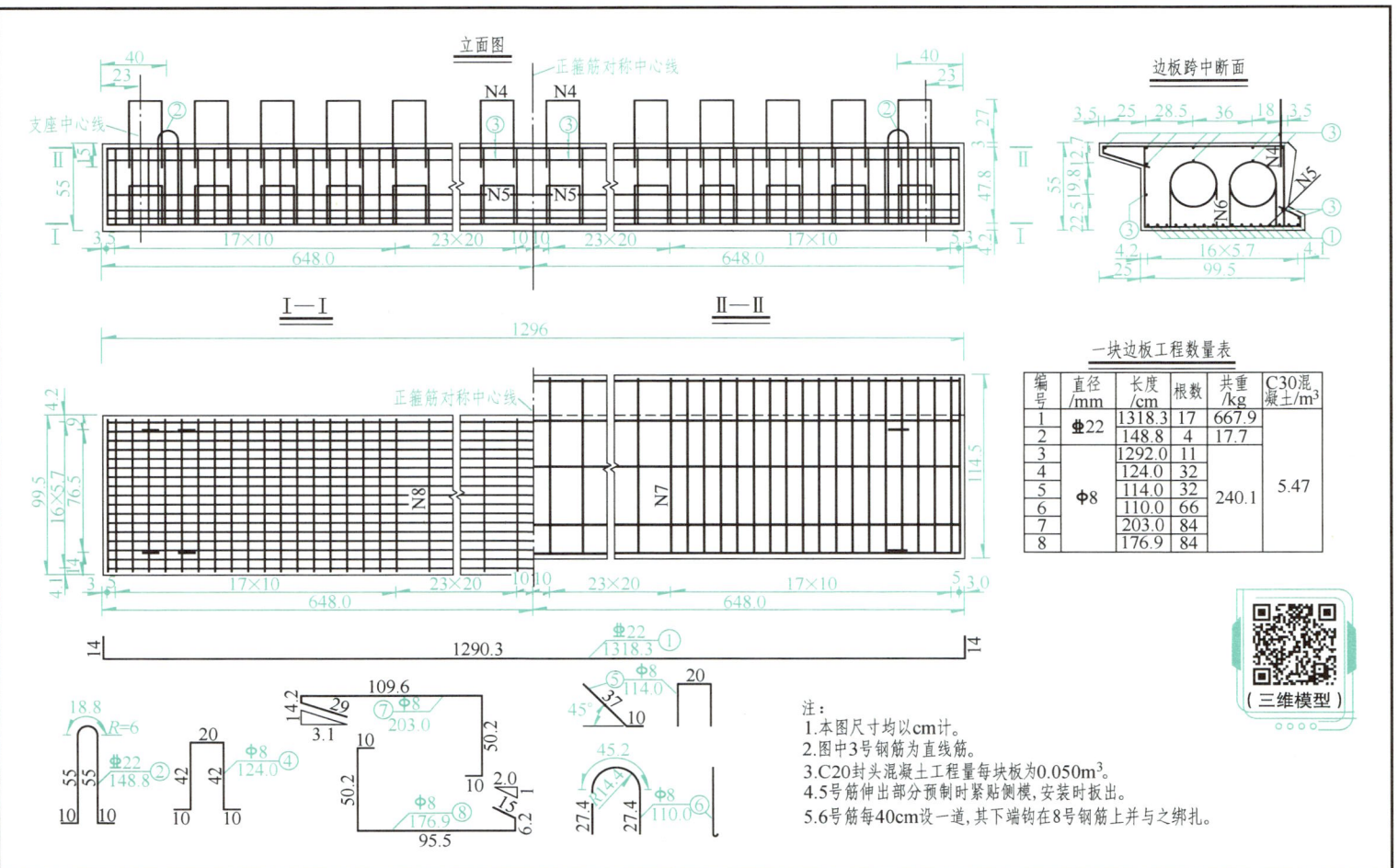

图 11-14　边板钢筋构造图

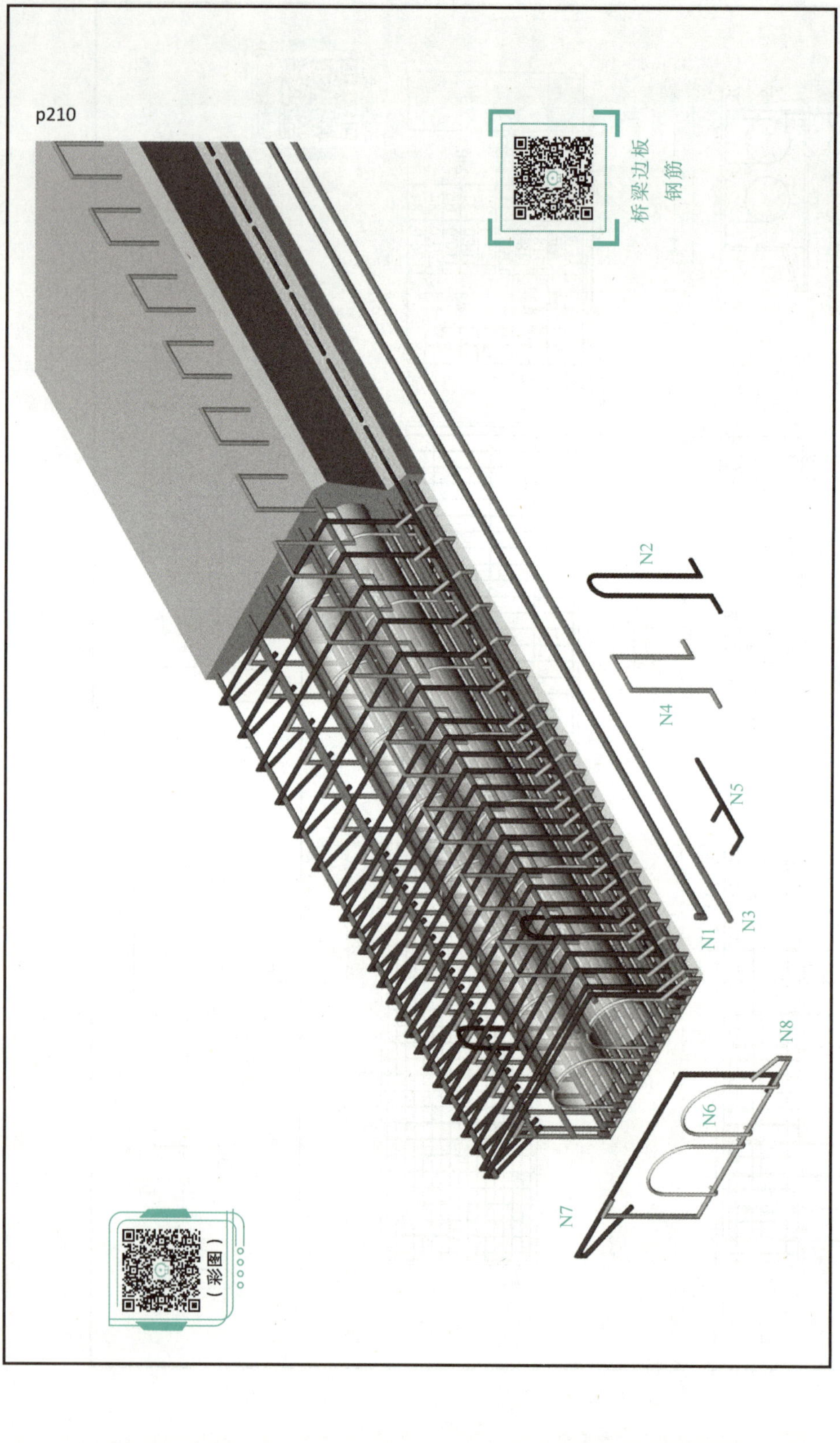

b)

图 11-14 边板钢筋构造图（续）

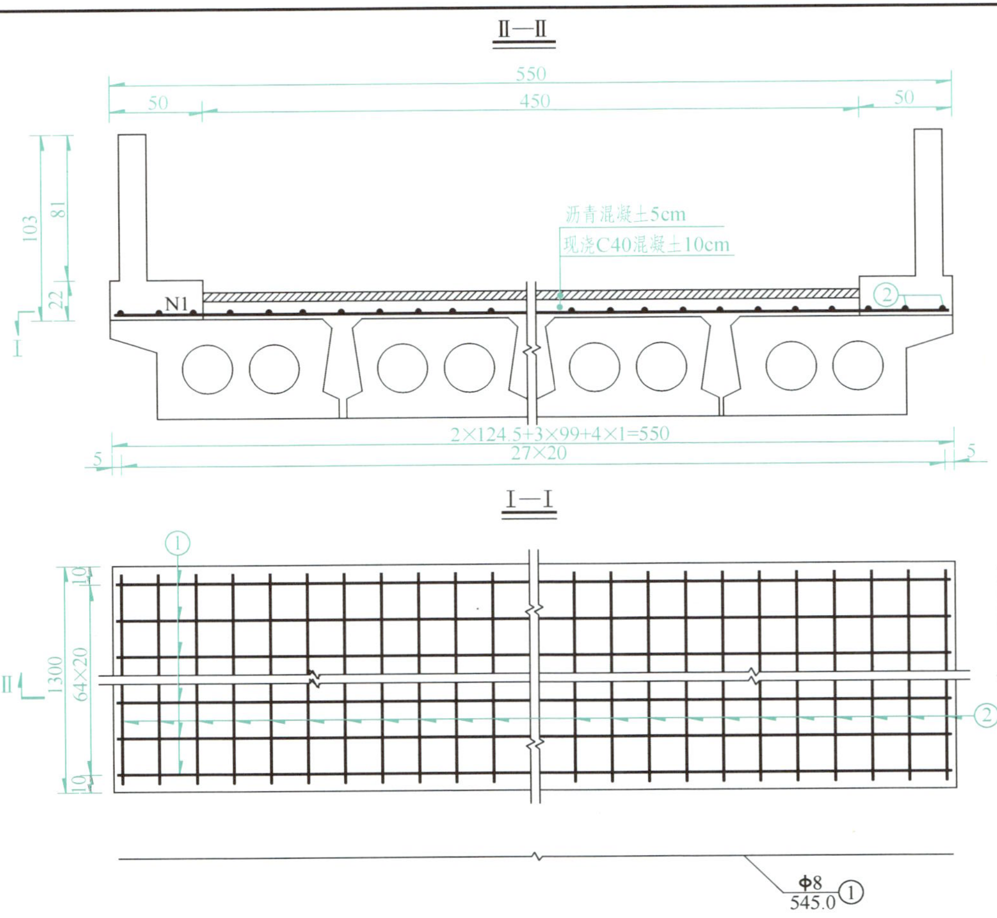

一孔桥面铺装工程数量

跨径/m	编号	直径/mm	长度/cm	根数	共重/kg	C40混凝土/m^3	沥青混凝土/m^3
13	1	Φ8	545.0	65	282.8	9.50	2.92
	2		1292.0	28			

（三维模型）

注：
1.本图尺寸均以cm为单位。
2.铰缝工程量已计入。
3.一孔为4条铰缝。

a)
图 11-15　一孔桥面铺装钢筋构造图

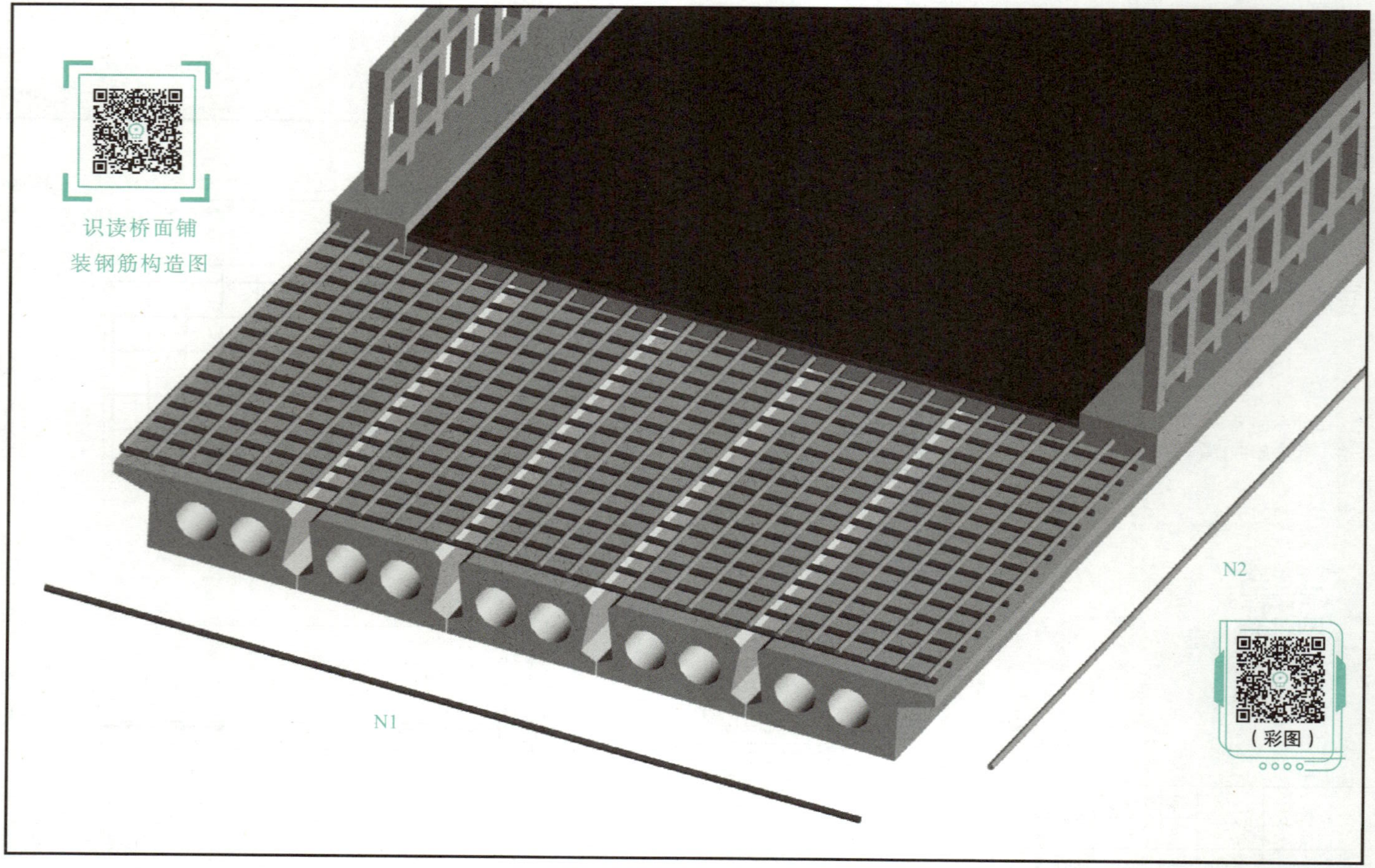

b)

图 11-15 一孔桥面铺装钢筋构造图（续）

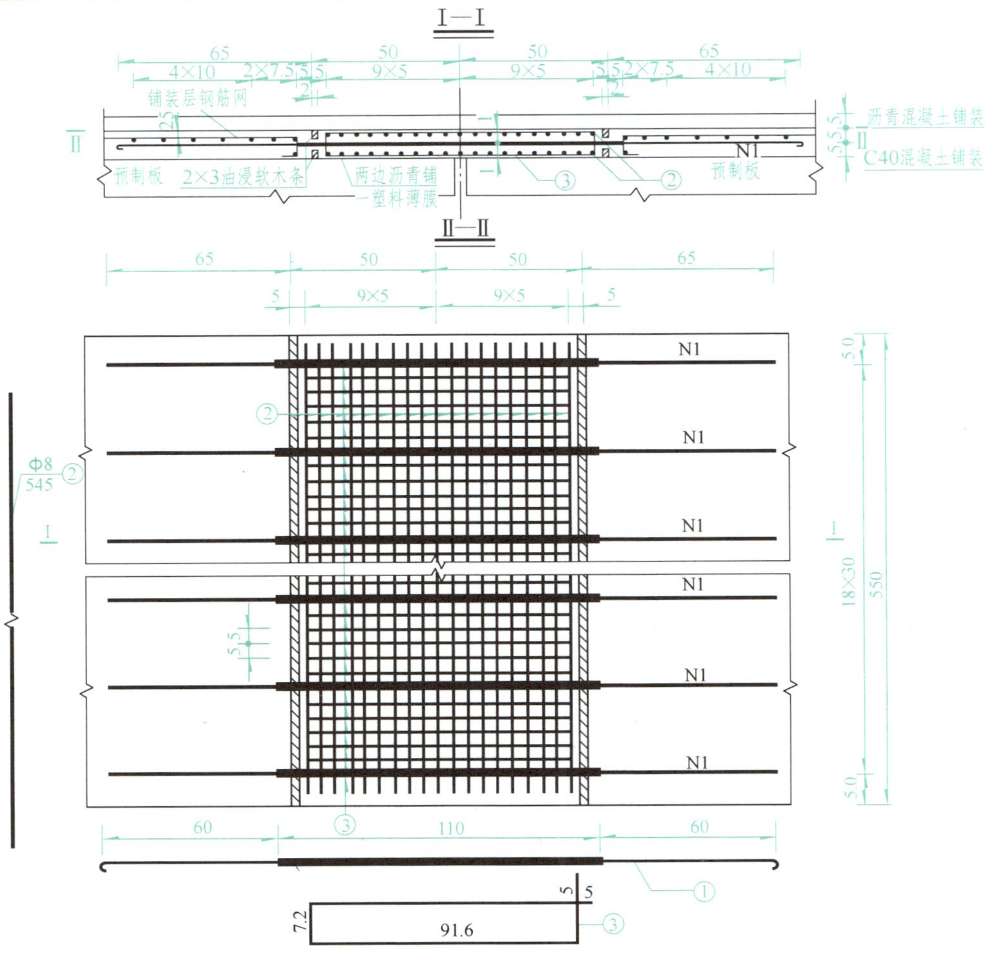

一孔连续缝工程数量表

编号	直径/mm	长度/cm	根数	共重/kg	C40混凝土/m³
1	Φ16	258.0	19	77.5	0.55
2	Φ8	545.0	38	169.5	
3		203.6	109		

注：

1.本图尺寸均以cm为单位。

2. 1号钢筋失效长度对称于墩中心布置，失效段采用涂沥青玻璃丝布裹紧的措施，做到钢筋与混凝土不黏结。

3.施工时将相邻板锁定并塞紧端缝，先浇混凝土铺装层和铰缝，待强度达70%时，解除锁定，涂抹隔离层后再浇筑桥面连续混凝土。

a)

图 11-16　一孔桥面连续钢筋构造图

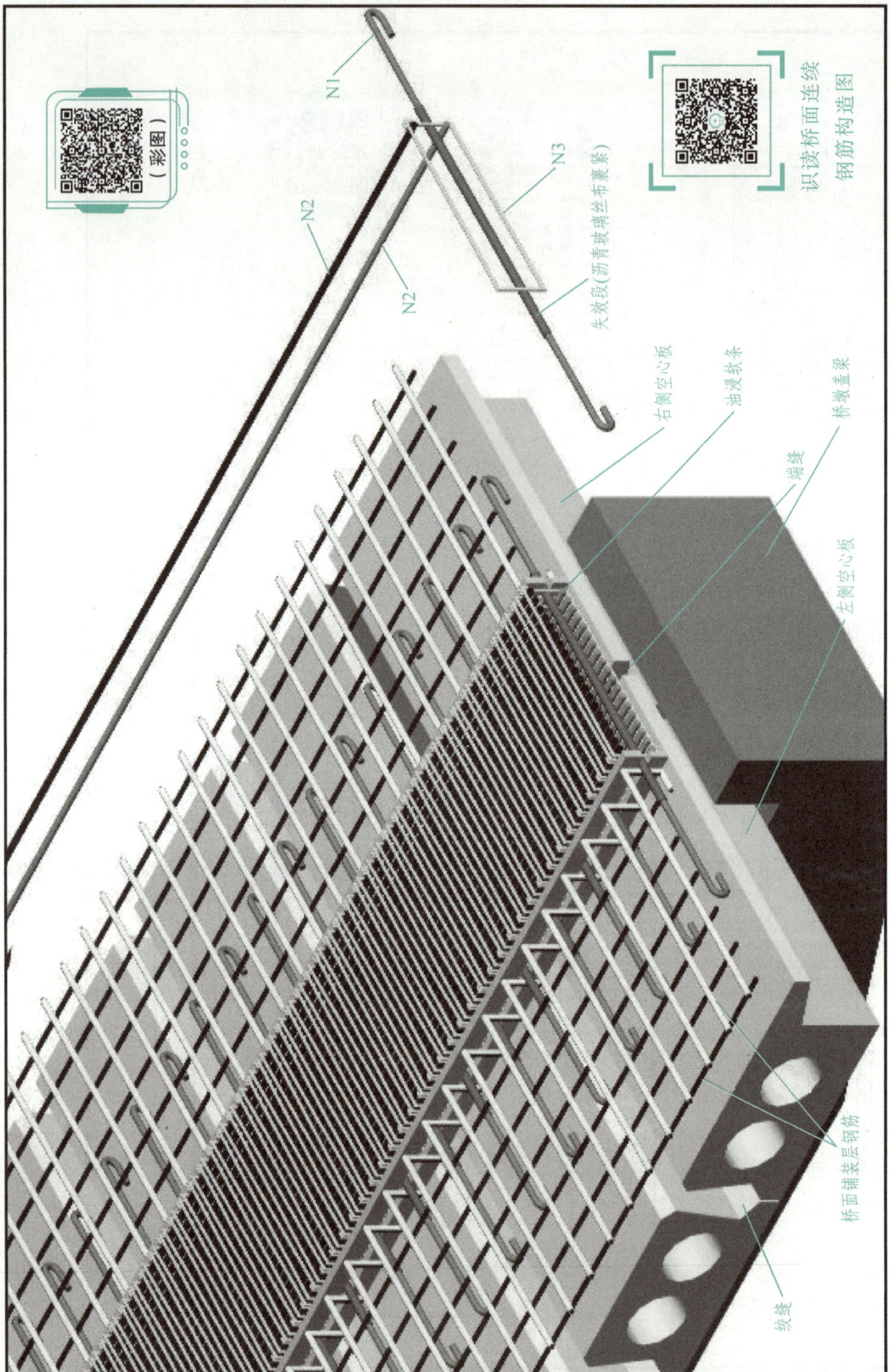

b)

图 11-16　一孔桥面连续钢筋构造图（续）

任务实施

1. 识读钢筋混凝土空心板一般构造图（图 11-12），回答问题。

参考答案

1）钢筋混凝土空心板圆孔的直径为（　　）cm，两孔的中心间距为（　　）cm。

2）钢筋混凝土板的跨径为（　　）m，实际长度为（　　）m，中板的宽度为（　　）cm。

3）立面图、平面图上，端部的虚线表示（　　）的位置，混凝土封头的长度为（　　）cm，封头的混凝土强度等级为（　　）。

4）锚栓孔的直径为（　　）cm。

5）支座中心线到钢筋混凝土端部的距离为（　　）cm。

2. 识读钢筋混凝土空心板钢筋构造图（图 11-13），回答问题。

1）图中共有（　　）种钢筋，其中 1 号钢筋为受力钢筋，共（　　）根，分布在板梁的（　　）部，1 号钢筋的中心间距为（　　）cm。

2）2 号钢筋为吊装钢筋，分布在梁的两端，共（　　）根，3 号钢筋为架立钢筋，共（　　）根。6 号筋每（　　）cm 设一道，其下端钩在（　　）号钢筋上并与之绑扎，全梁共（　　）根。

3）4、5 号钢筋为横向连接钢筋（预埋铰缝钢筋），分布间隔均为（　　）cm，各（　　）根。7、8 号钢筋均为（　　）根。其中 39×20 的含义是（　　　）。

4）一块钢筋混凝土中板 1 号钢筋总质量为（　　）kg。

3. 识读桥面铺装钢筋构造图（图 11-15），回答问题。

1）桥面铺装层由（　　）种钢筋组成，现浇层为（　　）cm 厚的 C40 混凝土，面层为（　　）cm 厚的沥青混凝土。

2）$2\times124.5+3\times99+4\times1=550$cm 表示什么意思？

3）一孔桥面铺装需要 C40 混凝土（　　）m^3，沥青混凝土（　　）m^3。

4）桥面行车道宽度为（　　）m。整个桥梁宽为（　　）m。

4. 识读桥面连续钢筋构造图（图 11-16），回答问题。

1）1 号钢筋与 2 号钢筋相互垂直，2 号钢筋长（　　）cm，其长度方向垂直于桥面中心线，在桥墩中心线两侧各 50cm 范围内均匀分布，2 号钢筋间距为（　　）cm，共（　　）根。

2）3 号箍筋垂直于 2 号钢筋，均匀分布在整个桥宽上，间距为（　　）cm，共（　　）根。

3）1 号钢筋平行于桥面中心线，每隔（　　）cm 一根，共（　）根，1 号钢筋长度为（　　）cm。1 号钢筋中部（伸缩缝两侧）有 110cm 长度为失效段，失效段采用（　　　　）裹紧的措施，做到钢筋不与混凝土黏结。

4）一孔桥面连续缝需要 C40 混凝土（　　）m^3。

任务四 识读墩台结构图

技能要点

1）能够识读桥台图，掌握图示内容与特点，了解常见桥台、桥墩结构种类。

2）能够识读桥墩图，掌握图示内容与特点，了解桥墩的类型。

任务学习

桥台位于桥梁的两端，一方面支承主梁，另一方面承受桥头路堤的水平推力，并通过基础把荷载传给地基。而桥墩位于桥梁的中部，支承它两侧的主梁，并通过基础把荷载传给地基，如图 11-17 所示。

（彩图）

1. 常见的桥台形式

桥台的形式很多，图 11-18 所示为几种常见的桥台，图 11-18a 所示为重力式 U 形桥台（又称实体式桥台）、图 11-18b 所示为肋板式桥台、图 11-18c 所示为柱式桥台。

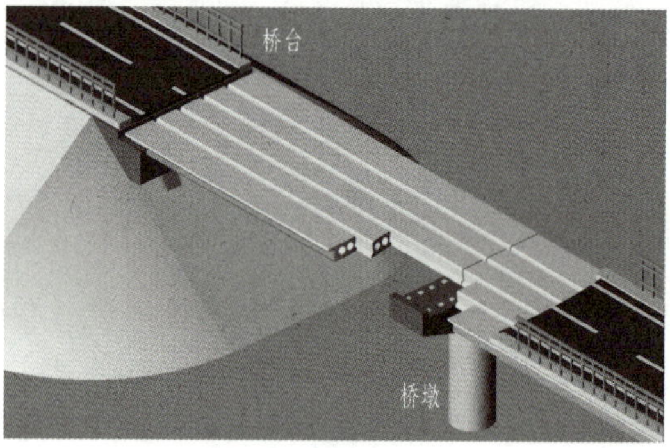

图 11-17 墩台结构

2. 常见的桥墩形式

桥墩的形式很多，图 11-19 所示为几种常见的桥墩，图 11-19a 所示为重力式桥墩、图 11-19b 所示为桩柱式桥墩。

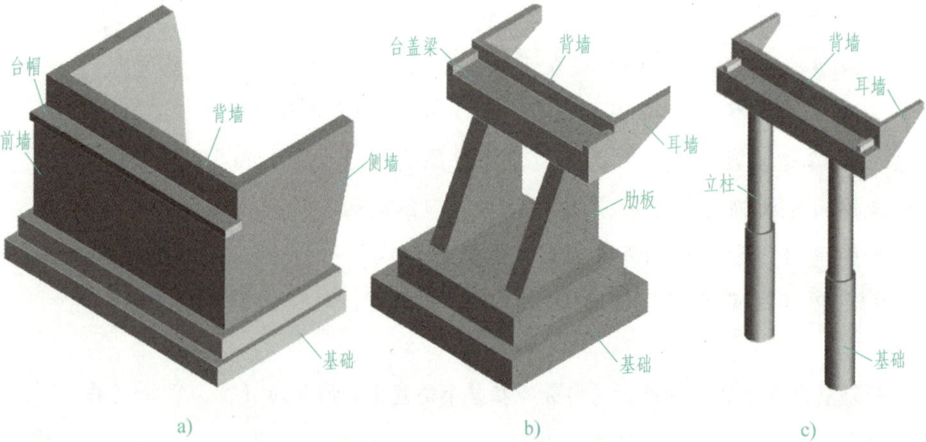

图 11-18 几种常见的桥台

（一）桥台图

图 11-5 所示桥型布置图中的桥台为肋板式轻型桥台，图 11-20 所示为该例中桥台与桥墩

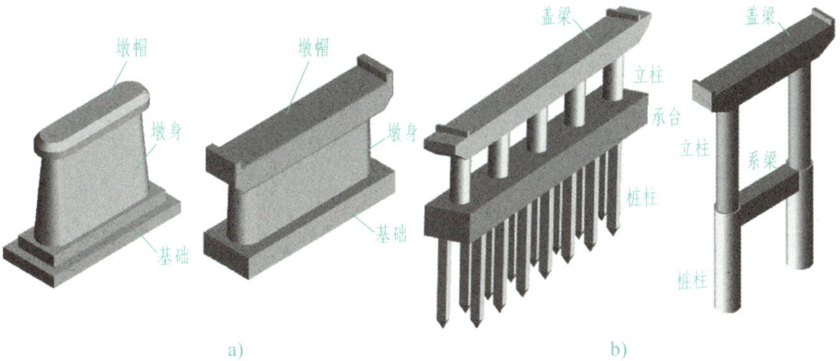

图 11-19　几种常见的桥墩

的立体示意图。该桥台由盖梁、耳墙、背墙、肋板及扩大基础组成，桥台盖梁上安装有橡胶支座，空心板通过支座支撑在盖梁上，桥头搭板支撑在背墙后的牛腿上。

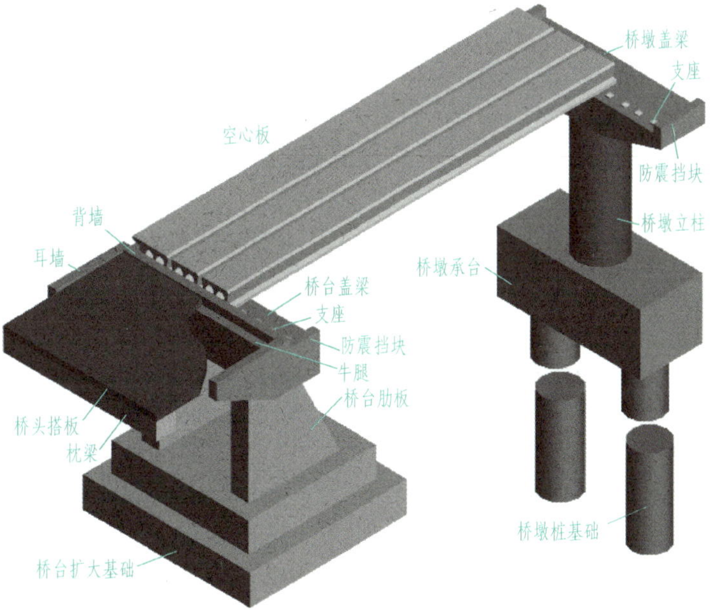

图 11-20　桥台、桥墩立体示意图

（彩图）

（三维模型）

1. 桥台一般构造图

如图 11-21 所示为肋板式桥台构造图。该构造图由立面图、平面图和侧面图表示。立面图是由台前向台后投影得到的。桥台前面是指连接桥梁上部结构的一面，后面是指连接岸上路堤的一面。图中表达了桥台各部分的结构形状并给出了各部分的详细尺寸，桥台的高度尺寸及桥台上各点的标高列表给出。

2. 桥台钢筋构造图

（1）盖梁钢筋构造图　图 11-22a 为桥台盖梁钢筋构造图（图 11-22b 为其立体示意图）。该图由立面图、平面图、断面图和钢筋详图来表示。盖梁轮廓线用细实线表示。立面图、平面图由于左右对称所以只画一半来表示。断面图中采用Ⅰ—Ⅰ、Ⅱ—Ⅱ两个断面来表示桥台盖梁钢筋的详细布置。整个梁上共有 4 种钢筋，1、2 号钢筋为受力钢筋，1 号钢筋分布在梁

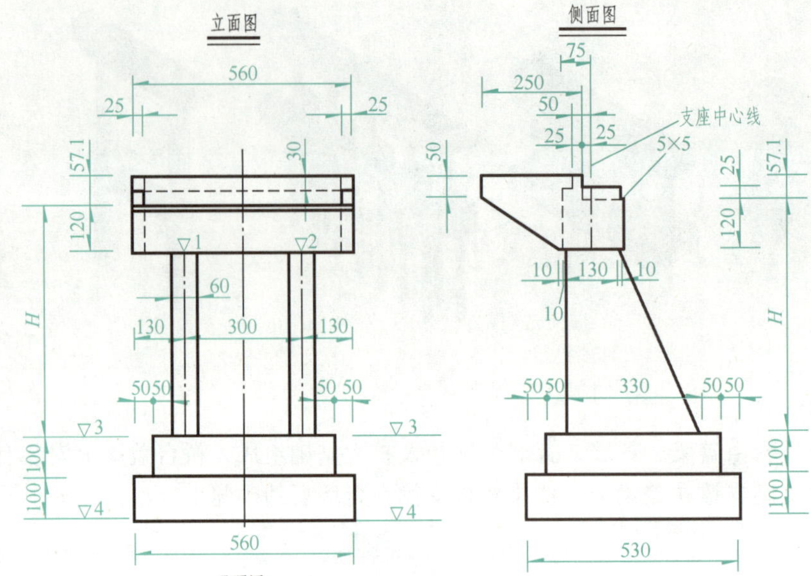

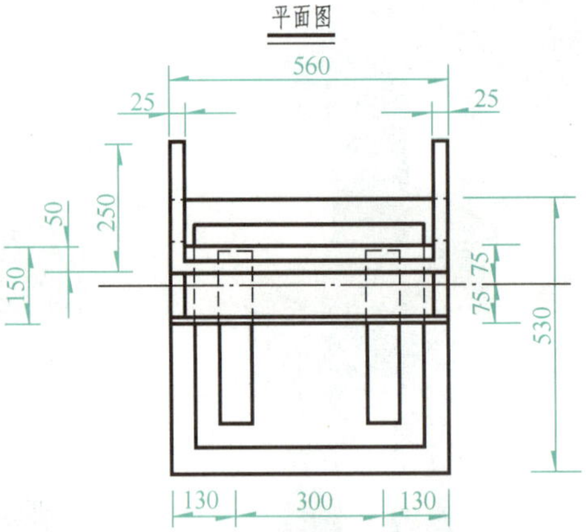

尺寸表

台号	项目				
	▽1/m	▽2/m	H/cm	▽3/m	▽4/m
1	94.061	94.061	622	89.041	87.041
4	94.061	94.061	622	89.041	87.041

注:

1.本图尺寸均以cm为单位。

2.各肋板号由前进方向从左至右排列。

3.台帽横坡由台阶设置,台阶高差2.0cm,混凝土强度等级C40。

(彩图)

(三维模型)

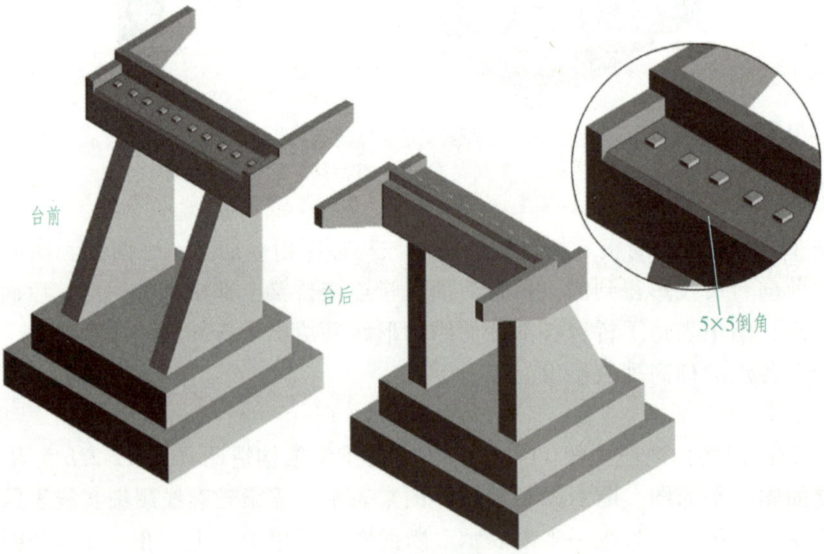

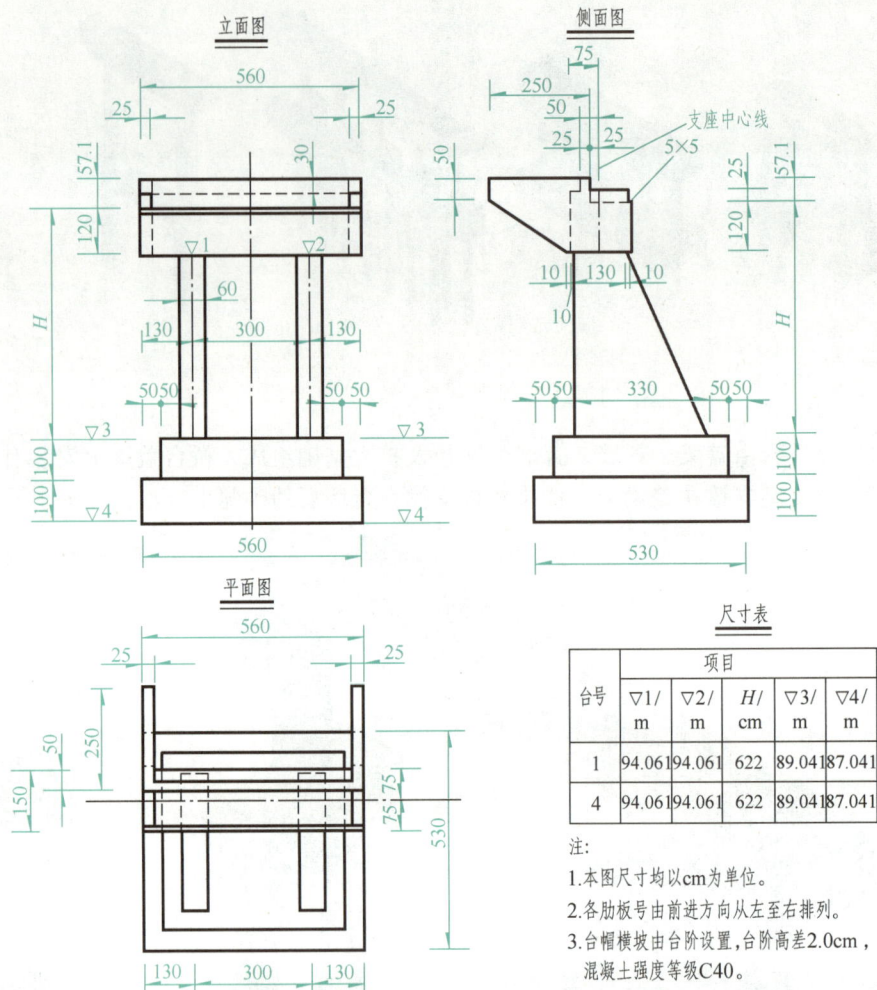

图 11-21 肋板式桥台构造图

的底部和顶部，用来承受拉力或压力，共 20 根。2 号钢筋是弯起钢筋，主要承受剪力，共 2 根。3 号钢筋是分布钢筋，布置在梁的两侧，共 8 根。4 号钢筋是箍筋，除靠近盖梁端部有两道间距为 20cm 箍筋外，其余沿盖梁纵向均匀布置，间距为 15cm。尺寸 17×15 说明有 17 个间距，每个间距 15cm。图中除 4 号钢筋为 HPB300 钢筋外，其余都是 HRB400 钢筋。

为了图面清晰，立体示意图中省略了中间部分的箍筋。

（2）桥台基础钢筋构造图　如图 11-23a 所示为桥台基础钢筋构造形式（图 11-23b 为其立体示意图），立面图为Ⅰ—Ⅰ断面图，侧立面图为Ⅱ—Ⅱ断面图，并绘有钢筋详图和钢筋数量表。图中共有 4 种钢筋，1、2、3、4 号钢筋都是均匀分布的，间距均为 20cm。1 号钢筋垂直于桥梁中心线，分布在基础底部，共 27 根。2 号钢筋垂直于桥梁中心线，分布在基础顶部，共 22 根。3、4 号钢筋都平行于桥梁中心线。3 号钢筋分布在基础顶部，共 23 根。4 号钢筋分布在基础底部，共 28 根。

（3）肋板、背墙及耳墙的钢筋构造图　此处略。

（二）桥墩图

1. 桥墩一般构造图

图 11-24 为单柱式桥墩一般构造图，用立面图、平面图和侧面图表示。从图中可以看出桥墩由盖梁、立柱、桩柱、承台等几部分组成。图中反映了柱、桩、盖梁、承台等的高度和宽度等，由于柱、桩较长，采用了折断画法。图中对不同位置桥墩的高度尺寸通过列表给出。

2. 桥墩钢筋构造图

（1）桥墩盖梁钢筋构造图　图 11-25a 为桥墩盖梁钢筋构造形式（图 11-25b 为其立体示意图），该图由半立面、半平面、Ⅰ—Ⅰ断面图及钢筋详图来表达。从外部轮廓线可看出盖梁的各个方向的断面形状。全梁共有 8 种钢筋，其中 1、2、3、4 号钢筋为受力钢筋，1 号钢筋有 12 根，分布在梁的顶面，用来承受拉力；2、3 号钢筋各 2 根，用来承担横向剪力；4 号钢筋有 8 根，分布在梁的底面，用来承受压力。5、6 号钢筋各 4 根，为分布钢筋，布置在梁的两侧面，6 号钢筋的长度随截面的变化而变化。7、8 号钢筋是箍筋，以 15cm 的间距均匀分布在整个梁上，7 号箍筋分布在梁的中段，共 12 道 24 根，8 号钢筋分布在梁的两端，共 26 道 52 根，8 号钢筋的长度随截面的变化而变化。除 7、8 号箍筋是 HPB300 钢筋外，其余都是 HRB400 钢筋。

为了图面清晰，立体示意图中省略了中间部分的箍筋。

（2）桥墩桩基钢筋构造图　图 11-26a 为桥墩桩基钢筋构造形式（图 11-26b 为其立体示意图），由立面图、Ⅰ—Ⅰ断面图表示，并绘有钢筋详图、钢筋数量表。图中 1 号钢筋为桩的主筋，伸入承台内的钢筋做成喇叭形，大约与竖直方向成 15°角，共 20 根；4 号定位钢筋在钢筋骨架上每隔 2m 沿圆周等距离焊接 4 根，共 20 根；3 号钢筋为基桩的螺旋分布筋，只有 1 根，分布在整个桩柱上；2 号加强箍筋在钢筋骨架上每隔 2m 焊接一根，共 5 根。

（3）桥墩立柱钢筋构造图　图 11-27a 为桥墩立柱钢筋构造形式（图 11-27b 为其立体示意图），由立面图、Ⅰ—Ⅰ断面图及钢筋详图表示，其构造形式与桥墩基桩钢筋构造形式基本相同。柱内有 3 种钢筋，1 号钢筋为墩柱的主筋，伸入盖梁内的钢筋做成喇叭形，大约与竖直方向成 15°角。2 号加强箍筋在钢筋骨架上每隔 2m 焊接一根。3 号钢筋为墩柱的螺旋分布筋。

（4）桥墩承台钢筋构造图　图 11-28a 是桥墩承台钢筋构造形式（图 11-28b 为其立体示意图），由纵断面图、平面图、Ⅰ—Ⅰ断面图、Ⅱ—Ⅱ断面图及钢筋详图组成。详细情况请读者自己分析。

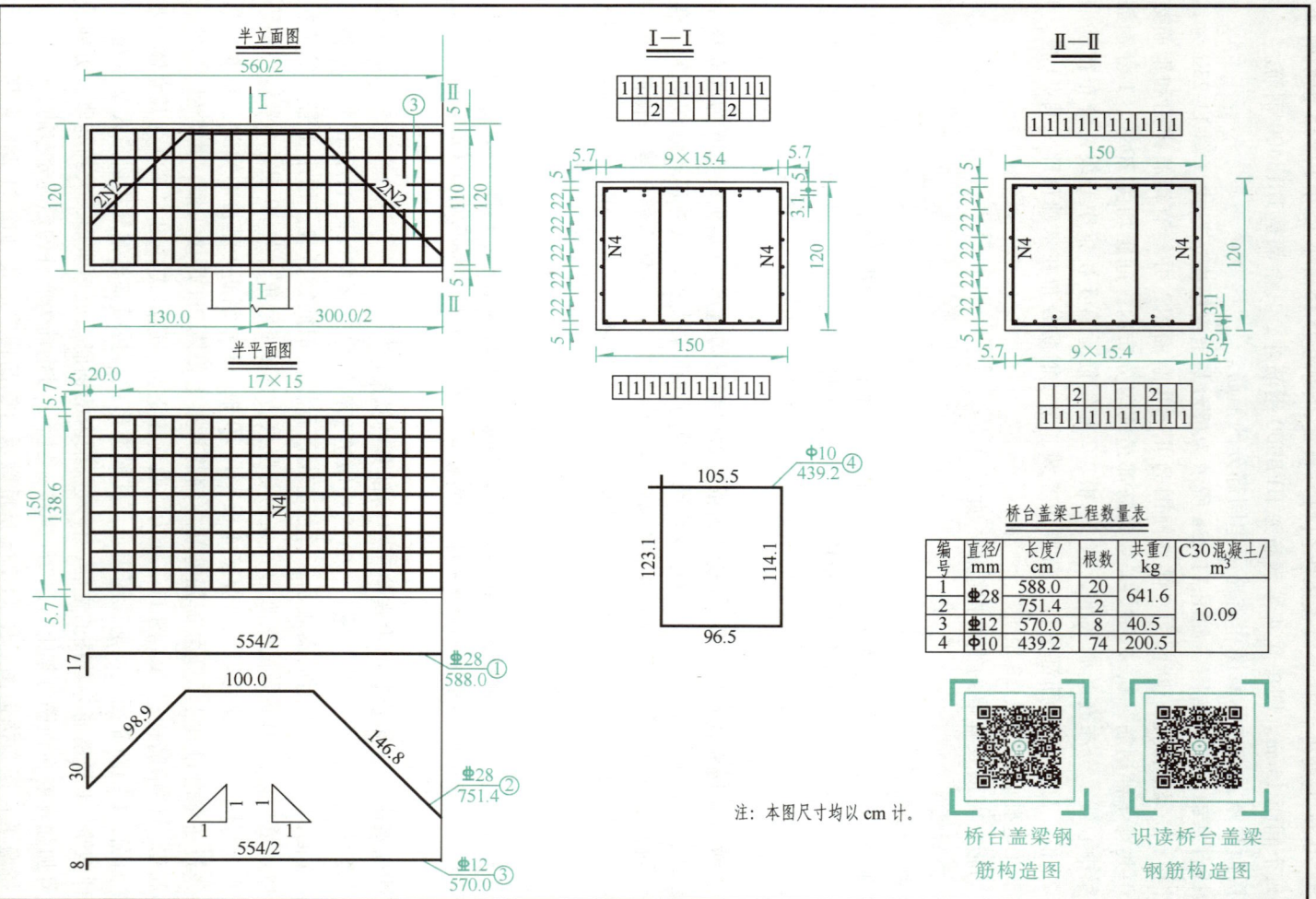

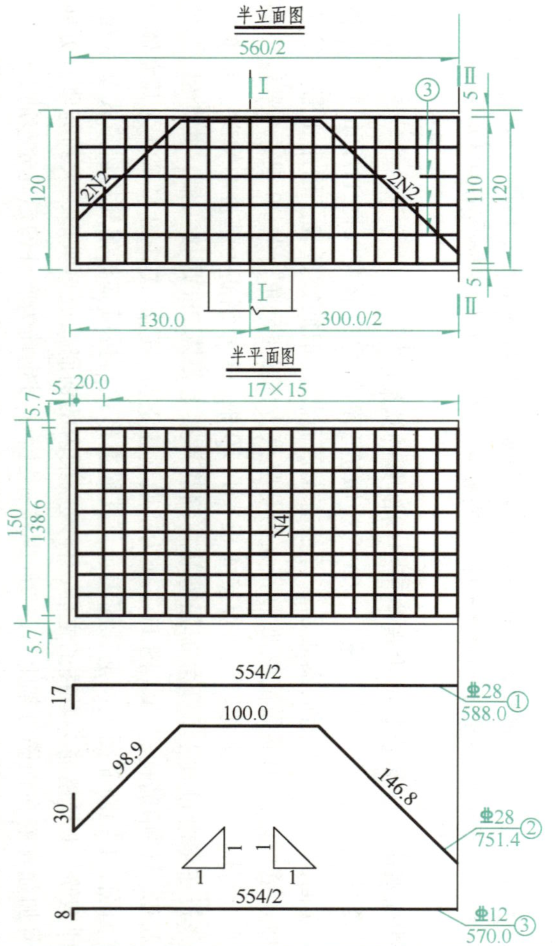

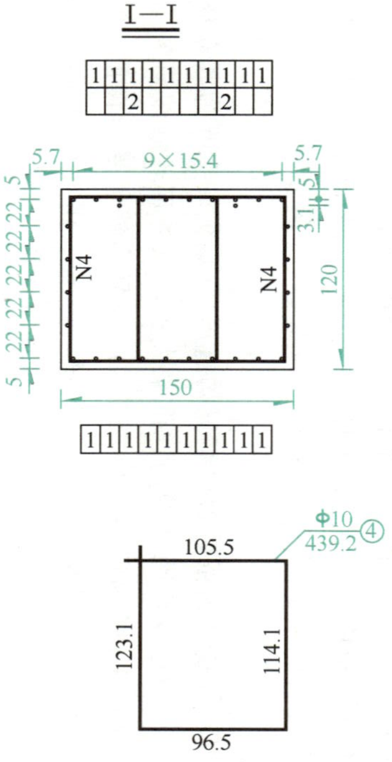

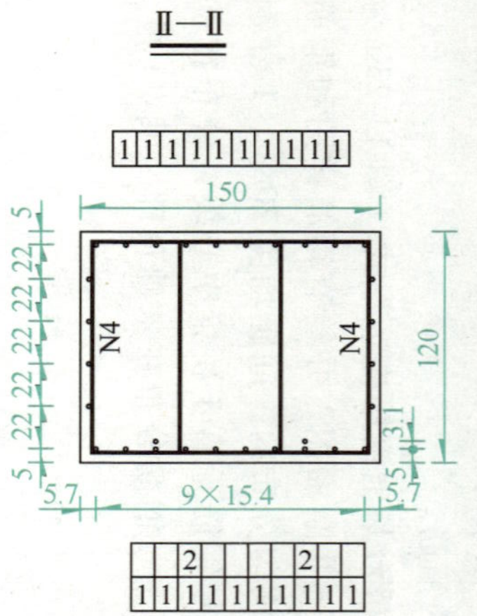

桥台盖梁工程数量表

编号	直径/mm	长度/cm	根数	共重/kg	C30混凝土/m^3
1	⌀28	588.0	20	641.6	10.09
2		751.4	2		
3	⌀12	570.0	8	40.5	
4	Φ10	439.2	74	200.5	

注：本图尺寸均以 cm 计。

桥台盖梁钢筋构造图

识读桥台盖梁钢筋构造图

a)

图 11-22 桥台盖梁钢筋构造图

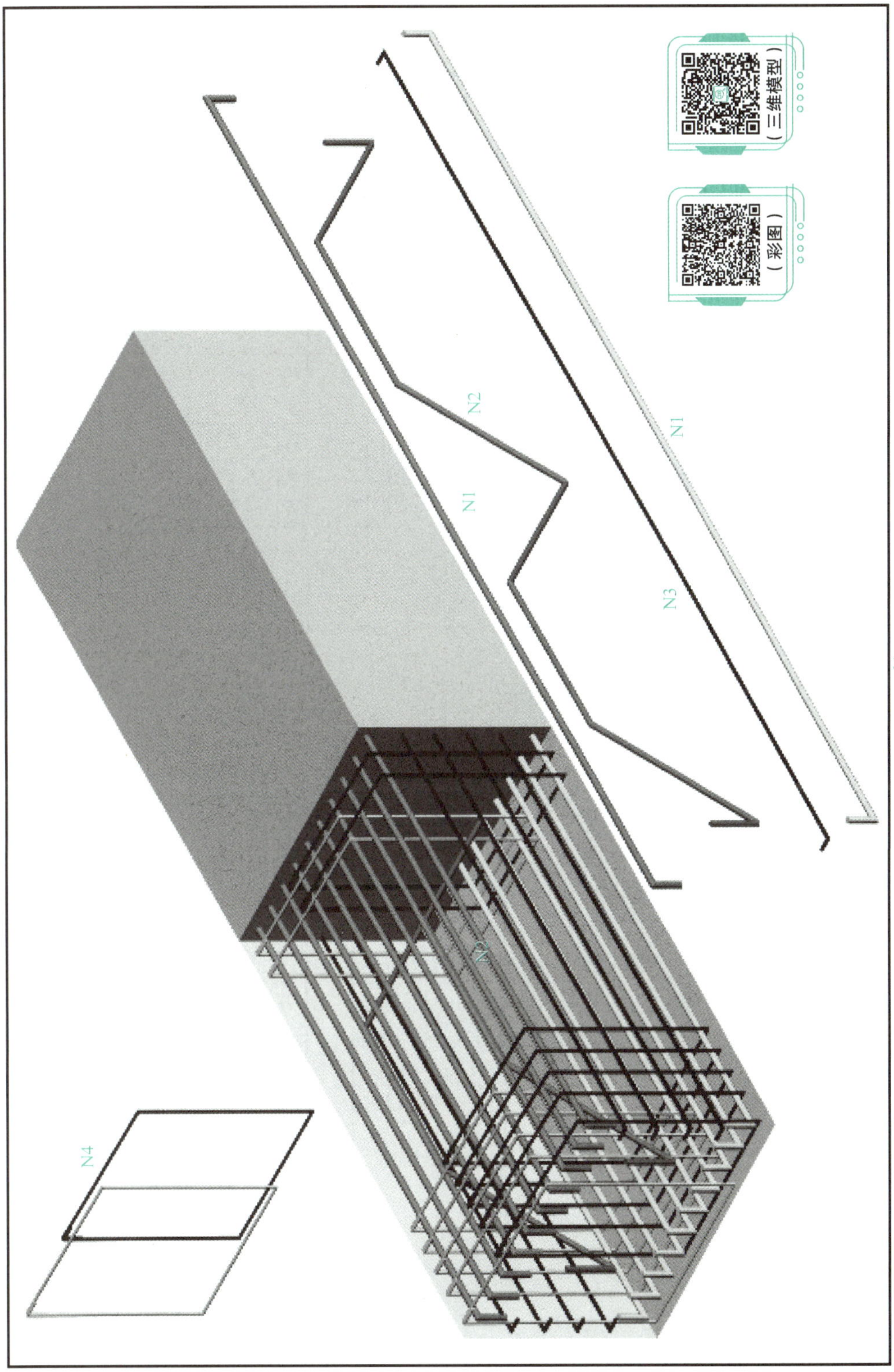

b)

图 11-22　桥台盖梁钢筋构造图（续）

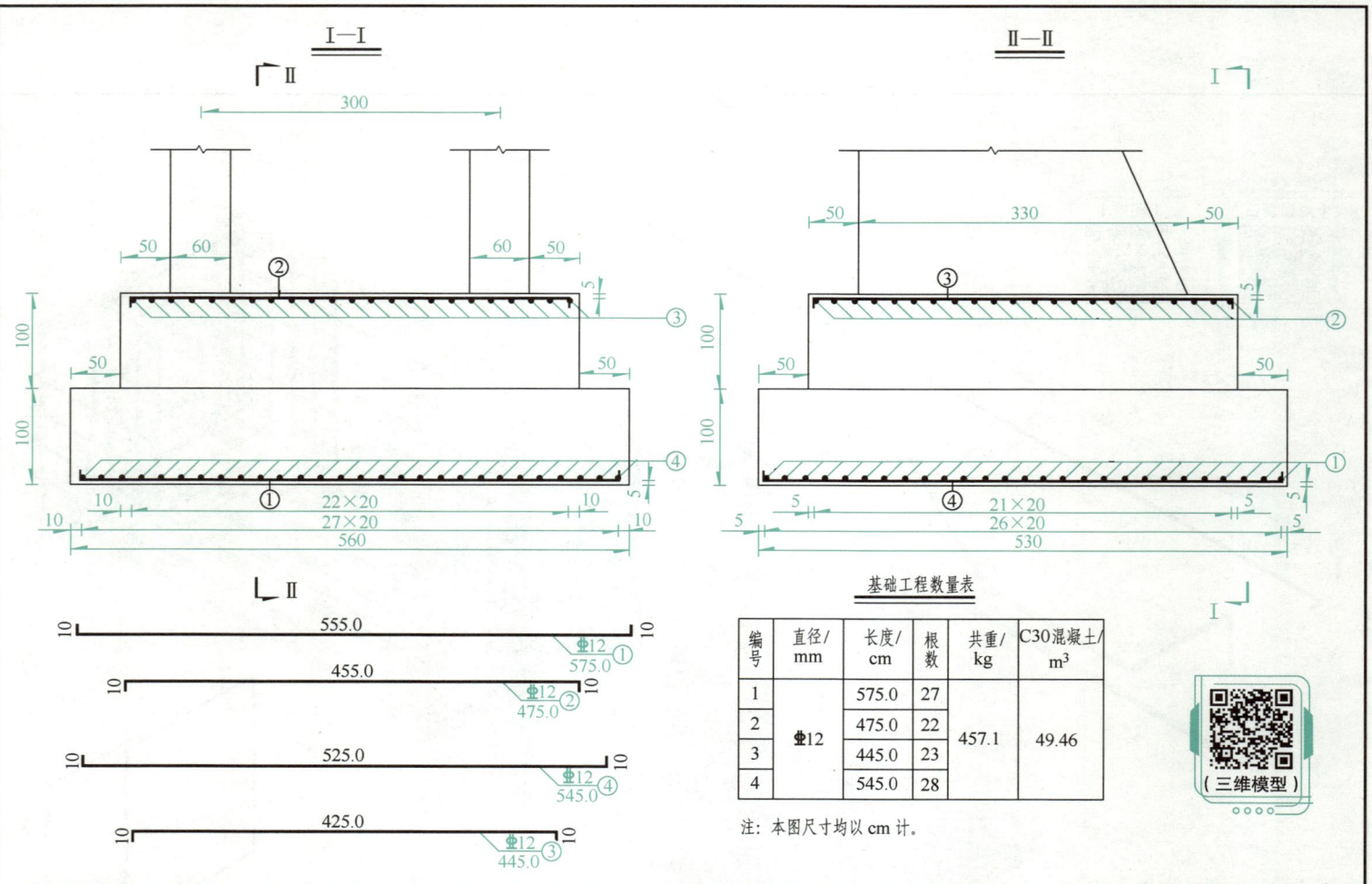

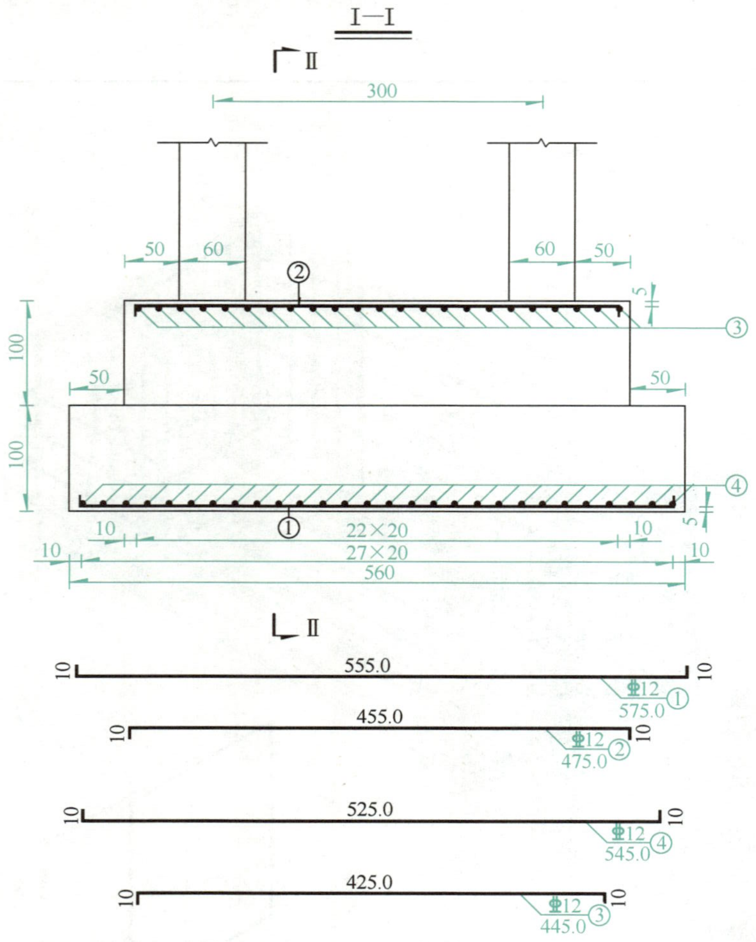

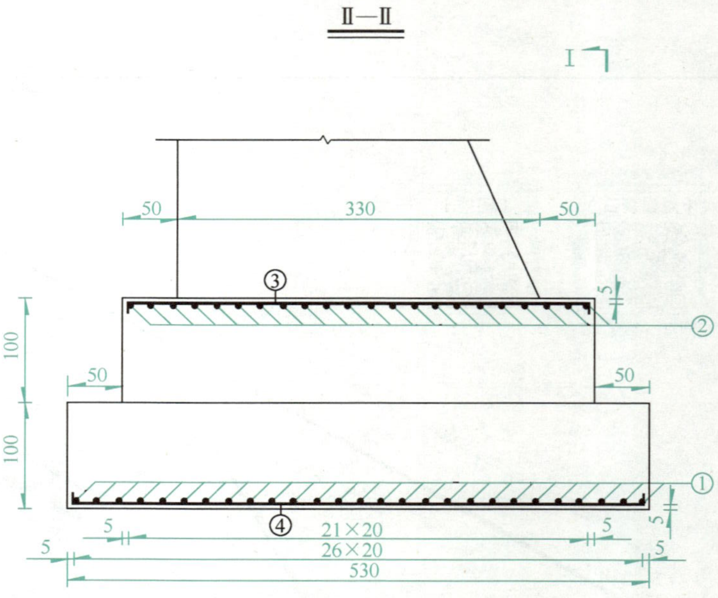

基础工程数量表

编号	直径/mm	长度/cm	根数	共重/kg	C30混凝土/m^3
1	⌀12	575.0	27	457.1	49.46
2		475.0	22		
3		445.0	23		
4		545.0	28		

注：本图尺寸均以 cm 计。

（三维模型）

a)

图 11-23 桥台基础钢筋构造图

b)
图 11-23　桥台基础钢筋构造图（续）

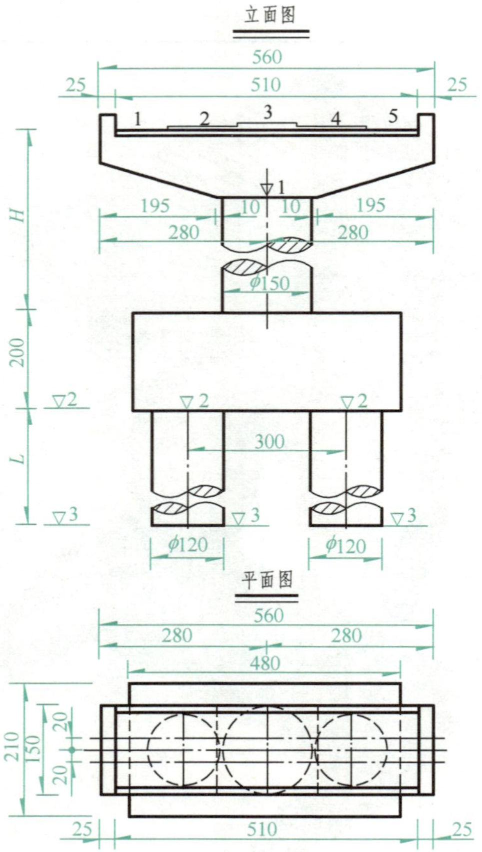

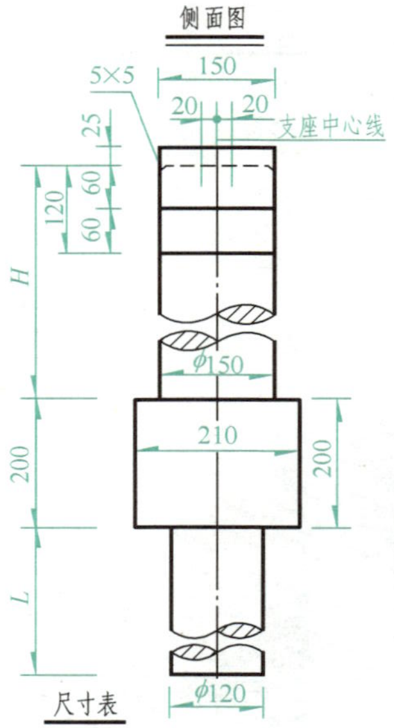

尺寸表

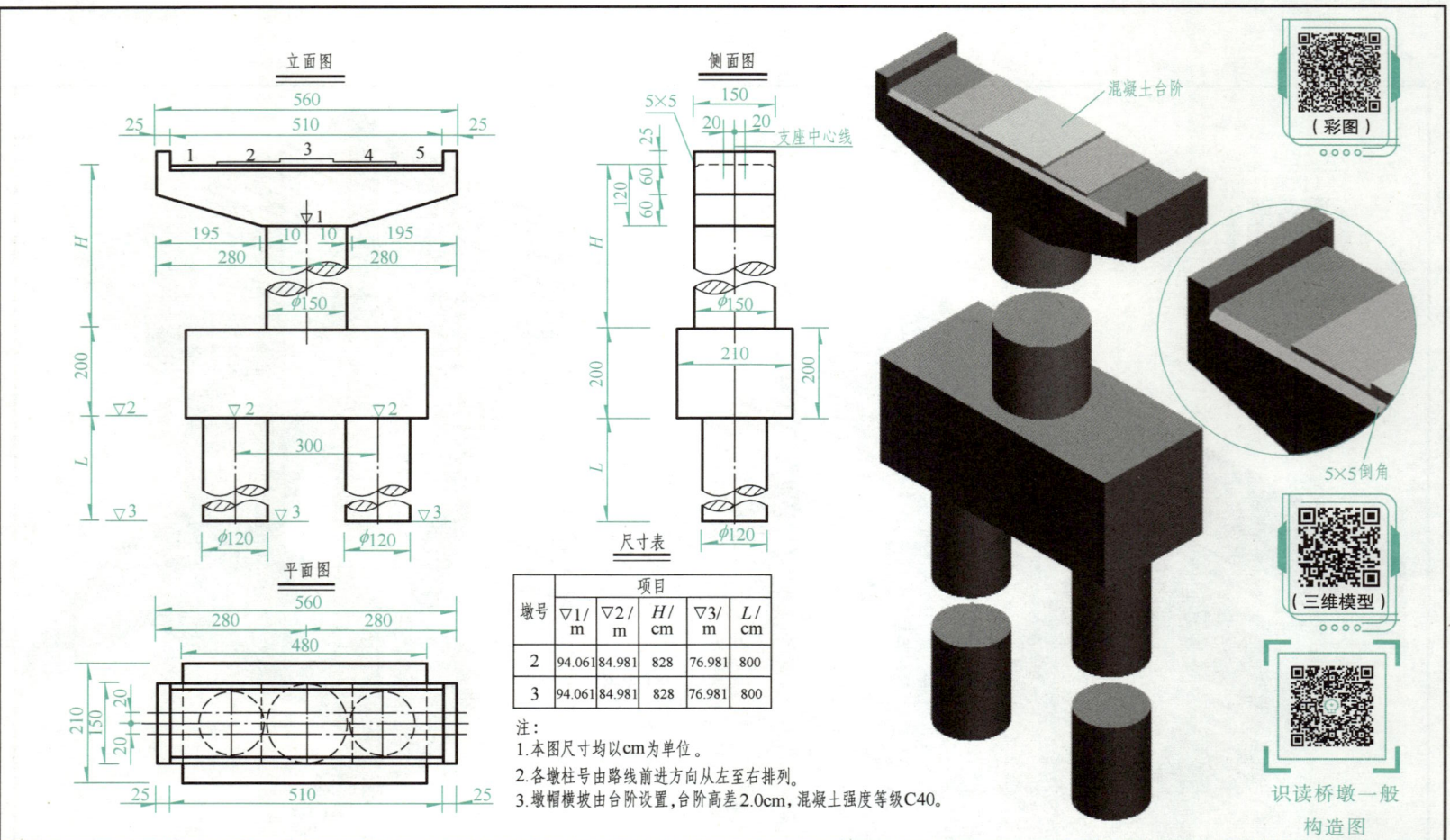

墩号	项目				
	∇1/m	∇2/m	H/cm	∇3/m	L/cm
2	94.061	84.981	828	76.981	800
3	94.061	84.981	828	76.981	800

注：
1.本图尺寸均以cm为单位。
2.各墩柱号由路线前进方向从左至右排列。
3.墩帽横坡由台阶设置，台阶高差2.0cm，混凝土强度等级C40。

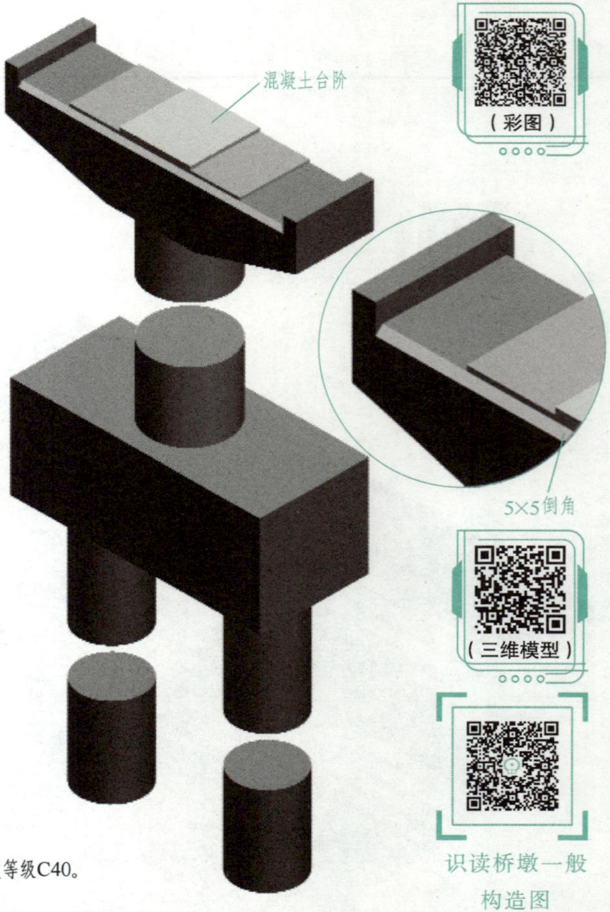

（彩图）
（三维模型）
识读桥墩一般构造图

图 11-24 单柱式桥墩一般构造图

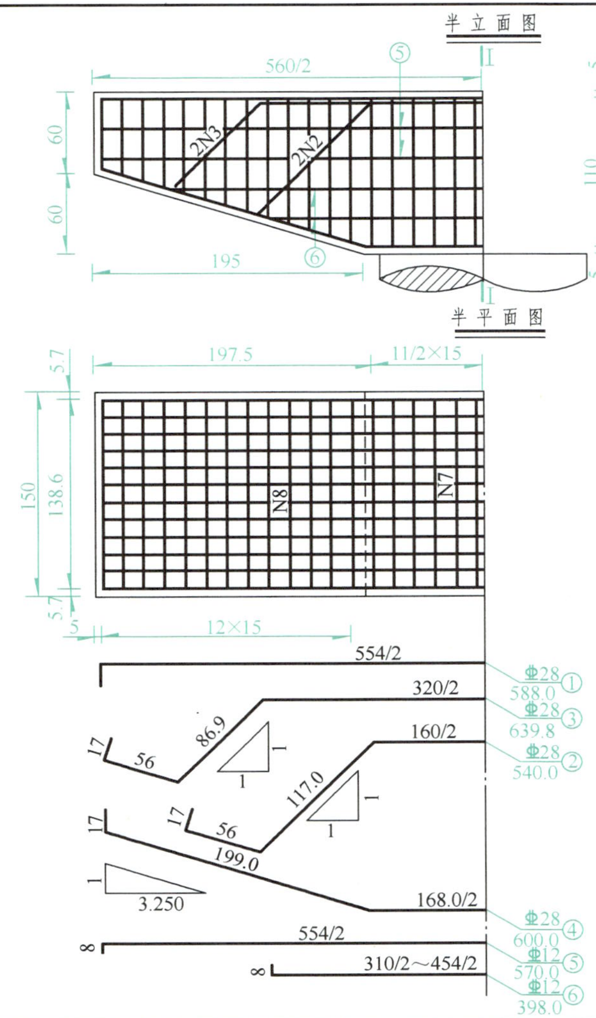

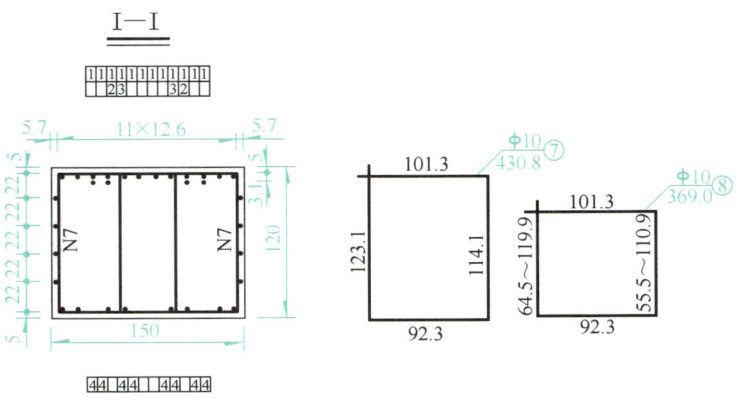

桥墩盖梁
钢筋构造

（三维模型）

桥 墩 盖 梁 工 程 数 量 表

编号	直径/mm	长度/cm	根数	共重/kg	C30混凝土/m^3
1	Φ28	588.0	12	676.2	8.33
2		540.0	2		
3		639.8	2		
4		600.0	8		
5	Φ12	570.0	4	34.4	
6		398.0(平均)	4		
7	Φ10	430.8	24	182.2	
8		369.0(平均)	52		

注：本图尺寸均以cm计。

a)

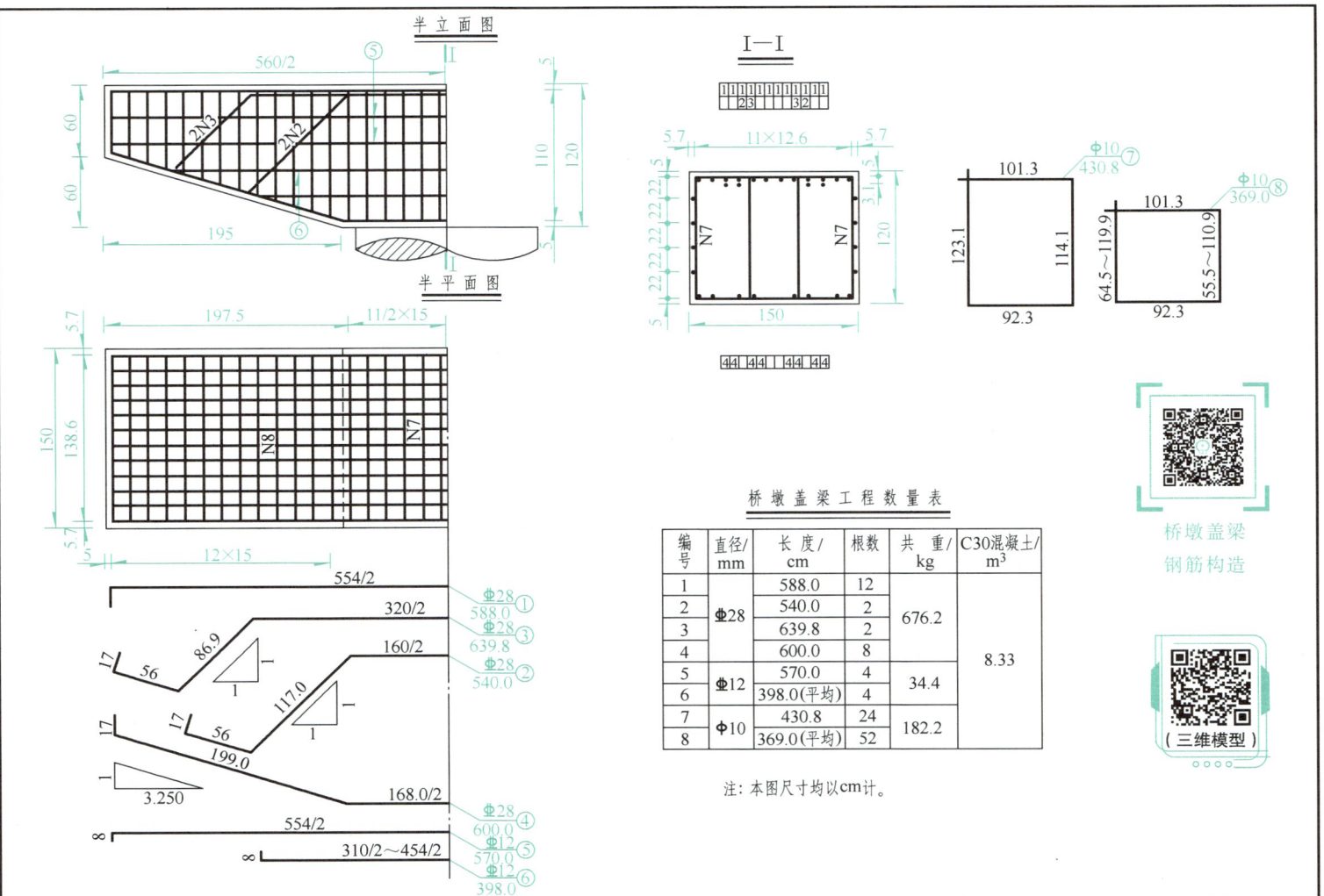

图 11-25　桥墩盖梁钢筋构造图

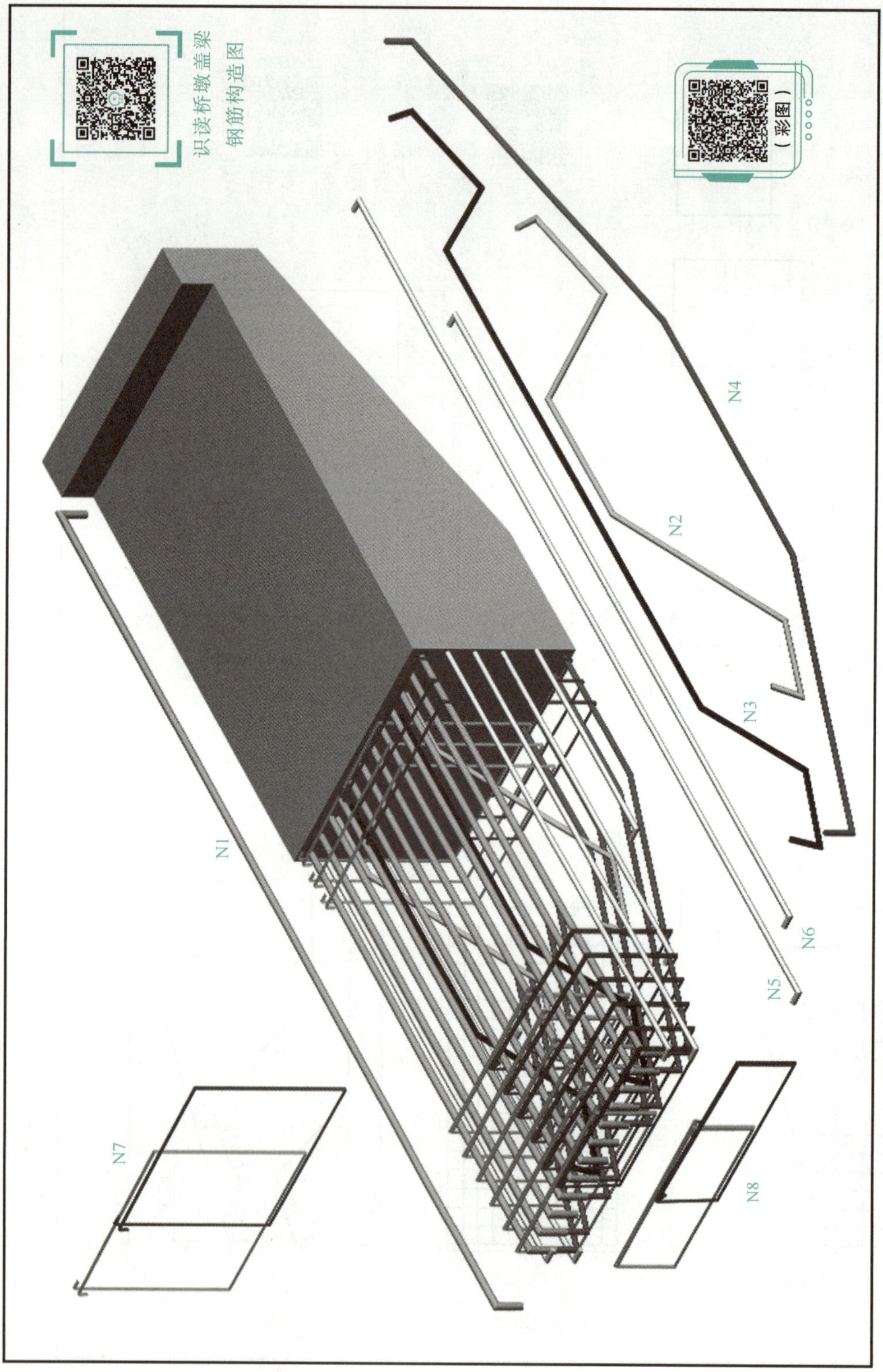

b)

图 11-25 桥墩盖梁钢筋构造图（续）

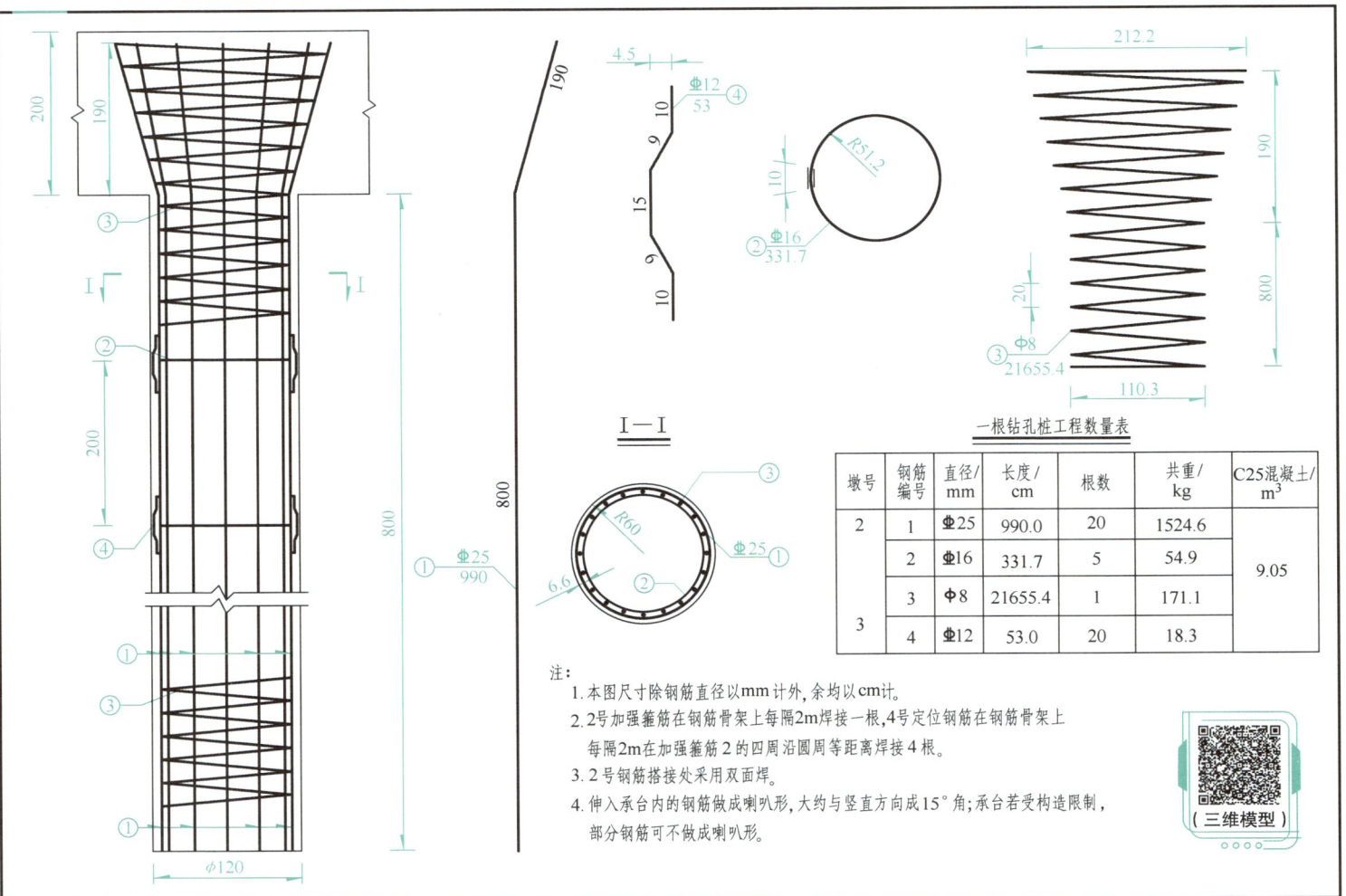

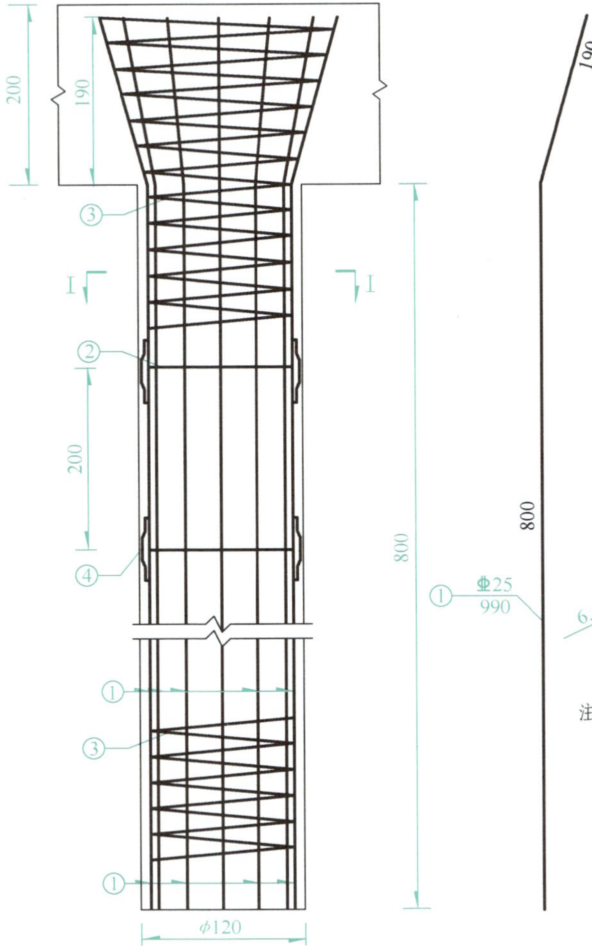

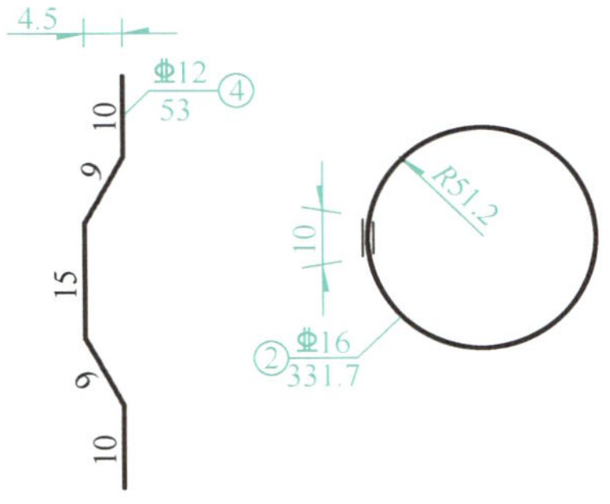

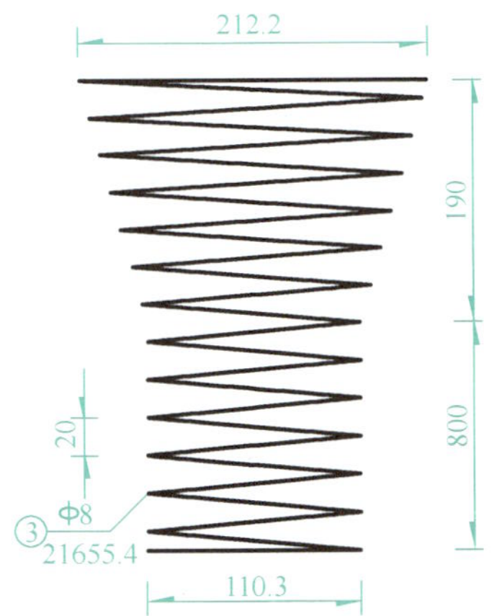

I—I

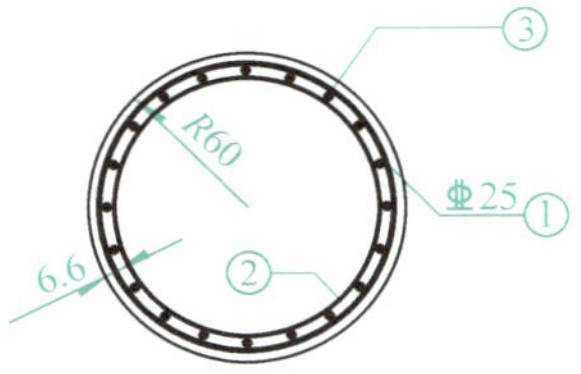

一根钻孔桩工程数量表

墩号	钢筋编号	直径/mm	长度/cm	根数	共重/kg	C25混凝土/m^3
2	1	Φ25	990.0	20	1524.6	9.05
	2	Φ16	331.7	5	54.9	
	3	Φ8	21655.4	1	171.1	
3	4	Φ12	53.0	20	18.3	

注：
1. 本图尺寸除钢筋直径以mm计外，余均以cm计。
2. 2号加强箍筋在钢筋骨架上每隔2m焊接一根，4号定位钢筋在钢筋骨架上每隔2m在加强箍筋2的四周沿圆周等距离焊接4根。
3. 2号钢筋搭接处采用双面焊。
4. 伸入承台内的钢筋做成喇叭形，大约与竖直方向成15°角；承台若受构造限制，部分钢筋可不做成喇叭形。

（三维模型）

a)

图 11-26　桥墩桩基钢筋构造图

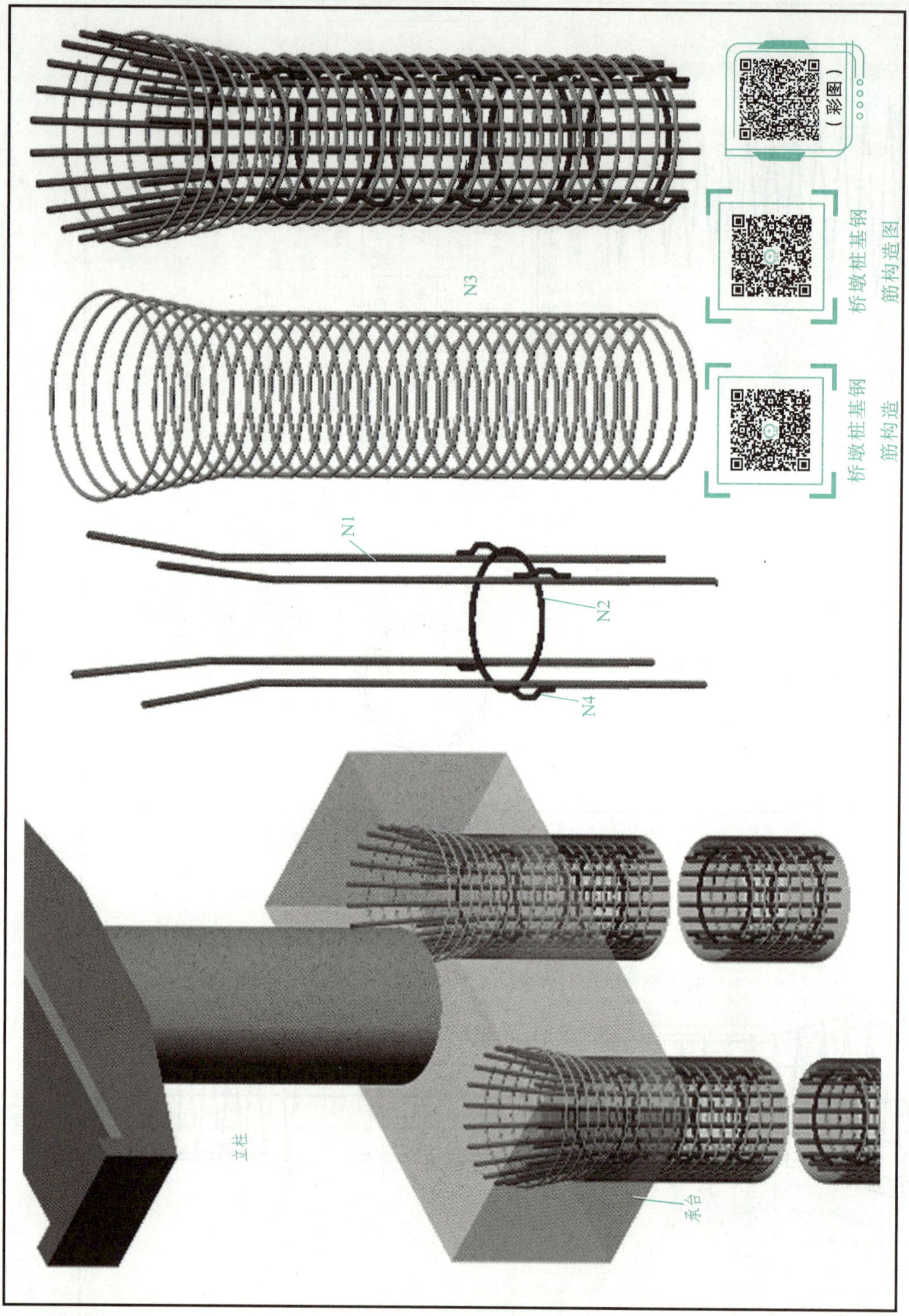

b)

图 11-26 桥墩桩基钢筋构造图（续）

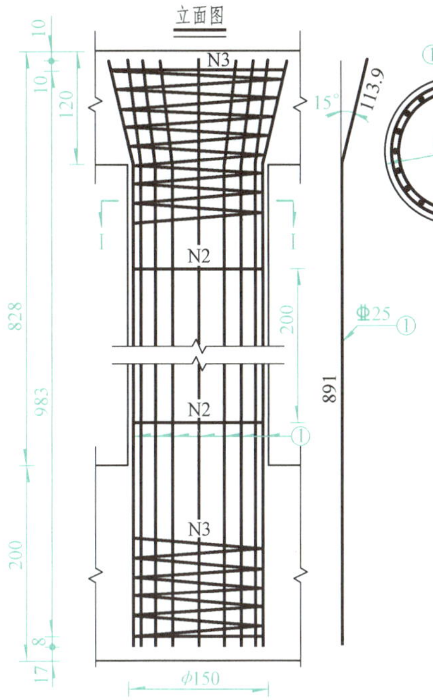

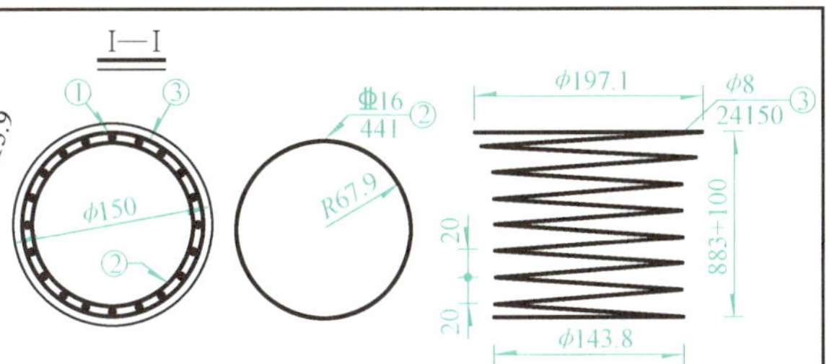

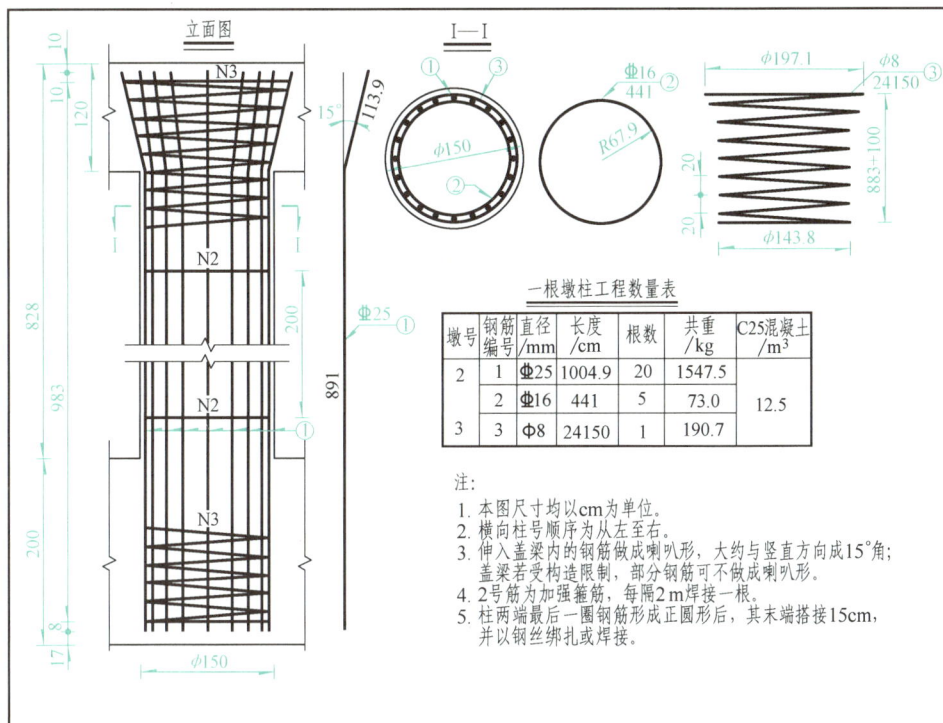

一根墩柱工程数量表

墩号	钢筋编号	直径/mm	长度/cm	根数	共重/kg	C25混凝土/m³
2	1	Φ25	1004.9	20	1547.5	12.5
	2	Φ16	441	5	73.0	
3	3	Φ8	24150	1	190.7	

注:

1. 本图尺寸均以cm为单位。
2. 横向柱号顺序为从左至右。
3. 伸入盖梁内的钢筋做成喇叭形，大约与竖直方向成15°角；盖梁若受构造限制，部分钢筋可不做成喇叭形。
4. 2号筋为加强箍筋，每隔2 m焊接一根。
5. 柱两端最后一圈钢筋形成正圆形后，其末端搭接15cm，并以钢丝绑扎或焊接。

a)

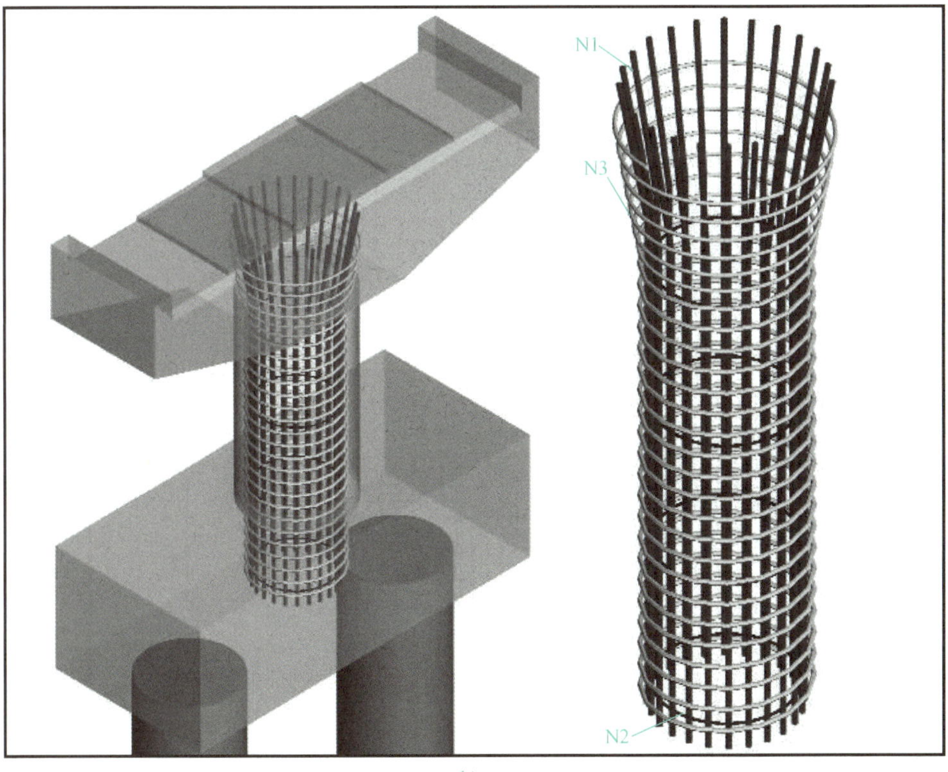

b)

图 11-27　桥墩立柱钢筋构造图

（彩图）

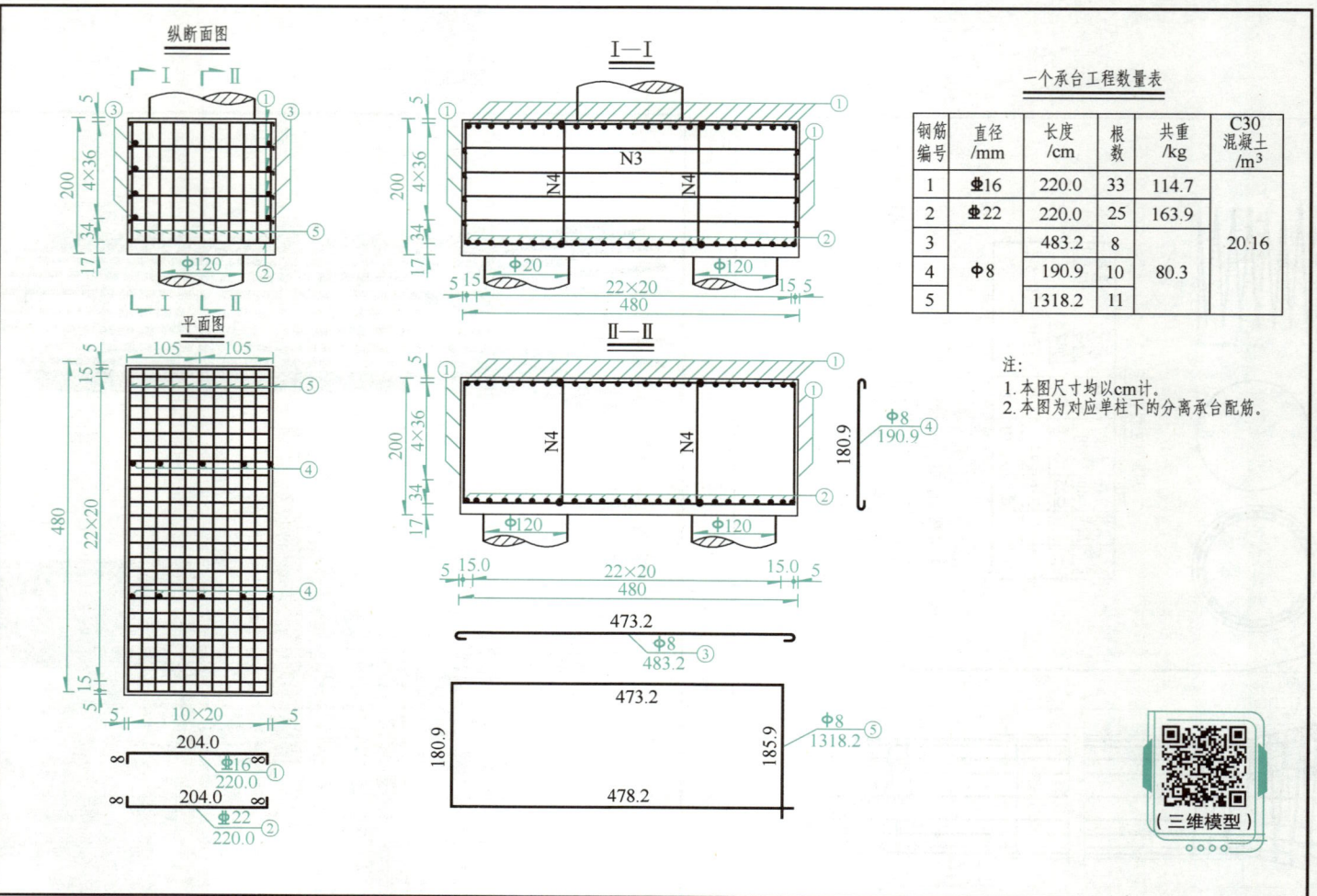

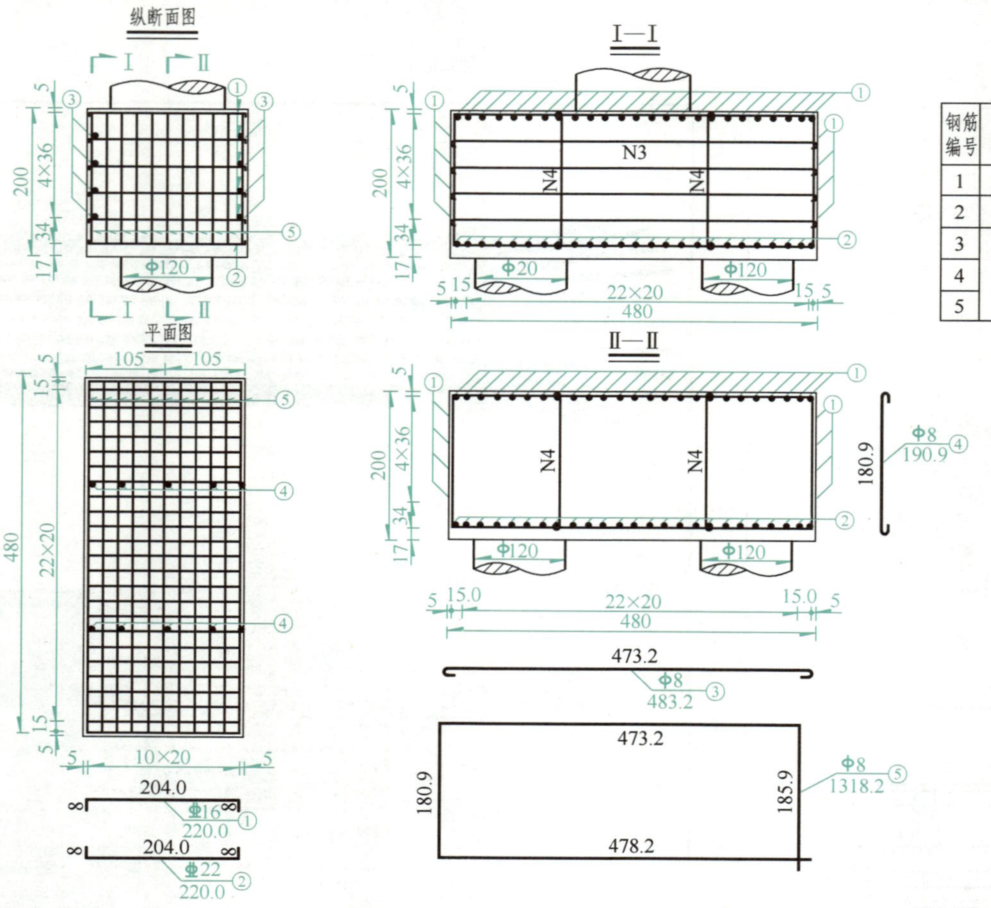

一个承台工程数量表

钢筋编号	直径/mm	长度/cm	根数	共重/kg	C30混凝土/m^3
1	Φ16	220.0	33	114.7	20.16
2	Φ22	220.0	25	163.9	
3	Φ8	483.2	8	80.3	
4		190.9	10		
5		1318.2	11		

注:
1. 本图尺寸均以cm计。
2. 本图为对应单柱下的分离承台配筋。

（三维模型）

a)

图 11-28 桥墩承台钢筋构造图

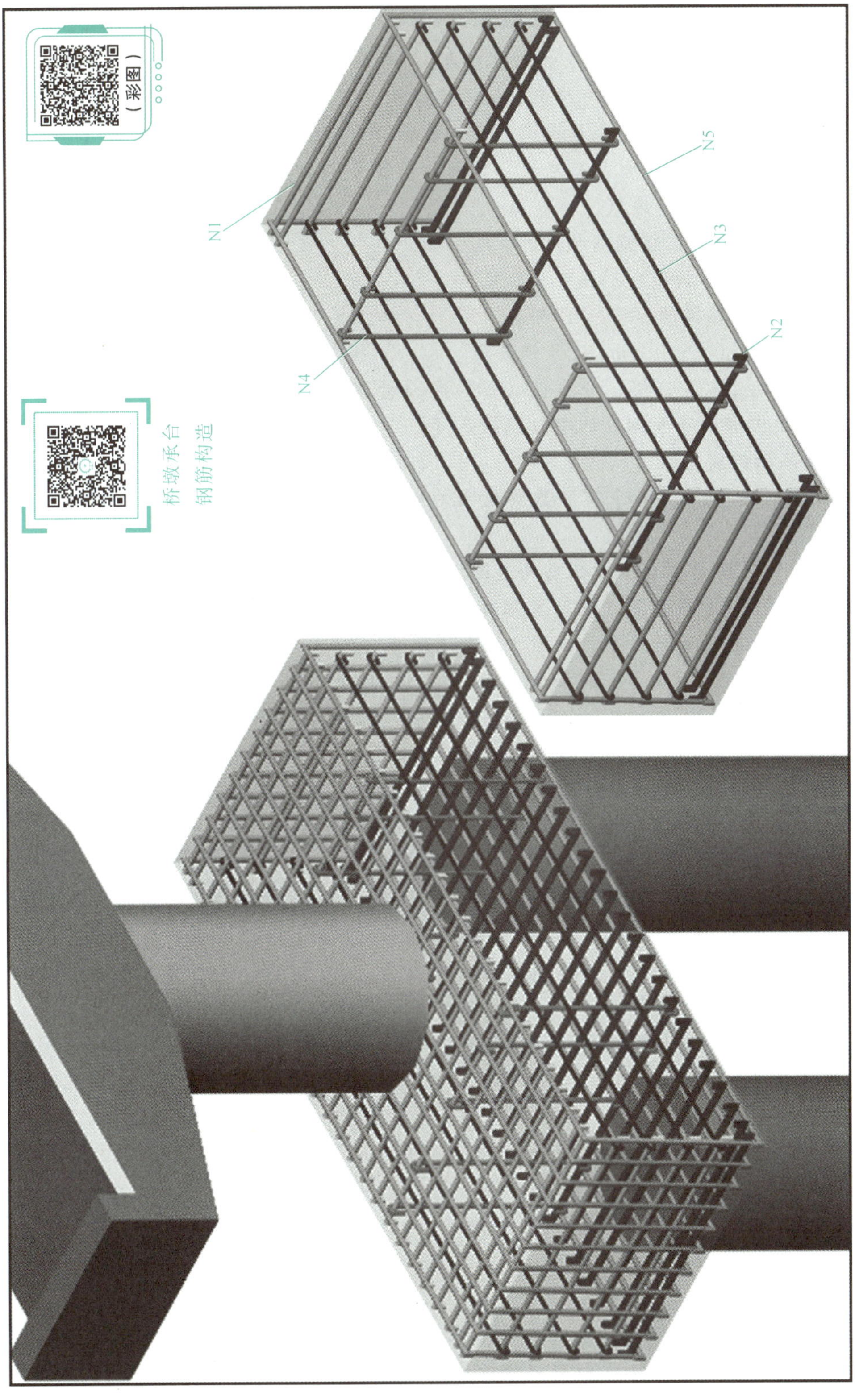

b)

图 11-28　桥墩承台钢筋构造图（续）

任务实施

参考答案

一、识读桥台图，并回答问题。

1. 识读图 11-21 所示肋板式桥台构造图。

1）在侧面图上指出桥台的台前和台后。连接路堤的一面是台（　　）。

2）桥台扩大基础底面、顶面的高程分别为（　　）m、（　　）m，盖梁底面的高程为（　　）m。

2. 识读图 11-22 桥台盖梁钢筋构造图。

1）Ⅰ—Ⅰ、Ⅱ—Ⅱ断面分别在什么位置？

2）1 号钢筋分布在梁的（　　）部和（　　）部，共（　　）根，1 号钢筋的间距为（　　）cm，长度为（　　）cm。2 号钢筋共（　　）根。

3）3 号钢筋共（　　）根，分布在（　　），3 号钢筋的中心间距为（　　）cm。

4）布置在梁中部的 4 号钢筋的中心间距是（　　）cm，尺寸 17×15 表示（　　）。

5）4 号箍筋的钢筋等级为（　　）。1、2、3 号钢筋的等级为（　　）。整个梁上 HRB400 钢筋共（　　）kg 重。盖梁使用的混凝土的等级是（　　），共用混凝土（　　）m^3。

3. 识读图 11-23 所示桥台基础钢筋构造图。

1）立面图为Ⅰ—Ⅰ断面图，投射方向由台（　　）指向台（　　）。

2）侧立面图为Ⅱ—Ⅱ断面图，投射方向与道路中心线（　　）。

3）桥台基础共有（　　）种钢筋，1、2、3、4 号钢筋都是均匀分布，间距均为（　　）cm。

4）1 号钢筋（　　）于道路中心线，分布在基础（　　）部，共（　　）根。

5）2 号钢筋（　　）于道路中心线，分布在基础（　　）部，共（　　）根。

二、识读桥墩图，并回答问题。

1. 识读图 11-24 所示单柱式桥墩一般构造图。

1）在立面图、侧面图上指出桥墩盖梁、桥墩立柱、承台、桥墩桩基及防震挡块的投影。

2）桥墩桩基顶面的高程为（　　）cm，立柱高度为（　　）cm，桩基高度为（　　）cm。

3）两桩柱间的中心间距为（　　）cm。立柱直径为（　　）cm，桩柱直径为（　　）cm。

4）承台的尺寸为（　　）cm×(　　）cm×(　　）cm。

5）盖梁上支座中心线与桥墩中心线的距离为（　　）cm。

6）墩帽（盖梁）横坡由混凝土台阶设置，台阶的高差为（　　）cm，台阶混凝土强度等级为（　　）。

2. 识读图 11-25 所示桥墩盖梁钢筋构造图。

1）1 号钢筋分布在梁的（　　）部，共（　　）根，1 号钢筋的中心间距为（　　）cm，1 号钢筋的长度为（　　）cm，其直径为（　　）mm；4 号钢筋共（　　）根，分布在梁的（　　）部，4 号钢筋的长度为（　　）cm。

2）2、3 号钢筋各（　　）根。

3）5、6 号钢筋为分布钢筋，各（　　）根，分布在盖梁前后侧面上。

4）7、8 号钢筋是箍筋，从立面图中分析其分布情况，全梁共有 7 号钢筋（　　）根，全梁共有 8 号钢筋（　　）根，8 号钢筋的平均长度为（　　）mm。

3. 识读图 11-26 所示桥墩桩基钢筋构造图。

1）桥墩基桩中有（　　）种钢筋，2 号加强箍筋焊接成圆形，其钢筋中心处的半径为（　　）cm，一根基桩共有 2 号钢筋（　　）根。1 号钢筋焊接在 2 号加强箍筋的（　　）（外或内）侧。

2）3 号螺旋箍筋高度为（　　）cm，总长（　　）cm，螺旋间距为（　　）cm。3 号螺旋箍筋承台以下部分的螺旋半径为（　　）mm。

3）一根基桩中共有 4 号钢筋（　　）根。

4）1 号钢筋伸入承台内的钢筋做成喇叭形，与竖直方向的倾角为（　　）度。

4. 识读图 11-28 所示桥墩承台钢筋构造图。

1）1 号钢筋共（　　）根，在各个投影图中指出其位置。

2）2 号钢筋分布在承台的（　　）位置，共（　　）根，其直径为（　　）mm，2 号钢筋分布间距为（　　）cm。

3）3 号钢筋分布间距为（　　）cm，共（　　）根；5 号钢筋分布间距为（　　）cm，钢筋等级为（　　）。

素质拓展

大柱山隧道——中国隧道施工地质博物馆

大柱山隧道——中国隧道施工地质博物馆

大柱山隧道于 2008 年开工，历经 12 年终于在 2020 年 4 月 28 日全隧贯通。

大柱山隧道位于大瑞（大理至瑞丽）铁路上。大瑞铁路在全世界最为复杂险峻的横断山脉中开掘。在大理至保山段，全线 133km 的铺轨长度，隧道就占了 103km。更引人注目的是大柱山隧道，它有着“世界最难掘进隧道”“中国隧道施工地质博物馆”之称。

大柱山隧道位于横断山脉的中南段，在不到 15km 的隧道中，要穿越 6 条断裂带、5 段岩溶发育地段和 3 条褶皱构造；且地层中含有丰富的瓦斯、地热甚至放射性物质；此外，还有许多溶洞和暗河，施工过程中涌水量曾创下单日最高 22 万 m^3，隧道涌水总量达 2 亿多 m^3，相当于 15 个西湖。真是既有瓦斯、毒气，又有“水深”“火热”。

大柱山隧道建设者们发扬愚公移山的精神，最终用 12 年的时间攻克了这一世界级难题，大柱山隧道终于贯通。在该项目的施工中，科技人员获得了国家级专利 5 项，国家级 QC 成果 3 项，省部级 QC 成果 3 项。

大瑞铁路的建成，对促进沿线地区经济社会发展，推动云南省“精准扶贫”工作实施，对“一带一路”的建设，推动我国与东南亚、南亚国家的交流与合作，将产生重大而深远的影响。

艰难困苦，玉汝于成。中华民族伟大复兴道路注定不平坦，有你们在，天堑亦变通途！

项目十二 识读涵洞工程图

学习目标

项目载体	各类涵洞工程图
知识目标	1. 了解涵洞的组成与分类 2. 掌握涵洞工程图的图示内容及图示特点 3. 能识读涵洞工程图
能力目标	1. 能识读各类涵洞工程的一般构造图 2. 能识读涵洞构件图
素质目标	变被动为主动，激发学习兴趣，培养爱岗敬业的精神

任务一　了解涵洞工程图的图示特点及读图方法

技能要点

1）掌握涵洞的分类与组成。

2）能够识读钢筋混凝土圆管涵洞工程图，了解图示内容与特点。

任务学习

一、涵洞简介

1. 涵洞与桥梁

涵洞是用于宣泄水流的工程构筑物，是狭长的构筑物，它从路面下方横穿道路，埋置于路基土层中。图 12-1 所示为某段道路中的箱形涵洞。它与桥梁的作用基本相同，主要区别在于跨径的大小和填土高度。根据现行《公路工程技术标准》（JTG B01—2014）中的规定，凡是单孔跨径小于 5m，以及管涵、箱涵，不论其管径或跨径大小、孔数多少均称为涵洞。涵洞在道路工程中应用广泛，结构形式比较灵活。

图 12-1　某段道路中的箱形涵洞

（彩图）

涵洞的分类与组成

2. 涵洞的分类

（1）按建筑材料分类　分为钢筋混凝土涵、混凝土涵、砖涵、石涵、木涵、金属涵等。

（2）按构造形式分类　分为圆管涵、拱涵、箱涵、盖板涵等，工程上多用此类分法。

（3）按孔数分类　分为单孔、双孔、多孔等。

（4）按洞顶有无覆盖土分类　分为明涵和暗涵（洞顶填土大于 50cm）等。

3. 涵洞的组成

涵洞是由洞口、洞身和基础三部分组成的排水构筑物。图 12-2 所示为钢筋混凝土圆管涵洞立体分解图，从中可以了解涵洞各部分的名称、位置和构造。

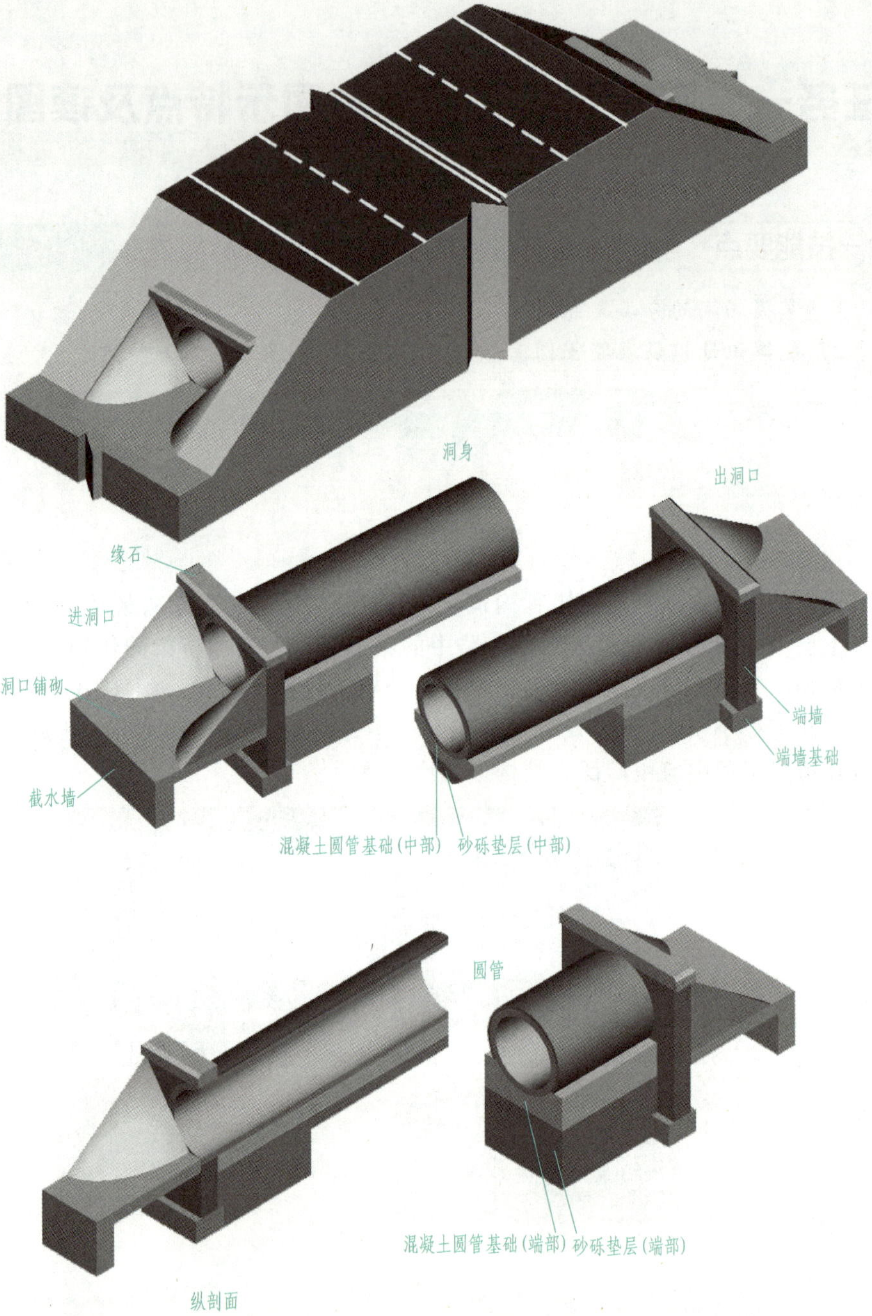

图 12-2 钢筋混凝土圆管涵洞立体分解图

钢筋混凝土圆管涵组成

(彩图)

(三维模型)

洞身是涵洞的主要部分，它的主要作用是承受活载压力和土压力等并将其传递给地基，并保证设计流量通过的必要孔径。常见的洞身形式有圆管洞身、拱形洞身、箱形洞身、盖板洞身。

洞口包括端墙、翼墙（或护坡）、截水墙和缘石等组成部分，它是保证涵洞基础和两侧路基免受冲刷、使水流顺畅的构造。常见的洞口形式有端墙式、八字式、走廊式、平头式（领圈式），如图 12-3 所示。一般进、出水洞口采用同一形式。

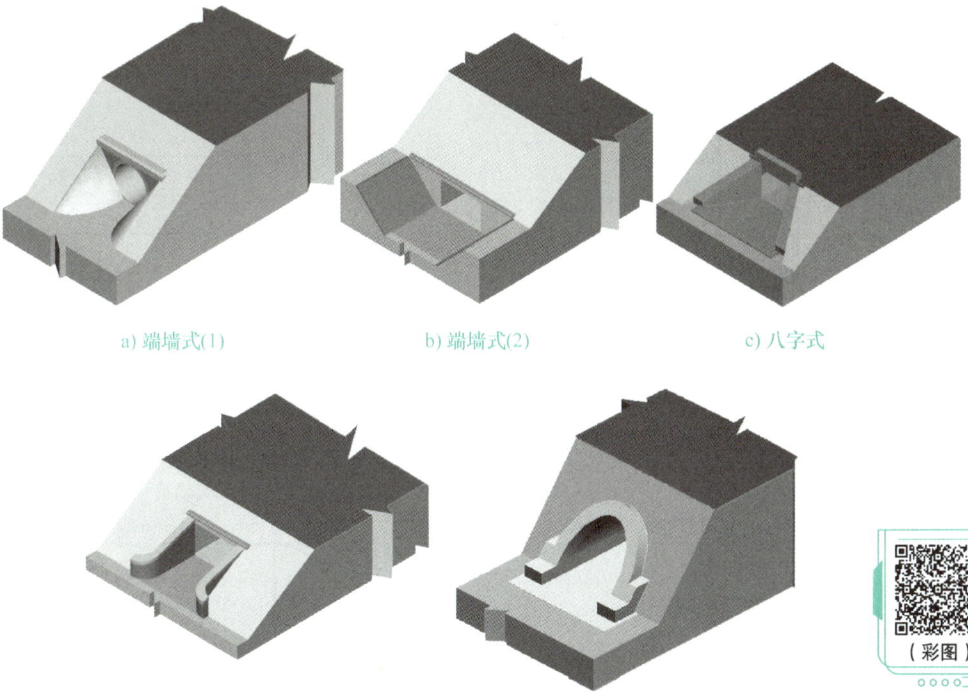

a) 端墙式(1)　b) 端墙式(2)　c) 八字式

d) 走廊式　e) 领圈式

（彩图）

图 12-3　涵洞洞口的形式

二、涵洞工程图的图示内容与特点

涵洞工程图的图示内容与特点

涵洞工程图主要由立面图（纵剖面图）、平面图、侧面图和必要的构造详图（如涵身断面图、钢筋布置图、翼墙断面图）、工程数量表、注释等组成。如图 12-4 为图 12-2 所示的钢筋混凝土圆管涵洞的构造图。

（1）立面图　涵洞工程图以水流方向为纵向（即与路线前进方向垂直布置），并以纵剖面图代替立面图，剖切平面通过涵洞轴线，如图 12-4 中的立面图是通过圆管涵轴线的纵向剖面图。

（2）平面图　平面图一般不考虑涵洞上方的覆土，或假想土层是透明的。平面图上有时不画出涵身基础的投影，而是在立面图和断面图中表达，如图 12-4 中的平面图中把土层看成是透明的。在平面图中没有画出基础及砂砾垫层的投影。

（3）侧面图　侧面图主要表达洞口正面布置情况，当进、出水洞口形状不一样时，则需分别画出其进、出水洞口布置图（如图 12-4 中侧面图是洞口正立面图）。

（4）其他　涵身断面图、钢筋布置图、翼墙断面图等可能在另外的图中表达。

涵洞体积较桥梁小，故画图所选用的比例较桥梁图稍大。

三、识读涵洞工程图的方法

识读涵洞工程图的方法

涵洞种类多种多样，其结构形式各不相同。读涵洞工程图时必须具备前面学过的读图基本知识，同时熟悉涵洞工程图的图示特点及道路工程制图标准的有关规定。

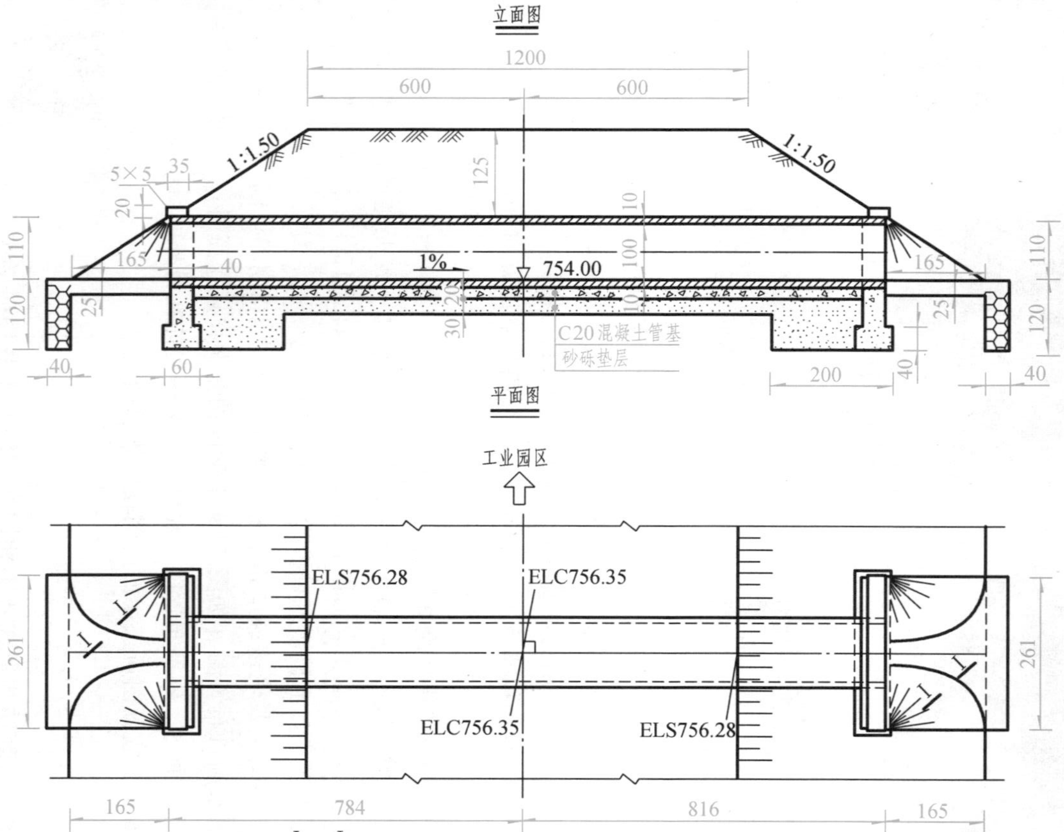

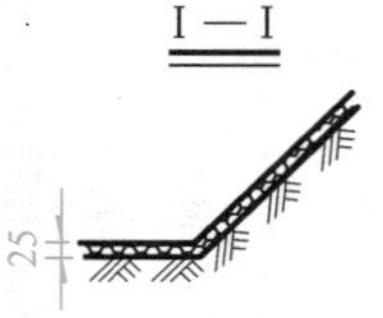

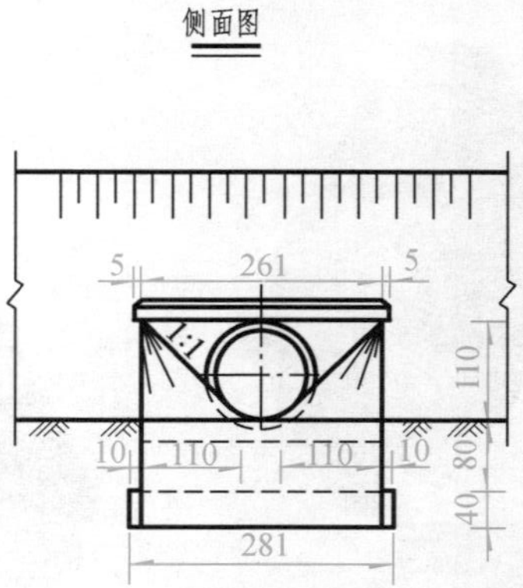

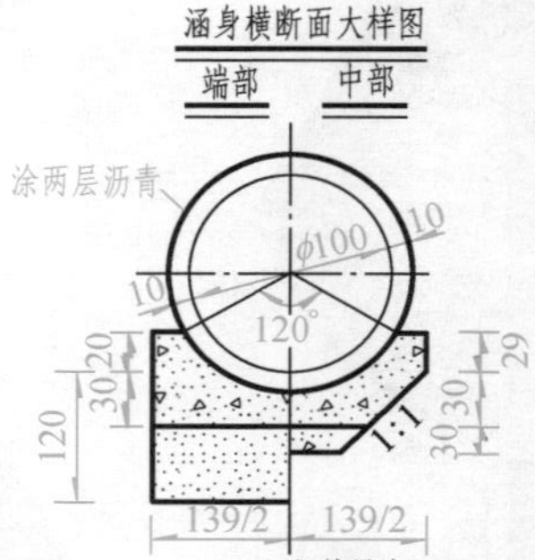

工程数量表

工程项目名称	单位	数量
C25混凝土端墙墙身	m^3	3.07
C20混凝土端墙基础	m^3	1.35
C25混凝土管基	m^3	6.53
C25混凝土墙帽	m^3	0.38
砂砾垫层	m^3	6.33
M7.5浆砌片石洞口铺砌	m^3	2.15
M7.5浆砌片石隔水墙	m^3	2.51
M5浆砌片石锥坡	m^3	1.37
锥心填土	m^3	0.72
2m管节个数	个	8

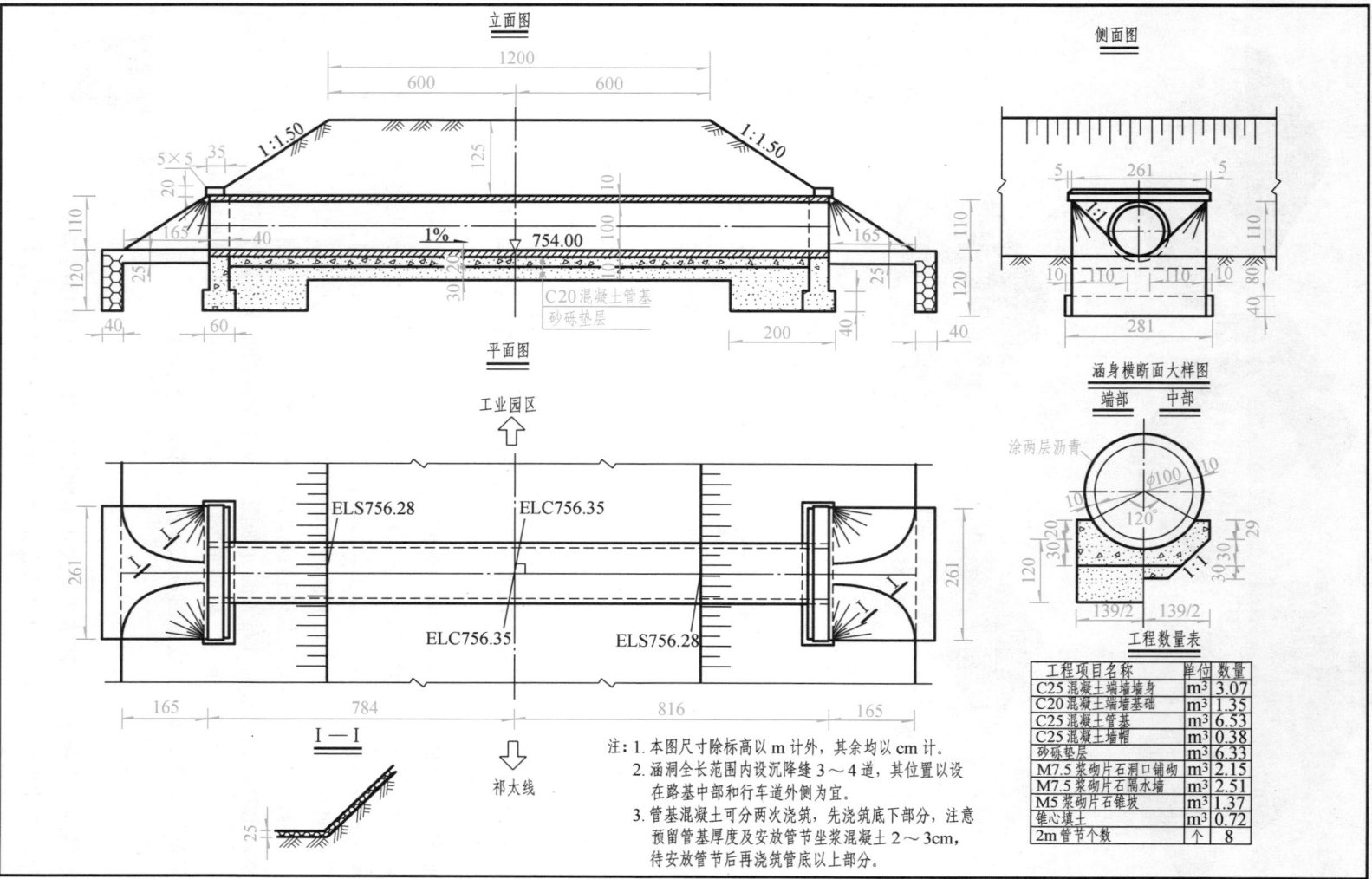

注：1. 本图尺寸除标高以m计外，其余均以cm计。
2. 涵洞全长范围内设沉降缝3～4道，其位置以设在路基中部和行车道外侧为宜。
3. 管基混凝土可分两次浇筑，先浇筑底下部分，注意预留管基厚度及安放管节坐浆混凝土2～3cm，待安放管节后再浇筑管底以上部分。

图 12-4 钢筋混凝土圆管涵洞构造图

阅读涵洞工程图的基本方法是：先概括了解，后深入细读；先整体、后局部，再综合起来想象整体。

（一）概括了解

从标题栏、角标及图纸上的注释中了解名称、尺寸单位、涵洞所处的位置（里程桩号）及有关要求。

了解涵洞采用了哪些基本的表达方法、哪些特殊的表达方法，各剖面图、断面图的剖切位置和投射方向，各投影图的主要作用。然后以立面图为主，结合其他投影图了解涵洞的组成及相对位置。

（二）形体分析

根据涵洞各组成部分的构造特点，可把它沿长度方向分为进洞口、出洞口、洞身三部分，如图 12-2 所示。而每一部分沿宽度或高度方向又可以分为不同的部分。

（三）综合起来想整体

在分析的基础上，对照涵洞的各投影图、剖面图、断面图、大样图等进行全面综合，明确各组成部分之间的关系，考虑涵洞图的特点，想象出整体。

在读图过程中要结合材料表和注释认真阅读。

任务实施

1. 涵洞的分类与组成。

1）按洞顶有无覆盖土，涵洞可分为（　　）、（　　）。

2）按构造形式，涵洞可分为（　　）、（　　）、（　　）、（　　）。

3）按孔数可分为（　　）、（　　）、（　　）。

4）涵洞由（　　）、（　　）、（　　）组成。

参考答案

2. 涵洞工程图的图示内容与特点。

1）涵洞工程图以（　　）方向为纵向。涵洞的纵向剖切平面通过涵洞的（　　）线。

2）平面图上有时不画出涵身基础的投影，而在（　　）和（　　）中表达。

3）涵洞的侧面图主要表达哪些内容？

3. 识读图 12-4 所示钢筋混凝土圆管涵洞构造图。

1）该圆管涵所在道路路基宽度为（　　）m，圆管直径为（　　）cm，管壁厚度为（　　）cm。

2）圆管长度为（　　）cm。

3）圆管涵中心线上路基左侧边缘处的高程为（　　）m，路面横坡为（　　）%。

4）路基边坡的坡度为（　　）。圆管涵底部的坡度为（　　）%，（　　）侧为进洞口。

5）圆管涵底部道路中心线位置的高程为（　　）m。

6）截水墙的尺寸为（　　）cm×（　　）cm×（　　）cm。

7）锥形护坡的长轴半径为（　　）cm，短轴半径为（　　）cm，高度为（　　）cm。锥形护坡的长轴方向的坡度为（　　），短轴方向的坡度为（　　）。

8）洞口铺砌的尺寸为（　　）cm×（　　）cm×（　　）cm。

9）涵身端部砂砾垫层的厚度为（　　）cm，砂砾垫层的断面形状为（　　）形；涵身中部砂砾垫层的厚度为（　　）cm，砂砾垫层的断面形状为（　　）形。

10）涵洞洞顶填土厚度为（　　）cm。

任务二 识读钢筋混凝土盖板涵施工图

技能要点

能够识读钢筋混凝土盖板涵施工图，掌握图示内容与特点。

任务学习

钢筋混凝土盖板涵工程图主要有盖板涵一般构造图、构件一般构造图、构件钢筋构造图等。

钢筋混凝土盖板涵一般构造图

图 12-5a 所示为钢筋混凝土盖板涵一般构造形式，由立面图（纵向剖面图）、平面图和侧面图（洞口正立面图）、八字翼墙大样图、Ⅰ—Ⅰ断面图等表示。立面图采用了剖面图，由于涵洞较长，采用了折断的画法。由立面图可知洞顶无填土，为明涵。平面图表示出涵洞的洞身、洞口的平面形状及有关尺寸。侧面图反映出洞口的立面形状及断面有关尺寸；八字翼墙大样图主要表明八字翼墙的形状及各部分的尺寸；为表示洞身、基础的形状、详细尺寸及材料，在洞身的Ⅰ—Ⅰ位置进行了剖切，画出Ⅰ—Ⅰ断面图。由Ⅰ—Ⅰ断面图可看出盖板、台帽、涵台、涵台基础的形状与材料。

由立面图和平面图可将该钢筋混凝土盖板涵沿长度分为进洞口、出洞口及洞身三大部分，其中进、出洞口的结构完全相同，我们只需分析其中之一，由立面图中的坡度符号的方向可知左侧为进洞口，右侧为出洞口。

综合立面图、平面图、侧面图及八字翼墙大样图可以看出洞口的结构形状及尺寸，进、出洞口采用了八字翼墙式洞口，翼墙由 M7.5 浆砌片石筑成，八字翼墙内侧面为铅垂面，与涵洞轴线的夹角为 30°，顶面的纵向坡度为 1∶1.5，外侧面为坡度为 3.75∶1 的一般位置平面。墙下有 M7.5 浆砌片石筑成的翼墙基础，翼墙基础高度为 60cm，长度方向与墙身平齐，宽度方向比墙身外侧宽 12.5cm，内侧宽 11.5cm。由侧面图中的虚线可知，墙身基础及部分墙身被埋置在土里，从大样图中可以看出墙身的埋置深度为（80−20）cm＝60cm。八字翼墙之间是梯形的洞口铺砌，其中下部是 10cm 厚的砂砾垫层，上部是 30cm 厚的 M5 浆砌片石铺砌。在八字翼墙和洞口铺砌的端部是长方体的截水墙，材料为 M5 浆砌片石铺砌。图 12-5b 所示为该钢筋混凝土盖板涵的立体示意图，读者可以对照构造图和立体图详细阅读。

由立面图可以看出洞身部分长为 2550cm（路基宽度为 2550cm），由侧面图（洞口正立面图）可知涵洞净跨径为 140cm，净高为 115cm。由Ⅰ—Ⅰ断面图可以看出涵台基础、涵台、台帽的形状及上下关系。通过分析立面图及Ⅰ—Ⅰ断面图可以看出涵台基础为长 2550cm、宽 80cm、高 60cm 的由 C20 混凝土筑成的长方体。由立面图可知涵台基础底面与翼墙基础底面平齐，高度也与翼墙基础相同。涵台台身为长 2550cm、宽 60cm、高 150cm 的 C20 混凝土长方体。台帽是截面为“L”形，长为 2550cm 的钢筋混凝土结构。若干块 18cm 厚钢筋混凝土盖板排列支承在两台帽之上，两端的盖板（边板）和缘石浇筑在一起。钢筋

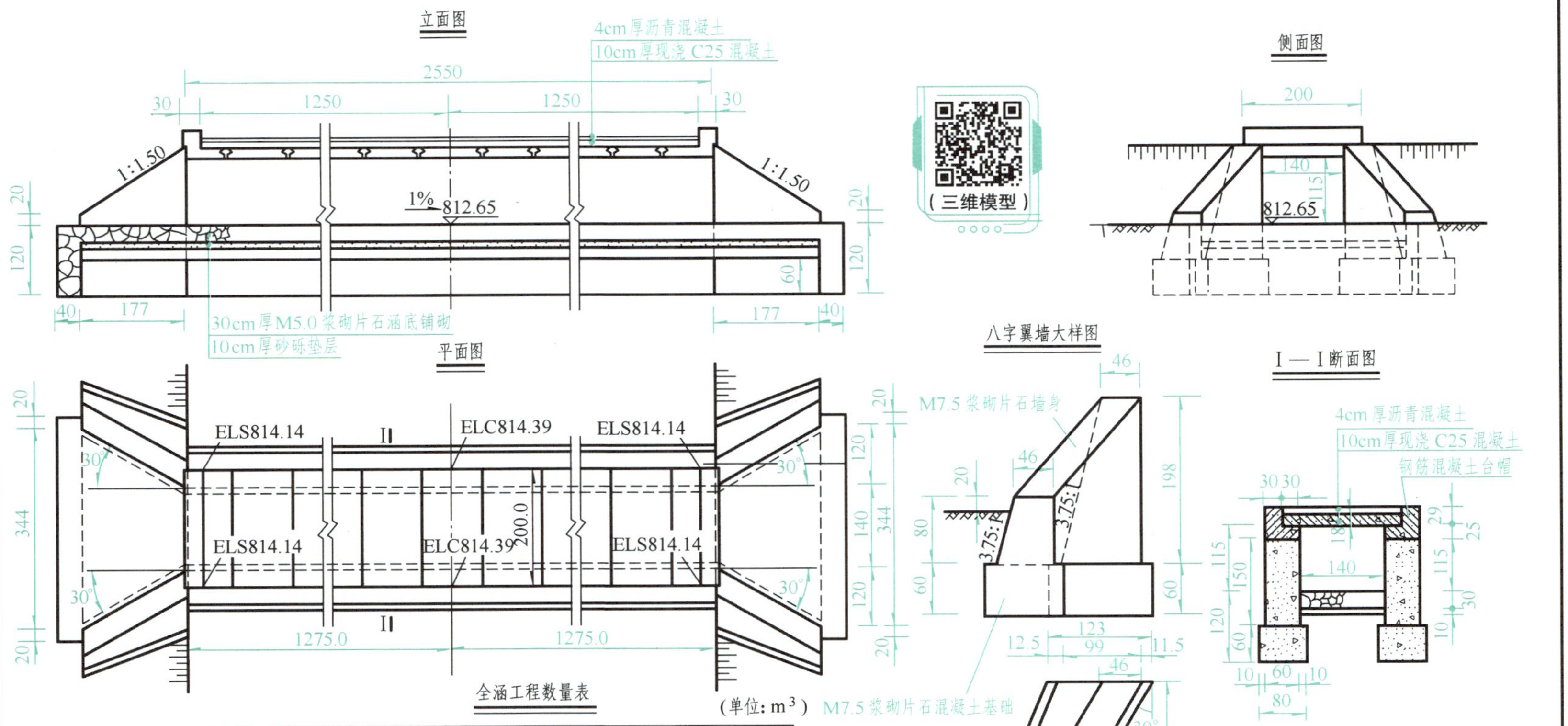

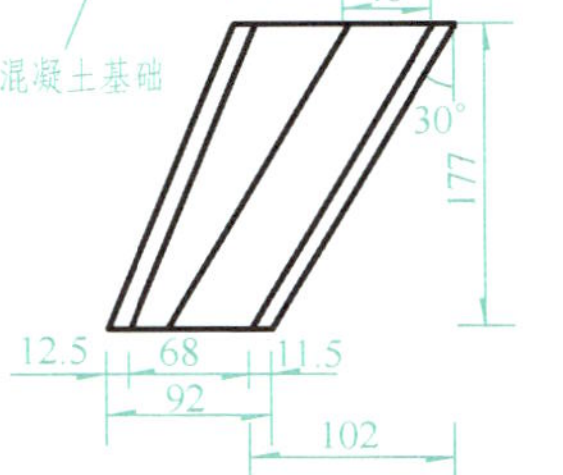

全涵工程数量表

（单位：m^3）

八字翼墙		M5.0 浆砌片石洞口铺砌	M5.0 浆砌片石隔水墙	M5.0 浆砌片石涵底铺砌	砂砾垫层	C20 混凝土涵台基础	C20 混凝土台身
M7.5 浆砌片石混凝土基础	M7.5 浆砌片石墙身						
4.53	6.49	4.90	3.68	10.71	3.57	24.40	46.00

注：
1. 本图除标高、桩号以 m 计外，其余均以 cm 计。
2. 设计荷载：公路Ⅰ级。
3. 要求基底土承载力不小于150kPa。
4. ELC 表示道路中心线处设计标高。
5. ELS 表示路基边缘处设计标高。

a)

图 12-5　钢筋混凝土盖板涵一般构造图

钢筋混凝土盖板涵组成

识读盖板涵工程图

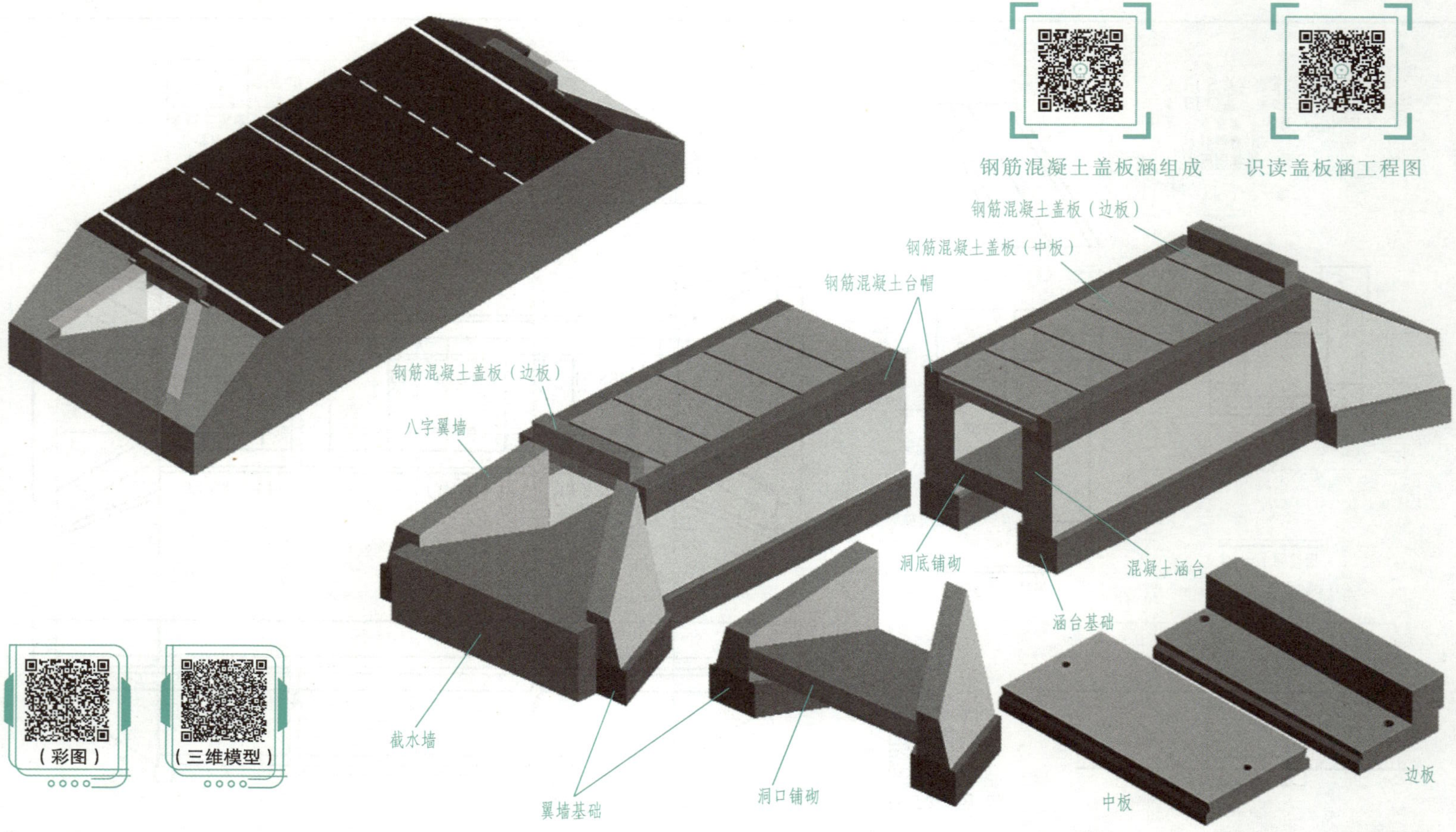

（彩图）

（三维模型）

b)

图 12-5　钢筋混凝土盖板涵一般构造图（续）

混凝土盖板之上是涵面铺装，从下到上分别是现浇10mm厚C25混凝土、4cm厚沥青混凝土。在平面图中为了清楚地表达盖板的情况，把涵面铺装当成透明处理。洞底铺砌下部是10cm厚的砂砾垫层，上部是30cm厚的M5.0浆砌片石涵底铺砌，高度与洞口铺砌平齐。

平面图还表示出道路中心线设计标高为814.39m，路肩外缘设计标高为814.14m。

任务实施

识读一般构造图（图12-5），回答问题。

参考答案

1）该钢筋混凝土盖板涵立面图采用了什么样的表达方法？

2）该涵洞是明涵还是暗涵？

3）该涵洞的洞口形式是哪一种？

4）从侧面图中的虚线可知，八字翼墙墙身部分被埋置在土里，埋置深度为（　　）cm。

5）道路路基宽度为（　　）cm。涵洞净跨径为（　　）cm，净高为（　　）cm。

6）道路中心线的设计高程为（　　）m，路基边缘的设计高程为（　　）m。

7）涵台台帽长度为（　　）cm，材料为（　　）。

8）洞底铺砌的厚度为（　　）cm，材料为（　　）。洞口铺砌的水平方向的形状为（　　）形。

9）八字翼墙基础高度为（　　）cm，材料为（　　）。八字翼墙基础平面形状为（　　）形。

任务三　识读钢筋混凝土双孔圆管涵一般构造图

技能要点

能够识读钢筋混凝土圆管涵一般构造图，掌握图示内容与特点。

任务学习

钢筋混凝土圆管涵工程图主要有圆管涵一般构造图、圆管涵管节钢筋构造图、管节接头及沉降缝构造图等。下面只分析圆管涵的一般构造图。

图12-6a所示为圆管涵的一般构造形式，该图采用了立面图（Ⅰ—Ⅰ剖面图）、平面图、侧面图（洞口正立面图）、涵身断面大样图及工程数量表来表达。立面图采用沿涵管中心线的剖切形式，图中表示出涵洞各部分的相对位置和形状；平面图表达了圆管洞身、洞口铺砌、锥形护坡、缘石、端墙、端墙基础的平面形状及它们之间的相对位置，在平面图中将涵顶覆土看作透明体，用示坡线表示路基边坡。在平面图中标出涵洞中心线处道路中心线的设计标高为796.36m，路基边缘设计标高为796.36m。侧面图采用洞口正立面图来表示，主要表示洞口缘石和锥形护坡的侧面形状及尺寸；涵身断面大样图采用了较大的比例，图中表示

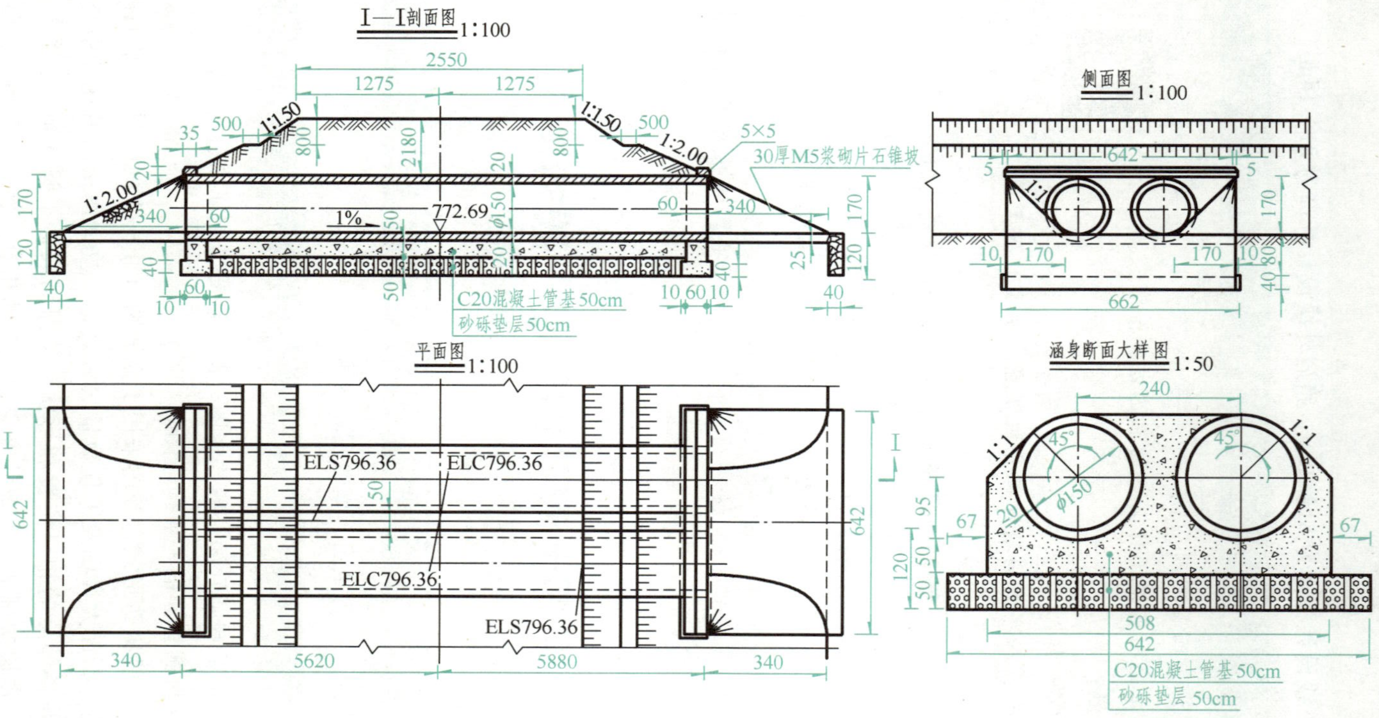

注:
1. 本图尺寸除标高以m计外，余均以cm计。
2. 涵洞全长范围内每10m设沉降缝1道。
3. 管基混凝土可分两次浇筑，先浇筑底下部分，注意预留管基厚度及安放管节坐浆混凝土2～3cm，待安放管节后再浇筑管底以上部分。

工程数量表

工程项目名称	单位	数量	工程项目名称	单位	数量
C20混凝土端墙墙身	m^3	10.38	M7.5浆砌片石截水墙	m^3	6.16
C20混凝土端墙基础	m^3	4.24	M5浆砌片石锥坡	m^3	4.75
C20混凝土管基	m^3	642.16	锥心填土	m^3	5.54
C25混凝土墙帽	m^3	0.90	2m管节个数	个	114
砂砾垫层	m^3	364.66	0.5m管节个数	个	4
M7.5浆砌片石洞口铺砌	m^3	10.92	基底强夯	m^3	364.66

a)

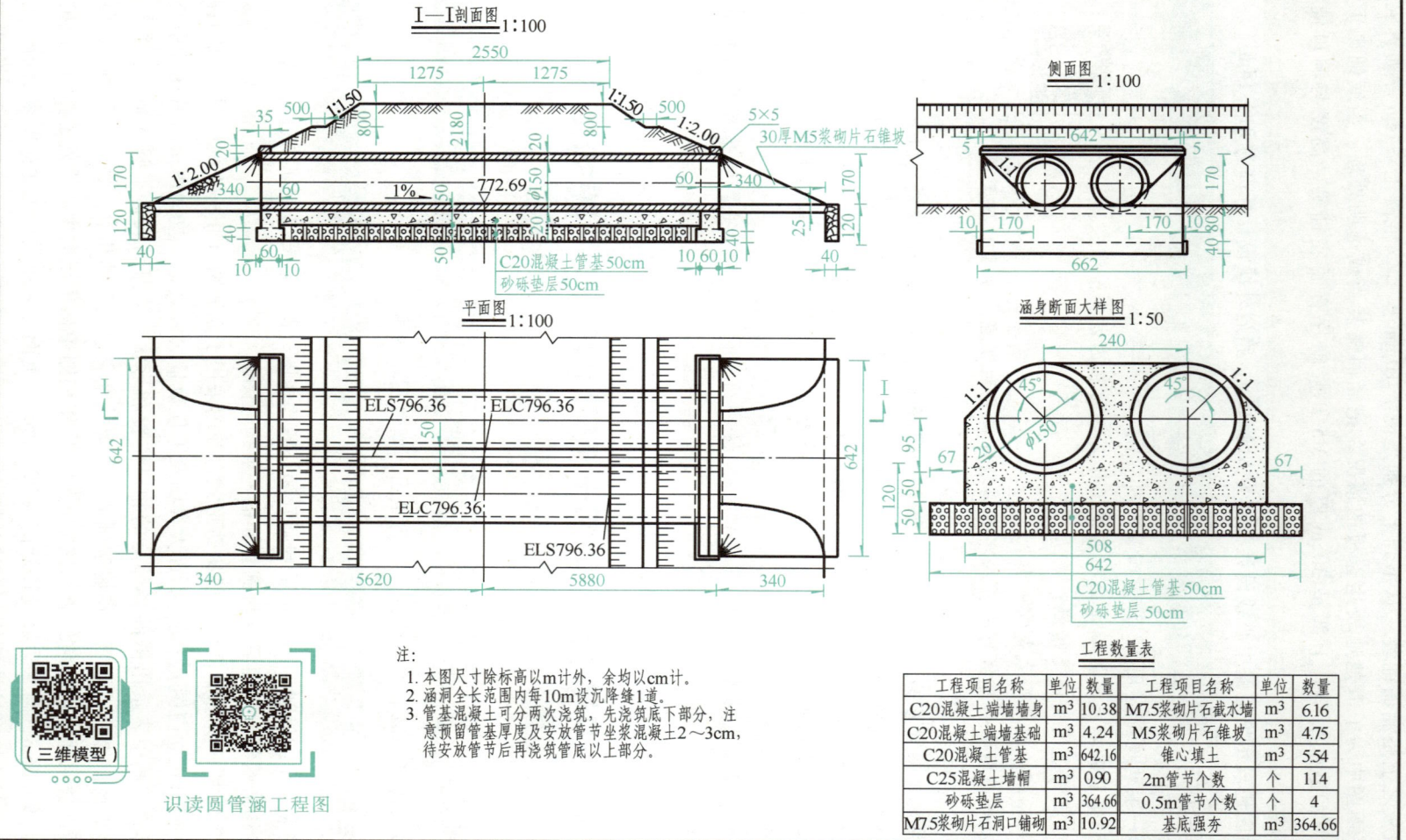

图 12-6 端墙式双孔圆管涵一般构造图

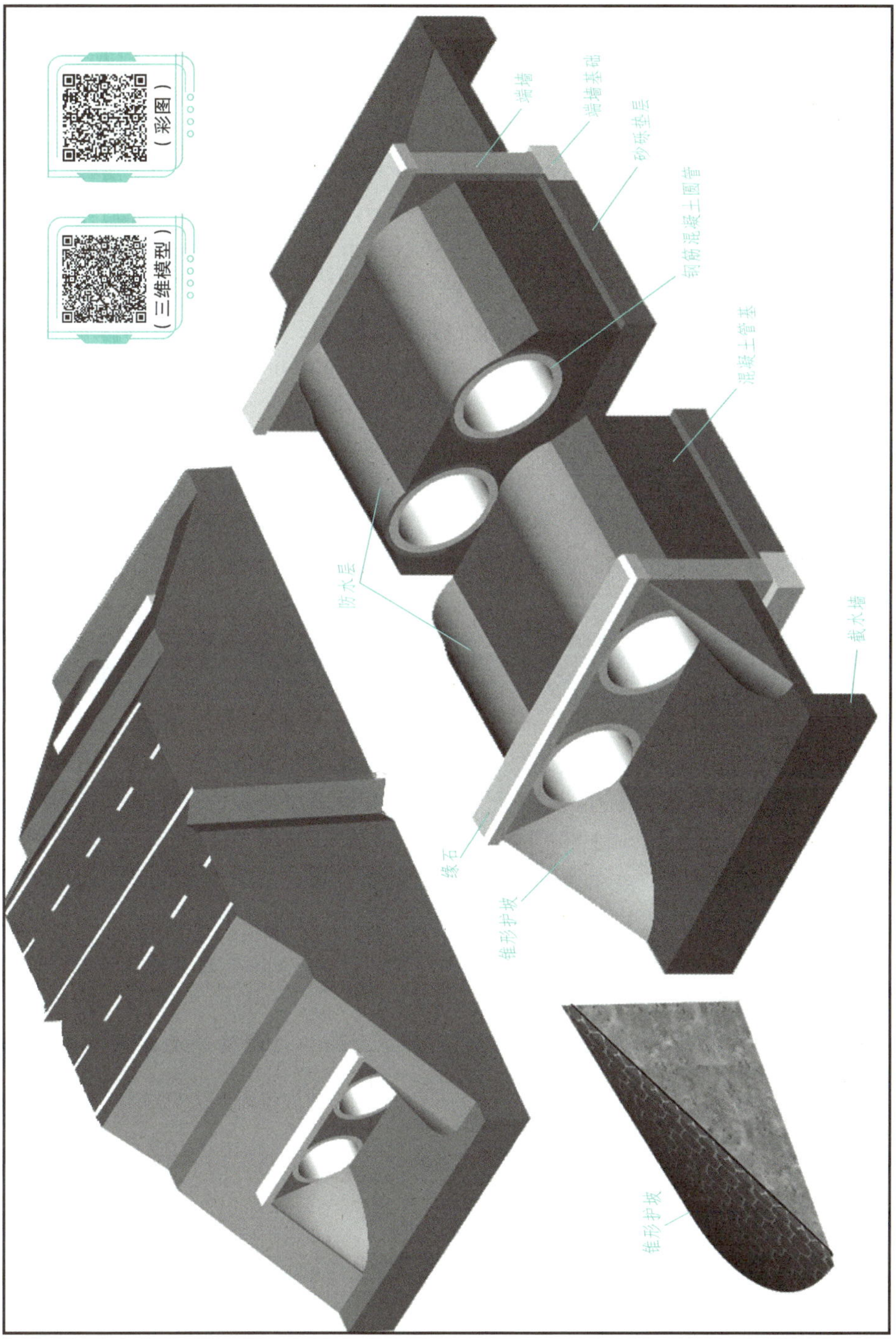

b)

图 12-6　端墙式双孔圆管涵一般构造图（续）

出了涵身基础、砂砾垫层的详细尺寸，并把各部分的材料于图中表示出来。

综合立面图、平面图、侧面图可以看出进洞口、出洞口均采用了端墙式洞口，由端墙、端墙基础、缘石（墙帽）、护坡、洞口铺砌及截水墙组成。锥形护坡锥底椭圆长轴半径为340cm，短轴半径为170cm，护坡高度为170cm。锥形护坡纵向坡度为1∶2，与下段路基坡度一致，横向坡度为1∶1。由侧面图可知截水墙全部被埋置在土中。端墙高（170+80）cm=250cm，长642cm，厚60cm。端墙基础的长度为662cm，高度为40cm，宽度为（60+10×2）cm=80cm。缘石（墙帽）为长652cm，宽35cm，高20cm的长方体，缘石上部洞口方向及两侧的棱被斜截面截切，形成5cm×5cm的倒角。从工程数量表中可以看出护坡表层是30cm厚的M5浆砌片石，护坡锥心是填土；洞口铺砌及截水墙都是由M7.5浆砌片石砌成；端墙及端墙基础均由C20混凝土浇筑而成；缘石（墙帽）由C25混凝土浇筑而成。

分析涵身部分可知，涵管管径为150cm，管壁厚20cm，涵管长为（5620+5880）cm=11500cm，两管之间的中心距为240cm。洞底砂砾垫层厚50cm，混凝土管基厚50cm，设计流水坡度为1%。综合分析涵身断面大样图、工程数量表及注释可以确定涵身的断面形状、详细尺寸、材料及施工注意事项。

由立面图可以看出路基宽度为2550cm。洞顶填土厚度为2180cm，由于路基太高，圆管长度及洞顶填土高度远远大于圆管管径，所以图中的管长及洞顶填土部分的尺寸没有按比例画出。路基边坡分为两段，上面部分坡度为1∶1.5，下面部分坡度为1∶2，在两坡面之间有500cm宽的平台，该平台与路面的高差为800cm。图12-6b为双孔钢筋混凝土圆管涵立体示意图。

任务实施

参考答案

识读端墙式双孔圆管涵一般构造图（图12-6），回答问题。

1）该涵洞端墙长度为（　　）cm，高度为（　　）cm。

2）道路路基宽度为（　　）cm。圆管直径为（　　）cm，圆管壁厚为（　　）cm。两圆管之间的中心间距为（　　）cm。

3）圆管涵涵身长度为（　　）cm，全涵有（　　）个2m圆管管节，有（　　）个0.5m圆管管节。

4）路基边坡分为两段，各段的坡度分别为（　　）、（　　）。两坡面之间的平台宽度为（　　）cm，该平台与路面的高差为（　　）cm。

5）洞口铺砌的厚度为（　　）cm，材料为（　　），洞口铺砌的平面形状为（　　）形，洞口铺砌材料用量为（　　）m^3；洞底砂砾垫层厚（　　）cm，混凝土管基在圆管底部的厚度为（　　）cm，洞底砂砾垫层材料用量为（　　）m^3。

任务四 识读石拱涵一般构造图

技能要点

能够识读石拱涵一般构造图，掌握图示内容与特点。

任务学习

图 12-7a 为石拱涵一般构造图，该图采用半纵剖面图、半平面图、侧面图来共同表达。半纵剖面图主要表达涵洞的内部构造，进水洞口和出水洞口的构造和形式相同，整个涵洞是左右对称的，所以用半纵剖面图来代替立面图。半纵剖面图是沿涵洞的中心线位置纵向剖切的，凡是剖到的各部分（如截水墙、涵底、拱顶、缘石、路基等）都应按剖开绘制，并画出相应的材料图例，另外也画出了能看到的各部分的投影（如锥坡、端墙、涵台、基础等）。平面图也只画出左边一半，前半部分保留了护拱的投影，而后半部分去掉了护拱的投影，这是道路工程图中较常用的表达方法。侧面图由半个断面图和半个投影图合成。左半部为洞口部分的外形投影，主要表达洞口的正面形状和锥坡、端墙、缘石、基础等的相对位置；右半部分为涵身横断面图，主要表达涵身的断面形状。

进、出洞口采用了相同的结构形式。护坡、截水墙、洞口铺砌、缘石等的结构与图 12-6 所示的涵洞洞口基本相同，这里就不再分析了。在正面投影中可以看出端墙的纵断面为梯形，端墙被涵台、主拱圈贯穿，端墙没有被剖切到，且被拱圈遮挡，所以背面是用虚线画出的，坡度为 3∶1。

由 *A*—*A* 断面图可以分析清楚涵身各组成部分（主拱圈、护拱、涵台、涵台基础、防水层、洞底铺砌与砂砾垫层）的横断面形状、尺寸及各构件的相互位置关系。除涵台基础外它们都是不同形状的柱体。主拱圈、洞底铺砌与砂砾垫层的长度相同均为 $(846-2\times20)\text{cm}=806\text{cm}$ 。而涵台在施工时与端墙砌在一起，全长也是 806cm。涵台基础与端墙基础连成一体，长度为 846cm。护拱只在两端墙背面之间砌筑，在护拱之上有 15cm 厚的石灰三合土防水层。洞底的纵向坡度为 1%，洞顶的纵向坡度为 2%，由坡度符号的方向可以看出右侧为进洞口。

各部分的材料在投影图及注释中均已说明，请读者自己分析。

图 12-7c 为石拱涵立体示意图，图 12-7b 为该石拱涵立体分解图，读者可参照立体图仔细分析每一部分的形状。

任务实施

识读石拱涵一般构造图（图 12-7），回答问题。

1）该涵洞的洞口形式是哪一种？立面图的剖切平面通过什么位置？

2）侧面图是由半个断面图和半个投影图合成的。左半部分为洞口（　　）的投影，右半部分为（　　）图。

3）道路路基宽度为（　　）cm，路基边坡的坡度为（　　），正面投射方向上锥形护坡的坡度为（　　）。

4）洞口铺砌的厚度为（　　）cm，材料为（　　），洞口铺砌的平面形状为（　　）形；洞底铺砌厚（　　）cm，砂砾垫层厚（　　）cm。

5）分析水平投影中每一条虚线表示的内容。

参考答案

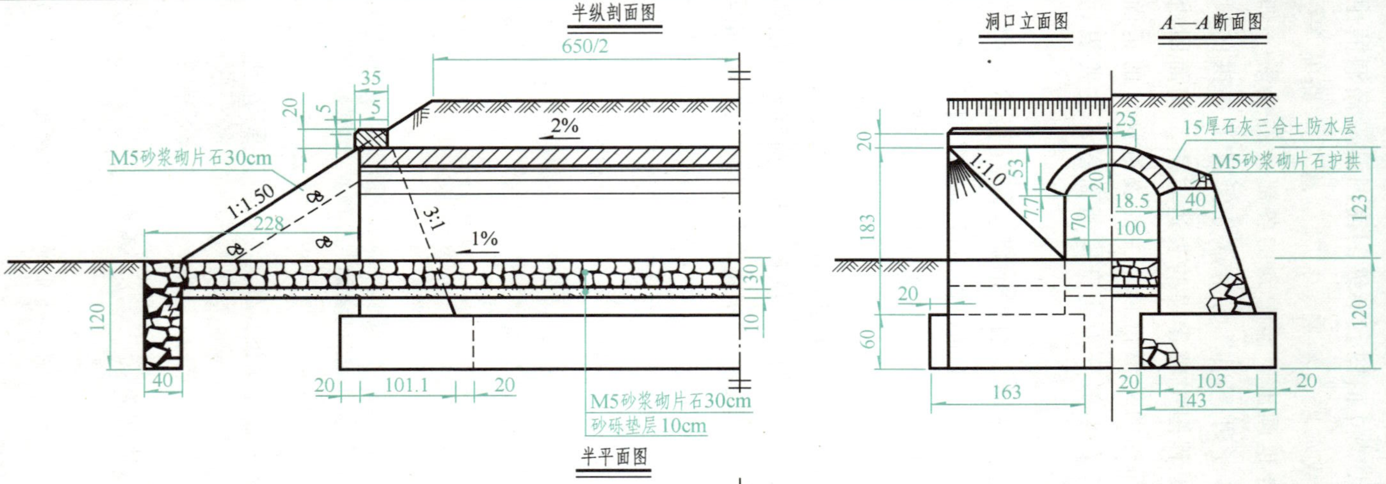

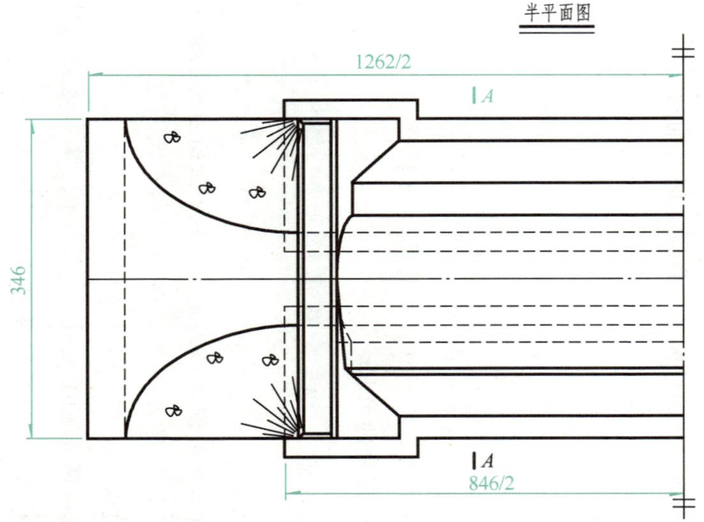

注:

1.本图尺寸均以cm为单位。

2.本图采用1:50的比例。

3.本涵地基承载能力为200kPa。载荷等级:公路II级。

4.沉降缝设在路基中部，贯穿整个断面，缝宽1～2cm，缝内填塞黏土胶泥，外用砂浆抹平。

5.材料：除拱圈用MU30块石、M7.5砂浆砌筑外，涵台外露部分用块石镶面，厚度为5cm，其余用MU25大片石、M5砂浆砌筑。

（三维模型）（三维模型）

a)

图 12-7 石拱涵一般构造图

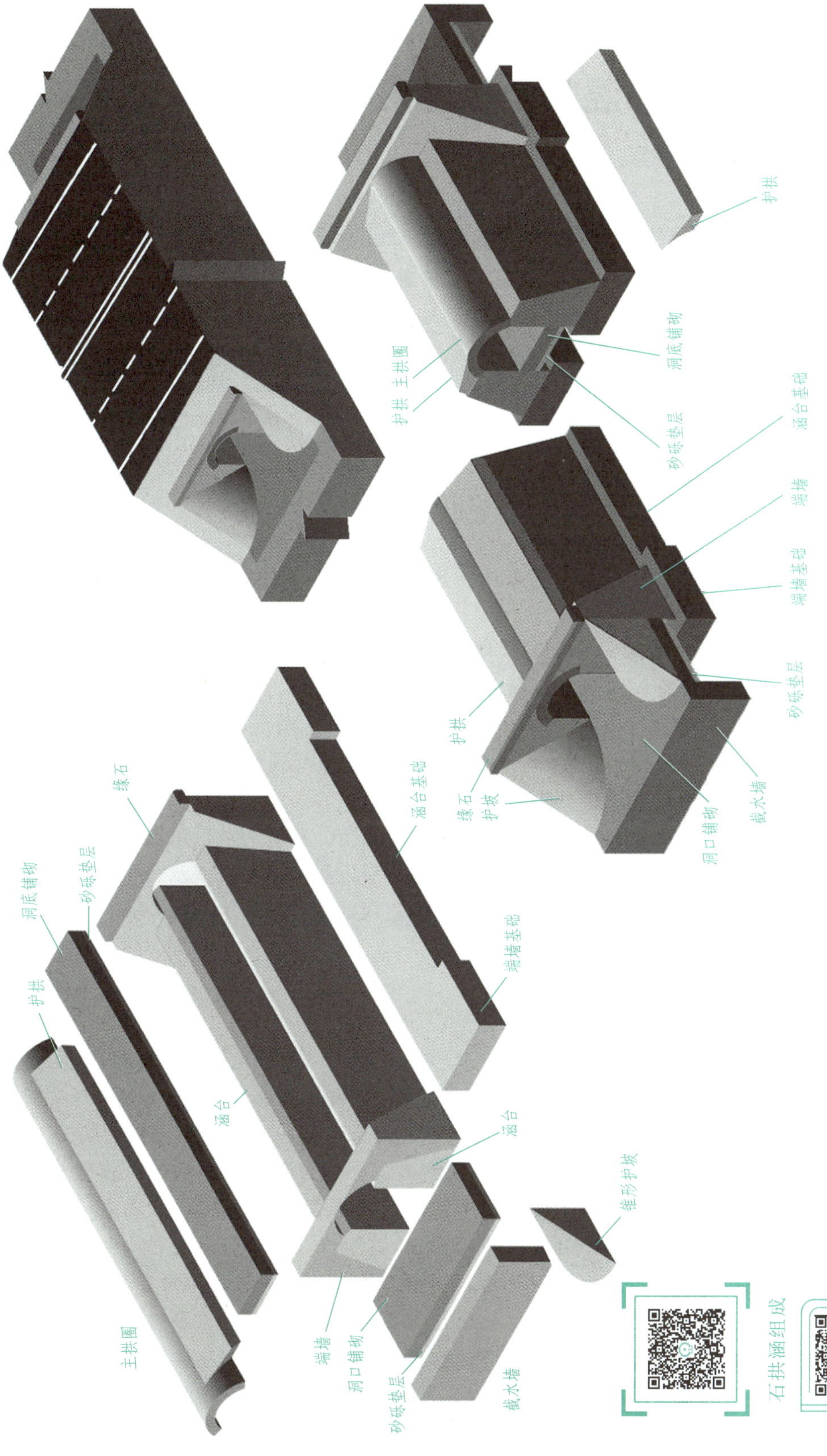

图 12-7　石拱涵一般构造图（续）

石拱涵组成

（彩图）

任务五 识读钢筋混凝土箱涵工程图

技能要点

1）能够识读钢筋混凝土箱涵一般构造图，掌握图示内容与特点。

2）能够识读涵身钢筋结构图，掌握图示内容与特点。

任务学习

（一）钢筋混凝土箱涵一般布置图

图 12-8a 所示为钢筋混凝土箱涵一般构造形式，图 12-8b 为其立体示意图。

图 12-8a 采用了立面图（纵剖面图）、平面图、侧面图（洞口正立面图）、涵身断面图来共同表达。

该钢筋混凝土箱涵进洞口、出洞口均采用了相同的形式，与图 12-7 所示的洞口形式基本相同，这里就不再分析了。

由立面图看出路基宽度为 2250cm，洞顶填土高度为 64cm。洞身、翼墙及缘石由钢筋混凝土浇筑成一体。由涵身断面图可见涵身断面为长方形薄壁断面，涵身底板、顶板的厚度为 45cm，侧墙厚度为 40cm，涵洞跨径为 500cm，净高为 300cm。洞身基础的材料为 C20 混凝土，洞身基础长（2380+30×2）cm，宽 620cm，高 30cm。缘石与翼墙的结构形状在该图中没有详细表达，可在翼墙钢筋结构图中分析。

平面图中用四条粗实线表示出路基边缘线及中间隔离带，路基边坡以示坡线表示。钢筋混凝土涵身埋置在路基中，但可将土体看成是透明体，所以可以用实线表示，平面图中洞身基础未画出。平面图中标出了涵洞中心线处道路路基边缘的设计标高为 608.69m，涵洞中心线处道路中央隔离带边缘处的标高为 608.90m。

（二）识读箱涵构件钢筋构造图

1. 涵身钢筋构造图

图 12-9a 为图 12-8 所示箱涵的涵身钢筋构造形式（图 12-9b 为其立体示意图），涵身钢筋构造图由立面图（*A—A* 断面）、平面图（*B—B* 断面）、侧面投影图（*C—C* 断面）、横断面钢筋组合图及钢筋详图来表示。为了表示钢筋安装组合情况，对三种不同组合方式（组合Ⅰ、Ⅱ和组合Ⅲ）以横断面钢筋组合图的形式给出，并结合平面图中的代号作表达。由平面图可以看出沿涵洞长度方向钢筋组合的布置情况，钢筋组合Ⅰ每隔 20cm 布置一组，在两组钢筋组合Ⅰ之间布置一组钢筋组合Ⅱ（或组合Ⅲ），组合Ⅱ和组合Ⅲ交替间隔布置。由横断面钢筋组合图可以看出组合Ⅰ由两根 1 号、两根 3 号、两根 4 号、四根 5 号钢筋组成；组合Ⅱ和组合Ⅲ都是由两根 2 号钢筋组成，只是方向不同。9 号钢筋垂直穿过钢筋组合，均匀分布成里外两层，其横向间距为 20cm，与横断面钢筋组合共同组成立体的钢筋骨架。在每组钢筋组合Ⅰ上还分布着 6、7、8 号钢筋，6、7 号钢筋分布情况由立面图和平面图来表达，8 号钢筋分布情况可由立面图和侧面图来表达。

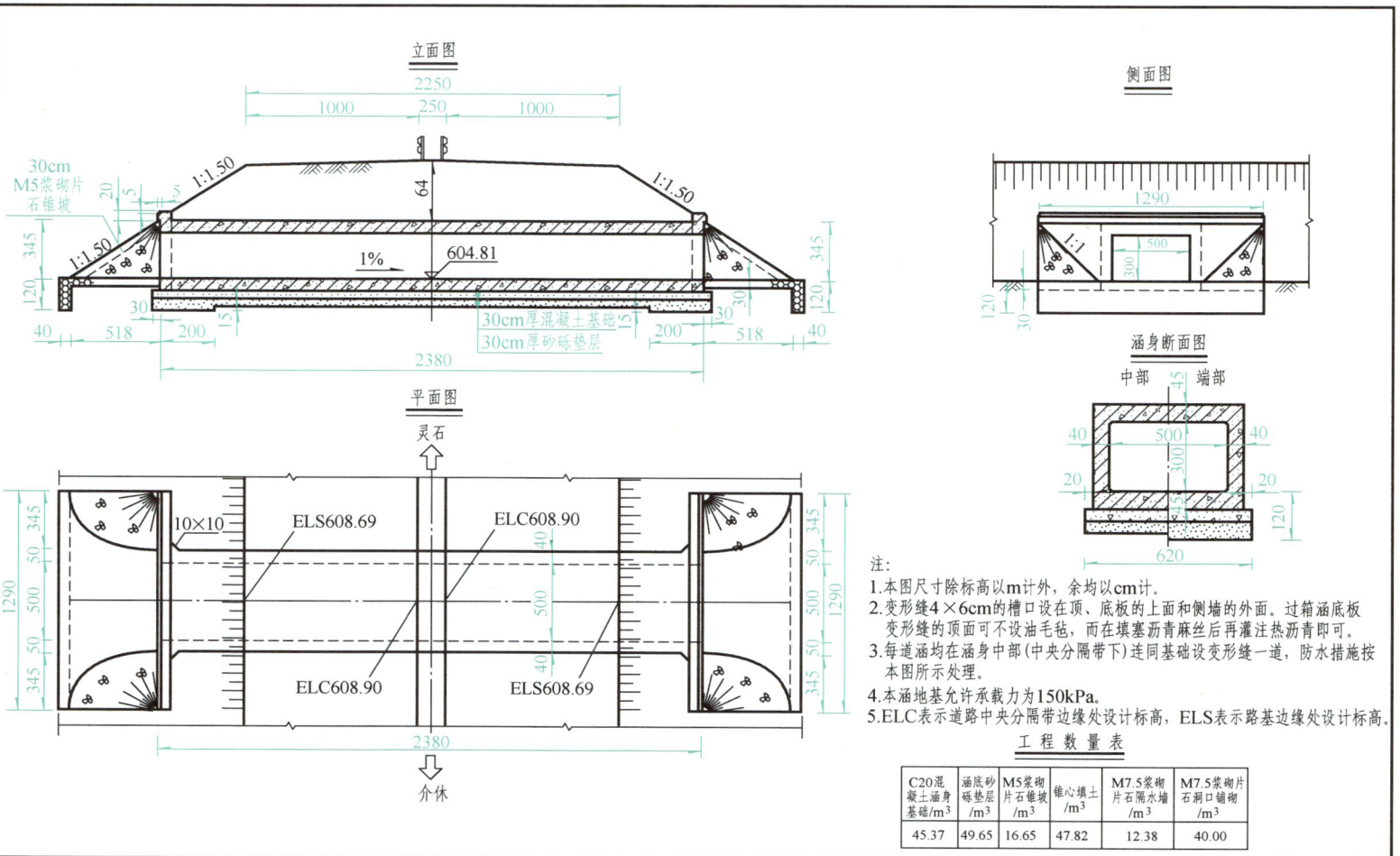

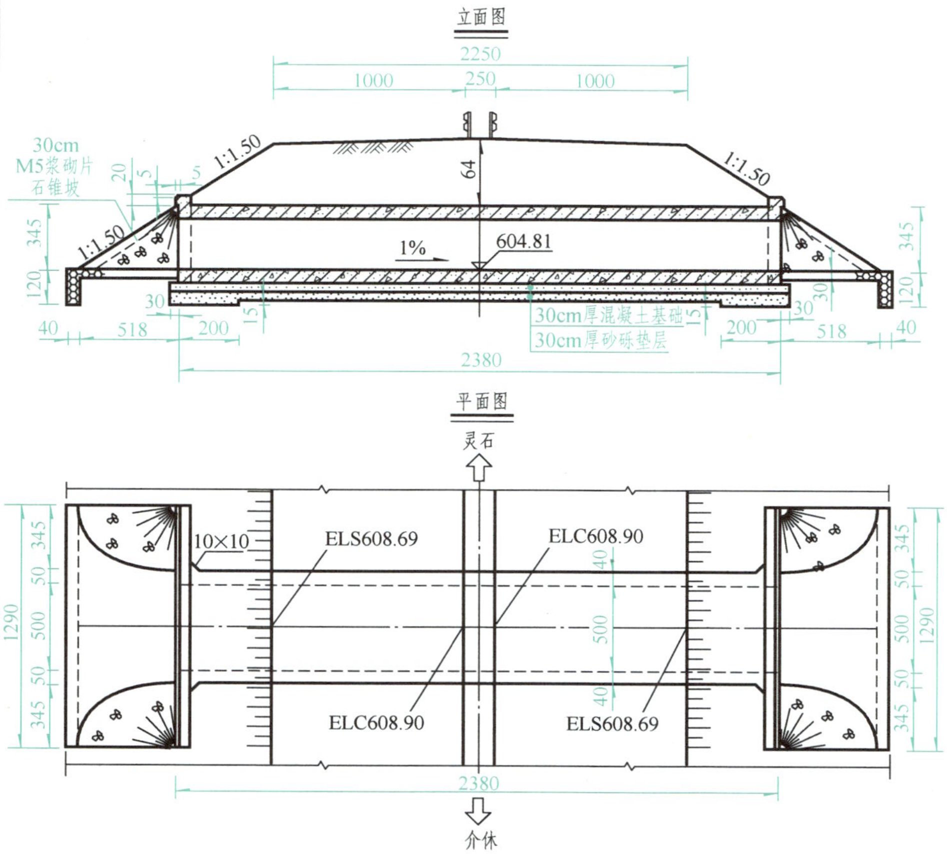

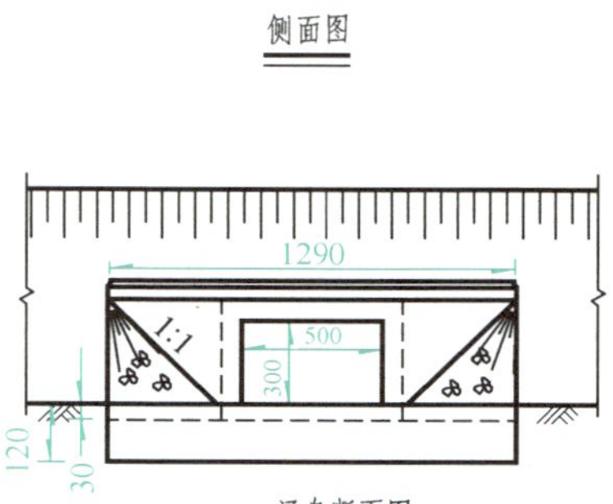

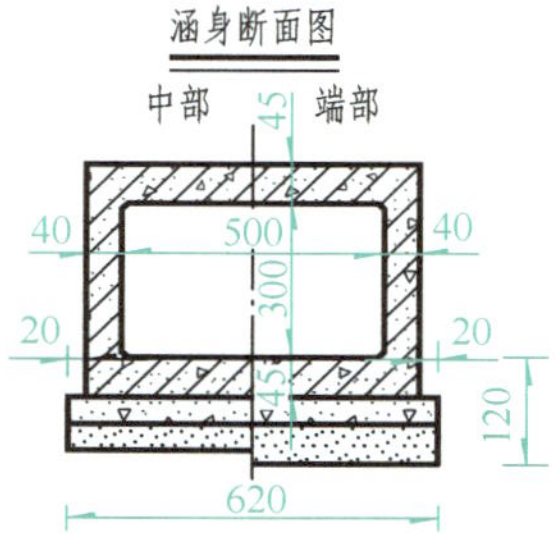

注：
1.本图尺寸除标高以m计外，余均以cm计。
2.变形缝4×6cm的槽口设在顶、底板的上面和侧墙的外面。过箱涵底板变形缝的顶面可不设油毛毡，而在填塞沥青麻丝后再灌注热沥青即可。
3.每道涵均在涵身中部(中央分隔带下)连同基础设变形缝一道，防水措施按本图所示处理。
4.本涵地基允许承载力为150kPa。
5.ELC表示道路中央分隔带边缘处设计标高，ELS表示路基边缘处设计标高。

工 程 数 量 表

C20混凝土涵身基础/m^3	涵底砂砾垫层/m^3	M5浆砌片石锥坡/m^3	锥心填土/m^3	M7.5浆砌片石隔水墙/m^3	M7.5浆砌片石洞口铺砌/m^3
45.37	49.65	16.65	47.82	12.38	40.00

a)

图 12-8　钢筋混凝土箱涵一般构造图

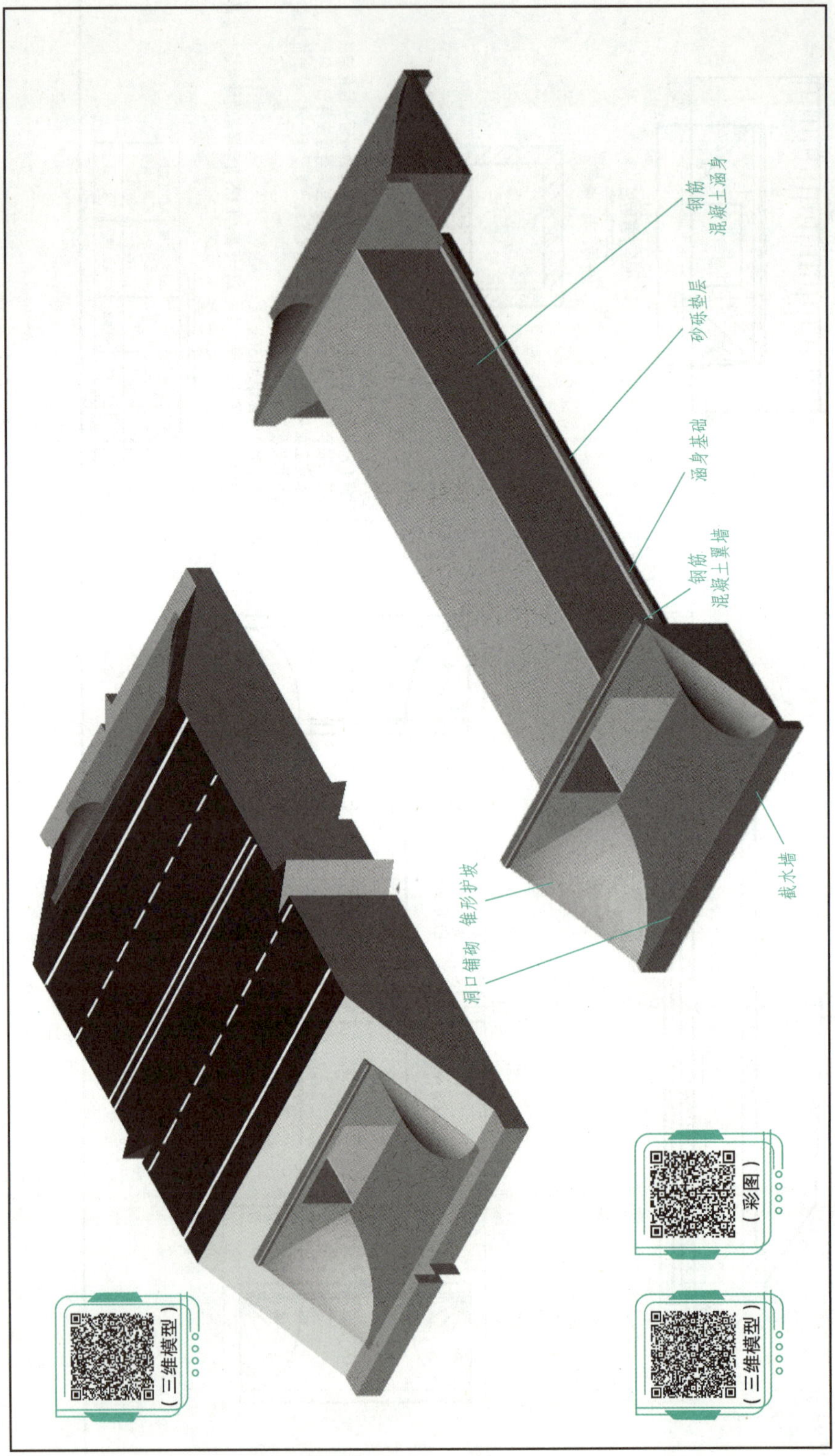

b)

图 12-8 钢筋混凝土箱涵一般构造图（续）

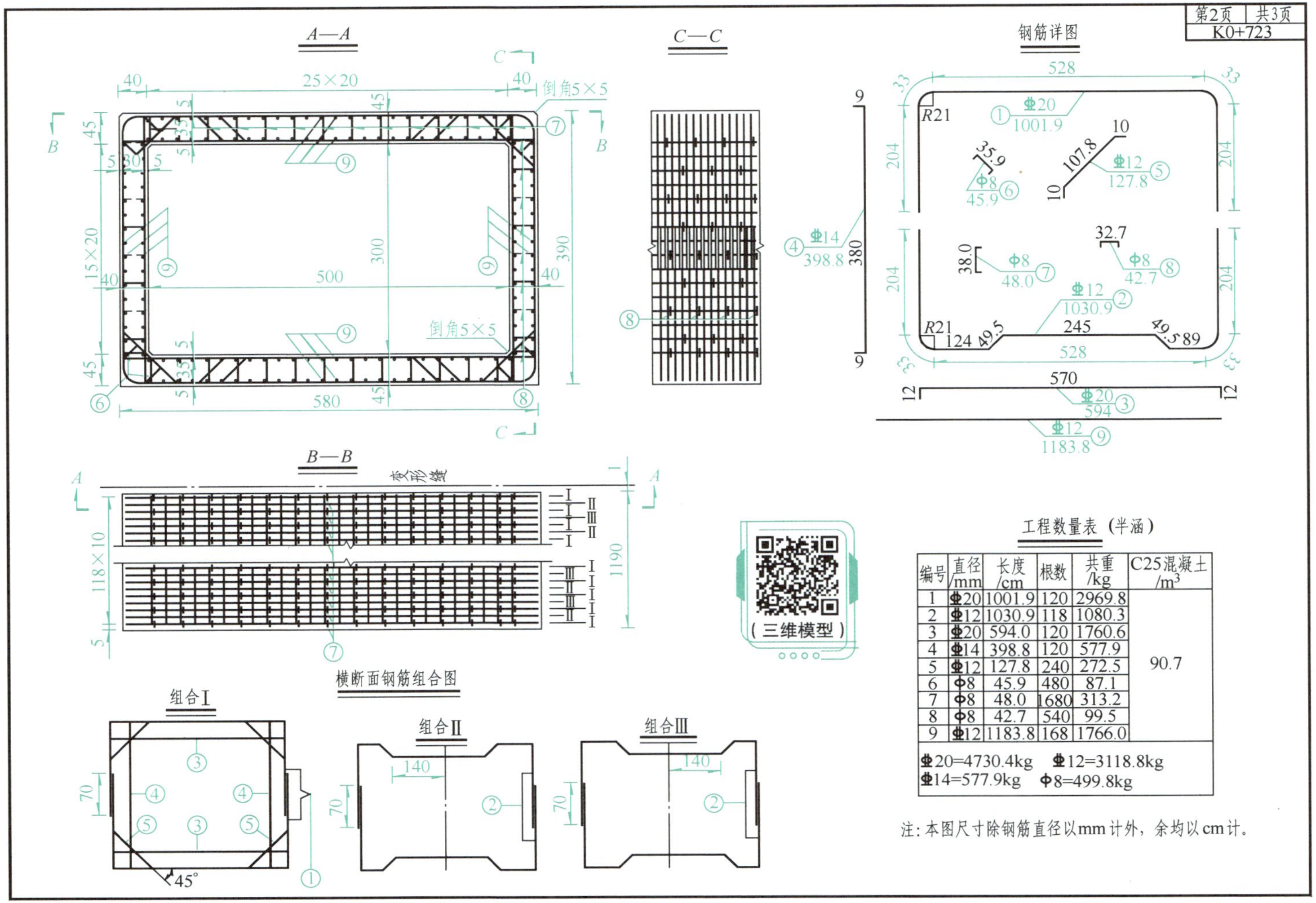

工程数量表（半涵）

编号	直径/mm	长度/cm	根数	共重/kg	C25混凝土/m³
1	Φ20	1001.9	120	2969.8	90.7
2	Φ12	1030.9	118	1080.3	
3	Φ20	594.0	120	1760.6	
4	Φ14	398.8	120	577.9	
5	Φ12	127.8	240	272.5	
6	Φ8	45.9	480	87.1	
7	Φ8	48.0	1680	313.2	
8	Φ8	42.7	540	99.5	
9	Φ12	1183.8	168	1766.0	
Φ20=4730.4kg　Φ12=3118.8kg Φ14=577.9kg　Φ8=499.8kg					

注：本图尺寸除钢筋直径以mm计外，余均以cm计。

a)

图 12-9　涵身钢筋构造图

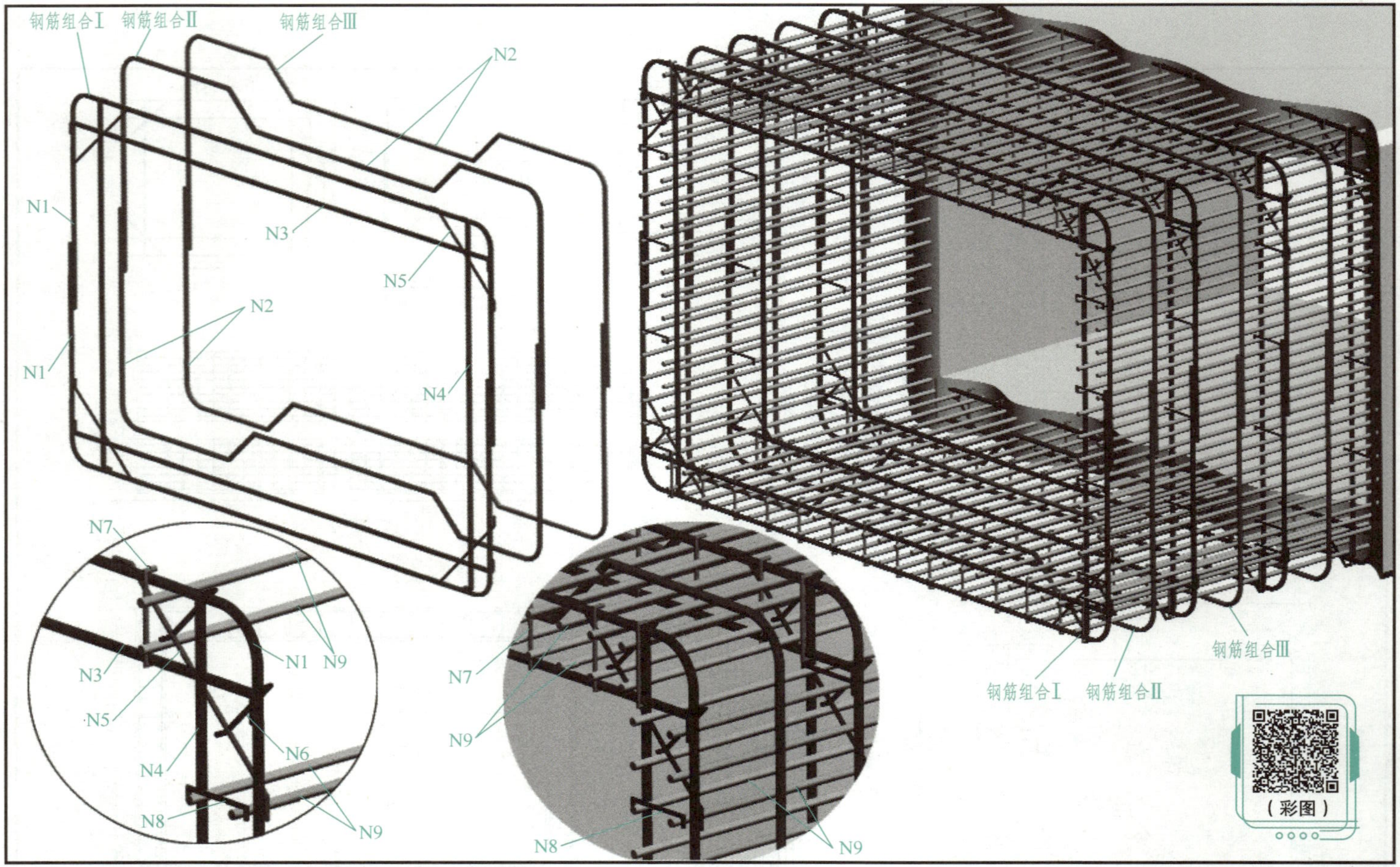

b)

图 12-9 涵身钢筋构造图（续）

2. 翼墙钢筋构造图（略）

任务实施

1. 识读图 12-8 所示钢筋混凝土箱涵一般构造图，回答问题。

1）洞身端部、中部砂砾垫层的厚度为（　　）cm、（　　）cm。混凝土基础的厚度为（　　）cm。

2）锥形护坡的锥坡厚度为（　　）cm。锥心填土为（　　）m^3。

3）钢筋混凝土洞身顶部、底部壁厚为（　　）cm，前后侧壁的厚度为（　　）cm。

4）涵身长度为（　　）cm，路基宽度为（　　）cm。

参考答案

2. 识读图 12-9 所示涵身钢筋构造图，回答问题。

1）箱涵的涵身钢筋构造图，立面图用 *A—A* 断面图表达，平面钢筋布置图由（　　）断面图来表达，侧面投影图由（　　）断面图来表达。

2）横断面钢筋组合图有（　　）、（　　）、（　　）。钢筋组合Ⅰ由（　　　　）钢筋组成，钢筋组合Ⅱ由（　　　　）钢筋组成，钢筋组合Ⅲ由（　　　　）钢筋组成。钢筋组合Ⅱ与钢筋组合Ⅲ有什么不同？

3）钢筋组合Ⅰ沿涵洞轴线方向每隔（　　）cm 布置一组，在两组钢筋组合Ⅰ之间布置一组钢筋组合Ⅱ（或组合Ⅲ），组合Ⅱ和组合Ⅲ以什么方式布置？

4）沿涵洞轴线方向的纵向钢筋有（　　）种，共有（　　）根。整个涵身共有（　　）种钢筋。

5）7 号、8 号钢筋布置在（　　）（组合Ⅰ、组合Ⅱ或组合Ⅲ）上，7 号钢筋布置在涵身（　　）部和（　　）部，8 号钢筋布置在涵身的前后侧壁。

素质拓展

德余高速乌江特大桥——世界最大跨度上承式钢管混凝土拱桥

2023 年 7 月 10 日，贵州德江至余庆高速公路重点控制性工程——乌江特大桥顺利建成通车。乌江特大桥全长 1834m，主桥跨度为 504m，为当时世界上跨度最大的上承式钢管混凝土拱桥。这座拥有“钢脊梁”的大桥，涉及 1.3 万多 t 钢结构。

德余高速乌江特大桥——世界最大跨度上承式钢管混凝土拱桥

乌江特大桥在建设过程中，将 BIM、5G 通信、物联网技术、3D 打印、AR 技术、无人机+720 云全景等先进信息技术与生产相融合，以“科技引领”为主题，在大桥附近建造了“乌江特大桥智慧建造馆”。依托这个“智慧指挥部”，推动实现项目安全质量管理信息化、场地布置合理化、进度调整动态化、工序交底可视化、监控测量实时化，助力将项目打造成品牌工程。

德余高速乌江特大桥坚持高精度、严要求建设，为同类型桥梁建造提供了可推广借鉴的技术经验。它的顺利建成通车，将进一步提高区域交通通行能力和服务水平，对促进沿线产业结构升级、资源开发利用、旅游产业发展具有重要意义。

项目十三 识读隧道工程图

学习目标

项目载体	识读隧道洞门图
知识目标	1. 掌握隧道洞门图的图示内容及图示特点 2. 了解隧道洞门各组成部分的名称 3. 了解隧道衬砌的形式 4. 掌握隧道衬砌断面设计图的图示内容及图示特点 5. 理解隧道衬砌断面设计图与各种支护、衬砌的构造图之间的关系
能力目标	1. 能识读隧道洞门图，能分析洞门各组成的形状、尺寸、材料等 2. 能分析洞内外的排水路径 3. 能识读隧道衬砌断面设计图，分析图中支护类型及主要参数 4. 能识读隧道各种支护的构造图
素质目标	培养良好的职业道德，提高专业知识水平，提高施工质量和安全意识，做一个合格的交通建设者

隧道是道路穿越山岭的建筑物，它虽然形体很长，但中间断面形状很少变化，图 13-1 所示为隧道洞门。隧道构造物由主体构造物和附属构造物两大部分组成。主体构造物通常指洞身衬砌和洞门构造物。附属构造物是主体构造物以外的其他建筑物，如维修养护、给水排水、发电、通风、照明、通信、安全等构造物。隧道工程图除了用隧道（地形）平面图表示隧道的位置外，还用隧道（地质）纵断面图、隧道洞门图、横断面图（表示洞身形状和衬砌）及避车洞图等来表达，对于高速公路、一级公路还应有人行横洞图、车行横洞图等。

这里仅介绍隧道洞门图和横断面图（表示洞身形状和衬砌）。

（彩图）

了解隧道洞门的结构

图 13-1　隧道洞门

任务一　识读隧道洞门图

技能要点

能够识读隧道洞门图，掌握图示内容与特点。

任务学习

隧道洞门位于隧道的两端，是隧道的外露部分，俗称出入口。它一方面起着稳定洞口仰坡坡脚的作用，另一方面也有装饰美化洞口的效果。根据地形和地质条件的不同，隧道洞门的形式主要有端墙式、翼墙式和环框式等形式，如图 13-1 所示为端墙式洞门，图 13-2 所示为翼墙式和环框式洞门。

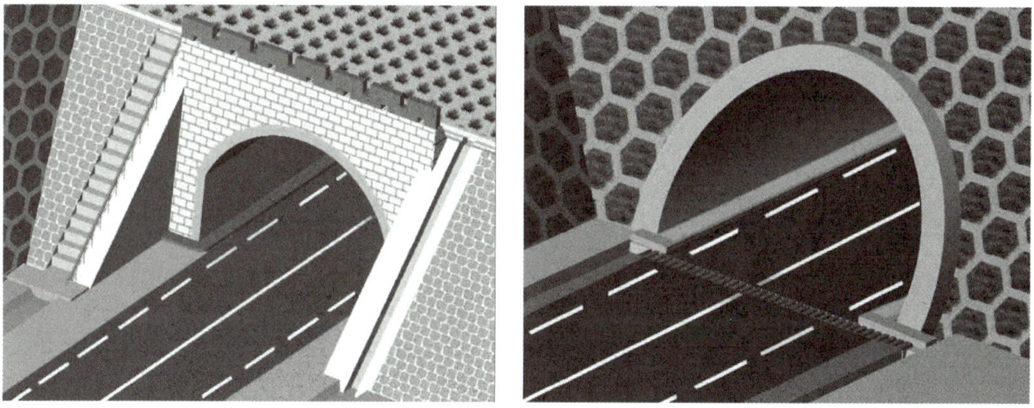

a) 翼墙式　　b) 环框式

图 13-2　隧道洞门的形式

一、隧道洞门图的图示内容及特点

隧道洞门图一般是用立面图、平面图和洞口纵向剖面图来表达隧道洞门的具体构造的，一般可采用 1：200～1：100 的比例，如图 13-3 所示。

隧道洞门图的图示内容与特点

（彩图）

（1）立面图　以洞门口的正面投影作为立面图，道路中心投影方向平行于道路中线。不论洞门是否左右对称，都必须把洞门全部画出。立面图主要表达洞门墙的形式、尺寸，洞口衬砌的类型、主要尺寸，洞顶排水沟的位置、排水坡度等，同时也表达洞门口路堑边坡的坡度等。

（2）平面图　主要表达洞门排水系统的组成及洞内、外水的汇集和排水路径以及洞外路况。另外，还应表达仰坡与边坡的过渡关系。为了图面清晰，常略去端墙、翼墙等的不可见轮廓线。

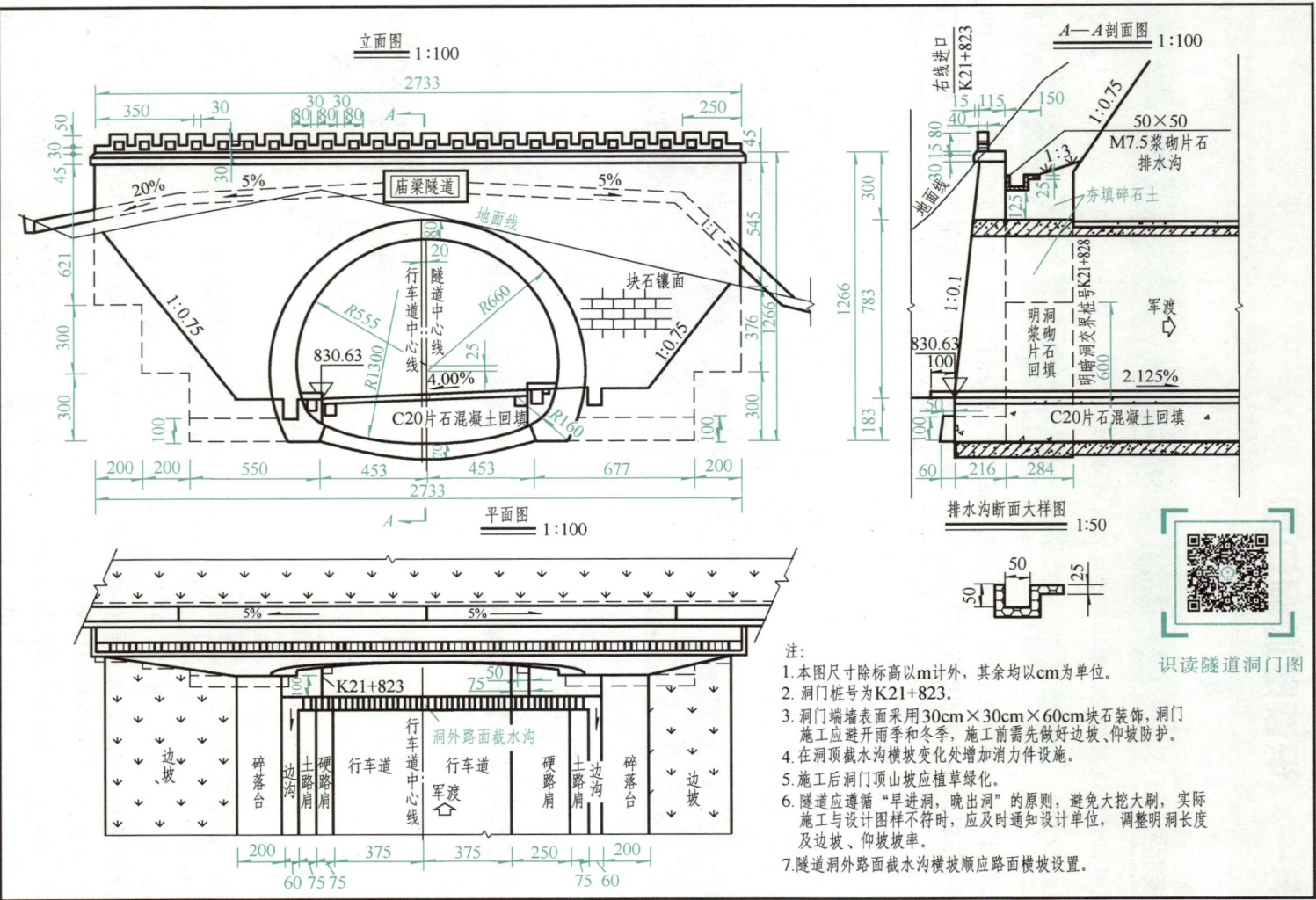

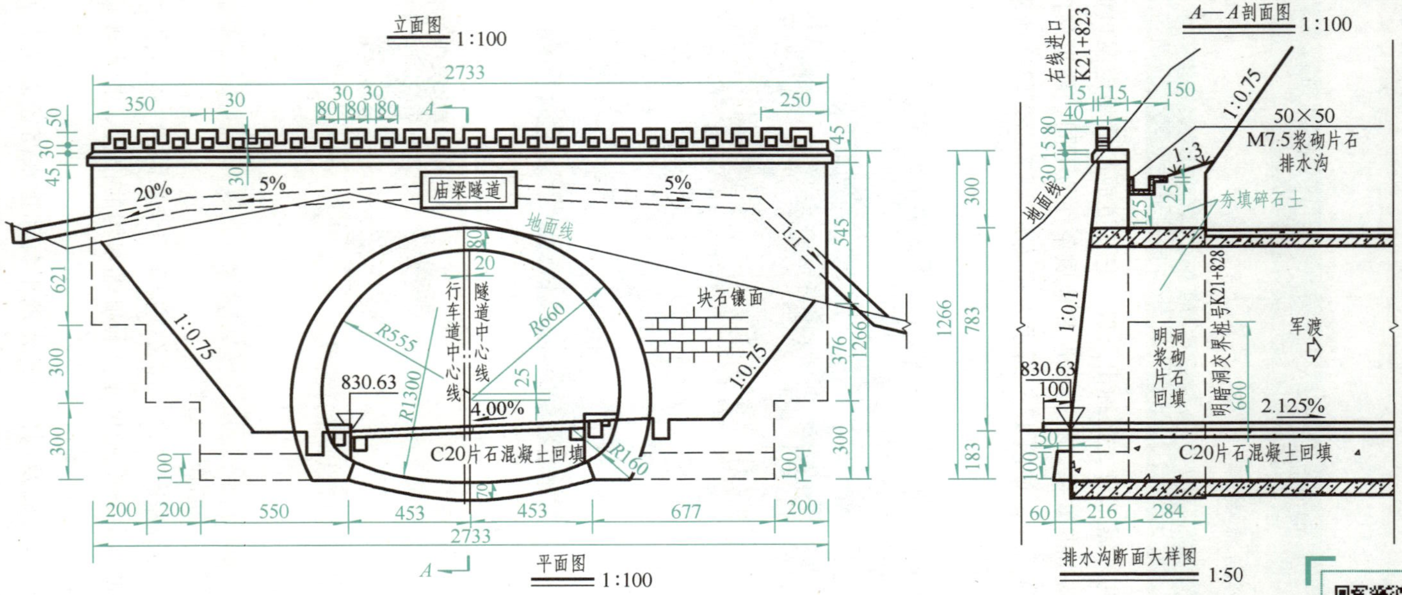

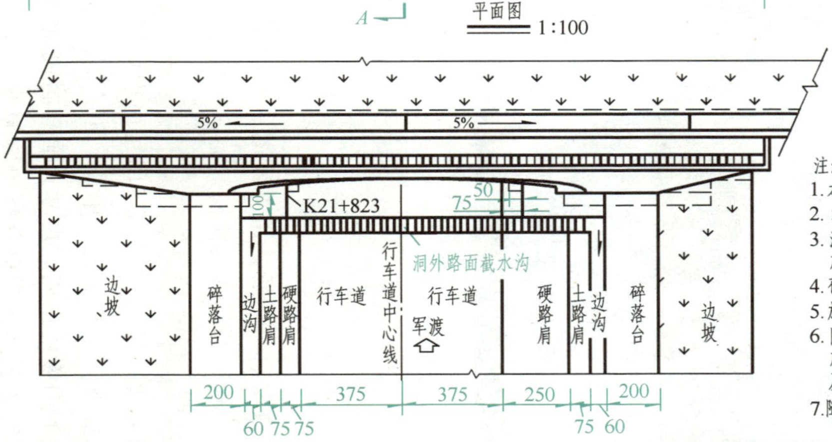

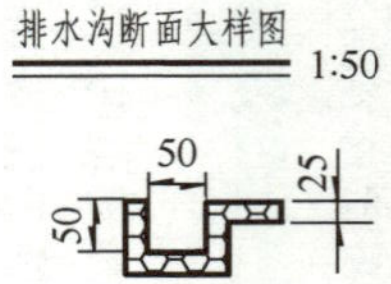

识读隧道洞门图

注：
1. 本图尺寸除标高以m计外，其余均以cm为单位。
2. 洞门桩号为K21+823。
3. 洞门端墙表面采用30cm×30cm×60cm块石装饰，洞门施工应避开雨季和冬季，施工前需先做好边坡、仰坡防护。
4. 在洞顶截水沟横坡变化处增加消力件设施。
5. 施工后洞门顶山坡应植草绿化。
6. 隧道应遵循“早进洞，晚出洞”的原则，避免大挖大刷，实际施工与设计图样不符时，应及时通知设计单位，调整明洞长度及边坡、仰坡坡率。
7. 隧道洞外路面截水沟横坡顺应路面横坡设置。

图 13-3 某公路隧道洞门图

（3）侧面图（纵向剖面图）　一般以沿隧道中心线剖切的纵向剖面图取代侧面图。主要表达洞门墙、洞顶墙帽、洞顶排水沟、明洞回填等的断面形状与尺寸，以及洞门衬砌、路面结构的纵向断面形状及尺寸。

二、识读隧道洞门图的方法

识读隧道洞门图的方法

首先要了解该隧道洞门图采用了哪些投影图及各投影图要重点表达的内容。了解剖面图、断面图的剖切位置和投射方向。

其次可根据隧道洞门的构造特点，把隧道洞门图沿隧道轴线方向分成几段，而每一段沿高度方向又可以分为不同的部分，对每一部分进行分析阅读。阅读时一定要抓住反映这部分形状、位置特征的投影图进行分析。

最后对照隧道洞门的各投影图（立面图、平面图、剖面图）全面分析，明确各组成部分之间的关系，综合起来想象出整体形状。

三、识读隧道洞门图

图 13-3 所示的某公路隧道洞门图，该洞门图用立面图、平面图、侧面图来共同表达隧道洞口的结构。立面图实际是剖切平面垂直于路线中心线的剖面图，剖切平面在洞门前，请参考图 13-4a、b。侧面图为 *A*—*A* 剖面图，剖切平面通过路线中心线，投射方向为从右向左，由侧面图的标注可知，该洞门是隧道的入口，请参考图 13-4c。

将隧道洞门沿隧道轴线方向分为三段，即洞门墙部分、明洞回填部分、洞外路况部分。

阅读洞门墙部分时，应以立面图为主，结合侧面图来分析。平面图中洞门墙的许多结构被遮挡，用虚线表示甚至虚线也被省略，所以平面图只作为参考。从立面图中可以看出洞门墙、洞门衬砌、墙下基础、墙帽及墙顶城墙垛等的正面形状，上下、左右的位置关系及长、宽方向的尺寸。而从侧面图可以看到洞门墙、墙下基础、墙帽及墙顶城墙垛的厚度及前后位置关系，洞门墙的倾斜度。在立面图中还可以看出前后方向的尺寸，如洞门衬砌由主拱圈和仰拱组成，拱圈外圆半径为 660cm，内圆半径为 555cm，由于内外圆圆心在高度方向上存在 25cm 的偏心距，所以拱圈的厚度从拱顶到拱脚是逐渐变厚的，拱圈顶部厚度为 80cm。仰拱内圈半径为 1300cm，厚度为 70cm。从侧面图中可见明暗洞的分界线，从剖面图例可看出洞门衬砌为钢筋混凝土。从立面图中可见洞内路面左低右高，坡度为 4%，仰拱与路面之间是 C20 片石混凝土回填。从侧面图和平面图中可以看出该隧道洞门桩号为 K21+823。对于洞门墙、洞门墙基础、墙帽及墙顶城墙垛等的情况，请读者参照上面的方法依据图 13-4b 自己分析。

阅读明洞回填及洞顶排水沟部分时，应以侧面图为主，结合立面图来阅读。如洞顶排水沟，可从侧面图中分析排水沟的断面尺寸、形状及材料，其中 50×50 表示排水沟水槽的截面尺寸，从立面图中可以看出排水沟的走向及排水坡度。从侧面图中可以看出明洞回填在底部是 600cm 高的浆砌片石回填，之上是夯实碎石土；可以看出明、暗洞拱圈（衬砌）厚度是不相同的；可以看出洞顶仰坡的坡度为 1∶0.75。请读者参照图 13-4c、d 仔细分析。

阅读边坡、洞外排水系统及洞外路况部分时，应以平面图为主，结合立面图来阅读。如从平面图中可见洞外截水沟与边沟的汇集情况及排水路径；可以看出洞内外排水系统是独立的，排水方向相反。在立面图可以看到边沟的横断面形状及路堑边坡的坡度。请读者参照图 13-4a 自己分析。

（三维模型）

（三维模型）

a) 隧道洞门外观图

（彩图）

b) 洞门前横断面立体示意图

图 13-4 隧道洞口立体示意图

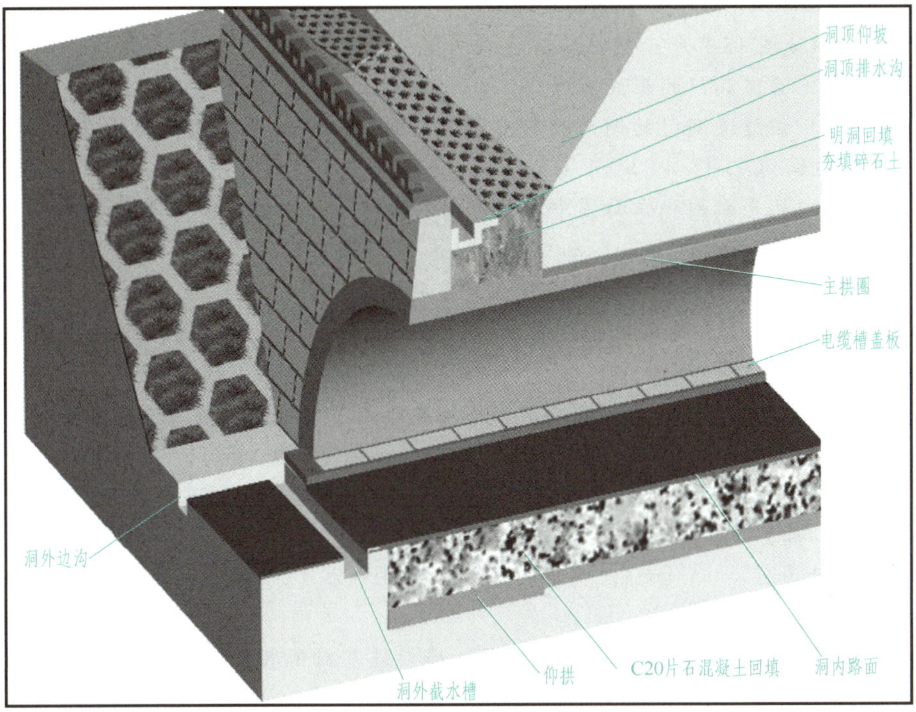

c) 纵断面立体示意图

(三维模型)

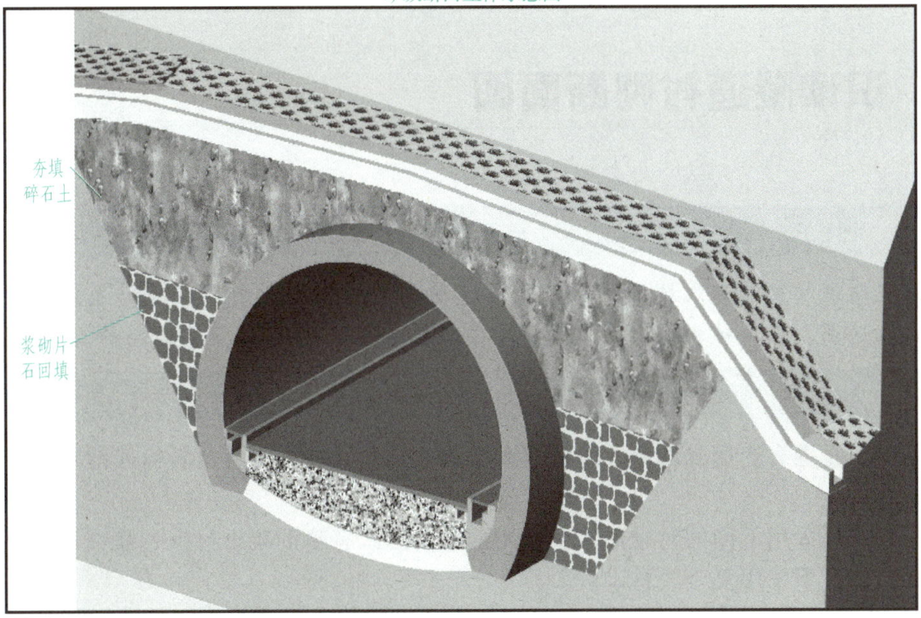

(三维模型)

d) 洞门后横断面立体示意图

图 13-4　隧道洞口立体示意图（续）

任务实施

参考答案

识读图13-3所示某公路隧道洞门图，回答问题。

1）隧道洞门的形式有（ ）、（ ）、（ ）。

2）该隧道洞门的侧面投影图为纵剖面图，剖切平面通过隧道中心线，投射方向为从（ ）向（ ）。

3）从平面图和立面图中可见洞内外排水是独立的，排水路径相反，洞内的排水路径由（ ）洞口流向（ ）洞口；可以看出洞顶排水沟的走向及排水坡度，排水沟的坡度分为（ ）段，每段的坡度分别为（ ）。

4）明洞回填在底部是600cm高的浆砌片石回填，之上是夯实碎石土，请在侧面图中指出明洞回填及夯实碎石土的位置。

5）从平面图中可以看出行车道、左侧硬路肩、右侧硬路肩、土路肩、边沟、碎落台的宽度分别为（ ）cm、（ ）cm、（ ）cm、（ ）cm、（ ）cm、（ ）cm。

6）由侧面图可见暗洞处洞口仰坡坡度为（ ）；由立面图可见洞口边坡坡度为（ ）cm。

7）该隧道洞门桩号为（ ），明暗洞交界处的桩号为（ ），洞门衬砌拱顶的厚度为（ ）cm。

8）在侧面图中指出洞门墙、墙帽、墙顶城墙垛、墙门墙基础的投影，在立面图中指出主拱、仰拱、电缆槽、排水沟、洞顶排水沟的投影。

任务二 识读隧道衬砌断面图

技能要点

能够识读庙梁隧道V级围岩浅埋段衬砌断面图（隧道衬砌断面设计图、超前支护设计图、钢拱架支撑构造图、二次衬砌钢筋构造图、防排水设计图），掌握图示内容与特点。

任务学习

隧道衬砌是为防止围岩变形或坍塌，沿隧道洞身周边用钢筋混凝土等材料修建的永久性支护结构。

在不同的围岩中可采用不同的衬砌形式，常用的衬砌形式有喷混凝土衬砌、喷锚衬砌及复合式衬砌，多数情况下采用复合式衬砌。

复合式衬砌常分为初期支护（一次支护）和二次支护（二次衬砌）。一次支护是为了保证施工的安全，在开挖后的洞室周边设置的加固岩体和阻止围岩变形的支撑体系。一次支护包括：喷射混凝土、径向锚杆、钢拱架、钢筋网片等。二次支护（二次衬砌）是在一次支护内侧浇筑的钢筋混凝土结构。待一次支护的变形基本稳定后，再进行现浇混凝土二次衬砌。

在隧道开挖之前，首先要做一些安全措施，也就是超前支护。超前支护是指为保证隧道工程开挖工作面稳定在开挖之前采取的一种辅助措施，一般是指超前小导管及长管棚超前支护。

隧道衬砌断面可采用直墙拱、曲墙拱、圆形及矩形断面。如图 13-2a 所示的隧道断面为直墙拱，如图 13-2b 所示的隧道断面为曲墙拱。

一、隧道衬砌断面图的图示内容及特点

隧道衬砌断面图在每一类围岩段用一组垂直于隧道中心线的横断面图来表示隧道衬砌的结构形式。除用隧道衬砌断面设计图来表达该围岩段隧道衬砌总体设计外，还有针对每一种支护、衬砌的具体构造图。

了解隧道衬砌的结构

（1）隧道衬砌断面设计图　主要表达该围岩段内衬砌的总体设计情况，表明有哪一种或哪几种类型的支护及每种支护的主要参数、防排水设施类型和二次衬砌结构情况。图 13-5 是庙梁隧道的Ⅴ级围岩浅埋段衬砌断面设计图。

（2）各种支护、衬砌的构造图（如超前支护设计图、钢拱架支撑构造图、防排水设计图、二次衬砌钢筋构造图等）具体地表达每一种支护各构件的详细尺寸、分布情况、施工方法等。

二、隧道衬砌断面图的识读方法

首先要认真阅读隧道衬砌断面设计图，全面了解该围岩段所有的支护种类及相互关系。同时注意阅读材料表和附注，了解注意事项和施工方法等。然后再阅读每一种支护、衬砌的具体构造图，分析每一种支护的具体结构、详细尺寸、材料及施工方法。

三、识读隧道衬砌断面图

（一）隧道衬砌断面设计图

图 13-5 所示为庙梁隧道Ⅴ级围岩浅埋段衬砌断面设计图。由图 13-5 可见该围岩段采用了曲墙式复合衬砌。图中给出了一次支护和二次衬砌的断面轮廓。

在一次支护之前，要做超前支护。从图 13-5 可以看出该隧道的Ⅴ级围岩浅埋段在洞口采用直径为 108mm 的长管棚超前支护，在Ⅴ级围岩浅埋段其他位置采用直径为 50mm 的超前小导管支护，即沿开挖外轮廓线向前以一定外倾角打入管壁带有小孔的导管，且以一定压力向管内压注起胶结作用的浆液，待其硬化后岩体得到预加固。

该隧道Ⅴ级围岩浅埋段的一次支护有：①径向锚杆（系统锚杆），在土质隧道中采用 ϕ22mm 砂浆径向锚杆，锚杆长度为 4m，间距 75mm×75mm，在石质隧道中采用 ϕ25mm 自钻式径向锚杆，锚杆长度为 4m，间距 75cm×75cm；②型号为I20a 的钢拱架，相邻钢拱架的纵向间距为 75cm；③钢筋网（挂设在钢拱架外侧），钢筋为Φ8，钢筋网网格为 15cm×15cm（冷轧焊接钢筋网）；④在锚杆、钢筋网和钢拱架之间喷射 C25 混凝土 25cm。

一般情况下，超前小导管尾部、锚杆尾部与钢拱架、钢筋网等都焊接在一起，形成一个整体的一次支护，以保证钢拱架、钢筋网、喷射混凝土、锚杆和围岩形成联合受力结构。

在一次支护和二次衬砌之间先布置直径为 50mm 的环向排水管，然后铺设 EVA 复合土工布防水层。

二次衬砌是现浇 C25 钢筋混凝土 45cm。

仰拱的一次支护为I20a 钢拱架，纵向间距 75cm；二次衬砌是现浇 C25 钢筋混凝土 35cm。

图 13-6 所示为隧道一次支护施工过程，图 13-6b 为隧道衬砌的立体示意图。

V级围岩浅埋段衬砌断面设计图 1:100

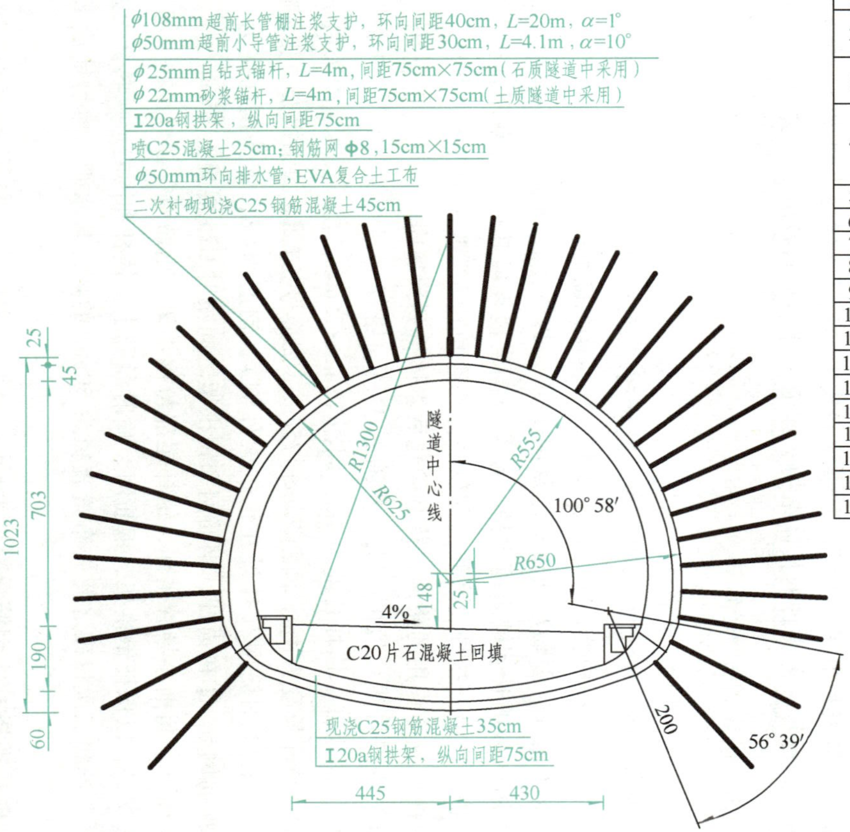

每延米工程数量表

序号	项目	规格	单位	数量	备注
1	土石开挖		m^3	112.9	
2	长管棚	ϕ108mm	kg	9398	每组长管棚数量
	小导管	ϕ50mm	kg	279.2	壁厚4mm
3	注浆	水泥水玻璃浆	m^3	25.12	每组长管棚数量
	注浆	水泥水玻璃浆	m^3	4.25	小导管中采用
4	自钻式锚杆	ϕ25mm	m	186.7	石质隧道中采用每环35根
	砂浆锚杆	ϕ22mm	m	556.37	土质隧道中采用每环35根
5	Φ8钢筋网	15cm×15cm	kg	118.5	
6	喷混凝土	C25混凝土	m^3	6.3	
7	型钢钢架	I20a	kg	1362.4	
8	钢板	300mm×250mm×20mm	kg	188.5	
9	高强螺栓、螺母	AM20	kg	10.7	
10	纵向连接钢筋	HPB400	kg	188.7	
11	拱圈二次衬砌	C25混凝土	m^3	13.0	
12	拱圈二次衬砌钢筋	HPB400	kg	669.4	
13	拱圈二次衬砌钢筋	HPB300	kg	115.4	
14	仰拱钢筋	HPB400	kg	412.2	
15	仰拱钢筋	HPB300	kg	56.7	
16	仰拱二次衬砌	C25混凝土	m^3	7.8	
17	片石混凝土仰拱回填	C15	m^3	10.44	
18	喷涂		m^2	20.19	

注：
1. 本图尺寸钢筋直径、锚杆直径、导管直径、钢板尺寸以mm计，锚杆和导管长度以m计，其余以cm计。
2. 本图适用于V级围岩浅埋段。
3. 施工中若围岩划分与实际不符时，应根据围岩监控量测结果，及时调整开挖方式和修正支护参数。
4. 施工中应严格遵守短进尺，弱爆破，强支护，早成环的原则。
5. V级围岩浅埋段超前支护在洞口段采用ϕ108mm长管棚，在其余位置采用ϕ50mm超前小导管。
6. 隧道穿过石质层时采用ϕ25mm自钻式锚杆；穿过土质层时采用ϕ22mm砂浆锚杆。
7. 隧道施工预留变形量15cm。
8. 初期支护的锚杆应尽可能与钢支撑焊接。

图 13-5 V级围岩浅埋段衬砌断面设计图

（彩图）

a)

识读隧道衬砌断面设计图

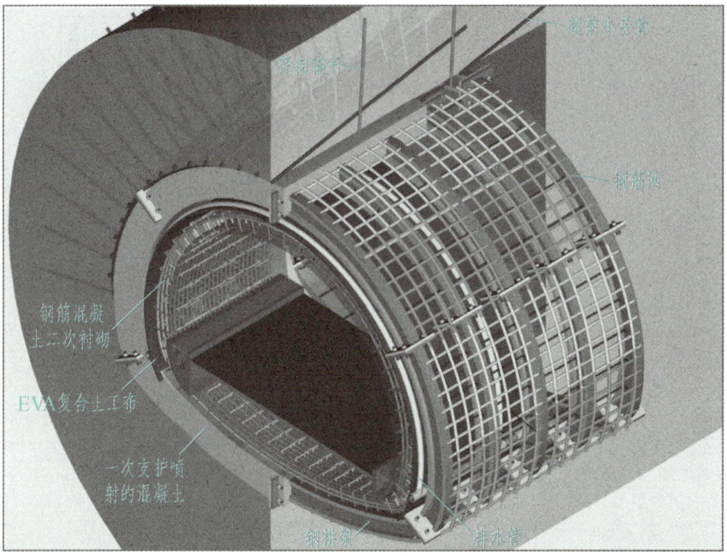

b)

（彩图）

图 13-6　某隧道的一次支护施工过程

*（二）隧道超前支护设计图

图 13-7 为庙梁隧道Ⅴ级围岩浅埋段超前支护设计图，图 13-8 为其立体示意图。

V级围岩浅埋段超前支护横断面图 1:100

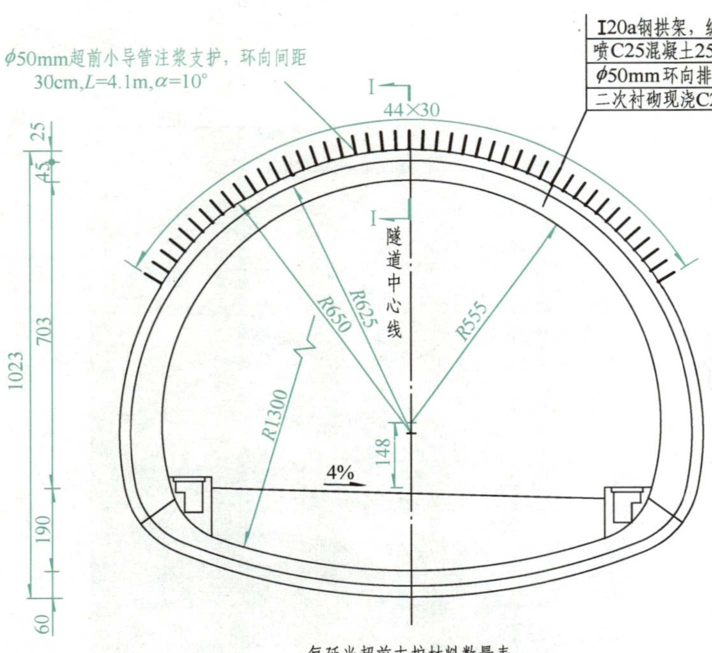

I—I断面图 1:100

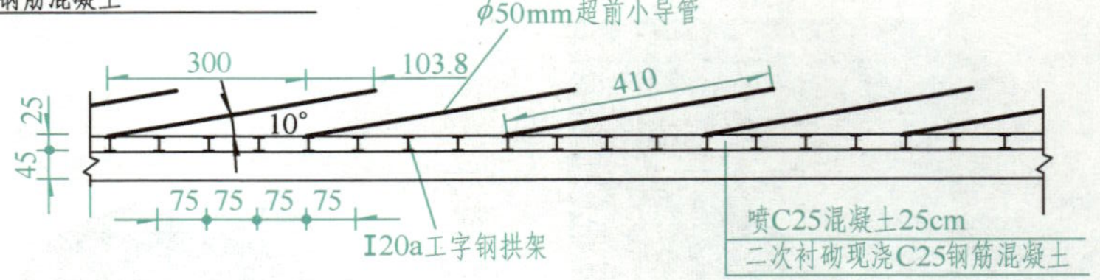

ϕ50mm超前小导管大样图

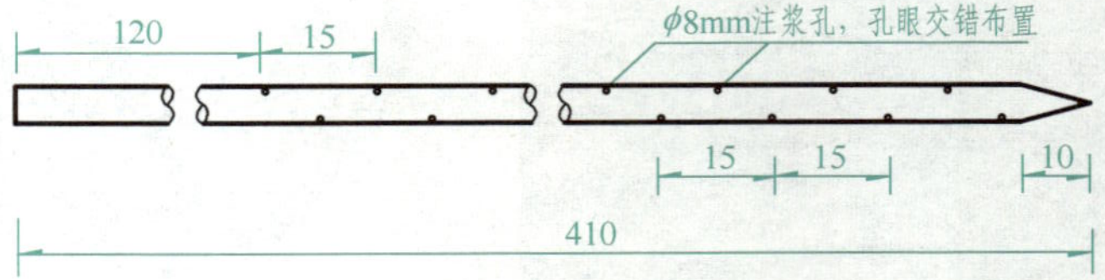

每延米超前支护材料数量表

名称	规格	单位	数量	备注
注浆	水泥水玻璃浆	m^3	4.25	
注浆导管	ϕ50mm	kg	279.2	壁厚4mm

注：
1. 本图尺寸除钢筋直径以mm计外，余均以cm 计。
2. 超前小导管采用外径50mm、壁厚4mm的热轧无缝钢管，导管前端呈尖锥状，管壁四周钻8mm的压浆孔，尾部1.2m不设压浆孔，详见小导管大样图。
3. 超前小导管施工时，导管以10° 外倾角打入围岩，导管环向间距为30cm，尾部尽可能焊接于钢拱架上，每孔注浆量达到设计注浆量时方可结束注浆。
4. 施工时可根据施工方法、施工机具适当修正一次注浆深度和导管长度。
5. 注浆材料为水泥水玻璃浆，注浆压力为0.5~1.0MPa，必要时可在孔口处设置止浆塞。
6. 边墙部可视坑道稳定情况，适当加设导管注浆。
7. 本图适用于V级围岩段超前支护。

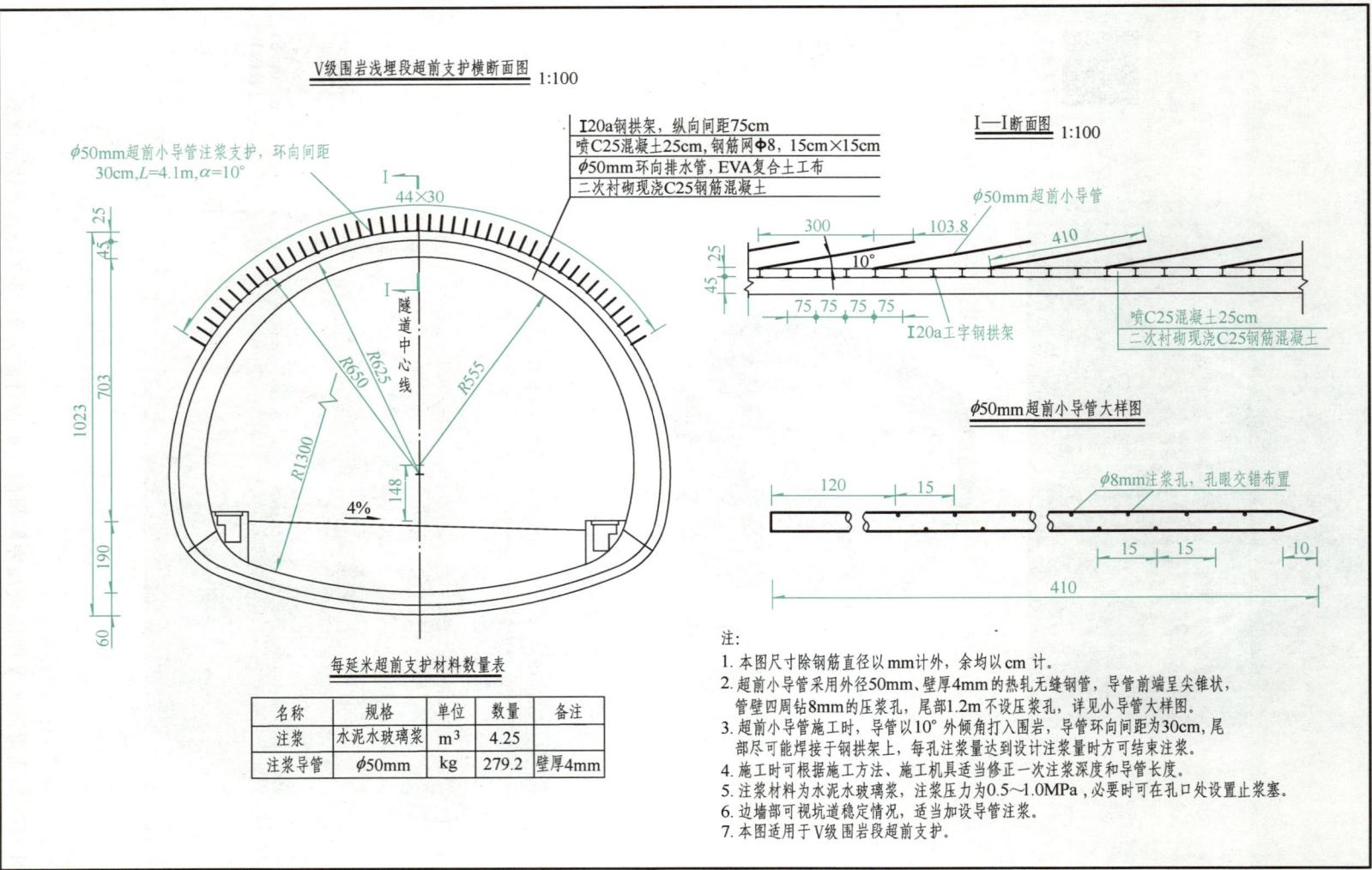

图 13-7 V级围岩浅埋段超前支护设计图

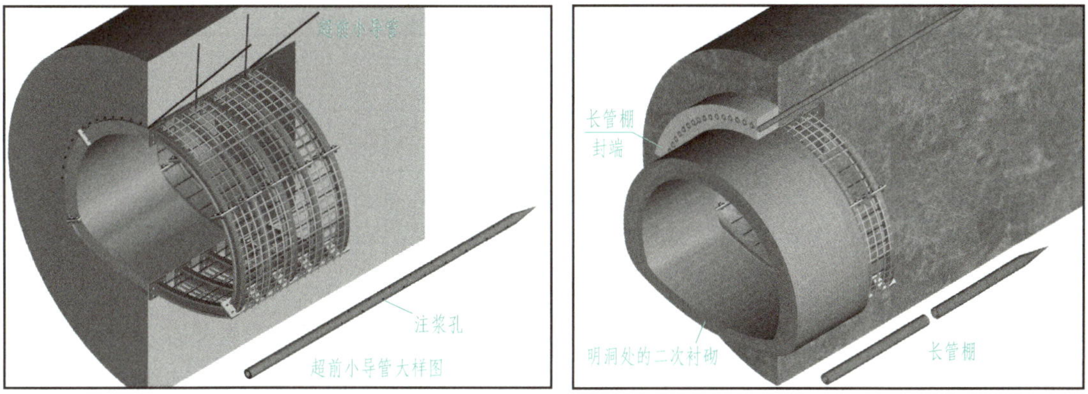

a)　　　　b)

图 13-8　超前支护立体示意图

超前支护立体示意图（彩图）

由图 13-7 可见，该围岩段采用了 ϕ50mm 超前小导管注浆支护，主要由横断面图、Ⅰ—Ⅰ断面图、超前小导管大样图、材料数量表及注释组成。

超前小导管采用外径 50mm、长度为 4.1m、壁厚 4mm 的热轧无缝钢管，导管前端呈尖锥状，管壁四周钻有直径为 8mm 的压浆孔，尾部 1.2m 不设压浆孔，详见小导管大样图。超前小导管施工时，导管以 10°外倾角打入围岩，导管环向间距（圆周方向的间距）为 30cm，导管分布在隧道顶部，每圈 45 根。

横断面图上还表达出一次支护和二次衬砌的断面尺寸。

从Ⅰ—Ⅰ断面图可以看出，两排导管之间的纵向间距为 300cm，两排导管纵向搭接长度为 103.8cm。同时也可看出超前小导管与钢拱架之间的位置关系。

阅读注释中的内容可知：要求小导管尾部尽可能焊接于钢拱架上，小导管注浆材料为水泥水玻璃浆。

（三）隧道钢拱架支撑构造图

图 13-9 所示为Ⅴ级围岩浅埋段钢拱架构造图，除立面图外，还有 *A* 节点大样图、Ⅰ—Ⅰ断面图、Ⅱ—Ⅱ断面图、钢拱架纵向布置图、纵向连接钢筋大样图。

从立面图中可以看出，每榀钢拱架分 6 段，段与段之间通过节点 *A* 连接在一起。由 *A* 节点大样图、Ⅰ—Ⅰ断面图、Ⅱ—Ⅱ断面图及注释可以了解连接情况、工字钢断面尺寸、螺栓连接尺寸等。在每段工字钢端部焊接一块 300mm×250mm×20mm 的钢板，两块钢板由四个螺栓连接后，骑缝处要焊接牢固。两榀钢拱架之间的纵向间距为 75cm，并在两榀钢拱架之间焊接有纵向连接钢筋 2，纵向连接钢筋 2 的环向距离为 100cm。从纵向连接钢筋大样图上可以看出纵向连接钢筋 2 为 HRB400 钢筋，直径为 25mm，共 37 根。

图 13-10 为钢拱架立体示意图（为了较清楚地表达钢拱架及其连接情况，立体示意图中钢拱架等的尺寸及两榀钢拱架的间距都有所夸大），请读者对照立体示意图详细读图 13-9 所示的钢拱架构造图。

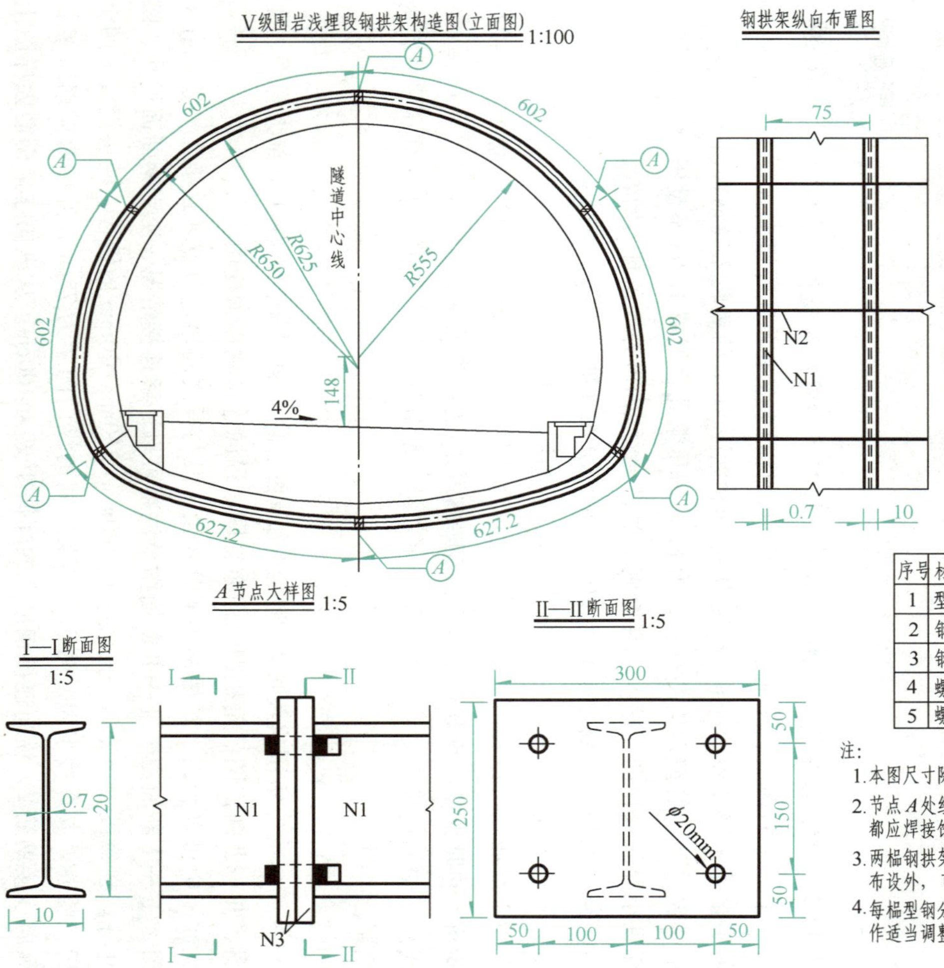

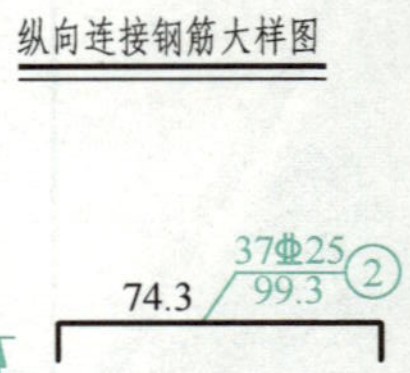

钢拱架构造图

每榀钢支架工程数量表

序号	材料	规格	单位	数量
1	型钢	I20a	kg	1021.8
2	钢筋	Φ25	kg	141.5
3	钢板	300mm×250mm×20mm	kg	141.4
4	螺栓	M20×70	个	24
5	螺母	M20	个	24

注：
1. 本图尺寸除钢筋直径以mm计外，其余均以cm计。
2. 节点A处经螺栓拼接后，骑缝焊接牢固，焊接缝都应焊接饱满，不得有砂眼。
3. 两榀钢拱架之间的连接钢筋N2，除一般情况下按图布设外，可视拱架具体稳定情况加设交叉连接钢筋。
4. 每榀型钢分6段，施工时，每段长度可视具体情况作适当调整。

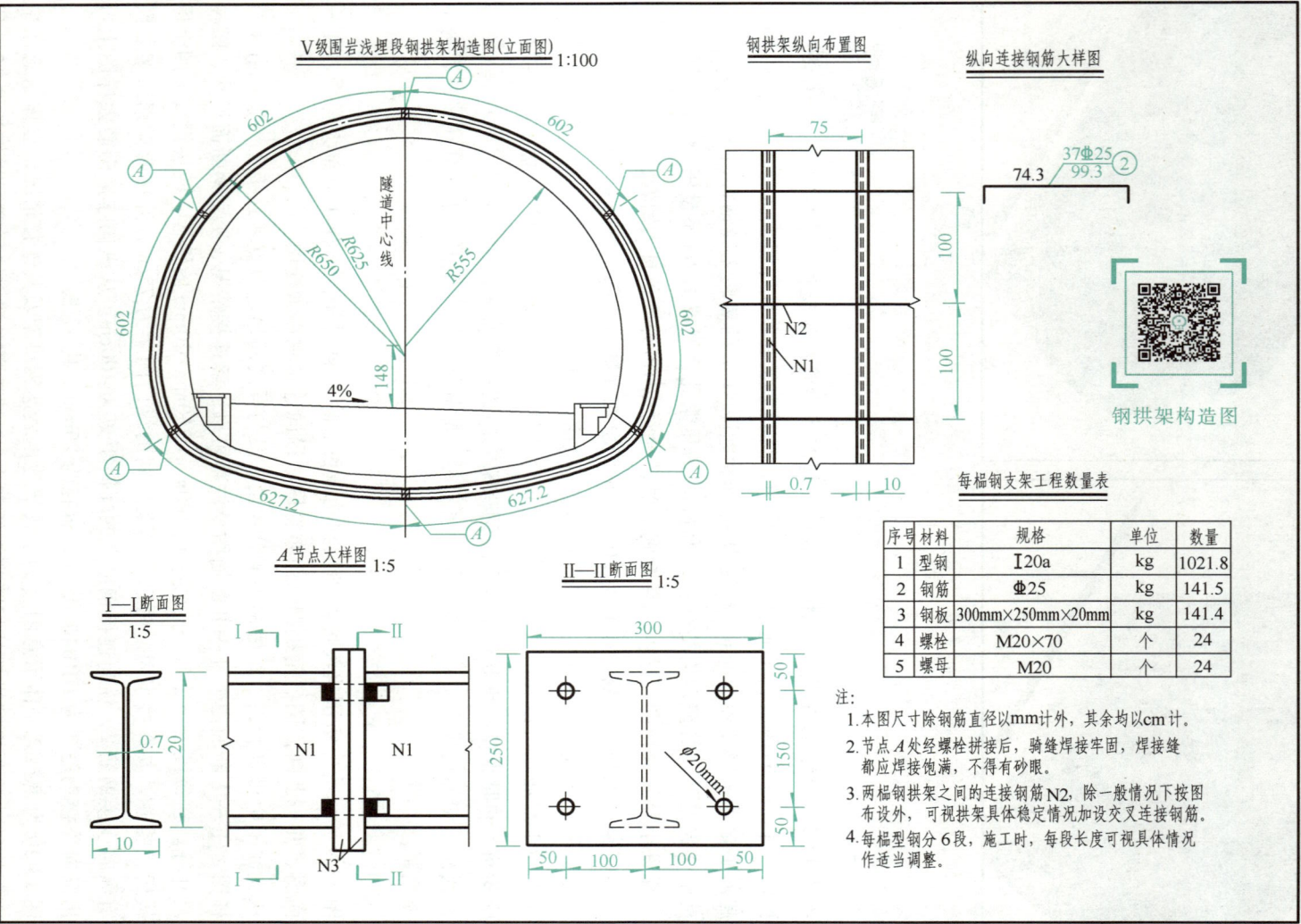

图 13-9　V级围岩浅埋段钢拱架构造图

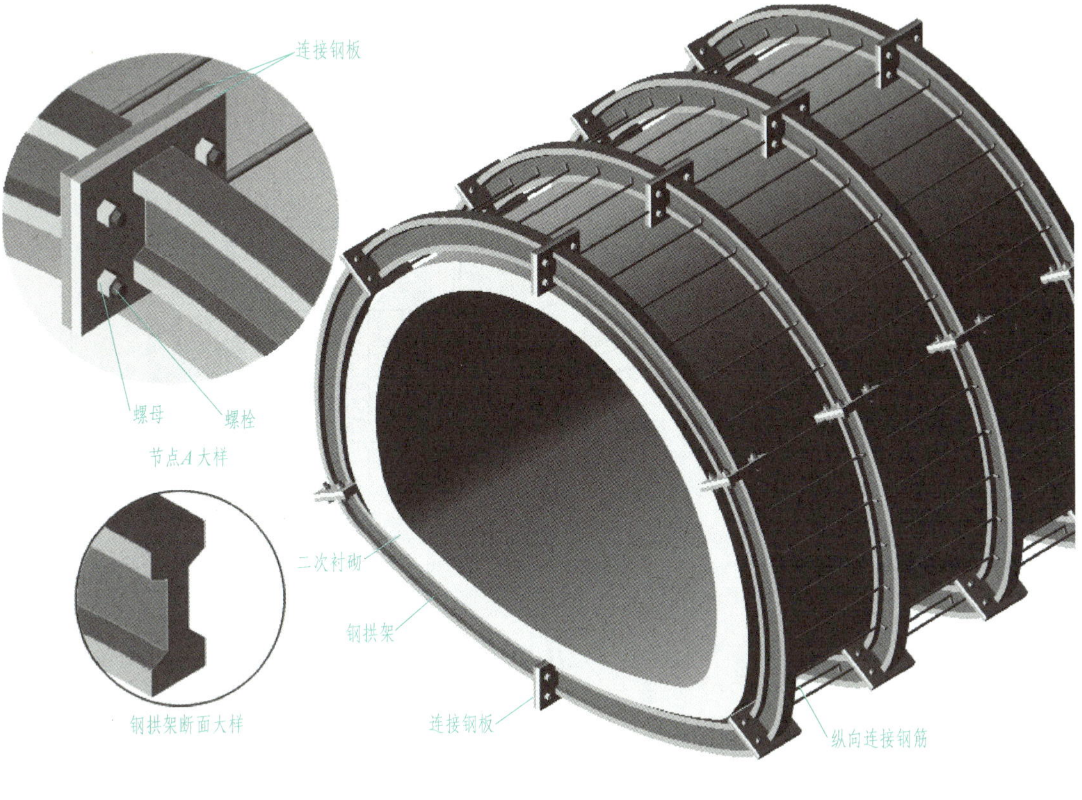

图 13-10　钢拱架立体示意图

*（四）隧道二次衬砌钢筋构造图

（彩图）　（三维模型）

图 13-11 所示为Ⅴ级围岩浅埋段二次衬砌钢筋构造图。该二次衬砌钢筋构造图由立面图，Ⅰ—Ⅰ、Ⅱ—Ⅱ、Ⅲ—Ⅲ断面图及 1、2、3、4、5、6 号钢筋的详图来共同表达二次衬砌钢筋的构造情况，另外还有钢筋数量表及注释。读图时应该综合分析。

由立面图可以看出该隧道二次衬砌的断面轮廓及断面内钢筋布置情况，主要由六种钢筋组成：有拱圈部分的外圈主筋 1 和内圈主筋 2 及箍筋 5；有仰拱部分的内圈主筋 3 和外圈主筋 4 及箍筋 6。各箍筋间距均为 40cm，每圈共有箍筋（29+29+32）根 = 90 根。58 根 5 号箍筋，32 根 6 号箍筋，每延米有箍筋 2.5 圈，每延米共 225 根箍筋。主筋都是直径为 22mm 的 HRB400 钢筋，箍筋是直径为 8mm 的 HPB300 钢筋，各钢筋的尺寸与形状可见钢筋详图，不同位置的箍筋尺寸有所不同。

由Ⅰ—Ⅰ断面图可以看出拱圈顶部外圈主筋 1 和内圈主筋 2 的中心距为 35cm，3、4 号钢筋中心到混凝土表面距离为 5cm；由Ⅱ—Ⅱ断面图可以看出仰拱底部外圈主筋 4 和内圈主筋 3 的中心距为 27cm，3、4 号钢筋中心到混凝土表面距离为 5cm。结合Ⅲ—Ⅲ断面图还可以看到箍筋沿纵向（道路中心线方向）的分布情况，即第一圈箍筋与第一、第二、第三圈主筋绑扎在一起，第二圈箍筋与第三、第四、第五圈主筋绑扎在一起，以此类推。

V级围岩浅埋段二次衬砌钢筋构造图(立面图)

1:100

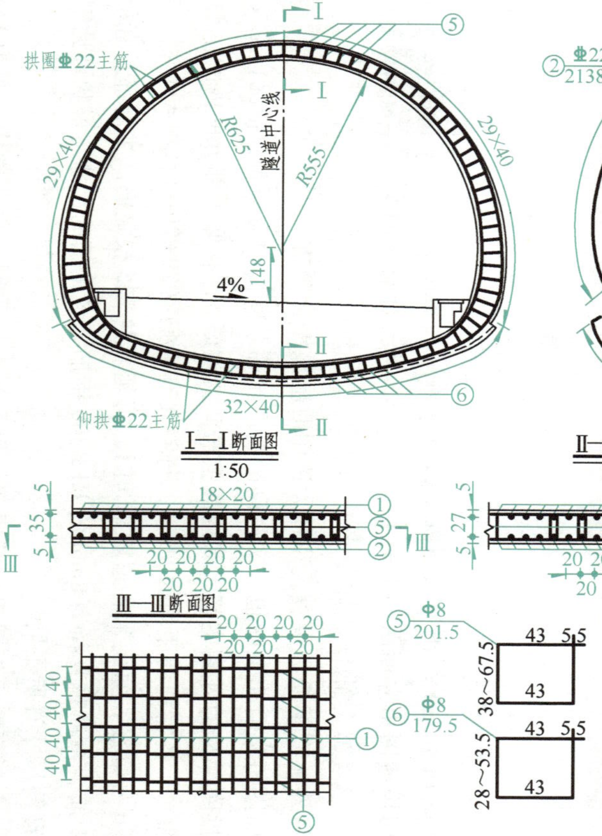

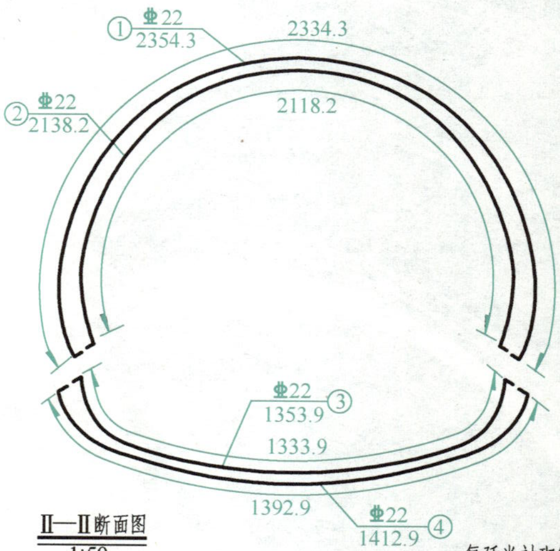

识读隧道二次衬砌钢筋构造图

（三维模型）

每延米衬砌钢筋数量表

序号	规格	每根长/cm	每延米总长/根	每延米总长/m	质量/kg	总质量/kg
1	Φ22	2354.3	5	117.7	350.8	1081.6
2		2138.2	5	106.9	318.6	
3		1353.9	5	67.7	201.7	
4		1412.9	5	70.6	210.5	
5	Φ8	201.5	145	292.2	115.4	172.1
6		179.5	80	143.6	56.7	

注:

1.本图尺寸除钢筋直径以mm计外,余均以cm计。

2.图中箍筋间距为40cm,主筋混凝土保护层厚度为5cm。

3.施工时应先做仰拱，仰拱主筋应预留出与拱圈主筋绑扎搭接长度80cm。

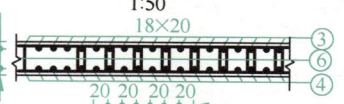

图 13-11 V级围岩浅埋段二次衬砌钢筋构造图

图 13-12 为二次衬砌钢筋构造立体示意图。请读者参照立体示意图仔细读二次衬砌钢筋构造图（为了较清楚地表达钢筋主筋的分布情况，立体示意图中箍筋的数量比实际要少）。

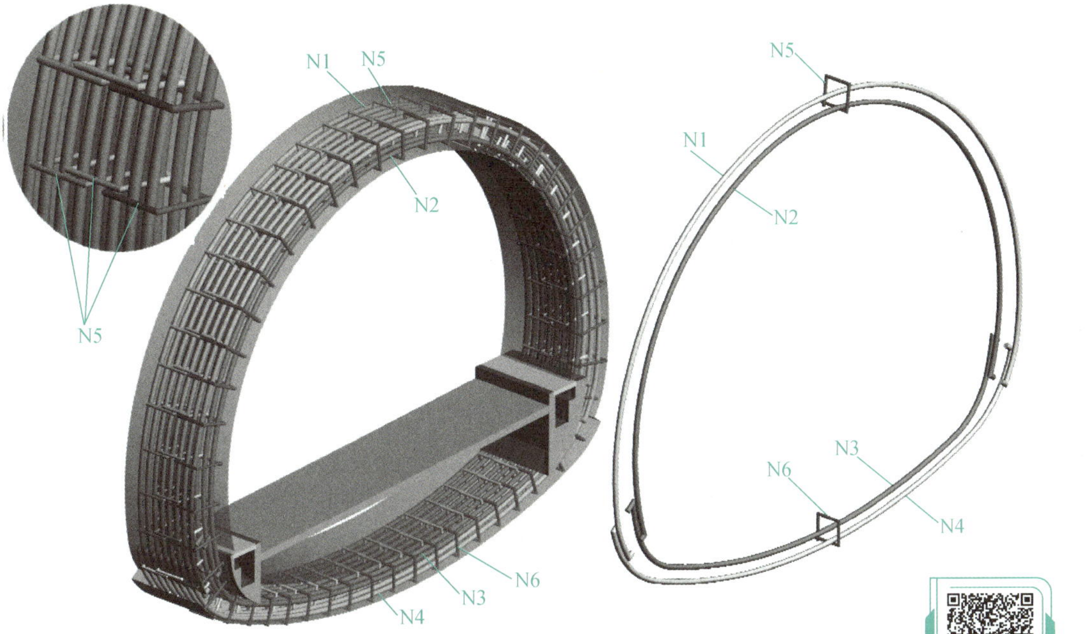

图 13-12 二次衬砌钢筋构造立体示意图

（彩图）

（五）隧道防排水设计图

图 13-13 为隧道一般围岩段防排水设计图，由图可见在一次支护完成之后，安装环向排水管、纵向排水管等排水系统，然后铺设 EVA 复合土工布防水层，之后进行二次衬砌的施工。隧道上部的渗水通过环向排水管的缝隙进入环向排水管后流入纵向排水管，最后通过横向引水管流入洞内排水沟。电缆槽的渗水通过电缆槽泄水管流入洞内排水沟，洞内路面上的积水通过泄水孔流入洞内排水沟。

电缆槽泄水管每 25m 设置一道。环向排水管每道一根，在涌水、突水段贴岩面设置，在Ⅳ级、Ⅴ级围岩中每 10m 设置一道，局部水量大时可酌情增加；在Ⅲ级围岩中按 15m 一道设计，局部水量大时可酌情增加。横向引水管设置间距与环向排水管设置间距相对应。双侧排水沟是全隧道埋设。

连接纵向排水管与横向引水管的三通接头的尺寸为 ϕ100mm×ϕ100mm×ϕ100mm，连接纵向排水管与环向排水管的三通接头的尺寸为 ϕ100mm×ϕ100mm×ϕ50mm。

图 13-14 为隧道一般围岩段防排水立体示意图，请读者参照立体示意图仔细阅读隧道一般围岩段防排水设计图（在立体图中为较清晰地表达排水管的直径有所夸大）。

一般围岩段防排水设计图 1:100

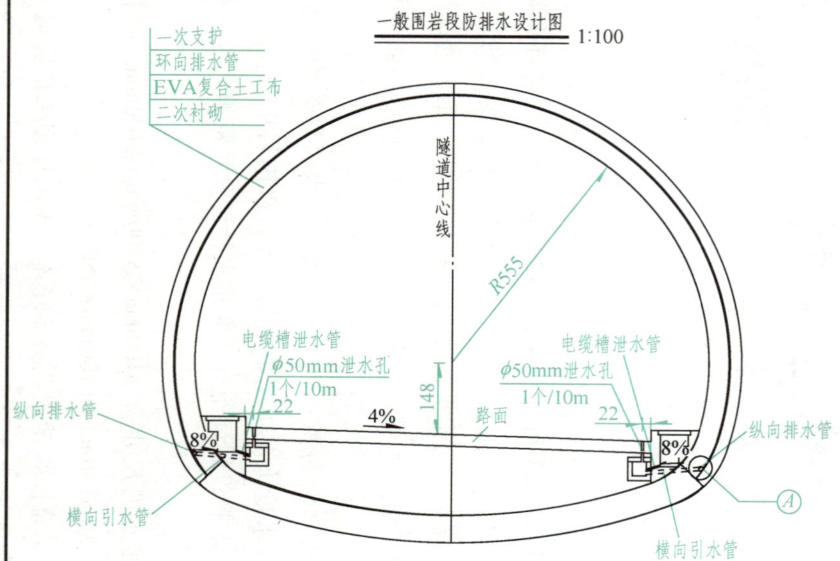

A节点大样图

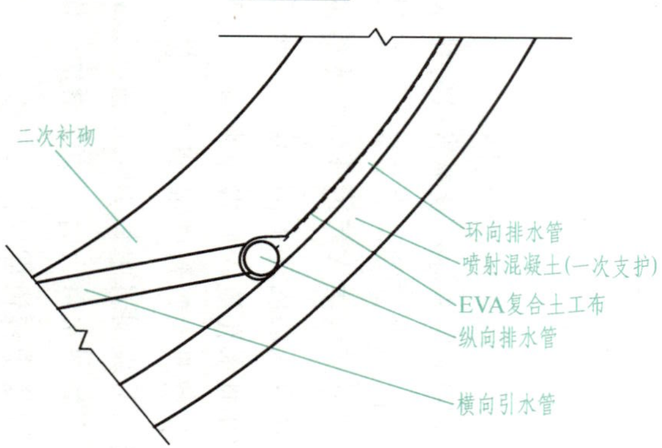

每延米（道）防排水工程数量表

序号	材料名称	规格或型号	单位	数量 V	数量 IV	数量 III	备注
1	EVA复合土工布	厚1.0mm, 300g/m²	m²	25.9	25.5	25.1	每延米
2	环向排水管	ϕ50mm弹簧波纹管	m	24.0	23.6	23.5	每道
3	横向引水管	ϕ100mm弹簧波纹管	m	3.2	3.0	2.6	每道
4	橡胶止水带	YH–2	m	24.0	23.5	23.5	每道
5	纵向排水管	ϕ100mm弹簧波纹管	m	2.0			每延米
6	三通接头	ϕ100mm×ϕ100mm×ϕ100mm	个	2.0			每道
		ϕ100mm×ϕ100mm×ϕ50mm	个	2.0			每道
7	电缆槽泄水管	ϕ50mm弹簧波纹管	m	0.6			每道
8	钢筋卡	ϕ8mm	kg	11.61			每道

（三维模型）

识读防排水设计图

注:

1.本图尺寸除钢筋直径、管径以mm计外，余均以cm计。

2.环向排水管每道一根，在涌水、突水段贴岩面设置，其间距为:

1）V级、IV级围岩按10m一道设计，局部水量大时可酌情增加。

2）III级围岩按15m一道设计，局部水量大时可酌情增加。

3. 双侧排水沟全隧道埋设，横向引水管设置间距与环向排水管设置间距相对应，电缆槽泄水管设置间距每25m一道。

4.施工缝、明暗洞接缝、伸缩缝、沉降缝处设置橡胶止水带，施工缝之间的距离按10m计。

图 13-13 隧道一般围岩段防排水设计图

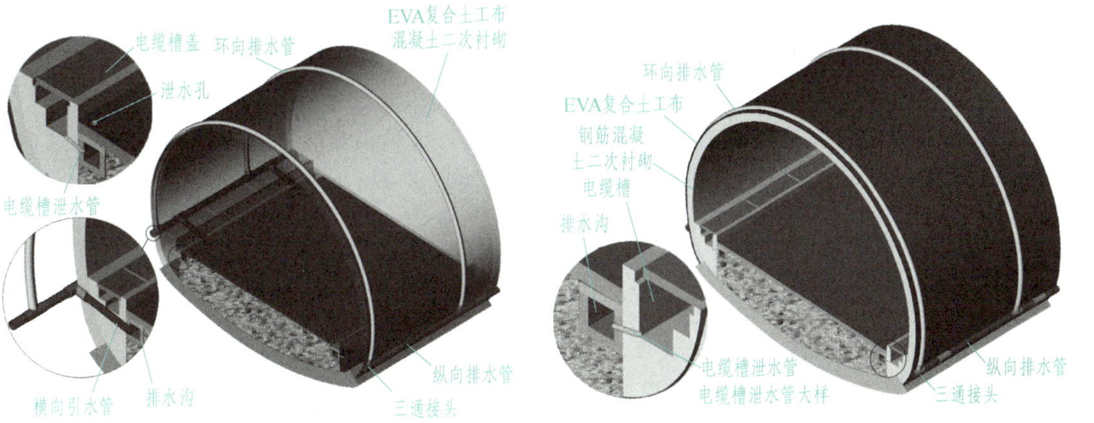

图 13-14　隧道一般围岩段防排水立体示意图

（彩图）

任务实施

1. 识读图 13-5 所示Ⅴ级围岩浅埋段衬砌断面设计图，并回答问题。

参考答案

1）什么叫隧道衬砌？

2）复合衬砌分为（　　）支护和（　　）支护。

3）一次支护包括（　　　　　）等，二次衬砌是（　　）结构。

4）一次支护、二次衬砌、超前支护的施工顺序是（　　）、（　　）、（　　）。

5）隧道衬砌图采用在不同围岩段用一组垂直于隧道中心线的横断面图来表示隧道衬砌的结构形式。用（　　　　　）图来表达该围岩段隧道衬砌总体设计外，还有针对每一种支护、衬砌的具体构造图，如（　　　　）、（　　　　）、（　　　　）、（　　　　）等。

6）该隧道Ⅴ级围岩浅埋段在洞口采用（　　）的超前支护，在其他位置采用直径为 50mm（　　　　）超前支护。

7）该隧道Ⅴ级围岩浅埋段采用了哪几种一次支护？

8）径向锚杆支护在土质隧道中采用 ϕ22mm 的（　　）锚杆，在石质隧道中采用 ϕ25mm 的（　　）锚杆；钢拱架的工字钢型号为（　　）；钢筋网支护，其钢筋直径为（　　）mm，在锚杆、钢筋网和钢拱架之间喷射 C25 混凝土的厚度为（　　）cm。

9）在主拱圈拱顶及仰拱底部，二次衬砌现浇 C25 混凝土的厚度分别为（　　）cm、（　　）cm。二次衬砌主拱部分的外圈直径为（　　）cm，内圈直径为（　　）cm。

2. 识读图 13-7 所示Ⅴ级围岩浅埋段超前支护设计图，并回答问题。

1）该围岩段超前小导管是外径为（　　）mm、长度为（　　）m、壁厚为（　　）mm 的热轧无缝钢管。施工时超前小导管的外倾角为（　　）°。

2）小导管管壁四周钻有压浆孔，其直径为（　　）mm，导管环向间距（圆周方向的间距）为（　　）cm，导管分布在隧道顶部，每圈（　　）根。

3）两排导管之间的纵向间距为（　　）cm，两排导管纵向搭接长度为（　　）cm。

3. 识读图 13-9 所示Ⅴ级围岩浅埋段钢拱架构造图，并回答问题。

1）主拱圈一次支护的内圈直径为（　　）cm，外圈直径为（　　）cm。

2）两榀钢拱架之间的纵向间距为（　　）cm，两榀钢拱架之间焊接有纵向连接钢筋，纵向连接钢筋的环向距离为（　　）cm。一榀钢拱架有纵向连接钢筋共（　　）根。

3）钢拱架采用工字钢型号为（　　），工字钢高度为（　　）cm。

4）节点 *A* 处经螺栓拼接，每个节点处有（　　）个螺栓连接，每一榀钢拱架上共有（　　）个螺栓连接，连接钢板的尺寸为（　　）mm×（　　）mm×（　　）mm。

4. 识读图 13-11 所示Ⅴ级围岩浅埋段二次衬砌钢筋构造图，并回答问题。

1）主拱圈位置二次衬砌的内圈直径为（　　）cm，仰拱位置二次衬砌的厚度为（　　）cm。

2）主筋的纵向（隧道轴向）间距为（　　）cm，每延米有（　　）圈主筋。

3）箍筋环向间距为（　　）cm，主拱部分箍筋每圈有（　　）根；仰拱部分箍筋每圈有（　　）根，每延米有箍筋（　　）圈，每延米共有箍筋（　　）根。

5. 识读图 13-13 所示隧道一般围岩段防排水设计图，并回答问题。

1）环向排水管、纵向排水管等排水系统安装在一次支护完成之后，二次衬砌的施工之前。隧道上部的渗水通过（　　　　）的缝隙进入环向排水管后流入（　　　　）管，最后通过横向引水管流入洞内排水沟。

2）电缆槽的渗水通过电缆槽泄水管流入洞内（　　　　），洞内路面上的积水通过（　　　　）流入洞内排水沟。

3）电缆槽泄水管每（　　）m 设置一道。在Ⅳ级、Ⅴ级围岩中环向排水管每（　　）m 设置一道。在Ⅲ级围岩按（　　）m 一道设计。

4）连接纵向排水管与横向引水管的三通接头的尺寸为（　　）mm×（　　）mm×（　　）mm，连接纵向排水管与环向排水管的三通接头的尺寸为（　　）mm×（　　）mm×（　　）mm。

素质拓展

腊八斤特大桥——雄伟而精巧

腊八斤特大桥——雄伟而精巧

腊八斤特大桥位于雅西高速荥经段，是雅西高速上的控制性工程，全长 1140m，最大跨度 200m，大桥共有 8 组 16 个桥墩，其中 10 号桥墩高 182.5m，建成时是同类结构桥梁的世界第一高墩。大桥地处大相岭山脉之阴，每逢雨雾天气，大桥如同一条“巨龙”一般，在山峦中若隐若现。山谷间一阵轻风吹过，大桥又再次展现出身姿，而从大桥之下向上仰望，更会看到腊八斤特大桥的巍峨与雄伟，让人不禁慨叹天工之神奇，人工之精巧。

腊八斤特大桥的桥墩除了高度外还有一个特色，就是国内首次采用钢管混凝土组合柱结构。大桥位于四川的地震断裂带上，所以除了满足桥墩的强度需求之外，还需要有足够的韧性来对抗地震的能量传递。高墩采用了节段安装的方式，先在桥墩四角安装四根直径 1m 多、高 12m 的圆柱形钢管，钢管内外都有强度等级高为 C80 的混凝土包裹，四根圆柱之间还有钢筋混凝土板连接，形成一个方形的空心箱，一层完成之后，再向上进行第二层。两个桥墩之间再用类似于“X 形”的粗钢筋连接起来。奇特的结构让大桥的抗震烈度达到了 9 度，令人感叹与折服。

参考文献

[1] 王强，张小平．建筑工程制图与识图［M］．4版．北京：机械工业出版社，2022.

[2] 谭伟建．道路工程制图［M］．2版．北京：机械工业出版社，2019.

[3] 姚青梅．道路工程制图与CAD［M］．北京：科学出版社，2013.

[4] 唐新．道路工程制图及CAD［M］．2版．北京：化学工业出版社，2015.

[5] 张艳芳．房屋建筑构造与识图［M］．北京：中国建筑工业出版社，2017.